부채의 역습

부채의 역습

부채함정에 빠진 한국경제

유재원 · 백승관 · 김태준 저

THE PRICE OF DEBT

The Korean Economy in Debt Trap

도서출판 시대가치

서문

우리나라 속담에는 빚과 관련된 것이 많다. 어려운 생활에 빚을 지는 것이 오랜 풍습이었다는 것을 짐작게 한다. "가을 빚에 소도 잡아먹는다"라는 속담은 가을에는 빚을 얻기가 쉬워서 돈 걱정을 하지 않고 씀씀이가 헤퍼진다는 뜻이다.* 오랜만에 쇠고기를 먹을 때 기분이야 날아갈 듯 했겠지만, 빚을 갚을 때의 후회막심은 말해 무엇하랴. "말 한마디에 천 냥 빚을 갚는다"란 속담도 있다. 흔히 말의 중요성을 일깨워주는 것으로 알려져 있는데, 간과하기 쉬운 것은 천 냥에 달하는 빚의 무게이다. 천 냥이 지금 돈으로 환산하면 얼마인지 명확하지 않지만, 조선 중기 관료의 녹봉을 기준으로 환산하면 10억 원에 해당한다고 한다.** 조선시대에 개인이 이렇게 큰 빚을 질 일도 없었겠지만, 말 한마디로 탕감해주었을 리는 더욱 없었을 것이다.

현대 자본주의사회에서 가계든 기업이든 빚을 지면서 살아간다. 소득이 충분치 않을 때는 빚을 지고, 여유가 생기면 갚는 것이 금융의 제1원칙 아니던가? 국가도 세금보다 지출이 클 때는 일단 국채를 발행해서 급한 불을 끄게 된다. 하지만 피로가 쌓이면 우리 몸에 탈이 나듯이 부채도 누적되면 상환하는 데 문제가 생길 수 있다. 부채가 어느 수준을 넘어서면 약속한 기한에 갚겠다는 약속을 이행할 수 없는 상황이 닥친

* 한국민속대백과사전(https://folkency.nfm.go.kr/kr/topic/detail/3102).

** 조선 중기 기준으로 보면 종9품의 연간 녹봉은 쌀 8섬과 콩 4섬이었다. 쌀 1섬은 엽전 2냥에 해당되고 콩은 그것보다 조금 더 쌌다. 쌀과 콩을 합친 12섬을 엽전 24냥이라고 치면, 이는 현재 봉급으로 환산하면 약 2,400만 원 정도이다. 즉, 조선 중기의 1냥은 현재가치로 100만 원에 맞먹는다고 할 수 있다. 따라서 천 냥이면 10억 원에 가까운 거금이다(하용준, 2022).

다. 국민경제를 구성하는 가계, 기업 또는 정부 중 어느 한 부문이라도 문제가 생기면 그 충격은 삽시간에 경제 전체로 퍼져나간다. 국내금융시장이 마비되는 은행위기나 대외적인 채무불이행으로 연결되는 외채위기 둘 다 자세히 들여다보면 과다부채가 그 방아쇠가 되는 경우가 대부분이다.

그런데 과다부채의 기준이 정확히 얼마인가는 부채의 규모만 가지고서는 판단하기 어렵다. 즉, 부채를 관리가능한 수준으로 유지하라고 하지만 정작 그 수준이 얼마인지는 논란거리이다. 부채가 늘지 않고 그대로 있더라도 금리가 갑자기 뛰거나, 또는 현금흐름이 악화되면 부채를 상환하기 어려워질 수 있다. 따라서 과다부채로 인한 금융위기는 부채수준 자체뿐 아니라, 재무건전성과 관련된 부채비율, 금리, 그리고 소득이나 현금흐름 간의 상호작용에 의하여 초래될 수 있다.

과다부채가 금융위기의 전조라고 하는 말에도 일정 부분 어폐가 있다. 금융시장이 효율적으로 작동하였다면 부채를 갚지 못하는 상황에 대한 대비책이 있었을 것이고, 따라서 처음부터 과다부채가 발생하도록 내버려두지 않았을 테니 말이다. 금융위기가 언제 어떻게 발생할지 예측하기 어려운 것처럼 국민경제의 부채 수준이 언제 감당할 수 없게 될지도 예측하기 쉽지 않다. 한국과 같이 대외개방도가 높은 경우에는 가계, 기업이나 정부와 같은 개별 주체의 국내부채뿐 아니라 경제 전체의 대외부채가 문제가 될 가능성이 높다. 1997년 외환위기가 바로 좋은 예이다. 1997년 당시 한국은 가계나 정부부문의 부채 수준은 높지 않았으나 대기업을 중심으로 부채가 위험수위를 넘어서고 있었다. 결국 한보철강이나 기아자동차와 같은 일부 대기업들이 도산하면서 국내금융시장이 마비되는 은행위기가 발생하였다. 이에 따라 한국경제의 대외신인도가 하락하기 시작하였고, 동남아에서 발생한 외환위기 충격에 감염되면서 한국경제는 위기에 내몰리게 되었다. 외환위기 이후 정부는 대외건전성을 높이기 위한 여러 안전장치를 마련하였다. 그럼에도 불구하고

2008년 글로벌 금융위기 때 한국은 다시 한번 자본유출에 따른 외환위기의 위험에 직면하였다.

금융위기는 종종 금융시장에 그치지 않고 실물경제에도 부정적인 영향을 미친다. 금융시장의 중개기능 마비로 인한 위기상황이 실물경제에 전이될 위험을 '시스템 리스크'라고 한다. 구체적으로 시스템 리스크는 위기가 금융시장 전체에 파급되어 심각한 피해를 초래하는 동시에 경제 전반에 부정적인 영향을 가져오는 상황을 의미한다. 다시 말하자면, 시스템 리스크는 금융시장과 실물시장 전체에 커다란 피해를 야기하는 금융시장 실패에 해당한다. 시스템 리스크와 유사한 용어로 '복합위기'를 들 수 있다. 복합위기는 말 그대로 위기가 경제의 여러 부문에서 동시에 발생하는 상황을 의미한다. 주요국의 중앙은행이 금리를 인상하자 금융시장이 요동치고, 또한 소비와 투자가 위축되면서 부쩍 복합위기에 대한 언급이 많아지고 있다.

최근 미국에서는 혁신의 아이콘이었던 실리콘밸리은행(SVB)이 파산하고 수많은 중소은행들은 예금인출로 인한 유동성부족을 겪었다. 유럽에서도 설립된 지 170년이 넘는 크레디트스위스(CS)은행이 파산위기에 몰리자, USB가 스위스 연방정부와 국립은행의 유동성 지원을 지렛대로 CS를 인수합병함으로써 금융위기의 소방수로 나섰다. 그럼에도 불구하고 적지 않은 중소은행들이 도산위험에 직면해 있다. 현 상황이 찻잔 속의 태풍으로 끝날지 아니면 금융위기의 먹구름이 몰려올지 속단하기 이르다.

요약하면 세계 각국은 국내외에서 발생하는 다양한 종류의 충격에 노출되어 있는데, 시스템 리스크는 대내적으로 과도한 신용공여, 그리고 대외적으로는 과도한 자본유입으로 인해 발생하는 경향이 있다. 선진국의 경우 국가채무나 산출갭과 같은 대내적인 요인이 시스템 리스크에 영향을 주는 한편, 개도국의 경우는 경상수지나 환율과 같은 대외적인 요인이 더 큰 영향을 준다고 알려져 있다. 그러나 흥미롭게도 선진국이나 개도국을 막론하고 신용대출의 과다한 증가가 금융위기와 밀접한 관련이 있다는 것에는 공감대가 형성되어 있다.

이 책은 우리나라의 부채 현황을 면밀히 검토한 후 최근 급증한 부채상환 부담이 금융위기를 촉발할 것인가, 또 향후 부채문제를 어떻게 해결해 나갈 것인지 분석하는 데 목적이 있다. 금리인상은 한동안 저금리 대출에 익숙하던 경제주체들의 부채상환 부담에 직격탄이 되고 있다. 미국의 경제학자 민스키(Hyman P. Minksy)는 급작스럽게 신용이 팽창하였다가 금리인상 등으로 신용이 수축하는 과정에서 금융위기가 발생한다고 설파하였다. 2008년 글로벌 금융위기가 발행하였을 때 영국의 엘리자베스 2세 여왕이 세계적으로 저명한 학자들에게 왜 금융위기 발생을 사전에 예측하지 못했냐고 의문을 제기한 바 있다. 그 당시 영국의 경제학자들은 자신들의 한계를 시인하고, 앞으로 위기에 대한 예측력을 높이기 위하여 노력하겠다고 다짐하였다. 그러나 여전히 지금도 금융위기나 경제위기가 어느 시점에 발생할지 정확히 예측하기 어렵다. 여러 경제조건들이 결합하여 발생하는 금융위기야말로 블랙스완적인 성격을 지니고 있기 때문이다.

현재 한국경제의 사정도 녹녹지 않다. 위기마다 버팀목이 되어 왔던 수출이 부진을 면치 못하고, 무역수지는 1년 이상 적자를 이어오고 있다. 게다가 부동산시장의 거품이 일부 가라앉으면서 부동산 프로젝트 파이낸싱(PF)의 부실화 위험도 점증하고 있다. 한국이 과다한 부채누적으로 인하여 금융위기를 맞을 것이라는 경고가 현실화될 것이라는 우려도 커지고 있다. 하지만 금융위기를 뛰어넘어 심지어 복합위기가 올 수 있다고 강변하는 것만으로는 부족하다. 경세제민(經世濟民)을 지향하는 경제학자라면 본격적으로 위기의 근원과 징후를 진단하고 여러 가지 가능성에 맞추어 그 피해를 최소화할 수 있는 대응책을 내놓아야 할 것이다.

본서는 총 4부로 구성되어 있다. 제1부에서는 한국의 부채 현황을 검토한다. 제1장에서는 부채의 의미와 포괄 범위 그리고 일반적인 사용 관례 등을 설명한 후, 한국의 가계, 기업, 정부의 부채 수준과 대외부채에 대한 전반적인 상황을 살펴본다. 제2장에서 제6장까지는 한국의 대외부채, 가계부채, 비금융기업부채, 정부부채, 그리고 금융기업부채의 수준과 추이를 주요국들과 비교하면서 다각적으로 살펴보도록 한다. 자본시장이 완전개방되어 있고 한 차례 외환위기를 겪었던 한국의 입장에서 대외부채는 그 어떤 부채보다 막중하다고 판단되어서 우선적으로 제2장에서 설명하였다.

제2부에서는 금융위기와 부채 간의 관계를 검토한다. 제7장에서는 과다부채와 금융위기의 임계점에 대한 모형들을 개괄한 후, 과거 민간부채로 인해 금융위기를 겪었던 몇몇 나라들의 사례를 통해 과도한 민간부채를 짊어진 한국의 금융위기 가능성을 분석한다. 제8장에서는 1972년 기업부채위기부터 2008년 글로벌 금융위기의 여파까지 한국의 금융 및 경제위기 사례를 검토한다.

제3부에서는 한국의 금융불안과 부동산발 금융위기 시나리오를 살펴본다. 제9장에서는 2022년부터 추진된 통화정책의 정상화가 국내금융시장에 미친 충격 및 이로 인한 금융불안의 증가를 금융시장 스트레스 테스트 등을 통해 점검한다. 제10장에서는 금리인상이 부동산시장에 미친 효과 및 주택가격 하락으로 인한 금융시스템 리스크 가능성을 분석한다.

마지막으로 제4부에서는 부채문제를 해결하기 위한 장단기 정책과제와 주요국의 부채조정 사례를 검토한다. 제11장에서는 부채의 연착륙을 위한 방안 및 부채함정에 빠지는 것을 예방하기 위한 장기과제를 논의한 후, 주요국의 부채관리 및 조정정책 사례를 검토한다. 제12장에서는 본서의 주요 논의 및 분석결과를 요약한 후 시사점을 도출한다. 제13장에서는 한국경제에 대한 전반적 함의를 살펴봄으로써 끝을 맺는다.

본서를 집필하는 동안 많은 도움을 준 동료학자들에게 심심한 감사의 마음을 전한다. 특히 한국금융연구원의 신용상 박사님과 오태록 박사님, 충북대 배영목 명예교수님, 건국대 주상영 교수님과 유규상 교수님, 경기대 한상범 교수님 그리고 한국은행과 한국경제연구원의 전문가들께 깊이 감사드린다. 또한 어려운 상황 속에서 본서의 출판을 흔쾌히 맡아주신 도서출판 시대가치의 김광범 대표님과 편집실 직원 여러분께도 진심으로 감사드린다.

한국경제에 위기의 그림자가 짙게 드리우고 있다. 이럴 때일수록 위기의 원인과 대책을 다각도로 심도있게 논의하여야 한다. 본서가 부채의 함정에 빠진 한국경제의 문제점을 정확히 진단하여 지속가능한 성장궤도로 나아가는 데 일조할 수 있기를 간절히 바란다.

2023년 6월
저자 일동

차례

PART 02 금융위기와 부채

PART 04

부채의 관리 및 조정

표차례

그림차례

PART
01

한국의 부채, 어디까지 왔나?

제 1 장

부채란 무엇인가?

부채란 무엇인가?

1 부채의 정의

부채는 무엇을 의미하는가? 일상에서는 부채보다 빚이라는 용어를 더 자주 쓴다. 빚은 일정 기간 내에 갚아야 할 빌린 돈이다. 가계의 경우 소득으로 충당하기 힘든 소비를 해야 할 때 부족분만큼 차입을 통해서 조달할 수 있다. 이것이 바로 빚인데, 빚은 약속한 시점에 원금과 함께 이자를 갚아야 한다. 기업은 자기 돈으로 사업하면 바보라는 말까지 있을 정도로 빚을 얻어 투자를 하고 영업을 하는 것이 일상적이다. 국가도 조세수입보다 지출이 더 많을 때에는 국채를 발행해야 하는데 이만큼 국가의 빚이 늘어난다. 국채는 만기가 돌아오면 원리금을 상환하겠다는 증서에 다름 아니다.[1]

현대자본주의 경제에서는 돈을 빌리고 돈을 빌려주는 거래는 대부분 금융시장에서 일어난다. <그림 1-1>은 금융시장의 자금흐름을 보여준다. 금융시장의 참여자는 가계, 기업, 정부라고 가정한다. 이들은 각각

1 빚을 지면 약속한 시점에 원금과 이자를 반드시 갚아야 한다. 정부도 예외가 될 수 없다. 국채를 발행하면 나중에 원리금을 갚기 위하여 지출을 조세수입보다 줄여야 한다. 19세기에 활동하였던 고전경제학자 리카도(David Ricardo)는 정부지출이 일정하다면 이를 충당하기 위해서 세금을 걷든지, 아니면 국채를 발행하든 경제에 미치는 효과는 차이가 없다고 주장하였다. 국채를 갚으려면 결국 미래시점에 세금이 증가할 것이고 이를 국민들이 제대로 인식한다면 현재 소비를 줄이고 저축을 늘릴 것이라는 것이 그 근거이다. 하버드 대학교의 배로(Robert Barro) 교수는 이러한 주장을 리카도 동등성이론(Ricardian Equivalence Theorem)이라고 명명하고 이를 기반으로 재정정책의 무력성을 주장하였다. 케인지안들은 리카도 동등성이론이 현실적으로는 성립하기 힘들다고 반박하고, 경기부양을 위한 재정정책의 중요성을 옹호한다. 이러한 논란에도 불구하고 정부가 마음대로 지출을 늘릴 수 없다는 것은 분명하다. '세상에 공짜는 없다'는 금언은 가계나 기업뿐 아니라 정부에도 해당된다.

〈그림 1-1〉 금융시장과 자금흐름

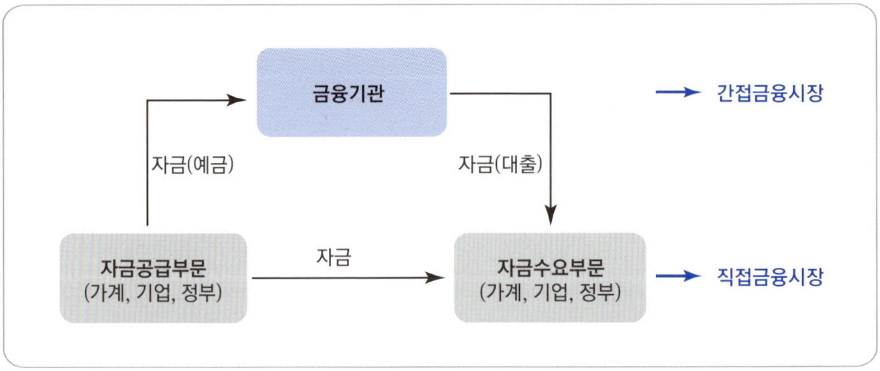

자료: 한국은행, 『우리나라의 금융시장』, 2021.

자금의 공급자이면서 자금의 수요자가 된다. 즉, 자금에 여유가 있는 경우 남는 자금을 은행에 예금을 하든지 아니면 주식이나 채권에 투자하게 되는데, 이것이 자금을 공급하는 역할을 하게 된다. 반대로 자금이 부족할 경우에는 부족분만큼 은행에서 차입하거나 주식이나 채권을 발행하여 메우게 되는데, 그만큼 자금의 수요가 발생하게 된다.

금융시장이 개방되면 국내금융시장과 해외금융시장 간의 벽이 허물어진다. 자금의 공급과 수요는 국내금융시장뿐 아니라 해외금융시장을 통해서도 이루어진다. 예를 들면, 자금의 공급은 국내경제주체(가계, 기업 및 정부)뿐 아니라 해외경제주체(가계, 기업 및 정부)에 의해서도 이루어질 수 있다. 자금의 수요 역시 국내경제주체뿐 아니라, 해외경제주체를 포괄하게 된다. 자금의 공급이 해외경제주체에 의하여 이루어지고 이를 국내경제주체들이 빌려 쓰는 경우 대외부채가 발생하게 된다.

금융거래에는 자금공급자로부터 자금수요자로 자금이 이전되는 형태에 따라 간접금융과 직접금융 두 가지 방식이 있다. 우선 **간접금융**이란 금융기관을 중개로 하여 금융거래가 이루어진다. 금융기관은 자금공급부문으로 여유자금을 받아서 이를 자금수요부문에 빌려주는 역할을 하기 때문에 흔히 **금융중개기관**(financial intermediaries)이라고 부른다. 이

때 자금을 차입한 가계, 기업이나 정부는 차입분만큼 해당 금융기관에 대해 부채가 발생한다. 한편 자금이전이 금융기관을 통하지 않고 채권이나 주식발행을 통하여 이루어지는 경우를 **직접금융**방식이라고 한다. 이때는 당사자 간에 계약으로 금융거래가 이루어지고 돈을 빌린 사람은 돈을 빌려준 사람에게 부채가 발생한다. 예를 들어, 기업이 채권을 발행하면 원리금을 정해진 기간 내에 채권을 소지한 투자자에게 갚아야 하기 때문에 부채가 늘어난다.[2] 그러나 기업이 주식을 발행해서 투자자로부터 자금을 빌려 쓰는 경우에는 일반적으로 빚이 늘어나지 않는다고 한다. 왜냐하면 주식은 나중에 갚아야 하는 의무가 있는 것이 아니고 일정한 소유지분을 사고파는 금융상품이기 때문이다.[3]

부채의 규모나 범위는 해당 경제주체의 포괄범위 그리고 어떤 특징이나 종류의 거래를 포함할 것이냐에 따라 달라진다. 우선 **협의의 부채**(liability)는 일정 기간 내에 확정된 금액을 직접 상환해야 하는 확정부채를 의미하는 채무(debt)이다. 가계의 경우 주택담보대출이나 신용카드대금 등이 여기에 해당한다. 한편 기업의 경우 은행에서 대출을 받거나 자본시장에서 채권발행을 통해 돈을 빌리게 되면 정해진 기간 후에 원금과 이자를 갚아야 한다. 따라서 은행대출과 채권은 기업의 채무이다. 세금을 받아 지출하는 정부도 재정이 여의치 않으면 부족한 자금을 빌리기 위해 채권을 발행한다. 정부 채권은 만기까지 원리금을 갚겠다는 약속을 채무증서로 증권화한 것으로 정부의 채무이다.

부채의 범위를 조금 넓혀 **광의의 부채**는 일반적인 빚인 확정부채에

---

2 이때 부채를 빚이라고도 할 수 있는데, 뒤에서 설명하는 확정부채를 의미한다.

3 기업의 자산을 타인자본과 자기자본으로 구별할 때, 타인자본은 자산 중 채권자에게 돌아가야 할 몫을 의미하는 부채를 의미한다. 자기자본의 일부인 주식은 지분을 나타내는 증권(지분증권)으로, 기업의 입장에서 볼 때 일정 기간 내에 정해진 금액을 상환해야 할 의무가 없으므로 일반적으로 부채로 분류되지는 않는다. 그러나 주식도 부채로 간주되는 경우가 있는데 비거주자의 국내 금융자산에 대한 소유를 의미하는 대외부채의 범위에는 국내주식도 비거주자에 대한 부채로 포함된다.

더불어 미래에 이행되어야 할 비확정적인 금전적 의무나 서비스를 포함한다. 예를 들어, 기업의 미지급 임금은 언젠가 지급해야 하는 의무가 있다는 점에서 부채에 포함시킬 수 있다. 또한 정부가 갚아야 하는 국공채나 차입금 등 지급 시기·금액이 정해진 빚은 '확정부채'이지만 공무원연금이나 군인연금과 관련한 연금충당금이나 주택도시기금 청약저축 등도 미래에 정부가 재정적으로 부담하여야 할 '비확정부채'라고 할 수 있다. 따라서 엄밀한 의미에서 부채는 모든 금융부채와 지급의무가 있는 비확정부채도 포괄하는 반면, 협의의 부채인 채무는 은행대출 또는 채권발행을 통한 확정부채만을 의미한다. 경우에 따라서 부채는 채무와 같은 의미로 사용되기도 한다.[4]

가계나 기업, 또 정부는 경기가 나쁠 때는 차입을 통해서 부족한 자금을 충당하고, 경기가 좋을 때는 이를 갚으면 되기 때문에 부채를 부정적으로만 볼 필요는 없다. 하지만 부채규모가 적정수준을 넘어서게 되면 상환이 어려워진다. 부채가 많아도 자산이 더 많으면 문제가 되지 않는가? 반드시 그렇지는 않다. 부채가 많으면 한순간에 위기를 맞을 수 있다. 흑자도산이란 말도 있지 않은가? 잘 나가는 기업도 유동성이 부족하여 채무를 갚지 못하면 도산하게 마련이다. 국가나 개인도 마찬가지이다. 때문에 부채 추이를 주의 깊게 살펴볼 필요가 있다.[5]

부채는 국내부채와 대외(해외)부채로 나뉜다. 국내부채는 민간부채, 정부부채와 금융기업의 부채로, 그리고 민간부채는 다시 가계부채와 비금융기업부채로 나뉘는데, 비금융기업은 통상 기업으로 약칭하기도 한다. 이번 장에서는 한국의 가계, 기업 및 정부의 부채, 그리고 전반적인 대외부채 자료를 바탕으로 부채의 개념과 추이를 살펴본다. 다음 제2

4 앞으로 논의할 가계부채나 기업부채의 경우 부채는 확정적 부채를 의미하는 채무와 같은 의미로 사용하도록 한다.

5 부채의 소득 또는 자산 대비 비율은 재무건전성을 판단하는 데 중요한 요소라고 할 수 있다. 가계, 기업 및 정부의 재무건전성에 대한 보다 자세한 논의는 각각 제3장~제5장으로 미룬다.

장~제6장에서는 한국의 부채별 추이와 시사점을 보다 상세하게 분석할 것이다.

2 민간부채

가계부채

민간부문의 부채는 가계와 기업의 부채로 구성되는데, 먼저 가계부채부터 살펴보자. 가계부채 지표로 널리 사용되는 것은 한국은행이 집계하는 가계신용이다. **가계신용**은 '가계대출'과 '판매신용'으로 구성된다. 가계대출은 가계가 생활 및 부업 등을 위해 받는 대출을 의미하고, 판매신용은 신용카드 및 할부금융사를 통한 외상거래를 뜻한다. 대출의 경우 자금용도에 따라 가계와 기업을 구분하고 있기 때문에 주택구매와 같이 소비가 주목적인 가계대출은 가계신용으로 분류하지만, 개인이 사업을 주목적으로 대출하는 개인사업자대출은 가계신용에서 제외된다.

한편 한국은행이 집계하는 개인금융부채는 자금순환표의 '가계 및 비영리단체 금융부채'를 의미하는데 또 다른 가계부채지표로 많이 인용된다. **자금순환표**는 국민경제를 구성하는 가계, 기업, 정부 등 경제주체 간 자금흐름을 기록한 것인데, 경제주체들이 생산, 소비, 투자 등의 경제활동을 수행하면서 어떻게 필요자금을 조달하고 잉여자금을 운용했으며, 그 결과 경제주체들의 금융자산 및 부채의 규모가 어떻게 변화하였는지를 보여준다(한국은행, 2001). 자금순환표상의 경제부문은 금융법인, 일반정부, 비금융법인, 그리고 가계 및 비영리단체로 구분된다. 국제결제은행(BIS)이나 경제협력개발기구(OECD)에서 국제 비교용으로도 자금순환표상의 '가계 및 비영리단체의 금융부채'가 사용된다. 여기에는 가계대출과 판매신용의 합인 가계신용에 소규모 개인사업자와 비영리단체 채무를 포함하고 있다. 그러나 복식부기 대상 개인사업자는 기업으로

〈그림 1-2〉 가계신용

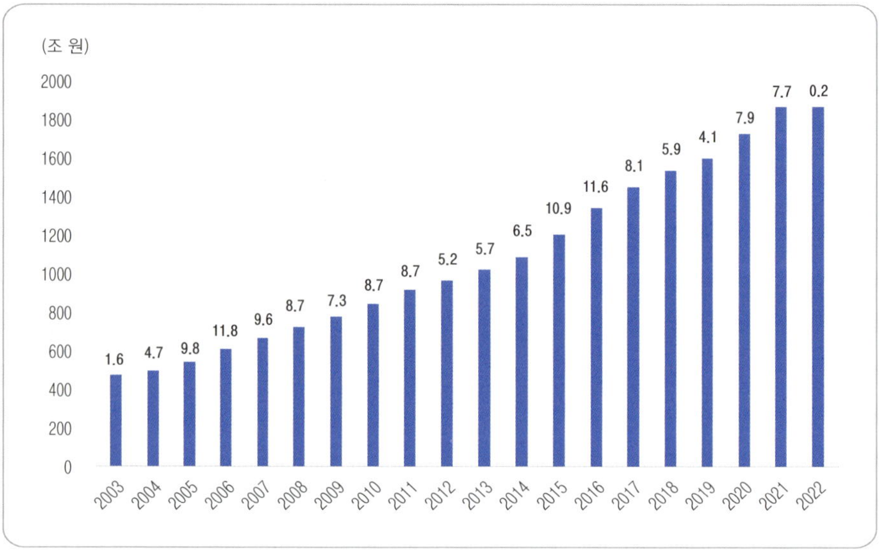

주: 막대 위 수치는 전년도 대비 증감률(%)을 표시.
자료: e-나라지표, "가계신용동향"(https://www.index.go.kr/unity/potal/main/EachDtlPageDetail.do?idx_cd=1076).

분류되고 있기 때문에 개인금융부채에서 제외된다. 일반적으로 사용하는 가계부채가 가계신용이나 자금순환표상의 개인금융부채를 의미한다고 할 때 부채는 협의의 부채 개념인 채무를 의미한다고 해석할 수 있다.

<그림 1-2>는 가계신용의 최근 추이를 보여준다. 가계신용은 지속적으로 높은 증가세를 보여 왔는데, 특히 2015년과 2016년에는 각각 전년도 대비 10.9%와 11.6% 증가하였다. 또한 코로나 사태가 발생한 2020년과 2021년에도 7.9%와 7.7% 증가하였다가 2022년에는 0.2%대로 크게 감소하였다. 2022년 말 현재 가계신용은 1,867조 원으로, 가계대출과 판매신용은 각각 1,749.3조 원(93.7%)과 117.7조 원(6.3%)을 차지하고 있다. GDP 대비 가계신용비율은 2021년 89.9%에서 2022년에는 86.8%로 다소 감소하였다.[6]

6 자금순환표상의 가계 및 비영리단체의 개인금융부채는 2022년 말 현재 2,327.2조 원으로 GDP 대비 107.7%에 달하고 있다.

가계부채의 포괄범위를 놓고 몇 가지 논란이 있다. 우선 개인사업자 대출의 상당부분이 실제로는 개인들이 규제를 피하기 위해 법인 명의로 받은 대출이라면 한국은행이 집계하는 가계신용이나 개인금융부채는 가계의 부채규모를 과소평가할 위험이 있다.[7] 또한 전세(傳貰)보증금을 가계부채에 포함해야 되는지도 논란거리이다. 김세직(2022)은 한국의 가계부채 총량이 크게 과소평가되었다고 주장한다.[8] BIS는 각국의 가계부채 총량을 금융기관이 가계에 공급한 대출 총량을 집계해 계산하는데 다른 나라들에서는 가계부채의 대부분이 금융기관으로부터의 차입을 통해 이루어지기 때문에 문제가 없지만, 우리나라는 전세제도가 있어서 그렇지 않다는 것이다. 한국의 독특한 주택임대차계약 형태인 전세제도는 임차인이 전세금을 임대인에게 예탁하고, 계약기간이 끝나면 돌려받는다. 따라서 임대인의 입장에서 전세보증금은 계약기간이 끝났을 때 상환해야 할 의무가 있다는 의미에서 확정부채로 볼 수 있다. 반면 임차인의 입장에서는 전세보증금은 자산으로 볼 수 있다.[9]

김세직은 미래시점에 상환해야 하는 전세보증금을 가계부채에 포함시켜야 한다고 주장한다. 전세 금융에서 세입자가 임대한 집은 빌려준 전세금에 대한 담보 역할을 하게 되고, 세입자가 빌려준 전세금에 대한

7 서영수(2021)는 금융당국이 가계대출통계를 발표할 때 대내적으로는 가계신용을 사용하고, 대외적으로는 여타 선진국과의 비교를 위하여 개인(가계+비영리단체+소규모 개인사업자) 금융부채를 사용하고 있다고 지적하고, 일관성 있는 정책추진을 위해서는 금융당국이 가계부채통계를 정비하여야 한다고 주장한다.

8 개별 가계들의 빌려준 돈과 빌린 돈이 동일하면 주요 거시경제 변수에 별 영향을 못 미친다. 하지만 가계 간 자산과 부채의 구성이 차이가 나면, 가계부채 총량의 증가가 GDP나 경제성장률 등에 심각한 부정적 영향을 미칠 수 있다. 저소득가계는 고소득가계에 비하여 소비성향이 높고, 또 금리인상시 원리금상환 부담이 상대적으로 크기 때문이다.

9 임대차보호법에서는 전세보증금을 돌려받을 수 있도록 주택임대차계약에 대하여 확정일자제도를 규정하고 있다. 법원이나 주민자치센터에서 임대차계약서에 확정일자를 받으면 임차인이 후순위권리자나 그 밖의 채권자보다 먼저 보증금을 변제받을 권리가 있다. 그렇지만 집값이 전세보증금보다 낮아지면 전세보증금을 모두 돌려받을 수 없을 수 있다. 따라서 전세보증금 자체는 만기와 금액이 정해진 확정부채라 할 수 있지만, 이를 약속대로 돌려받을 수 있는가는 확실하지 않다는 점에서 신용위험을 안고 있다.

받을 이자와 집주인이 받을 월 임대료가 자동으로 상쇄됨으로써 이자를 받지 못할 위험과 월세를 받지 못할 위험도 완벽하게 제거될 수 있다. 이렇게 본다면 전세는 원리금 상환위험을 크게 낮춰주는 매우 효율적인 직접금융수단이라고 할 수 있다. 전세금의 30~40%를 보증금으로 지불하는 준전세보증금도 비슷한 역할을 담당한다. 전세 및 준전세 보증금을 집을 빌려주는 가계들의 부채라고 볼 경우 가계부채 규모가 크게 늘어나는 것은 당연하다. 김세직에 따르면 2021년 현재 전세금의 규모는 대략 851조 원으로 추산되는데, 이를 포함할 경우 가계부채는 약 2,713조 원으로 늘어난다. 이는 GDP 대비 130% 수준이다. 물론 전세보증금을 가계부채로 볼 수 없다는 반대의견도 만만치 않다. 집값이 하락하여 전세값도 하락하는 사태가 발생하지 않는 한, 전세금은 다음 세입자로부터 받아서 지급하게 되므로 진정한 의미의 부채로 볼 수 없다는 것이다.

한국은행에서 가계신용자료를 발표할 때 전세보증금을 포함시키지 않는 것은 전세보증금은 임대인과 임차인 간에 공적 금융시장이 아니라 사적 금융시장에서 거래가 이루어지기 때문이다.[10] 그러나 통계청은 금융감독원 및 한국은행과 공동으로 매년 전국의 2만여 표본가계를 대상으로 실시하는 가계금융복지조사에서는 가계의 부채를 금융부채와 임대보증금으로 구분하여 파악하고 있다. <표 1-1>에서 보는 바와 같이 2022년 3월 말 기준 가구의 평균 부채는 9,170만 원이다. 가계금융복지조사에서 가계부채에 포함되는 금융부채와 임대보증금은 각각 6,803만 원(74.2%)과 2,367만 원(25.8%)으로 조사되었다. 금융부채의 구성을 보면 담보대출의 비중이 58.7%로 압도적으로 높다.[11]

---

10 금융기관의 전세보증금대출은 가계대출에 포함된다. 따라서 임대인이 대출을 통해 마련한 전세보증금을 가계부채에 포함할 경우 이중으로 가계부채가 계상된다는 문제가 있다. 전세보증금을 가계부채에 포함하려면 대출받은 전세보증금을 제외한 금액에 국한하는 것이 타당할 것이다.

11 흥미로운 점은 가계자산을 파악할 때 금융자산의 일부로 전월세보증금을 포함시키고 있다는 점이다. 임대보증금은 임대인에게는 부채이지만, 임차인에게는 자산이라고 보는 것

〈표 1-1〉 **가구당 부채 규모 및 구성비(2022)**

구분	금융부채					임대보증금 (B)	부채 (A+B)
	소계 (A)	담보대출	신용대출	신용카드 관련 대출	기타		
평균(만 원)	6,803	5,381	1,008	71	343	2,367	9,170
구성비(%)	74.2	58.7	11.0	0.8	3.7	25.8	100.0

주: 기타는 개인이나 직장에서 빌린 돈, 외상 및 할부, 앞으로 낼 곗돈 등 포함.
자료: 한국은행, "2022년 가계금융 · 복지조사 결과", 2021.12.1.

기업부채

엄밀한 의미에서 기업부채는 앞에서도 언급한 바와 같이 금융부채뿐만 아니라 지급의무가 있는 거래나 서비스를 포함한다. 예를 들어, 미지급임금이나 퇴직급여충당부채, 이연법인세부채 등도 포함되어야 한다. 그러나 기업부채는 한국은행이 집계하는 기업신용으로 파악할 경우 좁은 의미의 확정적 기업부채인 기업채무로 이해할 수 있다. 그리고 기업신용은 '대출금'과 '회사채발행액' 그리고 '정부융자'로 구성된다.

2022년 말 현재 한국은행의 자금순환표에 따르면 비금융법인, 즉 일반기업이 대출받은 금액은 1,823.8조 원이며 정부융자금은 135.9조 원 그리고 채권잔액은 613.3조 원이다.[12] 이를 합하면 기업신용은 총 2,573.0조 원이며, GDP의 119.0%에 달한다.

<그림 1-3>은 기업신용의 추이를 보여주고 있다. 한국은행 통계에서 기업은 비금융법인으로 분류되는데, 다시 공기업과 민간기업으로 나누어진다. 2017년 이후 비금융법인의 신용은 가파른 증가세를 보이고 있는데, 이는 민간기업 신용의 추세를 반영한 것이다. 공기업의 신용은

이다. 하지만 전세보증금을 금융기관으로부터 받은 대출로 조달하였다면 가계전체로 보면 부채이고 금융기관의 입장에서는 자산일 것이다.

12 한국은행 경제통계시스템 → 자금순환표 → 금융자산부채잔액표(2008~) → 비금융법인(공기업+민간기업). 2022년 말 공기업과 민간기업 채권잔액은 각각 280.2조 원과 333.1조 원이다.

〈그림 1-3〉 기업신용

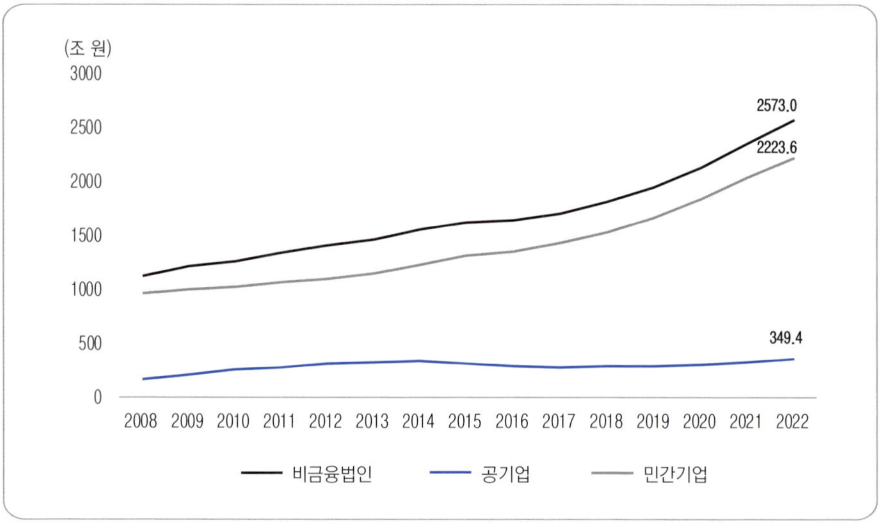

자료: 한국은행 경제통계시스템, "금융자산부채잔액표(2008~2022)".

2017년 이후 증가세로 돌아섰으나 증가폭은 크지 않다. 민간기업의 부채가 증가한 이유를 들여다보면 우선 대출금이 증가하고 있다. 특히 비은행금융기관의 대출이 높은 증가세를 보여서 상대적으로 대기업보다 신용등급이 낮은 기업들의 대출수요가 크다는 것을 시사한다. 한편 민간기업의 회사채 발행액도 2017년 이후 증가하였고, 2021년에는 금리상승에 대비한 선발행이 추가되어 큰 폭의 증가를 보였다. 그러나 2022년에는 다소 줄어들었다.

3 국가채무와 정부부채

정부부채는 흔히 **국가채무**라고도 하는데, 각국의 기준에 따라 다르다. IMF는 이러한 혼란을 피하기 위하여 2012년 국가 및 공공부문 부채를 다음과 같이 정의하고 있다(IMF, 2012).

가장 엄격한 의미의 국가채무(D1)는 국가재정법에 따라 국가가 갚아야 하는 확정부채를 의미한다. 즉, 국가채무는 정부가 직접적인 상환의무가 있고, 상환기간이 확정되어 있으며 이자가 발생하는 정부의 빚을 지칭한다. 따라서 국채, 차입금, 국고채무부담행위, 그리고 지방정부채무, 교육자치단체 채무는 국가채무에 해당된다. 그러나 정부가 보증한 공기업 부채, 장래 정부가 부담하게 될 수도 있는 연금충당금 등은 포함되지 않는다.[13]

다음으로 일반정부부채(D2)는 국가채무(D1)에다가 비영리공공기관 부채까지 포괄하고 있다. 공공부문 부채(D3)는 일반정부부채에 비금융공기업부채를 합한 값이다. 마지막으로 광의의 국가부채(D4)는 공공부문 부채(D3)에 기타 모든 보증, 보험, 연금 등의 부채를 합한 값이다. D1이 현금주의를 택하고 있는 반면, D2, D3 및 D4는 발생주의 기준으로 집계된다.[14] 정부부채의 유형과 정의는 <그림 1-4>와 같다.

---

13 국회예산정책처가 공표하는 국가채무시계를 보면 2023년 5월 3일 현재 국가채무는 약 1,051조 원이며, 1인당 국가채무로 환산하면 약 2,039만 원에 달한다. 국가채무는 1초당 약 80만 원씩 늘어난다고 한다.

14 현금주의회계는 현금을 수취하였을 때 수익(매출)으로 인식하고 현금을 지출하였을 때 비용으로 인식하는 회계처리제도이다. 즉, 현금수입액의 합계에서 현금지출액의 합계를 차감하여 당기의 순이익을 계산하는 방법이다. 한편 발생주의회계는 거래나 사건 그리고 환경이 기업에 미치는 재무적 효과를 그 거래가 발생한 기간에 기록하는 것을 말한다. 발생주의회계는 미래의 현금흐름을 보다 정확히 예측할 수 있으며, 실질적인 경제적 거래가 발생하는 시점을 기준으로 회계처리를 함으로써 사업성과를 그때그때 잘 나타내준다는 장점이 있다. 우리나라 기업회계기준상 기본적 원칙은 발생주의를 근간으로 하고 있다. 정부회계는 세입 · 세출 원인 발생 시기에 구애됨이 없이 현실적으로 현금의 수입 및 지출이 행하여진 날이 속한 연도를 기준으로 회계처리가 이루어지는 현금주의를 사용하여 왔다. 하지만 2005년부터 회계정보의 객관성과 투명성을 높이기 위하여 정부회계에 발생

〈그림 1-4〉 정부부채의 유형과 개념

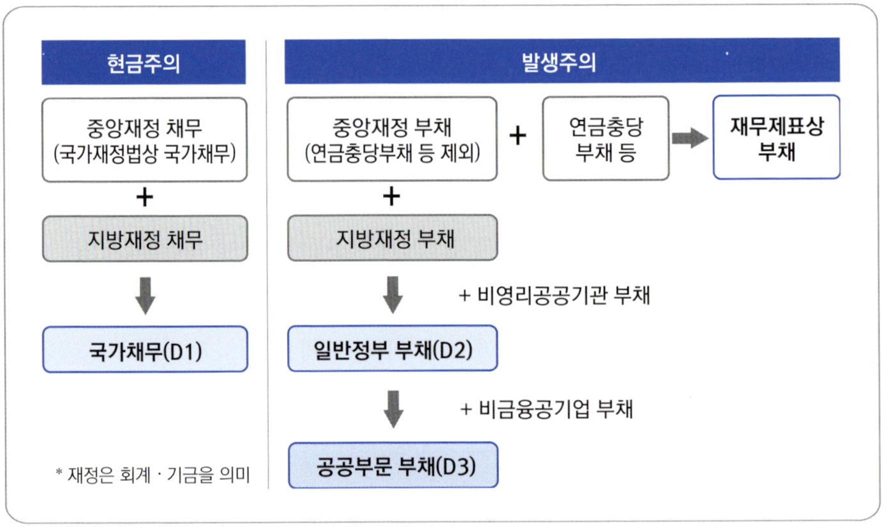

자료: 기획재정부(2022).

이제 위에서 정의한 한국의 국가채무 및 부채 추이에 대하여 살펴보도록 하자. <표 1-2>는 국가채무(D1)의 추이를 보여준다. 2000년 국가채무 총액은 111.2조 원으로 GDP 대비 17.1%를 기록하였는데, 2022년에는 GDP의 49.7%로 증가한 것으로 추정된다. 국가채무는 중앙정부채무와 지방정부 순채무로 구성되는데, 대부분이 중앙정부채무이다. 한편 중앙정부채무는 국채(56.6%)와 차입금(36.6%)이 주를 이룬다. 국가채무가 빠른 증가세를 보인 이유는 국채발행액의 증가가 주원인이라고 할 수 있다. 이러한 추세로 가면 2025년에 국가채무는 GDP의 58.8%에 달할 것으로 전망된다.

다음에는 국제기구에서 국가 간 부채 수준을 비교할 때 사용하는 일반정부부채(D2)에 대해 살펴보자. 일반정부부채는 국가채무(D1)뿐 아니라 비영리공공기관부채를 포함하며, 공공부문 내 상호 내부거래는 포함되지 않는다. 2021년 말 한국의 일반정부부채는 1,066.2조 원으로 중앙

주의를 적용하고 있다(기획재정부, 시사경제용어사전).

〈표 1-2〉 **국가채무(D1)**

(단위: 조 원)

연도	중앙정부(A)				지방정부 순채무 (B)	국가채무(A+B)	
	국채	차입금	국고채무 부담행위	소계 (A)		금액	GDP 대비 비율(%)
2000	76.3	21.9	2.7	89.7	10.2	111.2	17.1
2005	229.0	7.6	2.1	238.8	9.2	247.9	25.9
2010	367.2	3.5	3.1	373.8	18.4	392.2	29.7
2015	551.5	3.3	1.7	556.5	34.9	591.5	35.7
2020	815.2	3.3	0.7	819.2	27.5	846.6	43.8
2022	1,035.8	1.9	0.1	1,037.7	31.1	1,068.8	49.7
2025	1,373.2	1.1	0.1	1,374.3	34.3	1,408.5	58.8

주: 1. 지방정부 순채무는 지방정부 전체 채무 중 중앙정부에 대한 채무 제외, 2022.7.21.
2. 2022년과 2025년 수치는 「21-25 국가채무계획」 추정치임.
자료: e-나라지표, "국가채무추이", https://www.index.go.kr/potal/main/EachDtlPageDetail.do?idx_cd=1106.

정부의 부채가 대부분(95.3%)을 차지한다(<표 1-3> 참조). 일반정부부채가 빠르게 증가하면서 GDP에 대한 비율도 높아지고 있다. IMF에 따르면 한국의 일반정부부채비율은 선진국 중 비기축통화국들의 평균을 넘어서고 있다.[15]

한편 공공부문 부채(D3)는 일반정부부채에다가 한국전력공사, 한국토지주택공사(LH), 서울도시주택공사(SH) 등 비금융공기업부채를 합한 값이다. 이때 공기업이 기금에서 융자받은 금액 등 내부거래를 제외한다. 한국의 공공부문 부채는 2021년 말 현재 1,427.3조 원에 달하는데

15 국제통화기금(IMF)의 '재정점검보고서(Fiscal Monitor)'를 분석한 결과 IMF가 선진국으로 분류하는 전 세계 35개국 중 비기축통화 11개국의 2022년 말 기준 국내총생산(GDP) 대비 일반정부의 부채(D2) 비율 평균은 53.5%로 예상됐다. 비기축통화국은 IMF가 선진국으로 분류한 35개국 중 미국 달러와 유로, 일본 엔, 영국 파운드, 호주 달러, 캐나다 달러, 스위스 프랑 등의 기축통화를 사용하지 않는 한국과 체코, 덴마크, 홍콩, 아이슬란드, 이스라엘, 몰타, 뉴질랜드, 노르웨이, 싱가포르, 스웨덴을 의미한다. 이들 비기축통화국은 경제규모 대비 정부부채비율을 50% 안팎에서 꾸준히 관리해 왔다. 한국의 정부부채비율이 비기축통화국 평균을 넘어서는 일종의 '데드크로스(dead-cross)' 현상은 2022년 처음으로 발생하는 것으로 나타났다(연합뉴스, 2022).

〈표 1-3〉 일반정부부채(D2)

(단위: 조 원)

연도	일반정부부채		중앙정부	지방자치단체	내부거래(-)
	금액(구성비)	GDP 대비 비율(%)	금액(구성비)	금액(구성비)	금액(구성비)
2017	735.2(100.0)	40.1	683.4(93.0)	63.9(8.7)	12.1(1.6)
2018	759.7(100.0)	40.0	711.5(93.7)	63.0(6.7)	11.7(1.5)
2019	810.7(100.0)	42.1	767.6(94.7)	54.9(6.8)	11.8(1.5)
2020	945.1(100.0)	48.7	898.4(95.1)	63.0(6.7)	16.2(1.7)
2021	1,066.2(100.0)	51.5	1,016.2(95.3)	69.9(6.6)	19.8(1.9)

주: 괄호 안의 수치는 백분율(%) 표시.
자료: 기획재정부, 열린재정(https://www.openfiscaldata.go.kr/) 재정통계.

〈표 1-4〉 공공부문 부채(D3)

(단위: 조 원)

연도	공공부문 부채		일반정부	비금융공기업	일반정부와 공기업 간 내부거래(-)
	금액(구성비)	GDP 대비 비율(%)	금액(구성비)	금액(구성비)	금액(구성비)
2017	1,044.6(100.0)	56.9	735.2(70.4)	378.5(36.2)	69.2(6.6)
2018	1,078.0(100.0)	56.8	759.7(70.5)	387.6(36.0)	69.3(6.4)
2019	1,132.6(100.0)	58.9	810.7(71.6)	395.8(34.9)	73.9(6.5)
2020	1,280.0(100.0)	66.0	945.1(73.8)	408.1(31.9)	73.3(5.7)
2021	1,427.3(100.0)	68.9	1,066.2(74.7)	439.7(30.8)	78.6(5.5)

주: 괄호 안의 수치는 백분율(%) 표시.
자료: 기획재정부, 열린재정(https://www.openfiscaldata.go.kr/) 재정통계.

일반정부부채와 비금융공기업부채가 각각 74.7%와 30.8%를 차지하고 있다(<표 1-4> 참조). 2021년 한국의 공공부문 부채는 GDP의 68.9% 수준에 달한다.[16]

16 한국의 공공부문 부채비율은 세계은행이 개발도상국의 위험 수위로 보는 64.0%를 넘어섰다. 다른 선진국과의 비교평가와 관련하여 기획재정부는 OECD 회원국 8개국만이 공공부문 부채(D3) 통계를 산출하고 있기 때문에 국제 비교자료로 활용하기에 한계가 있다는 입장이다(기획재정부, 2022a).

정부는 D4 기준에 입각한 광의의 국가부채 통계를 발표하지 않고 있다. 하지만 보증, 보험, 연금 등과 관련된 비확정부채의 규모는 상당히 클 것으로 예상된다.[17] 실제로 정부가 「국가회계법」에 따라 작성하는 국가부채 통계에서 이러한 점을 확인할 수 있다. 국가회계법에서는 결산기준으로 정부의 재무상태표를 작성토록 규정하고 있다.[18] 재무제표상의 부채는 정부 관리기금 및 공공기관 관리기금 채무를 포함하는 대신 지방정부채무를 제외하고 있다(<그림 1-4> 참조). 또한 국가부채에는 유동부채, 장기차입부채뿐 아니라 장기충당부채를 포함시키고 있다.[19]

<표 1-5>에서 보는 바와 같이 2021결산기준 국가부채 총액은 2,195.3조 원으로 GDP 대비 비율은 106.0%이다. 이러한 수치를 발생주의에 입각한 공공부문 부채(D3)와 직접 비교하기는 어렵지만, 그 규모가 상당히 크다는 것은 분명하다. 국가부채를 구성하는 요소 중 가장 비중이 큰 것은 장기충당부채(비확정부채)이다. 2021년의 경우 장기충당부채는 1,199.4조 원을 기록하여 전체 국가부채의 54.6%에 달하고 있다.

---

17 조경엽(2020)은 2019년 비확정부채의 대GDP비율이 49.4%라고 추정하였다.

18 국가결산 재무제표상 부채에 대해서는 "열린재정 재정정보공개시스템" 참조(https://www.openfiscaldata.go.kr/op/ko/sm/UOPKOSMA20).

19 재무제표의 표시와 부속서류의 작성에 관한 지침에 따르면 개별 부채의 정의는 다음과 같다.

(가) 유동부채는 재정상태표일부터 1년 이내에 상환하여야 하는 단기국채, 단기공채, 단기차입금, 유동성장기차입부채 및 기타 유동부채 등을 말한다.

(나) 장기차입부채는 재정상태표일부터 1년 후에 만기가 되는 확정부채로서 국채, 공채, 장기차입금 및 장기차입부채 등을 말한다.

(다) 장기충당부채는 지출시기 또는 지출금액이 불확실한 부채로서 퇴직급여충당부채, 연금충당부채, 보험충당부채 및 기타 장기충당부채 등을 말한다.

(라) 기타 비유동부채는 유동부채, 장기차입부채 및 장기충당부채에 해당하지 아니하는 부채를 말한다.

〈표 1-5〉 국가 재무상태표상의 부채(결산기준)

(단위: 조 원)

연도	국가부채		유동부채	장기 차입부채	장기 충당부채	기타 비유동부채
	금액(구성비)	GDP 대비 비율(%)	금액 (구성비)	금액 (구성비)	금액 (구성비)	금액 (구성비)
2016	1,433.1(100.0)	82.3	136.9(9.6)	456.5(31.9)	805.9(56.2)	33.8(2.4)
2017	1,555.8(100.0)	84.8	140.2(9.0)	478.4(30.7)	902.2(58.0)	35.0(2.2)
2018	1,683.4(100.0)	88.7	139.3(8.3)	505.0(30.0)	998.6(59.3)	40.5(2.4)
2019	1,743.7(100.0)	90.6	153.5(8.8)	546.9(31.4)	1,000.3(57.4)	43.0(2.5)
2020	1,981.7(100.0)	102.1	167.9(8.5)	658.5(33.2)	1,102.6(55.6)	52.7(2.7)
2021	2,195.3(100.0)	106.0	187.4(8.5)	756.1(34.4)	1,199.4(54.6)	52.4(2.4)

자료: 국가재정회계정보센터, 국가재무제표, 국가재무상태표 요약, 2022.7.11.
(https://www.kipf.re.kr/gafsc/settlementedu_Explanation.do)

4 대외채무와 대외부채

이제 국내경제주체(국내거주자)와 해외부문(비거주자) 간 발생하는 부채에 대하여 살펴보도록 하자. 국내부채와 마찬가지로 대외부채에도 협의의 부채와 광의의 부채가 있다. **대외채무**란 한 국가경제가 외국에 대해 지고 있는 협의의 부채를 의미한다. 대외채무는 상환기간이 정해져 있고 이자가 발생하는 빚을 의미한다. 여기에는 외국인의 채권투자, 외국은행으로부터의 차입, 외국인의 예금, 외국인에게 갚아야 하는 무역신용 등이 해당된다.[20]

한편 **대외부채**는 대외채무에다가 확정되지 않은 부채를 합한 값으로 대외채무에다 외국인 직접투자와 국내주식 및 국내파생상품에 외국투자

20 무역신용은 국내기업이 수입을 할 때 국내 금융기관의 지급보증을 받아 외국 금융기관으로부터 수입대금을 차입하는 것을 말한다. 무역신용 기간은 대략 3개월 정도이며, 수입대금을 결제할 때까지 단기외채로 잡힌다.

〈그림 1-5〉 **대외채무**

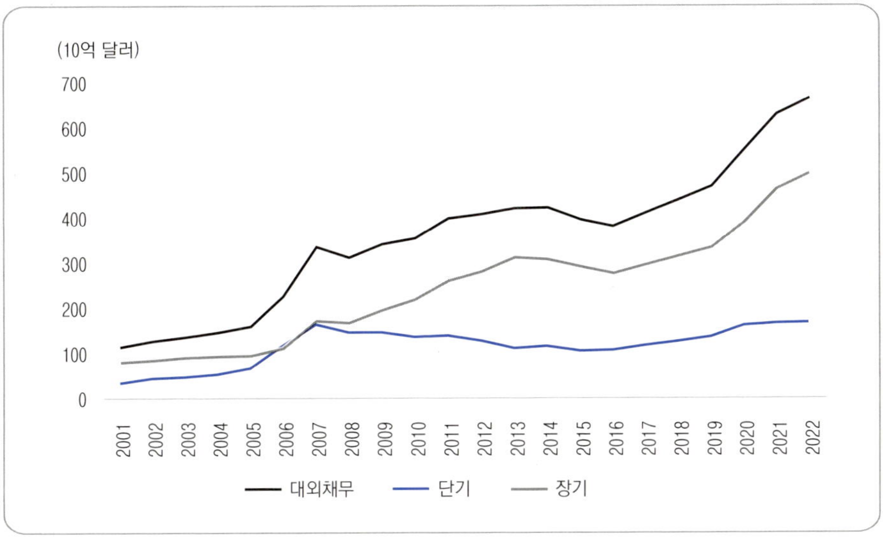

자료: 한국은행 경제통계시스템, "국제투자대조표".

자가 투자한 금액을 더한 것이다.

대외채무가 과도하면 국가의 외화유동성 위기를 초래할 수 있고, 지급불능사태 가능성을 높인다. 따라서 대외채무 규모는 한 국가의 대외지급능력과 신용도를 판단하는 데 중요한 지표라고 할 수 있다. 한국의 대외채무 통계는 한국은행에서 발표하는 **국제투자대조표**(international investment position: IIP)에서 확인할 수 있다.[21] <그림 1-5>는 한국의 대외채무, 그리고 이를 구성하고 있는 만기 1년 미만인 단기채무와 1년 이상인 장기채무 추이를 보여준다.

한국의 대외채무는 2008년 글로벌 금융위기를 겪으면서 증가세가 둔화되었다가 2016년 이후 다시 빠르게 증가하고 있다. 단기채무와 장기채무의 추이를 비교하면, 글로벌 금융위기 이후 단기채무의 증가세는

21 우리나라 국제투자대조표는 2003년 3월 처음으로 발표되었고, 매 분기별로 갱신된다. 한국은행 경제통계시스템에서 관련 통계를 볼 수 있다. 국제투자대조표에 대한 자세한 설명은 한국은행(2014) 참조.

둔화된 반면, 장기채무는 지속적으로 증가세를 보이고 있다. 그 결과 대외채무에서 차지하는 단기채무의 비중은 떨어지는 반면, 장기채무의 비중은 높아지고 있다. 2022년 대외채무는 6,652억 달러를 기록하고 있는데, 단기채무가 1,165억 달러(25%), 그리고 장기채무가 4,988억 달러(75%)에 달하고 있다.

한편 대외부채 금액은 **국제투자대조표**상의 금융부채로 확인할 수 있는데 외국인투자의 잔액을 보여준다. 대외부채도 대외채무와 마찬가지로 2008년 글로벌 금융위기의 여파로 증가세가 주춤하였으나, 2009년부터는 지속적으로 증가세를 보였다. 대외부채의 증가를 견인한 것은 외국인 증권투자라고 할 수 있는데, 증권투자에는 채권과 같은 확정부채 외에도 주식과 같은 비확정부채가 섞여 있다. 한편 직접투자나 파생금융상품 투자는 별다른 변화를 보이지 않고 있다. 2022년 현재 대외부채 총액은 13,974억 달러인데, 이 중 증권투자가 8,125억 달러(58.1%), 직접

〈그림 1-6〉 **대외부채**

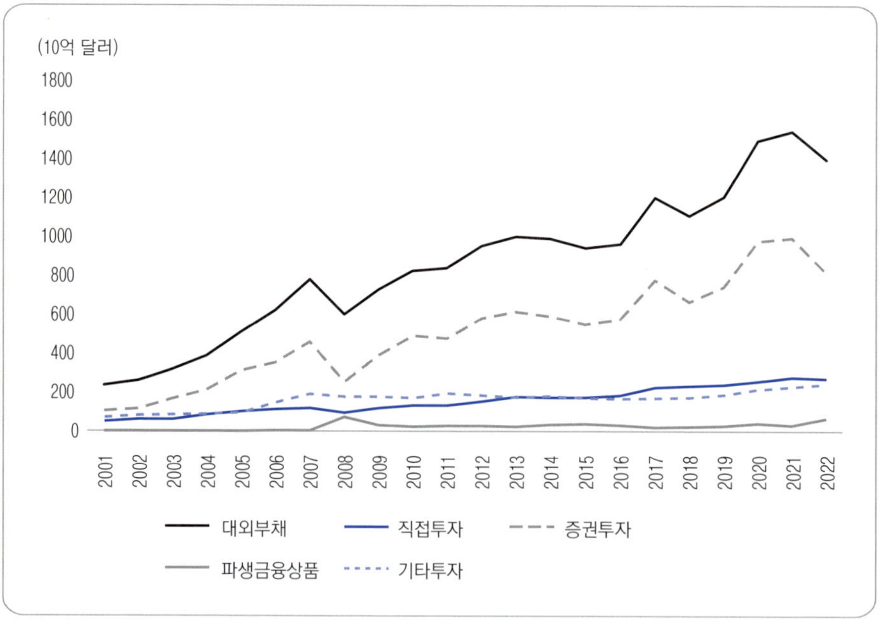

자료: 한국은행 경제통계시스템, "국제투자대조표".

투자가 2,723억 달러(19.5%), 그리고 기타투자가 2,455억 달러(17.5%)를 차지하고 있다.

2016년 이후 대외채무와 대외부채가 지속적으로 증가하고 있는 모습을 보이고 있는데, 한국의 대외지급능력과 신용도에는 문제가 없는가? 만약에 한국이 다른 나라에 대하여 주장할 수 있는 대외채권이나 대외자산이 늘어나지 않는다면 큰 걱정거리가 아닐 수 없다. 하지만 한국의 대외채권과 대외자산은 각각 대외채무와 대외부채를 능가하고 있다. 순대외채권은 2001~2022년 기간 중 줄곧 정(+)의 값을 보이다가 2020년 이후 수출부진으로 인하여 감소세로 돌아섰다. 그러나 순대외자산은 2020년 이후 오히려 가파른 증가를 보이고 있다. 한국은 2022년 현재 순대외자산국인 동시에 순대외채권국이다.

순대외채권과 순대외자산의 추세를 보면 대외지급능력은 양호하다고 볼 수 있다. 하지만 순대외채권이 줄어드는 현상은 주시할 필요가 있다. 다시 말해서 COVID-19 팬데믹으로 촉발된 글로벌 경기침체의 일시적 결과인지, 아니면 한국의 국제경쟁력이 장기적으로 약화되고 있음을 보여주는 조짐인지 면밀한 검토가 필요하다. 이 문제에 대해서는 제2장에서 보다 상세하게 논의하기로 한다.

부록 | 부채 간의 연계성

본문에서는 가계부채, 기업부채, 정부부채, 그리고 대외부채가 서로 독립적인 것처럼 설명하였다. 실제로는 이들 사이에는 밀접한 상호연계성이 존재한다. 예를 들어, 가계부채가 증가할 경우 기업대출이나 기업 회사채 발행이 영향을 받을 수 있고, 국채 발행이 확대될 경우 가계신용이나 기업의 채권발행이 축소되는 구축효과가 나타날 수 있다. 따라서 개별 부채에 대한 분석과 더불어 좀 더 구체적으로 이들의 연계성을 짚고 넘어갈 필요가 있다.

가계부채와 기업부채 간의 연계성

장기적으로는 금융심화가 진행되면서 GDP 대비 가계신용과 기업신용 비율이 상승하는 경향은 있지만, 단기적으로는 금융기관의 대출 총량이 제한되어 있을 경우 둘 사이에 일종의 상충관계가 존재한다고 말할 수 있다. 이 경우 가계신용이 대폭 늘어나면 기업은 금융기관으로부터의 대출 대신 부족한 신용을 회사채 발행을 통하여 자금을 확보해야 하는데, 가계부채가 빠르게 늘어날 때는 회사채 수요가 크지 않기 때문에 회사채 금리가 높아지게 된다. 즉, 가계신용이 빠르게 증가할 경우 기업 신용이 위축되고, 시중금리가 상승할 가능성이 높다. 이는 다시 여신전문회사들의 자금조달금리를 높여서 금융시스템 전반적인 금리 수준 상승을 가져올 수 있다.

<그림 1A-1>은 자금순환표상의 가계 및 비영리단체의 금융부채와 기업의 금융부채 증가율(전년도 동기 대비)을 보여준다. 2010년대 초반부터 2017년 중반까지는 가계부채와 기업부채의 증가율은 대체적으로 상반되게

〈그림 1A-1〉 가계부채 및 기업부채의 증가율

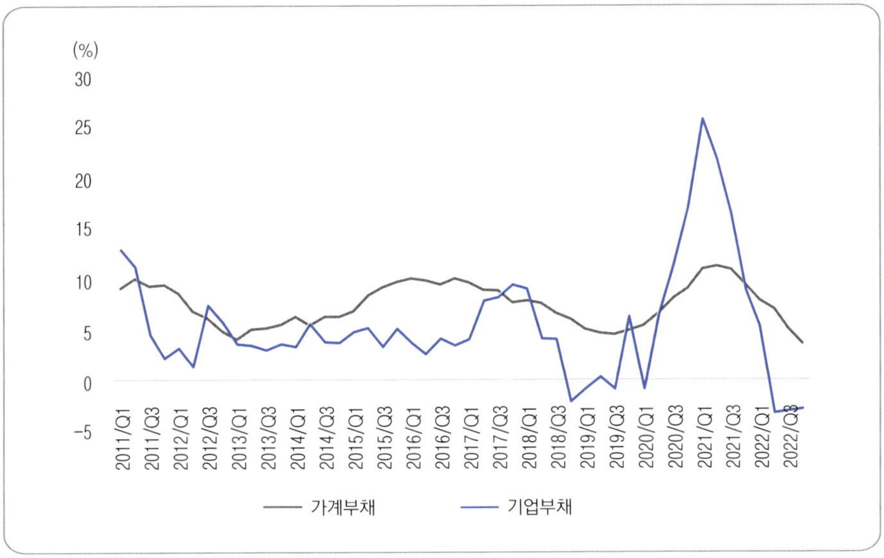

주: 1. 가계부채와 기업부채는 자금순환표상의 금융부채를 지칭.
2. 증가율은 전년도 동기 대비 변화율 지칭.
자료: 한국은행, 경제통계시스템, 금융자산부채잔액표(2008~).

나타났다. 그러나 2017년 중반 이후 두 부채의 증가율은 동조화 현상이 나타나고 있다. 특히 2020년 COVID-19 팬데믹이 본격적으로 확산됨에 따라 경기위축이 우려되자, 한국은행은 기준금리를 0.5%까지 인하하였는데 그 여파로 주택시장에서는 대출을 통한 주택구매가 급격히 증가하였고, 기업은 매출감소로 인한 타격으로 차입을 확대하였다. 이에 따라 가계부채와 기업부채는 동시에 증가하였다. 특히 2021년 1분기에는 가계부채 증가율과 기업부채 증가율이 각각 11.0%와 26.0%를 기록하였다. 그리고 2021년 8월부터 시작된 금리인상으로 인하여 가계부채와 기업부채 모두 증가율이 급격히 하락하였다. 따라서 일반적으로 가계부채 증가율과 기업부채 증가율은 상반되게 나타나는 경향이 있지만 경제상황에 따라서는 동조화 현상도 발생할 수 있다.[22]

22 금리인상 이후 통화량의 변화를 살펴보면 기준금리 인하로 인한 본원통화의 증가는 가계와 기업의 대출 증가로 인하여 통화(M1)의 증대로 연결되었다. 2008년 글로벌 금융위기

민간부채와 정부부채 간의 연계성

가계부채와 기업부채를 합한 민간부채의 과잉으로 인해 부실 위험성이 증대하게 될 경우 문제를 해결하기 위해서 정부가 나설 수밖에 없는 상황이 초래되고, 이는 국가채무의 증가로 연결될 수 있다. 이때 국가채무가 매우 큰 수준으로 늘어나게 되면 정부의 은행권에 대한 보증 채널 및 구조조정 능력 약화, 그리고 금융권이 보유하고 있는 국채의 가치 하락을 초래함으로써 금융권의 신용하락과 금리 인상 그리고 자본유출이 증가될 수 있다(황순주, 2021). 민간부채가 높은 상태에서는 금융기관이 국채를 매입할 여력이 줄어들기 때문에 신규 발행 국채의 상당부분을 외국투자자들의 매입에 의존할 수밖에 없다. 그 결과 해외부채가 늘어나게 되고 위기상황이 발생하게 되면 외국투자자들은 국채를 투매하게 되고 자본유출이 발생하게 될 위험이 커질 수 있다. 동시에 국내 이자율은 급등하고 국내 차입자들의 연체율이 높아지는 등 민간부채의 부실이 크게 확대될 수 있다.

민간부채든지 국가채무든지 국가 전체의 부채 규모가 국민소득 대비 일정 수준을 넘어서게 되면 국가신용도 자체에 부정적인 영향을 주고 어느 한 부문의 부채 위험도가 증가되면 즉각 다른 부문의 부채 위험도에도 영향을 주게 되어서 금융시스템 전체의 불안이 급속히 증대될 수 있다. 따라서 금융시장의 안정 유지를 위해서는 국가 전체의 부채 총량에 대해서도 예의 주시하여야 한다.

당시에는 중앙은행의 자산의 대폭적인 증가, 즉 본원통화의 확대에도 불구하고 은행들의 대출 억제로 인해 통화(M1)는 매우 제한적으로 증가하였다. 이에 주요국들은 대출확대를 위해 은행들의 초과지급준비금에 대해 이자를 지급하는 대신 페널티로 이자를 받는 마이너스금리정책을 추진하였다. 한국의 코로나 사태 때에는 기준금리 인하로 인한 본원통화 확대가 가계대출로 연결되면서 주택거래를 촉진하고 주택가격을 상승시켰다. 또한 가까운 미래에도 주택가격이 상승할 것이라는 기대가 형성되면서 다시 주택가격이 상승하는 연결고리가 형성되었다.

국내부채와 대외부채 간의 연계성

자본시장이 개방되지 않은 상황에서 예대율 규제나 국내저축 부족으로 대출을 늘릴 여력이 없는 경우, 금융기관은 해외에서 차입을 통해서 대출을 늘리려는 인센티브를 가지게 된다. 이는 곧 해외부채 증가로 이어진다. 이때 은행은 차입이자와 대출이자 간 차이를 통해 이익을 얻지만, 외화로 대출받은 기업이 상환을 하지 못할 경우 외화유동성 위험에 노출될 수 있다. 실제로 이러한 사례가 1997년 외환위기이다.

1990년대 중반에 기업대출이 이미 과잉인 상태에서 기업들은 국내 직접금융시장을 이용하기 어려웠다. 대신 기업보다 상대적으로 해외신용도가 높은 은행을 비롯한 금융기관들이 국내보다 낮은 단기이자로 해외에서 차입해서 일정 마진을 더한 후 국내기업에 달러표시로 대출하였다. 그 결과 해외부채가 증가하게 되었다. 그러나 기업의 부실누적으로 인해 대출을 은행에 상환하기 어렵게 되었다. 이러한 상황에서 정책당국은 국내 금융기관의 외화차입 상환에 정부가 관여하지 않고 시장에 맡기겠다고 선언함으로써 은행의 대외신용도는 저하되었다. 이후 기업의 부도와 연체율 증가로 인해 은행위기가 초래되었고, 은행들은 외화대출을 연장하는 것이 어려워졌다. 외화유출이 확대되자, 외환당국은 환율안정과 외화유동성 경색을 완화하고자 보유하고 있던 외환을 매각하였지만, 시장을 안정시키기에는 역부족이었다. 결국 외환부족으로 인한 외환위기가 초래되었다. 즉, 기업대출과 해외부채 간의 연결고리로 인해서 은행위기와 외환위기가 순차적으로 발생된 것이다. 이러한 맥락에서 1997년 외환위기의 발단은 은행위기라고 할 수 있다.[23]

한편 일본의 경우 국채의 대부분을 우체국 등 국내 금융기관이 매입하여 보유하였다. 이는 금융기관의 자산구성상 대출과 더불어 국채에 투자할 여력이 충분히 있다는 것을 의미하고, 동시에 일본 민간부문의 순자산이 높은 수준이라는 것을 의미한다. 일본 국채를 보유하고 있는 외국투자자의 비

23 1997년 발생한 은행위기와 외환위기에 대해서는 제8장 참조.

중은 국채금리가 마이너스 금리 수준인 관계로 한동안 5% 정도에 불과하였다. 하지만 최근에는 13% 수준까지 올라갔는데, 이는 한국 국채의 외국투자자 비중과 비슷한 수준이다. 향후 일본의 통화당국은 국채금리를 국제금리보다 지나치게 낮은 수준으로 유지하기가 쉽지 않을 것으로 전망된다.

제 **2** 장

한국의 대외부채

1 대외부채 추이

만약 해외자본이 없었더라면 한국의 성공적인 경제발전은 없었을 것이다. 경제성장을 하기 위해서는 투자를 해야 하는데 1950~1960년대의 한국은 인구는 많고 투자할 자본이 없었다. 1962년 한국의 1인당 소득은 106달러에 불과하였는데, 당시 최빈국들 중 하나였던 아프리카 가나의 195달러보다도 낮았다. 따라서 저축도 미미할 수밖에 없고 투자를 위한 국내자본은 터무니없이 부족했다. 1950년대 이승만 정부하에서는 6・25 한국전쟁 후 경제복구에 미국의 원조가 큰 역할을 했고 1962년 박정희 군사정부가 들어선 후에는 해외차관이 경제성장에 큰 기여를 하였다.[1] 그렇지만 수출주도형 성장전략을 추진하는 과정에서도 경상수지는 지속적으로 적자를 기록하여 이를 해외로부터의 차입으로 메울 수밖에 없었다. 그 결과 해외부채는 지속적으로 증가하였다. 그만큼 해외부채는 한국의 고도성장에 긍정적인 역할을 했지만, 그로 인해 한국경제는 크게 세 번의 경제위기에 직면하였다. 1980년대 초 외채위기, 1997년 외환위기 그리고 2008년 글로벌 금융위기가 바로 그것이다.

이번 장에서는 한국경제와 대외부채의 연관성을 시대별로 살펴보고 관련 자료들의 추이에 대한 분석과 시사점을 도출해 보기로 한다. 지난 제1장 제4절에서 대외채무와 대외부채에 대해 상세히 설명했지만, 혼란

1 1953~1958년 기간 동안 매년 지원되었던 미국의 원조는 GDP의 15%에 달했다 (Amsden, 1989).

을 피하기 위해 이들에 대한 개념을 다시 요약하고 이번 장을 시작하기로 한다. **대외채권**과 **대외채무**는 각각 '일정 시점 한 나라의 거주자의 비거주자에 대한 확정 금융자산과 금융부채'를 의미한다. 예를 들어, 거주자는 한국인, 비거주자는 외국인이고, 확정 금융부채는 은행대출이나 채권과 같이 변제해야 될 금액이 확정된 금융부채를 의미한다. **대외자산**과 **대외부채**는 각각 '일정 시점 한 나라의 거주자의 비거주자에 대한 총금융자산과 총금융부채'를 의미한다. 여기에서 총금융자산(부채)은 확정된 자산(부채)뿐만 아니라 확정되지 않은 자산(부채)까지 모두 포함한 개념이다. 예를 들어, 변제해야 될 금액이 확정되지 않은 금융부채는 비거주자들이 보유하고 있는 국내주식, 국내파생상품 등이다.[2]

<그림 2-1>은 1971~2021년 동안 한국의 명목GDP(이하, GDP) 대비 대외채무 추이를 보여주고 있다. 이 기간 동안 1985년의 대외채무액이 GDP의 52.5%로서 가장 높았고, 그 이후 1998년(39.3%)과 2009년(36.2%)에 걸쳐 두 번의 정점(peak)이 있음을 볼 수 있다. <그림 2-2>에 있는 **순대외채권**(대외채권 – 대외채무)과 **순대외자산**(대외자산 – 대외부채)의 추이도 비슷하게 같은 연도에 저점(trough)을 형성하고 있다. 대부분 기간 동안 순대외채권이 부(–)인데, 이는 한국인이 외국인으로부터 빌린 확정 금융부채가 외국인에게 빌려준 확정 금융자산보다 많은 순대외채

---

2 순대외자산(net external assets)은 총대외자산(total external assets)에서 총대외부채(total external liabilities)를 차감한 것이다. 총대외부채는 국제투자대조표(international investment position: IIP)에서 비거주자에 대한 총금융부채(total financial liabilities to non-residents)를 의미하고 직접투자(FDI), 주식(portfolio equity)과 파생금융상품(financial derivatives), 채권(portfolio debt) 및 기타투자(other investment)에 대한 부채(liabilities)의 합계이다. 총대외자산은 거주자의 총금융자산(total financial assets of residents)을 의미하고 직접투자, 주식, 파생금융상품, 채권 및 기타투자에 대한 자산(assets)과 금을 제외한 외환보유액을 합한 것이다. 순대외채권(net external debt assets)은 대외채권(external debt assets)에서 대외채무(external debt liabilities)를 차감한 것이다. 대외채권 · 채무는 '일정 시점 현재 한 나라 거주자의 비거주자에 대한 확정 금융자산 및 금융부채'를 의미하고 국제투자대조표에서 채권(portfolio debt) 및 기타투자(other investment)에 대한 자산(assets) 및 부채(liabilities)를 나타낸다.

〈그림 2-1〉 대외채무(GDP 비중)

(단위: %)

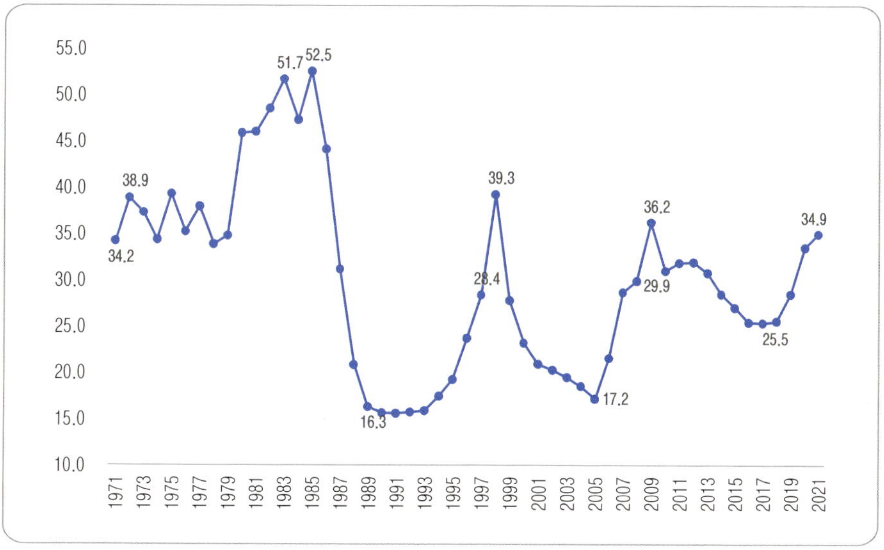

주: 기간 1971~2021년.
자료: Lane and Milesi-Ferretti(2021); IMF, Balance of Payments.

〈그림 2-2〉 순대외자산과 순대외채권

(단위: %)

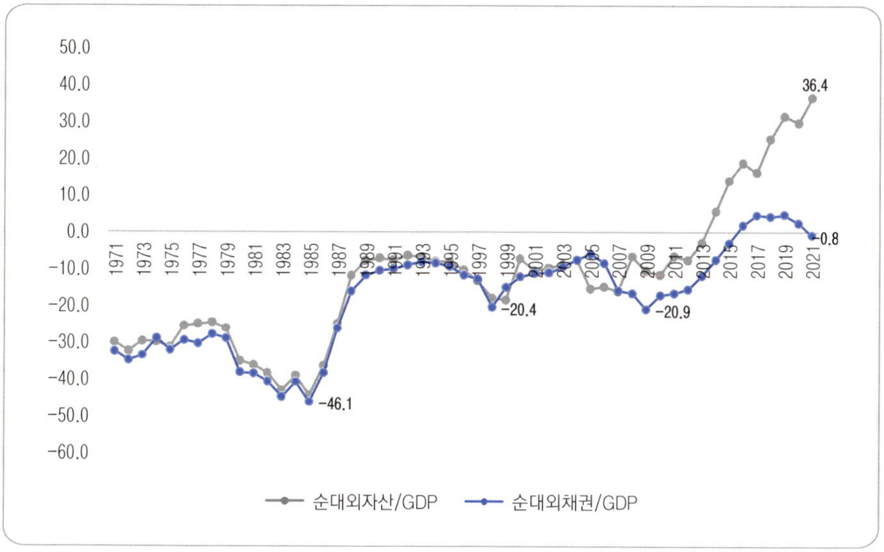

주: 기간 1971~2021년.
자료: Lane and Milesi-Ferretti(2021); IMF, Balance of Payments.

〈그림 2-3〉 외환보유고(GDP 비중)

(단위: %)

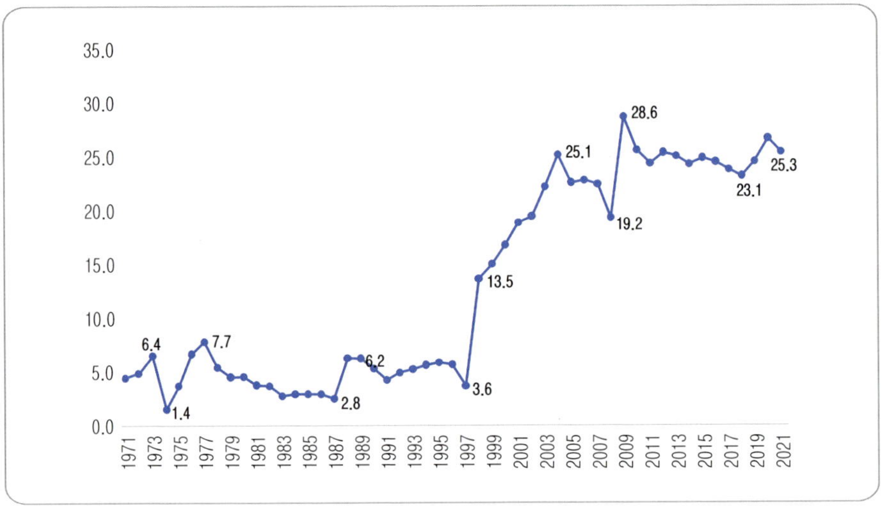

주: 기간 1971~2021년.
자료: Lane and Milesi-Ferretti(2021); IMF, Balance of Payments.

무국이었음을 의미한다. 순대외자산도 부(−)인데, 이는 한국인이 외국인으로부터 빌린 총금융부채가 외국인에게 빌려준 총금융자산보다 많은 순대외부채국이었음을 나타낸다. 1997년 외환위기 이전까지 순대외채권과 순대외자산의 추이가 비슷한데 그 이유는 자본시장의 개방도가 낮았고 외환보유액이 적었기 때문이다.[3]

<그림 2-3>을 보면 GDP 대비 외환보유액이 한 자릿수에 머물렀고 1997년에는 3.6%에 불과했다. 외환위기 이후 지속적인 경상수지 흑자와 더불어 외환보유액이 급격히 증가하였고 2008년 글로벌 금융위기에 잠시 줄었지만 그 이후에 다시 반등하여 2021년에는 25.3%까지 높아졌다. 한국은 2014년 처음으로 대외자산이 대외부채보다 많게 되어 순대외부채국에서 순대외자산국이 되었고 그 이후 지속적으로 순대외자산이 늘어 2021년에는 GDP의 36.4%까지 높아졌다. 글로벌 금융위기 이

3 1997년까지는 비확정부채인 주식의 국내외 거래가 제한되었기 때문이다. 또한 주 4에서 설명하듯이 외환보유액은 대외자산에 속하지만 대외채권에는 포함되지 않기 때문이다.

후 대외채무 규모도 줄어들어 2016년에는 대외채권이 대외채무보다 많게 되어 순대외채무국에서 순대외채권국이 되었다.[4] 하지만 2018년부터 대외채무가 다시 증가하여 2021년에는 GDP의 34.9%까지 높아져 다시 대외채권보다 대외채무가 더 많은 순대외채무국으로 전환되었다.

2 가까이 왔던 외채위기

한국은 1962년 제1차 경제개발 5개년 계획을 시발점으로 투자와 수출을 통해 고도의 경제성장을 이루었다. 그러나 국내저축은 빠르게 증가하는 투자를 따라가지 못해 지속적으로 경상수지 적자를 시현하였고 이를 해외차입으로 충당하였다. <그림 2-4>를 보면 1970년 25.6%이었던 총투자율(총투자/GDP)이 1979년에는 37.3%로 급격히 증가했다. 이 기간 동안 총저축률(총저축/GDP)도 18.5%에서 30.4%로 높아졌지만 항상 투자를 따라가지 못했다.

1972년부터 중화학공업 육성을 위하여 총력을 기울이는 동안, 1973년과 1979년의 두 차례에 걸쳐 오일쇼크를 겪게 되었다.[5] 1973년 1차 오일쇼크 후 한국은 인플레이션을 우려하여 긴축정책을 펴던 주요국과 달리 경기부양을 위해 확대통화정책을 사용하였다. 그 결과 1974~1975년 동안 경상수지 적자가 GDP의 10%까지 크게 확대되었다(<그림 2-5> 참조). 2차 오일쇼크가 발생한 1979년에는 국제유가가 두 배로 폭등한 이후 경상수지 적자가 1980년에는 GDP 대비 10.5%까지 다시 급증하였고

4 이번 장에서 다른 나라들과 비교하기 위해 Lane and Milesi-Ferretti(2021) database와 IMF의 BOP(Balance of Payments) 자료를 주로 이용하였다. 한국은행이 발표하는 대외채권은 Lane and Milesi-Ferretti database의 대외채권(debt assets)에 외환보유액을 합한 값이기 때문에 한국은 이미 2000년부터 순대외채권국이 되었다.

5 선진국을 따라잡기 위해 정부가 연관산업의 동시 발전을 겨냥하여 대규모 투자를 추진하는 정책을 빅푸쉬(Big Push)라고 한다.

〈그림 2-4〉 총저축률과 총투자율

(단위: %)

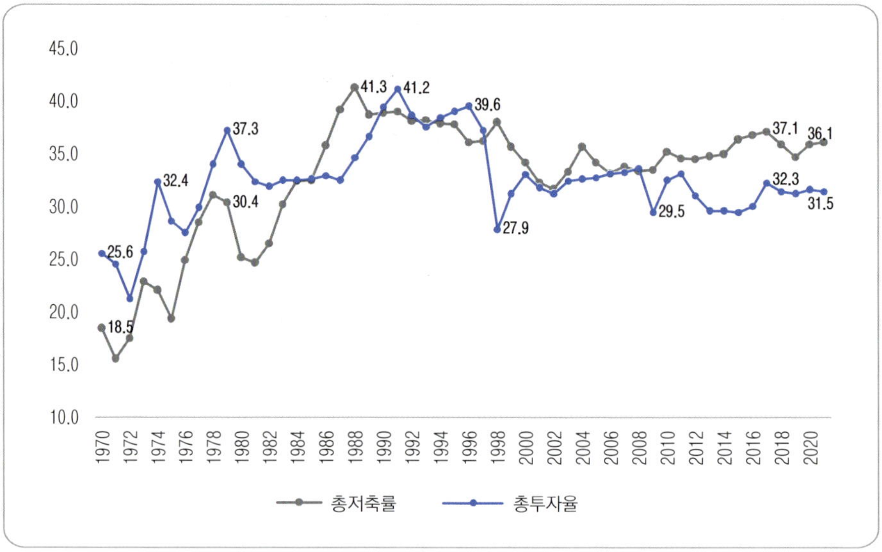

주: 기간 1970~2021년.

자료: 한국은행 경제통계시스템.

〈그림 2-5〉 경상수지(GDP 비중)

(단위: %)

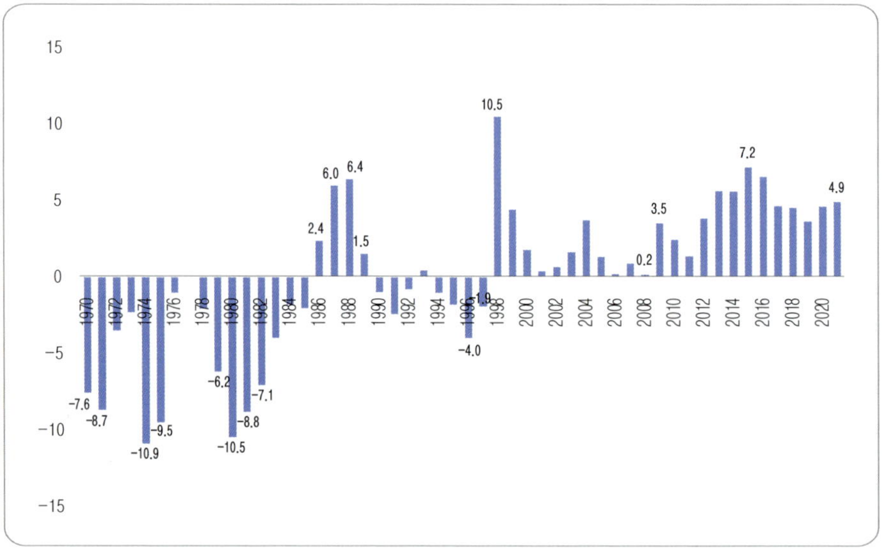

주: 기간 1970~2021년.

자료: Lane and Milesi-Ferretti(2021); IMF, Balance of Payments.

1979~1982년 연평균 적자는 8.1%에 이르렀다.

<그림 2-1>을 보면 1970년대 대외채무는 GDP의 30%대 중후반을 오르내렸지만 1980년부터 급등하여 1983년과 1985년에는 각각 51.7%, 52.5%까지 높아졌고 한국의 대외채무액은 브라질, 멕시코, 아르헨티나 다음으로 세계 4위에 해당하는 과다채무국이 되었다. 2차 오일쇼크 이후 한국의 급격한 경상수지 악화와 대외채무 증가는 국제원유가격의 급등과 더불어 세계적인 인플레이션으로 인해 국제금융시장의 금리가 급등했기 때문이다. 1979년 1월 9.94%이었던 미국 Fed(연준)의 기준금리가 1980년 4월에는 18.31%, 1980년 말에는 22.0%까지 치솟았다. 한국은 1970년대 중반부터 국제금융시장에서 변동금리로 차입하는 비중이 점차 증가하였고, 이처럼 급격한 금리상승은 원리금상환 부담을 더욱 가중시켰다.

1982년이 되자 멕시코를 시작으로 브라질, 아르헨티나 등 남미국가들은 외채위기(debt crisis)를 겪게 되었다. 외채위기는 대외채무가 너무 많아 원금과 이자를 상환하지 못하게 되는 채무불이행으로 인해 발생하는 경제위기이다. 1982년 2월 멕시코의 외환보유액이 급격히 줄어들면서 멕시코는 평가절하를 단행하여 페소화표시 대외채무가 가파르게 올랐고 그해 8월 대외채무 불이행을 선언하였다. 1982년 말, 멕시코 페소화는 1981년 말에 비해 268% 평가절하되었고 외환보유액도 3개월분의 수입액에 불과했다.

한국의 대외채무액은 브라질, 멕시코, 아르헨티나에 이어 네 번째이었다. 그런데 한국의 대외채무/GDP는 1981년과 1982년에 각각 46.1%와 48.5%로서 네 나라들 중 가장 높았다(<그림 2-6> 참조). 멕시코의 대외채무/GDP는 1981년에 26.7%에서 1983년에 53.6%로 오르고, 브라질의 경우 1981년에 41.1%에서 1984년에 64.0%로 급등하였다. 한국의 경우 1983~1985년 동안 50%대를 오르내렸고 1985년에는 다시 네 나라들 중 가장 높게 되었다.

〈그림 2-6〉 대외채무(GDP 비중): 한국, 아르헨티나, 브라질, 멕시코

(단위: %)

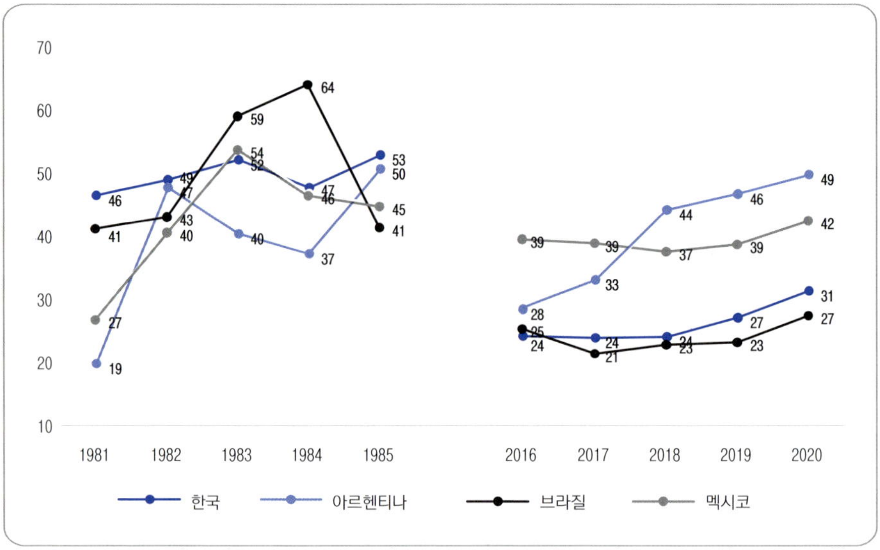

자료: Lane and Milesi-Ferretti(2021); IMF, Balance of Payments.

〈그림 2-7〉 순대외자산(GDP 비중): 한국, 아르헨티나, 브라질, 멕시코

(단위: %)

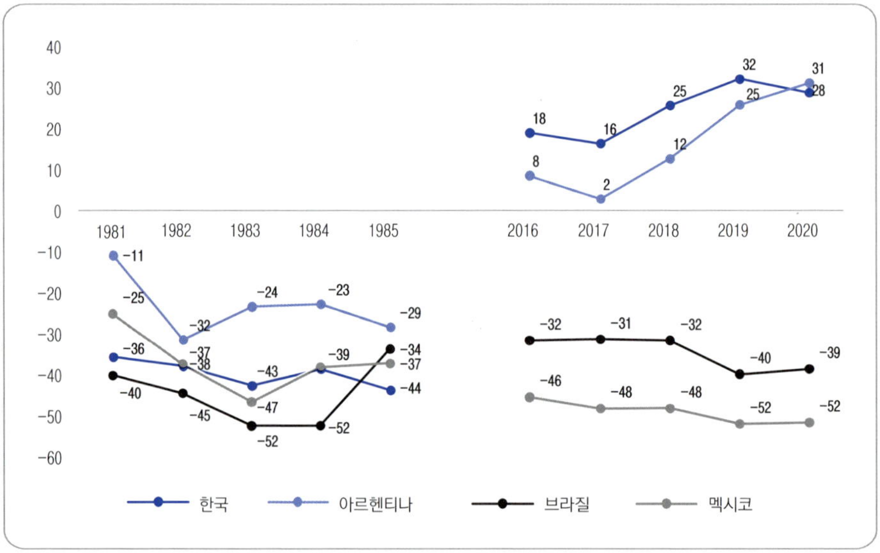

자료: Lane and Milesi-Ferretti(2021).

이들 네 나라들은 순대외자산/GDP가 모두 부(－)의 값을 보여주었다(<그림 2-7> 참조). 즉, 이들은 모두 순대외부채국이었음을 의미한다. 외채위기가 발생한 1982년에 브라질의 순대외부채/GDP는 44.6%로서 네 나라들 중 가장 높았고, 한국은 멕시코와 비슷한 38.4%이었다.[6] 1983~1984년 동안에도 이러한 추세가 지속되었지만 한국의 순대외부채/GDP는 44.3%로서 이 네 나라들 중 순대외부채 규모가 가장 크게 되었다. 즉, 경제규모 대비 대외채무나 대외부채가 외채위기를 겪었던 나라들에 비해 결코 작지 않았다는 것이다.

그런데 한국은 남미국가들과는 달리 외채위기를 왜 겪지 않았을까? 첫째, 전염효과가 없었다는 것이다. 한국은 남미국가들과 교역도 적었고 지역적으로 떨어져 있어 하나의 그룹으로 인식되는 군집집단행동(herd behavior)의 대상이 아니었다. 둘째, 한국은 중남미국들에 비해 수출을 많이 하기 때문에 원리금상환 부담이 상대적으로 작았다. <그림 2-8>은 수출이 GDP에서 차지하는 비중을 보여주고 있는데, 한국과 중남미국들의 수출 비중이 현격한 차이가 있음을 알 수 있다. 1981~1985년 기간 동안 한국의 수출 비중은 거의 30%에 접근했지만 중남미국들은 이에 크게 미치지 못했다. 중남미 3국들 중에서는 멕시코의 수출 비중이 가장 높았지만 1982년 한국은 27.4%인 반면, 멕시코는 14.4%이었고 브라질과 아르헨티나는 10%도 되지 않았다. 멕시코의 수출 비중이 1983년에는 18.1%까지 올라갔지만 1985년에는 중남미 3개국 모두 한국의 절반 정도에 불과하였다. <그림 2-9>는 1981~1985년 동안 각국이 보유하던 외환규모를 보여주고 있다. 그림을 보면 1982년 멕시코의 외환보유액은 GDP의 0.4%에 불과했다. 한국은 3.6%이었고 네 나라들 중에서 GDP

6 순대외자산은 대외자산에서 대외부채를 차감한 것이다. 순대외자산이 부(－)라는 것은 대외부채가 대외자산보다 크다는 것이고, 이 경우 대외부채에서 대외자산을 차감한 것을 순대외부채로 정의할 때 순대외부채는 정(＋)이 된다. 예를 들어, 한국의 순대외자산이 GDP의 −38.4%라는 것은 순대외부채가 GDP의 38.4%라는 의미이다.

〈그림 2-8〉 수출(GDP 비중): 한국, 아르헨티나, 브라질, 멕시코

(단위: %)

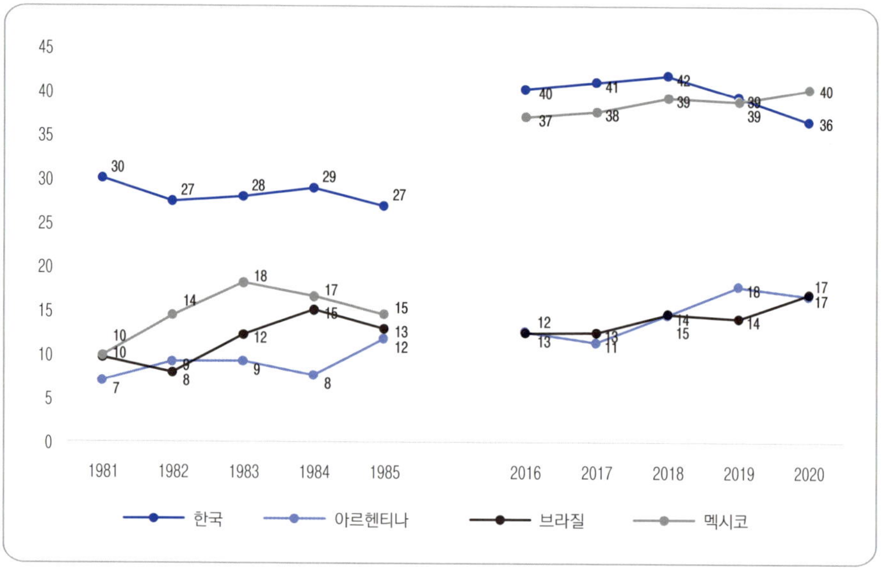

자료: World Bank, World Development Indicators.

〈그림 2-9〉 외환보유액(GDP 비중): 한국, 아르헨티나, 브라질, 멕시코

(단위: %)

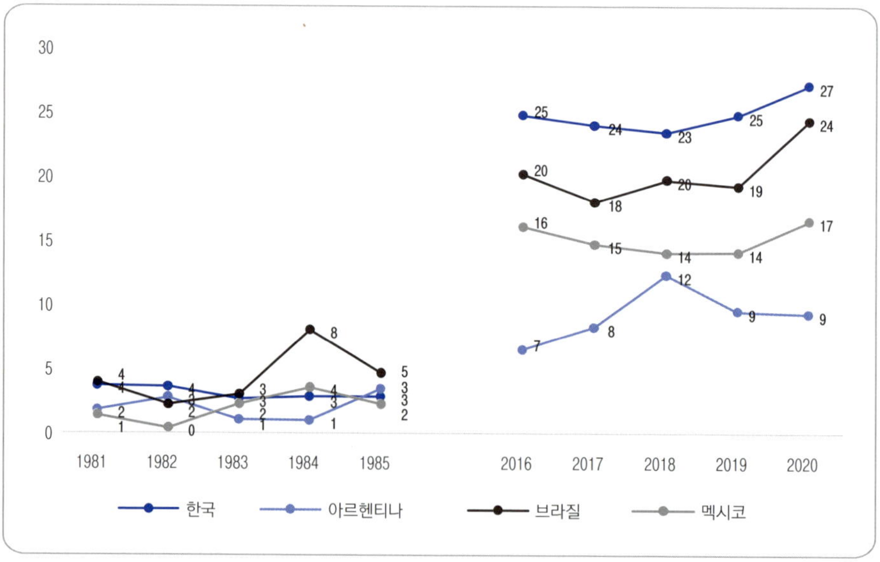

자료: Lane and Milesi-Ferretti(2021).

대비 가장 많은 외환을 보유하고 있었음을 볼 수 있다.

소위 '3저 현상(국제금리 하락, 국제원유가격 하락, 미 달러화 가치 하락)'이라는 대외여건 호전은 한국이 외채위기를 피하는 데 큰 도움을 준 세 번째 요인이다. 1981년 20%를 넘었던 미국 연준 기준금리는 1985년 7월에 7.4%, 1986년 9월에는 5.7%까지 하락하였고 3개월 만기 LIBOR도 6.2%로 떨어졌다. 국제원유가격도 큰 폭으로 하락했는데 서부텍사스유(WTI)의 경우 1배럴당 가격이 1985년 9월~1986년 9월, 1년 동안 50% 하락하였다. 한편 1981~1984년 기간 동안 미국의 고금리정책으로 인해 1985년에는 미 달러화가 영국 파운드화, 일본 엔화, 독일 마르크화, 프랑스 프랑화에 대해 거의 50% 정도 가치가 상승하였다. 이처럼 미 달러화 가치의 상승으로 미국의 경상수지가 악화되자 1985년 9월 22일 G5(미국, 영국, 일본, 서독, 프랑스)국들이 모여 플라자협정(Plaza Accord)을 맺어 미 달러화의 가치를 내리고 엔화와 마르크(DM)화 가치를 높이는 정책을 채택했다. 발표일 다음날 9월 23일 미 달러화 환율은 1달러에 231.9엔에서 1년 후인 1986년 9월 22일에는 153.6엔에 거래되어 미 달러화의 가치가 약 34% 떨어졌다. 1985년 9월 1일 1달러에 2.8381DM이었던 마르크화도 1년 후에 2.0415DM에 거래되어 달러화 가치가 약 28% 하락하였다.

이와 같은 3저 현상은 과다한 외채부담을 지고 있고 원유수입에 온전히 의지하고 있으며 수출시장에서 일본과 경쟁적인 관계에 있는 한국에는 노다지(bonanza)가 되었다. 1986년 한국은 처음으로 경상수지 흑자를 기록했고 그 규모는 GDP의 2.4%에 달했다(<그림 2-5> 참조). 경상수지 흑자는 1989년까지 계속되었고 1988년에는 GDP의 6.4%까지 급등했다. 그 결과 대외채무/GDP는 1985년 52.5%에서 1989년에는 16.3%까지 줄어들었고 순대외부채/GDP도 동 기간 동안 44.3%에서 7.9%로 크게 줄어들었다(<그림 2-1>과 <그림 2-2> 참조). 같은 기간 동안에 외환보유액도 GDP의 2.8%에서 6.2%로 증가하였다.

3 외환위기

1997년 한국은 태국, 인도네시아, 말레이시아와 함께 외환위기를 겪게 된다.[7] 외환위기(currency crisis)는 갑작스런 자본유출로 인해 보유외환이 부족할 때 발생한다. 그래서 **유동성위기**(liquidity crisis)라고도 불린다. 외환위기를 경험한 이 네 나라들의 공통적인 내부원인들에 대한 기존의 연구들을 정리하면 다음과 같다.[8] 첫째, 1990년대에 들어 경상수지 적자가 지속되었다는 것이다. 둘째, 기업들의 과잉투자(overinvestment)이다. 셋째, 금융시스템이 취약한 상태에서 금융자유화를 했고 정부의 암묵적인 보증에 의한 도덕적 해이로 인해 과다차입과 과다대출이 이루어졌다. 넷째, 금융기관들의 대외단기차입의 급증으로 단기채무 비중이 높았다는 점이다.

한국은 1986년에 시작된 경상수지 흑자가 1989년까지 유지되었지만, 1990년에 다시 적자로 전환되었다. 적자로의 전환은 주로 수출 둔화에 기인하였다. 1987년 6・29민주화선언 이후 노동조합의 조직 확산과 더불어 임금인상과 근로조건 개선에 대한 요구로 노사분규가 급속히 증가했다. 그 결과 임금과 단위노동비용이 급등했다.[9] 1980~1987년 중 연평균 명목임금 상승률이 13.6%에서 1988~1990년에는 21.6%로 높아졌고 단위노동비용 상승률도 1.1%에서 7.5%로 높아졌다. 안정되었던 물가도 올라 소비자물가 연평균 상승률이 1984~1987년 기간 중 2.7%에서 1988~1990년에 7.7%가 되었고 1991년에는 9.3%까지 올랐다. 특히 부동산가격의 급등이 가장 큰 문제였다. 1986년 4월~1991년 4월까지 전국 주택가격과 아파트가격은 각각 74%와 118% 상승했다.[10] 또한 1988

7 한국의 외환위기 발생 원인에 대한 상세한 내용은 제8장에서 서술된다.

8 예를 들어, Radelet and Sachs(1998), Lee(2011).

9 단위노동비용(unit labor cost)이란 재화 1단위 생산하는데 드는 노동비용을 의미한다.

10 1991년 2분기의 실질주택가격지수는 1976~2021년 기간을 통틀어서 가장 높았다(제3장의 〈그림 3-5〉 참조).

〈그림 2-10〉 실질실효환율

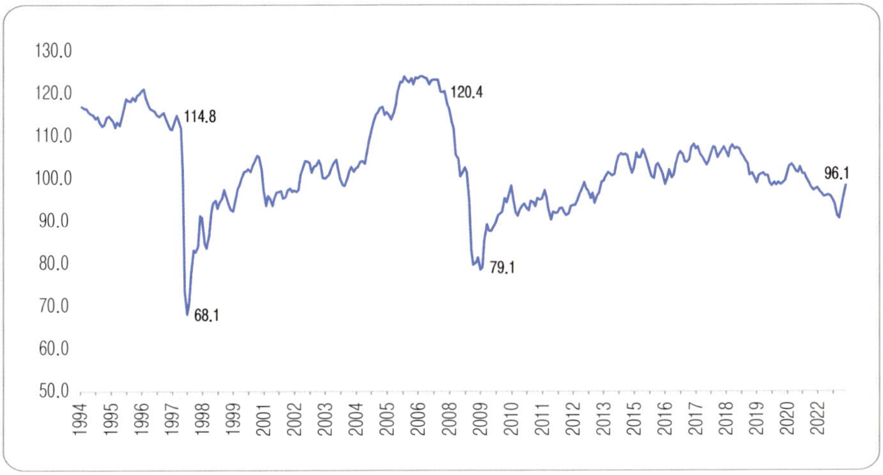

주: 1) 2010=100; 2) 기간 1994년 1월~2022년 12월.
자료: BIS.

년 미국의 종합무역법이 발효되고 보호주의와 지역주의가 팽배해졌고 경상수지 흑자에 따른 원화가치의 절상압력에 따라 1987년 12월에서 1989년 12월까지 2년 동안 실질실효환율은 30% 절상되었다. 이와 같이 단위노동비용과 물가 상승, 원화가치 절상 등으로 수출경쟁력이 약화되었고 선진국들의 경기둔화가 겹쳐 1989년에 수출이 3.8% 줄어들었고 1990년에는 4.2% 증가하는 데 그쳤다.

1990년에 적자로 돌아선 경상수지는 1993년을 제외하고 외환위기가 일어난 1997년까지 적자가 지속되었다. 외환위기 직전 해인 1996년에는 반도체가격의 하락으로 인해 교역조건이 악화되어 GDP 대비 경상수지 적자가 4.0%에 이르렀다. 한국의 경제발전과정에서 1990~1997년 기간 중 투자율이 가장 높았던 기간이다. <그림 2-4>를 보면 투자율이 1991년에 41.2%를 정점으로 1990~1997년 중 연평균 투자율이 38.9%에 달했다. 이와 같은 투자율의 급등은 제8장에서 상술하듯이 1980년대 말부터 추진되었던 금융자유화와 자본시장 개방과 더불어 재벌기업들이 수익성이 낮고 위험이 높은 중복투자를 많이 한 것과 관련이 있다. 금융산

〈그림 2-11〉 단기대외채무 비중

(단위: %)

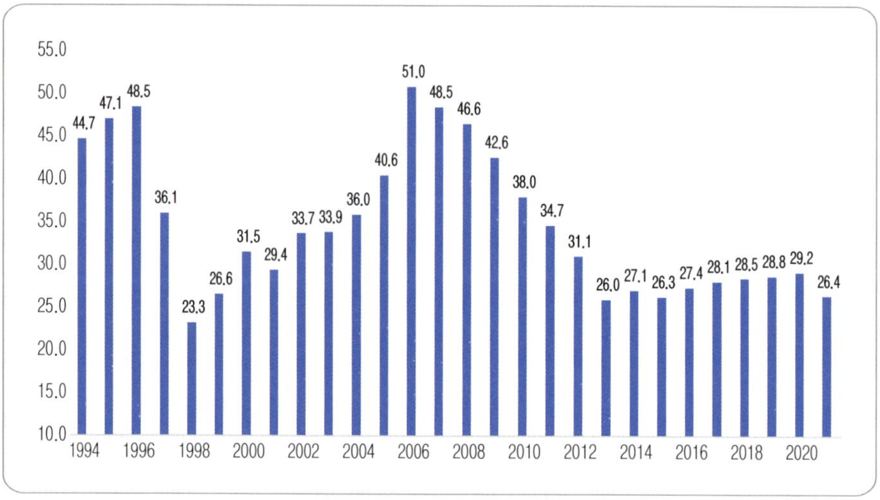

주: 1) 기간 1994~2021년.
2) 단기대외채무 비중 = 100 × (단기대외채무/총대외채무).
자료: 한국은행 경제통계시스템.

업의 재편으로 인해 우후죽순으로 생긴 금융기관들은 해외로부터 단기차입을 해서 재벌기업들에게 대출을 해주었고 그 결과 대외채무는 급등하게 되었다.[11]

1991년에 GDP의 15.6%까지 줄어들었던 대외채무도 외환위기가 찾아온 1997년에 30.3%, 1998년에는 43.7%까지 치솟았다(<그림 2-1> 참조). 같은 기간 동안에 순대외부채도 GDP의 7.6%에서 17.1%로 증가하였다(<그림 2-2> 참조). 총대외채무에서 단기채무가 차지하는 비중은 외환위기 직전 해인 1996년에 48.5%까지 높아져 유동성위기가 발생하기 전 단기해외차입이 크게 늘어났음을 보여주고 있다(<그림 2-11> 참조).

11 금융자유화의 핵심은 금융산업의 재편과 금리자유화이다. 금융산업의 재편은 금융기관의 다양화를 통한 경쟁을 촉진하고 은행의 수익원 다양화 및 업무규제 완화를 하는 것이었다. 1989년에 동화은행, 대동은행, 동남은행이 설립되었고 1991년에는 투자금융회사 3개사가 합병하여 하나은행, 보람은행으로 전환되었다. 5개의 단자회사는 증권사로 전환되었고 주요 시중은행들은 대부분 계열 증권사를 보유하게 되었다. 1991년까지 투자신탁회사는 8개로 늘어나고 지방 리스사는 10개, 창업투자회사는 8개가 신설되었다.

단기차입이 왜 문제가 될까? 바로 만기불일치(maturity mismatch) 때문이다. 만기불일치는 부채와 자산의 만기가 일치하지 않는 것이다. 부채의 만기는 단기인데 자산운용은 장기로 한다면 만기가 같지 않아 유동성 문제가 발생할 수 있다. 한국이 외환위기를 겪은 결정적인 이유는 만기불일치 때문이다. 금융기업들이 장기자금보다 금리가 낮은 단기자금을 해외로부터 차입하여 장기로 대출해 줬는데 채권자들이 만기연장(roll-over)을 하지 않고 자금을 회수하면서 보유외환의 부족으로 위기가 발생한 것이다.

<그림 2-3>에 나타나듯이 1997년 외환보유액이 GDP의 3.6%까지 줄었는데 그해 11월 가용 외환보유액은 35억 달러에 불과했고 12월 3일에는 IMF에 구제금융을 요청하고 195억 달러를 받게 된다. 12월 24일의 원화의 대미달러 환율은 최고치를 찍어 원화가치가 연초 대비 133% 절하되었다. <그림 2-12>는 외환보유액 대비 대외채무비율을 보여주고 있다. 총대외채무의 경우 1994년에 외환보유액의 315%이었는데 1997년에 792%까지 높아졌고 단기대외채무는 같은 기간에 141%에서 286%로

〈그림 2-12〉 외환보유고 대비 총대외채무 및 단기대외채무

(단위: %)

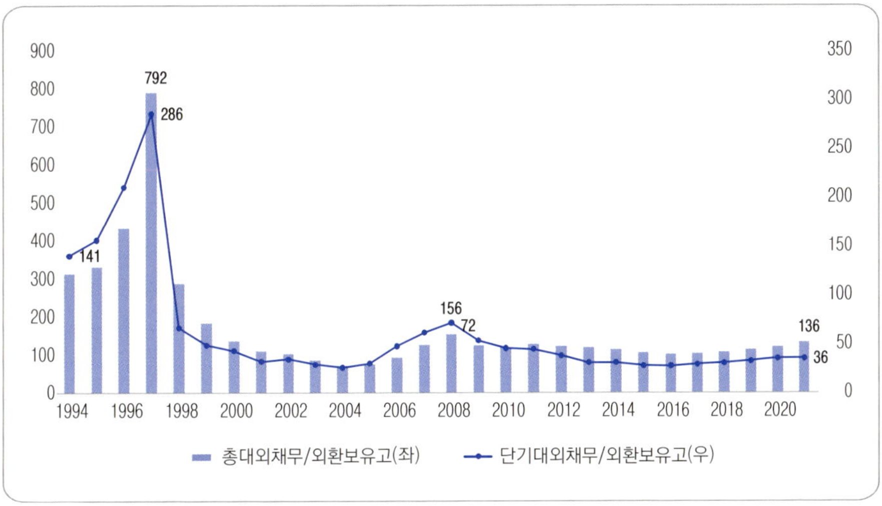

주: 기간 1994~2021년.
자료: 한국은행 경제통계시스템.

〈그림 2-13〉 대외채무(GDP 비중): 한국, 인도네시아, 말레이시아, 태국

(단위: %)

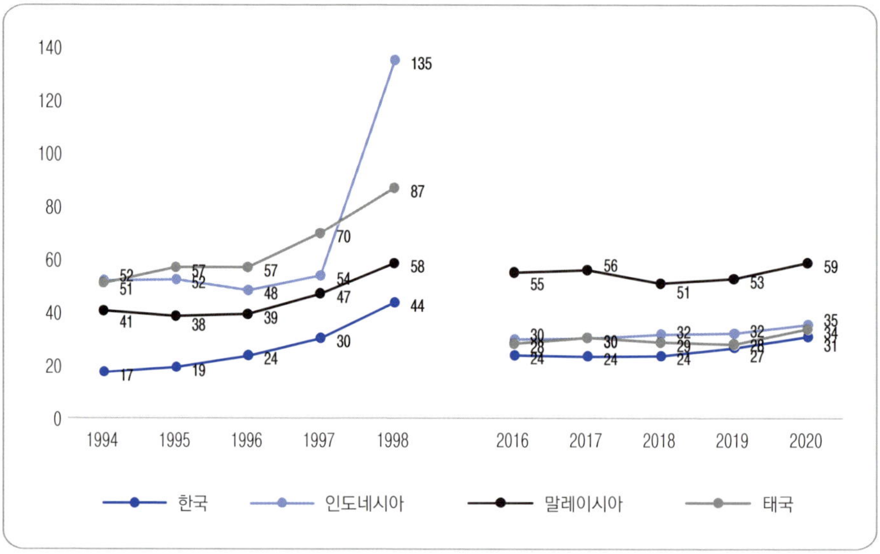

자료: Lane and Milesi-Ferretti(2021); IMF, Balance of Payments.

급등하였다. 이는 1997년 외환위기 당시 얼마만큼 유동성이 부족했는가를 잘 보여준다.

<그림 2-13>은 1994~1998년 기간 동안 동아시아 외환위기국들(태국, 인도네시아, 말레이시아와 한국)의 GDP 대비 대외채무비율을 보여주고 있다. 이 기간 동안 네 나라들 중에 한국의 대외채무/GDP가 가장 낮았고 1997년까지 외환위기의 근원지인 태국이 가장 높았다.[12] 한편 이 네 나라의 순대외자산/GDP가 모두 마이너스 값을 보였는데, 이는 모든 국가들이 순대외부채국이었음을 나타낸다(<그림 2-14> 참조). 1997년 한국의 순대외부채/GDP는 11.2%인 반면 동남아국들은 그 4배 이상이었고, 특히 태국은 60.6%에 달했다. 그러나 외환보유액을 보면 상황이 달라진

12 위기 발생시점인 1997년의 대외채무/GDP는 태국의 경우 69.7%로서 한국보다 두 배 이상 높았고 그 다음이 인도네시아, 말레이시아 순이었다. 위기 발생 다음 해인 1998년에는 네 나라 모두 대외채무/GDP가 높아졌는데, 특히 인도네시아가 135.1%로 가장 높게 되어 외환위기를 겪으면서 대외채무가 급증하였음을 알 수 있다.

〈그림 2-14〉 순대외자산(GDP 비중): 한국, 인도네시아, 말레이시아, 태국

(단위: %)

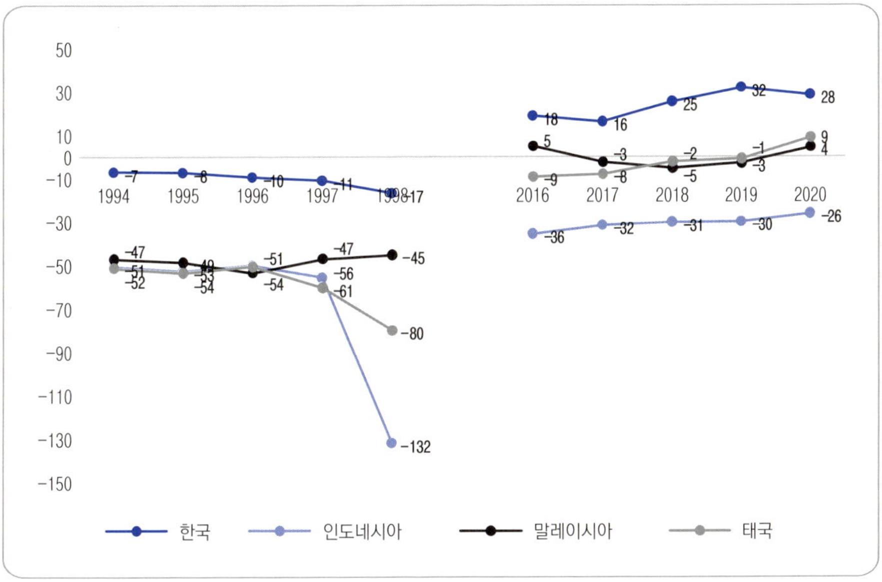

자료: Lane and Milesi-Ferretti(2021); IMF, Balance of Payments.

〈그림 2-15〉 외환보유액(GDP 비중): 한국, 인도네시아, 말레이시아, 태국

(단위: %)

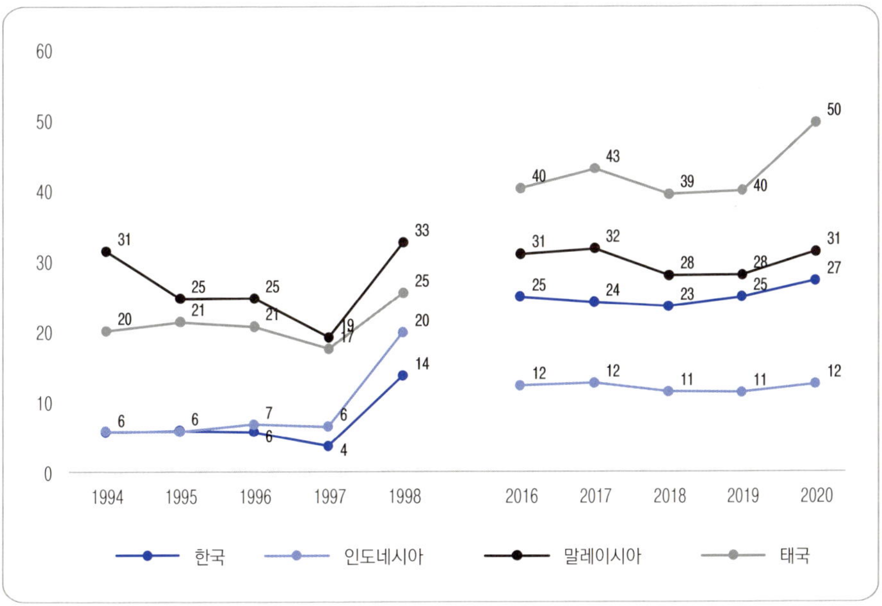

자료: Lane and Milesi-Ferretti(2021).

다. 외환위기 시점인 1997년 한국의 GDP 대비 외환보유액은 3.6%에 불과한 반면, 위기 발생국인 태국은 17.4%, 그리고 말레이시아와 인도네시아는 각각 19.1%와 6.4%이었다(<그림 2-15> 참조). 그다음 해인 1998년 한국의 외환보유액/GDP가 13.6%로 높아졌지만 다른 나라들도 모두 높아져 말레이시아는 32.5%, 태국은 25.4%, 그리고 인도네시아도 GDP의 19.7%에 달했다.

1997년 2월 태국의 금융기관들 중 일부가 파산하고 6월 56개의 금융기관들이 파산할 때만 하더라도 위기가 한국까지 번질 것이라고 생각한 정책입안자들이나 학자들은 적었다. 왜냐하면 한국이 동남아시아국들에 비해 경제기초여건(economic fundamentals)이 훨씬 좋고 대외채무 상환능력이 충분하다고 생각했기 때문이다. 하지만 이들은 금융 및 자본자유화로 인한 무분별한 단기해외차입 및 비효율적인 투자, 대외채무의 만기불일치, 부족한 가용 보유외환 등이 얼마나 위험한지를 알지 못하였다.

1997년 IMF로부터 구제금융을 받는 조건으로 한국은 변동환율제도 채택, 자본시장의 완전한 개방, 그리고 고금리정책 시행을 요구받았다. 1998년 1월 CD 금리는 전년 동월에 비해 2배가량 높은 23.1%까지 치솟았다. 4월에는 20.26%, 6월에는 16.93%까지 떨어졌지만 9월까지 여전히 두 자리 숫자의 고금리가 지속되었다. 이와 같은 고금리에 투자율은 1997년의 37.3%에서 1998년에는 27.9%로 급락했고 경제성장률은 −5.1%를 기록해 1980년에 이어 두 번째 마이너스 성장을 했다. 이와 같이 투자율의 급락으로 GDP 대비 경상수지 흑자는 사상 최대인 10.5%에 달했다. 그 이후 규모는 줄어들었지만 2007년까지 경상수지 흑자가 지속되었다(<그림 2-5> 참조).

4 글로벌 금융위기와 그 이후

2001년 IT버블의 붕괴로 미국이 극심한 경기 침체에 빠지자 연준(Fed)은 2000년 5월 6.5%이었던 기준금리를 2001년 12월 1.75%, 2003년 6월 1.0%까지 떨어뜨렸고 2004년 5월까지 이 상태가 지속되었다. 미국과 더불어 우리나라를 포함한 전 세계가 저금리를 유지하여 세계경기가 호황을 누림에 따라 한국의 경상수지 흑자는 GDP의 3.7%까지 확대되었다. 하지만 미국의 부동산가격 폭등에 따라 기준금리를 급격히 올리고 한국의 실질실효환율이 상승됨에 따라 상품수지 흑자가 줄어들고 2006년에는 경상수지 흑자가 GDP의 0.2%까지 줄어들었다.[13] 그러나 <그림 2-16>에서 보여주듯이 1998~2007년 동안 금융계정은 계속 정(+), 즉 순대외자산의 증가를 보였고 준비자산도 계속 증가하였다. 그 결과 1997년 GDP의 3.6%에 불과하였던 외환보유액은 2007년에는 22.7%까지 증가하게 된다(<그림 2-3> 참조).

2008년 미국발 글로벌 금융위기가 발생하자 한국은 또다시 외환위기의 위험에 빠지게 된다.[14] 2007년 12월 한국의 외환보유액(금 포함)은 세계 6위에 해당하는 2,622.2억 달러이었는데 금융위기와 함께 급격한 자본유출로 인해 2008년 12월에는 보유외환의 23%인 610억 달러가 줄어들었다. 또한 원화의 대미환율도 2008년 1월~2009년 3월 기간 동안 55% 급등하였다. 이 기간 동안에 실질실효환율도 30% 하락하였다(<그림 2-10> 참조). 글로벌 금융위기 당시 동아시아에서 한국만큼 환율이 급등하고 보유외환이 줄어든 나라가 없었다. 1997년 외환위기 시점과는

13 실효환율은 명목실효환율과 실질실효환율로 구분된다. 명목실효환율은 자국통화와 주요 교역상대국통화 간의 개별적인 명목환율을 교역상대국의 무역규모로 가중평균하여 산출한 지수형태의 지표이다. 실질실효환율은 환율변동뿐만 아니라 국가 간의 물가상승률의 차이까지 고려한 지표이다. 실질실효환율이 상승하면 교역상대국들에 비해 가격경쟁력이 떨어지고, 반대로 하락하면 가격경쟁력이 올라가는 것을 의미한다.

14 금융위기에 대한 상세한 내용은 제8장 참조.

〈그림 2-16〉 **금융계정과 준비자산**

(단위: 십억 달러)

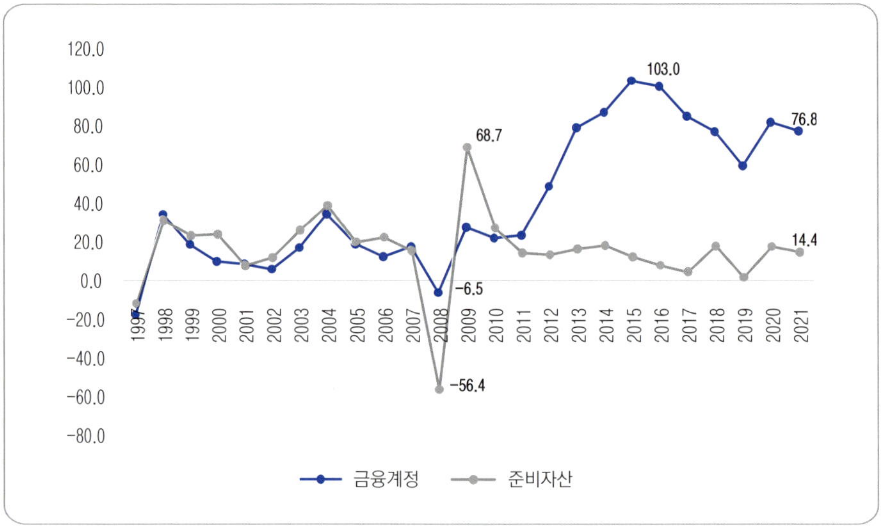

주: 기간 1997~2021년.
자료: 한국은행 경제통계시스템.

달리 경상수지 흑자가 지속되고 유동성위기에 대비한 외환을 충분히 보유했다고 평가되었던 한국이 왜 또다시 외환위기에 직면했을까?

첫째, 환율제도와 자본자유화와 관련이 있다. 변동환율제도와 거의 완전한 자본이동성으로 환율이 급변하고 대량의 자본유출이 가능했다. 또한 작은 외환시장의 규모도 환율의 급변을 가져오는 데 한몫을 하였다. 둘째, 1997년 외환위기 이전과 마찬가지로 대외채무와 단기채무가 급증했기 때문이다. 1998년 이후 대외채무/GDP가 지속적으로 하락하여 2005년에 16.7%까지 떨어졌지만 그 이후 다시 높아지기 시작해서 2008년에는 29.6%, 2009년에는 35.6%까지 치솟았다(<그림 2-1> 참조).[15] 총대외채무 중 단기채무가 차지하는 비중도 1998년의 23.3%에서 계속 올라가 2006년에는 외환위기 직전인 1996년보다 더 높은 51%, 2007년에는

15 반면 GDP 대비 대외채권은 2005년 11.1%, 2008년 12.5%, 2009년 14.2%로 별 변화가 없었다.

48.5%까지 높아졌다(<그림 2-11> 참조). 외환보유액의 증가로 외환보유액 대비 총대외채무 및 단기대외채무 비중은 1997년 외환위기 전보다 낮아졌지만 2008년에 각각 156%와 72%까지 높아졌다(<그림 2-12> 참조). 외환을 충분히 보유했음에도 불구하고 채권자들은 한국을 여전히 신흥국으로 분류하고 있었기 때문에 단기대외채무 비중이 높은 한국의 외화유동성 부족을 우려하여 자본을 회수해서 상대적으로 안전한 미국으로 투자처를 바꾸었을 가능성이 높다. 아마도 300억 달러의 한미 통화 스왑협정이 없었더라면 또다시 외환위기를 겪었을 가능성을 배제할 수 없다.

글로벌 금융위기가 발생한 다음 해인 2009년 경제성장률은 0.2%로 떨어지고 2008년에 33.7%였던 투자율은 29.5%로 떨어지게 된다. 그 결과 경상수지 흑자가 GDP의 3.5%까지 그 규모가 커졌고 그 이후 2021년까지 경상수지 흑자는 지속되었다(<그림 2-4> 참조).[16] 2012~2021년 동안 연평균 경상수지 흑자는 GDP의 5.1%에 달하고, 특히 2015년에는 7.2%를 기록했다. 하지만 이 기간 동안의 경상수지 흑자의 증가는 경제성장률 하락으로 수입의 감소에 의한 불황형 흑자이었다. 2012~2021년 동안 연평균 경제성장률은 2.6%로서 글로벌 금융위기 이전인 2000~2007년 5.7%의 절반에도 못 미친다. 2013~2016년 동안 투자율은 2009년 투자율과 비슷하고 그 이후 투자율은 글로벌 금융위기 이전의 투자율에 미치지 못했다(<그림 2-5> 참조).

경상수지의 흑자와 함께 금융계정은 지속적으로 정(+)의 값을 보였다. 즉, 순대외자산이 증가했고 준비자산도 계속 늘어났다(<그림 2-16> 참조). 특히 2015년에는 1,000억 달러가 넘는 순대외자산이 증가했다. <그림 2-2>를 보면 GDP 대비 순대외자산이 계속 증가하여 2014년에는 5.1%로 한국이 처음으로 대외자산이 대외부채보다 많은 순대외자산국이 되었다.

16 그 이후에도 경상수지 흑자는 2022년 7월까지 지속되었다.

GDP 대비 외환보유액도 꾸준히 25%대를 유지하였고 2020년에는 27.1%까지 증가하였다(<그림 2-3> 참조). 대외채무의 경우 2009년 GDP의 35.6%에서 꾸준히 줄어들어 2016년에는 23.6%까지 하락하였다. 그 결과 한국은 2016년에 처음으로 순대외채권국이 되었다. 그러나 그 이후 대외채무가 다시 증가하여 2021년에는 GDP 대비 대외채무는 36.4%, 순대외채권은 −0.8%로서 다시 순대외채무국으로 전환되었다.

2008년 글로벌 금융위기 이후 달라진 점 중의 하나는 총대외채무에서 단기채무가 차지하는 비중이 높지 않아 만기불일치의 정도가 줄어들었다는 것이다. 단기채무 비중이 2006년 51%에서 지속적으로 줄어 2013년에는 26%까지 떨어졌고 그 이후에도 30%를 초과하지 않는 상태를 유지하고 있다(<그림 2-11> 참조). 외환보유액 대비 총대외채무와 단기대외채무 비중이 2008년에는 각각 156%와 72%이었는데 2010년대에는 100% 초반과 약 30% 수준을 유지하고 있다(<그림 2-12> 참조). 이처럼 단기채무 비중이 줄어드는 데는 2008년 글로벌 금융위기 이후 급격한 단기자본의 과도한 유출입을 막기 위해 2010년에 도입한 거시건전성 정책의 역할이 컸다. 흔히 **거시건전성 3종 세트**라고 부르기도 하는데, 이는 ① 선물환포지션 한도 규제 ② 외환건전성 부담금 부과 ③ 외국인 채권투자 과세로 구성된다.[17] 이와 같은 외환건전성 규제정책을 시행한 후 은행의 해외차입이 감소하였으며, 특히 단기차입이 줄어든 것으로 나타났다.

앞서 1980년대 초 외채위기와 1997~1998년 외환위기의 당사국들과 한국을 비교해 보았다. 이제 최근 자료를 이용하여 그동안 위기당사국

17 ① 선물환포지션 한도 규제(2010년 10월 시행)는 은행의 선물환포지션 한도를 자기자본 대비 일정 비율로 제한하여 은행의 과도한 선물환거래로 인한 단기차입을 억제하는 것을 목표로 하였다. ② 외환건전성 부담금 부과제도(2011년 8월 시행)는 은행의 비예금 외화부채 중 장기부채에 비하여 단기부채에 높은 부담금을 부과하여 은행의 비예금 단기외화부채의 증가를 억제하고 외화부채의 장기화를 유도하기 위해 도입되었다. ③ 외국인채권투자 과세(2011년 1월 시행)는 채권시장 및 외화유출입 변동성을 줄이는 데 초점을 맞추었다.

들의 상황이 어떻게 변했는지 살펴보기로 하자. <그림 2-6>에 있는 2016~2020년 기간 동안 대외채무/GDP를 보면 아르헨티나와 멕시코는 1980년대와 비슷하고 한국의 경우 약 1/2 수준으로 떨어진 것을 알 수 있다. 특이한 점은 1980년대 대외채무/GDP가 가장 높았던 브라질이 최근에는 네 나라들 중 가장 낮게 되었다는 것이다. 그러나 <그림 2-7>을 보면 브라질은 여전히 대외자산이 대외부채보다 작은 순대외부채국이고 순대외부채/GDP는 1980년대보다는 낮지만 아직도 30%에서 40% 수준에 머무르고 있다. 네 나라들 중에 멕시코의 순대외부채/GDP가 가장 높았다. 반면 한국과 아르헨티나는 순대외자산국이고 2019년까지 한국의 순대외자산/GDP는 아르헨티나보다 높았지만 2020년에는 두 나라가 거의 비슷하게 되었다. 외환보유액의 경우, 1980년대 비해 네 나라 모두 증가하였다. 네 나라들 중 한국이 외환을 가장 많이 보유하게 되었고 2020년에는 GDP의 27%에 달했다. 브라질의 경우 순대외자산은 마이너스인데도 불구하고 2020년에는 GDP의 24%에 달할 만큼 외환을 많이 보유하고 있다. 멕시코의 보유외환 비중은 15% 정도이었고, 아르헨티나는 순대외자산국이지만 한국과 달리 외환보유 비중이 낮음을 볼 수 있다(<그림 2-9> 참조).

아시아 외환위기국들의 경우, 말레이시아를 제외한 다른 나라들은 1997~1998년에 비해 대외채무/GDP가 하락하였음을 볼 수 있다(<그림 2-13> 참조). 말레이시아는 외환위기 때와 비슷한 정도의 대외채무를 지고 있고 태국과 인도네시아의 채무비율은 훨씬 줄어들어 한국과 거의 비슷하게 되었다. 한편 <그림 2-14>를 보면 외환위기 때에 비해 모든 나라들의 순대외자산이 증가하였다. 2020년에는 말레이시아와 태국이 순대외자산국이 되었고, 오직 인도네시아만이 순대외부채국으로 남아 있다. 인도네시아의 순대외부채는 GDP의 30%대를 유지하고 있다. 외환보유액의 경우, 네 나라 모두 외환위기 발생연도인 1997년에 비해 외환을 더 많이 보유하고 있음을 볼 수 있다(<그림 2-15> 참조). 경제규모 대비 외환을 가장 많이 보유한 나라는 태국이다. 태국의 외환보유액은 2010년 후반부에는 지속적으로 GDP 대비 40%대에 있었고 2020년에는 49.5%에 달했다. 말레이시아도 한국보다 높은 30%대를 유지하고 있고 순대외부채국인 인도네시아가 가장 낮은 10%대에 머물고 있다.

5 시사점

1990년대부터 세계적으로 국가 간 자본이동이 활발해짐에 따라 한국을 포함한 동아시아뿐만 아니라 많은 신흥국들에서 외환위기가 발생했다. 이 위기들의 공통점은 해외자본이 신흥국들로 대거 유입되었다가 갑자기 유출되는 과정에서 위기가 발생했다는 것이다.[18] 1997~1998년 한국의 외환위기도 같은 과정을 통해서 발생했다. 그러면 왜 갑작스런 자본유출이 발생할까? 기존의 연구들에 의하면, 가장 중요한 요인들 중 하나는 그 나라의 대외부채가 대외자산보다 많을수록, 즉 순대외부채가 많을수록 자본유출과 외환위기 가능성이 더 커진다는 것이다.[19]

과거 외채위기, 외환위기 그리고 금융위기 때에는 한국이 순대외부채국이었지만 이제는 순대외자산국이 되었다는 것이 가장 큰 차이점이다. 2008년 글로벌 금융위기 때와 비교해 보면, 외환보유액 수준도 거의 두 배로 늘어났고 문제가 되었던 단기대외채무 비중도 훨씬 낮아졌다. 이는 갑작스런 자본유출뿐만 아니라 만기불일치로 인한 유동성위기의 가능성이 크게 낮아졌음을 의미한다.

그러나 이처럼 향상된 대외건전성이 외환위기의 방지를 보장해 주지

18 이러한 현상을 자본유입의 문제(capital inflow problem) 또는 갑작스런 중단 문제(sudden stop problem)라고 한다.

19 예를 들어, Baek and Song(2016).

〈표 2-1〉 한국과 미국의 기준금리 비교

(단위: %)

		미국	한국
2008년 글로벌 금융위기 이전	2001년 1월	6.0	5.0
	2001년 12월	1.75	4.0
	2004년 1월	1.25	3.75
	2006년 6월	5.25	3.75
2020년 COVID-19 팬데믹 전후	2018년 12월	2.25~2.50	1.75
	2019년 10월	1.50~1.75	1.25
	2020년 3월	0.0~0.25	0.5
	2022년 3월	0.25~0.50	1.25
	2023년 5월	5.0~5.25	3.5

자료: Forbes; 한국은행 경제통계시스템.

는 않는다. COVID-19 팬데믹 기간 한국이 직면한 상황은 글로벌 금융위기 때와 비슷하다. 글로벌 금융위기 때로 되돌아가 보면, 2008년 3월~2009년 3월 기간 동안 원화의 대미달러 월평균 환율이 980원에서 1,462원으로 약 55% 상승했다. 외환보유액도 2007년 12월~2008년 12월 동안 2,622억 달러에서 2,012억 달러로 약 23% 감소했다. 2022년에도 이와 비슷한 상황이 전개되었다. 원/달러 환율은 2022년 10월 1,427원을 기록하여 전년 동기 1,182원에 비해 약 21% 상승했고, 외환보유액은 동 기간 중 4,692억 달러에서 4,140억 달러로 약 12% 감소했다. 다행히 2022년 12월 말에는 원/달러 환율이 1,280원대로 떨어졌지만, 2023년 2월 초부터 다시 상승세로 반전되어 5월 17일 현재 1,343원을 기록하였다. 미국 기준금리 인상 폭에 따라 환율이 더 올라갈 가능성을 배제할 수 없다.

현재 미국 금리도 글로벌 금융위기 때와 비슷하게 움직이고 있다. <표 2-1>을 보면 미국의 기준금리는 2004년 1월~2006년 6월까지 연방공개시장위원회[20]가 열릴 때마다 17번에 걸쳐 0.25%포인트(이하, p)씩

20 미 연준 산하에 있는 Federal Open Market Committee(FOMC)이고 6주에 한 번씩 회의를 열어 기준금리를 결정한다.

기준금리를 올려 1.25%에서 5.25%로 상승하게 된다. 이와 같은 급격한 기준금리 상승이 미국 주택가격의 급락을 가져와 2008년 금융위기의 단초를 제공하였다. 한편 COVID-19 팬데믹 기간을 보면, 0.0~0.25%로 떨어졌던 미국의 기준금리로 인해 물가와 주택가격이 급등하자 2022년 3월부터 연속적으로 빅스텝을 밟아 2023년 5월에는 글로벌 금융위기 직전인 5.0~5.25%까지 올랐다. 적어도 한동안 기준금리 인하는 없을 것으로 예상된다. 반면 한국은행은 2023년 1월에 기준금리를 3.5%로 올린 후 그 수준을 유지하고 있어 미국과 한국의 금리차이가 최대 1.75%까지 확대되었다. 원화가치의 하락과 자본유출을 막기 위해 한국은행도 기준금리를 올려야 되지만, 경기침체 우려와 높은 민간부채 수준으로 인해 한국의 기준금리 인상에는 한계가 있을 것으로 예상된다.

문제는 한국이 기준금리를 추가로 인상하지 못해 현 상태와 같은 금리역전이 지속된다면 자본유출과 원화 환율의 상승이 가속화가 될 수 있다는 것이다. 2022년 8월에는 경상수지가 적자로 전환되고 2022년 한해 무역적자도 사상 최대인 472억 달러에 달했다. 2023년에는 1월과 2월 연속으로 경상수지는 적자이고 3월 말까지 누적된 무역적자도 224억 달러에 달했다. 또한 원화가치 하락을 방어하기 위해 외환보유액도 더 줄어들 전망이다. 2021년 외환보유액이 글로벌 금융위기 때에 비해 훨씬 많지만 외환보유액/GDP는 거의 비슷하다(<그림 2-3> 참조). 또한 대외채무/GDP도 거의 비슷한 상태이다(<그림 2-1> 참조). 물론 대외채권과 대외자산이 크게 늘어났고 단기대외채무 비중이 낮기 때문에 외환위기의 가능성은 상대적으로 낮다고 평가된다. 그러나 자산과 채권은 부채와 채무에 비해 유동성이 상대적으로 낮다. 또한 높은 민간부채로 인해 국내에서 은행위기가 발생한다면 다시 외환위기로의 전염도 배제할 수 없다.[21]

21 은행위기는 예금인출이 쇄도하여 은행이 예금·채권 등의 부채를 상환하기 어렵거나, 정부가 이를 막기 위해 대규모로 개입하는 경우를 일컫는다. 자세한 내용은 제8장 참조.

부록 | 통화불일치(currency mismatch) 문제의 재검토

지난 1990년대부터 금융위기를 겪었던 신흥국들은 통화불일치 문제로 인해 더 큰 고통을 겪었다. 통화불일치란 자국통화(원화)가 아니고 외화(예를 들어, 미 달러화)로 해외차입을 하는 것을 말한다. 통화불일치가 있으면 자국통화의 가치가 떨어질 때 외화표시 대외부채는 변함이 없더라도 자국통화로 환산된 대외부채는 증가하게 된다. 예를 들어, 1억 달러의 대외부채가 있고 원/달러 환율이 1,100원이라면 원화로 환산했을 때 1,100억 원의 빚을 지고 있는 셈이다. 만약 원/달러 환율이 1,200원이 되었다면 1억 달러는 1,200억 원이 되어 100억 원만큼 원화표시 대외채무가 증가하게 된다.

미국과 같이 자국통화가 국제거래에 사용되는 기축통화국들은 해외차입의 대부분을 자국통화로 하기 때문에 통화불일치 문제가 없거나 매우 작다. 그러나 한국같이 비기축통화국들은 해외차입의 대부분을 외화표시로 한다. BIS 자료에 의하면 현재도 99% 이상 외화표시로 차입을 한다. 외환위기가 발생한 1997년에 원화가치가 133% 하락했는데 이는 원화표시 대외부채가 133% 증가했음을 의미한다. 즉, 외화표시 대외채무가 변화가 없더라도 원화로 환산해 보면 한국의 대외채무가 엄청나게 증가한 것과 같게 된다.

통화불일치 문제의 심각성을 검토하려면 대외부채뿐만 아니라 대외자산도 함께 고려해야 한다. 그래서 통화불일치 문제를 대차대조표(balance sheet) 문제라고도 한다. 3가지 경우를 예로 들어보자.

(ⅰ) 한국의 대외부채와 대외자산이 각각 10억 달러라고 하자. 이는 대외부채와 대외자산이 같아 순대외자산은 제로인 경우이다. 원/달러 환율이 1,100원에서 1,200원으로 100원 올랐다면(즉, 미 달러화

대비 원화가치가 떨어졌다면) 원화로 환산했을 때 대외부채와 대외자산은 각각 1,000억 원씩 증가하여 원화표시 순대외자산은 변함이 없다.

(ii) 대외부채가 10억 달러, 대외자산이 8억 달러라고 하자. 이 경우는 순대외자산이 −2억 달러, 즉 순대외부채가 2억 달러인 상황이다. 만약 원/달러 환율이 100원 오르면 대외부채와 대외자산이 각각 1,000억 원과 800억 원 증가하여 원화표시 순대외부채가 200억 원 증가하게 된다.

(iii) 이제 대외부채가 8억 달러, 대외자산이 10억 달러, 즉 순대외자산이 2억 달러인 경우를 보자. 만약 원/달러 환율이 100원 오르면 대외부채와 대외자산이 각각 800억 원과 1,000억 원 증가하여 원화표시 순대외자산이 200억 원 증가하게 된다.

이 3가지의 예를 보면, 통화불일치 문제를 가지고 있는 나라도 순대외자산국인가 순대외부채국인가에 따라 환율변화가 그 나라의 부(wealth)에 미치는 영향이 다름을 알 수 있다. 순대외자산/GDP가 −13.3%이었던 외환위기 때는 통화불일치로 인해 원화표시 순대외부채가 크게 증가하였음을 알 수 있다. 글로벌 금융위기 때도 한국은 순대외부채국이었지만, 현재는 순대외자산국으로서 2021년 말 순대외자산/GDP는 35.4%에 이른다. 이는 과거 경제위기 때에 비해 통화불일치 문제가 크게 완화되었음을 암시하고 있다.

또한 과거에 비해 통화불일치의 정도(extent of currency mismatch)도 낮아졌음을 볼 수 있다. <그림 2A-1>은 1997~2021년 기간 동안 예금취급기관, 비금융기업과 정부가 보유하고 있는 대외채무가 총대외채무에서 차지하는 비중의 추이를 보여주고 있다.[22] 외환위기 때인 1997년 예금취급기관과 비금융기업의 비중이 각각 56.3%와 28.7%로 총대외채무의 85% 정도가 은행과 기업의 채무이었다. 정부의 대외채무는 약 7% 정도이다. 정부의

22 예금취급기관은 은행 및 비은행 예금취급기관을 말한다. 비은행 예금취급기관은 상호저축은행, 신용협동기구, 우체국예금, 종합금융회사 등이 있다. 제6장 부록 참조.

〈그림 2A-1〉 부문별 대외채무 비중

(단위: %)

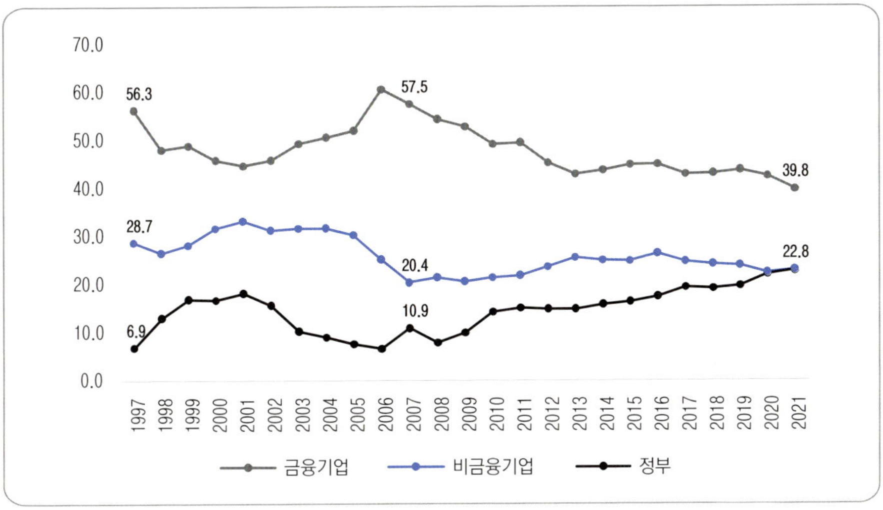

주: 1) 기간 1997~2021년; 2) 금융기업 = 예금취급기관.
자료: 한국은행 경제통계시스템.

대외채무는 대부분 외국인들이 보유한 국채이다. 국채는 원화표시이기 때문에 정부의 대외채무 비중은 대외채무 중에서 원화표시 비중을 측정하는 지표라고 할 수 있다. 즉, 정부의 대외채무 비중이 높을수록 외화표시 대외채무 비중이 낮아져 통화불일치 문제가 완화되게 된다. 예금취급기관의 비중은 2006년 60%를 찍은 후 꾸준히 줄어들어 2021년에 약 40%까지 감소하였다. 비금융기업의 비중은 금융위기 직전이 2007년에 20%로 낮아진 이후 거의 비슷한 수준을 유지하고 있다. 2021년 예금취급기관과 비금융기업의 비중을 합한 값은 약 63%로서 1997년에 비하면 20%포인트 이상 하락한 것을 볼 수 있다. 반면 정부의 비중은 꾸준히 증가하여 기업의 비중과 같은 23%까지 상승하였다. 이는 원화표시 대외채무 비중이 과거 외환위기와 금융위기에 비해 크게 높아져 통화불일치가 그만큼 줄어든 것을 의미한다.[23]

23 국채는 국고채권, 외화표시 외국환평형기금채권(외평채), 국민주택채권, 재정증권 등 4종류가 있다. 이 중 외평채는 달러화표시이므로 외평채를 발행하는 경우 통화불일치가 발생한다.

통화불일치 문제를 근본적으로 해결하는 방법은 원화국제화이다. 원화국제화는 원화가 국제거래에서 사용되는 통화가 되는 것을 의미한다. 예를 들어, 원화가 국제무역에서 결제통화로 사용되고, 그리고 원화표시 채권이 해외에서 발행되어 원화가 투자통화로서 역할을 하는 경우가 이에 해당된다. 원화국제화로 원화채권이 해외에서 발행되면 통화불일치 문제는 자연스럽게 해소된다. 어느 한 나라의 화폐가 국제통화가 되기 위해서는 여러 가지 조건들이 충족되어야 한다. 나라의 규모가 크고, 통화가치가 안정적이고, 금융시장의 개방과 발전, 경상수지 흑자, 높은 제도의 수준을 가진 나라들의 화폐가 국제통화로 사용될 가능성이 높다. 기존의 연구들을 보면, 아직 원화국제화가 미진하지만 부분적인 원화국제화는 가능하다고 결론짓고 있다.[24] 만약 원화국제화가 진척이 된다면 통화불일치 문제도 함께 완화될 것이다.

요약하면, 2022년에 원/달러 환율이 단기간에 20% 이상 급등한 기간이 있었고 앞으로도 미국과 한국의 기준금리의 향방에 따라 원/달러 환율이 급등할 가능성이 있다. 통화불일치 문제를 가지고 있었던 한국은 과거 외환위기 기간 동안에 급등하는 환율로 인해 경제성장률 하락, 국가의 순자산 감소, 국가신용도 하락 등 위기 상황이 더욱 악화되는 경험을 했다. 그러나 과거 경제위기 때와 비교해 보면, 이제 한국은 순대외자산국 위치에 있고 원화표시 대외부채 비중이 늘어나서 통화불일치 문제가 상대적으로 많이 줄어들었다고 평가된다. 또한 통화불일치 문제를 근본적으로 해소하기 위해서는 원화국제화 추진도 계속되어야 한다.

24 오용협 외(2008)와 김경수 외(2015) 참조.

제 **3** 장

한국의 가계부채

1 가계부채 추이

2022년 5월 국제결제은행(Bank for International Settlements, 이하 BIS)의 글로벌금융시스템위원회(Committee on Global Financial System: CGFS)는 민간부채에 대한 보고서를 발표했다. COVID-19 팬데믹이 발생한 이후 세계 민간부채가 급격하게 증가하여 2020년에는 GDP 대비 약 170%로 역사상 최고치를 기록하였고 글로벌 금융안정을 위협할 정도가 되었다는 것이 요지이다. 또한 COVID-19 팬데믹이 발생하기 전에 부채규모가 컸던 나라들이 팬데믹 이후 부채 증가율이 더욱 높았다는 것을 보여주고 있다. 이러한 현상은 선진국과 신흥국을 불문하고 민간부채를 구성하는 가계 및 기업 부채 모두에게서 나타났다.[1] 또한 팬데믹으로 인한 경기둔화를 막기 위한 정부의 확장재정정책들로 인해 정부부채도 급증하였다.

한국도 예외는 아니다. 한국의 가계부채와 기업부채 규모는 사상 최고치를 기록하고 있고, 전에 겪지 못했던 새로운 부채위기의 진원지가 될 수 있다는 우려를 자아내고 있다. 이번 장과 이후 제4장에서는 BIS 자료를 이용하여 한국의 가계부채와 기업부채에 대한 장기적인 추이와 COVID-19 팬데믹 기간 동안의 동향을 분석하고 시사점을 도출해 보기

1 BIS의 부채 자료에서 정의된 선진국과 신흥국은 다음과 같다. **선진국**: 호주, 캐나다, 스위스, 유로지역, 영국, 일본, 노르웨이, 스웨덴, 미국; **신흥국**: 아르헨티나, 브라질, 칠레, 중국, 콜롬비아, 체크공화국, 홍콩, 헝가리, 인도네시아, 인도, 한국, 멕시코, 말레이시아, 폴란드, 러시아, 사우디아라비아, 싱가포르, 태국, 터키, 남아프리카공화국. 여기에서 **세계**는 선진국과 신흥국의 합을 의미한다.

로 한다. 제4장의 부록에서는 한국의 민간부채의 추이를 선진국과 신흥국과의 비교를 통해 분석해 본다.

<그림 3-1>은 한국, 세계, 선진국과 신흥국의 GDP 대비 가계부채(이하, 가계부채 비중)에 대한 1999~2021년 분기별 BIS 자료의 추이를 보여주고 있다.[2] 신흥국 자료가 2008년부터 존재하기 때문에 신흥국과 세계 평균의 경우 2008~2021년 자료만 사용하였다. <그림 3-1A>를 보면 가계부채 비중이 2008년 1/4분기에는 한국(69%)과 세계 평균(68%)이 거의 비슷했다. 세계 평균 가계부채 비중은 글로벌 금융위기 때 잠깐 높아졌다가 그 이후 하향추세를 보였고 팬데믹 직전에는 62%까지 하락하였다. 반면 한국의 가계부채 비중은 지속적으로 높아져서 팬데믹 전에는 95%, 그리고 2021년 4/4분기에는 106.6%까지 상승하였다. 세계 평균은 한국과 달리 2020년 4/4분기에 71%까지 높아졌다가 2021년 4/4분기에는 65%로 다시 하락해 2008년보다 오히려 더 낮아진 상태이다.

<그림 3-1B>에는 선진국과 신흥국의 가계부채 비중 추이를 보여주고 있다. 선진국의 자료가 1999년부터 있기 때문에 1999~2021년 기간 동안 한국과 선진국을 비교해 보면, 1999년 1/4분기 한국(45%)의 가계부채 비중이 선진국 평균(64%)보다 훨씬 낮았고 2012년 이전까지도 선진국의 부채 비중이 한국보다 더 높았다. 선진국 평균 부채 비중의 경우, 글로벌 금융위기 때까지 증가추세였지만 그 이후 팬데믹 이전까지 하향추세를 보여주고 있다. 반면 한국의 가계부채 비중은 계속 증가추세를 보였고 2012년 선진국 평균을 넘어선 후 그 격차가 점점 벌어지고 있다. 한편 신흥국의 경우 2009년 가계부채 비중이 22%에 불과했지만 빠른 속도로 높아져 팬데믹 직전인 2019년 4/4분기에는 46%로 두 배 이상 증가하였다. 그리고 다른 부채들과 마찬가지로 가계부채의 경우도 선진국과 신흥국은 2020년 4/4분기를 정점으로 부채비율이 하락했지만

2 가계부채는 BIS에서 사용하는 가계 및 민간비영리단체에 대한 신용(credit to households and private non-profit institutions serving households)을 의미한다.

〈그림 3-1〉 가계부채(GDP 비중): 한국, 선진국, 신흥국

(단위: %)

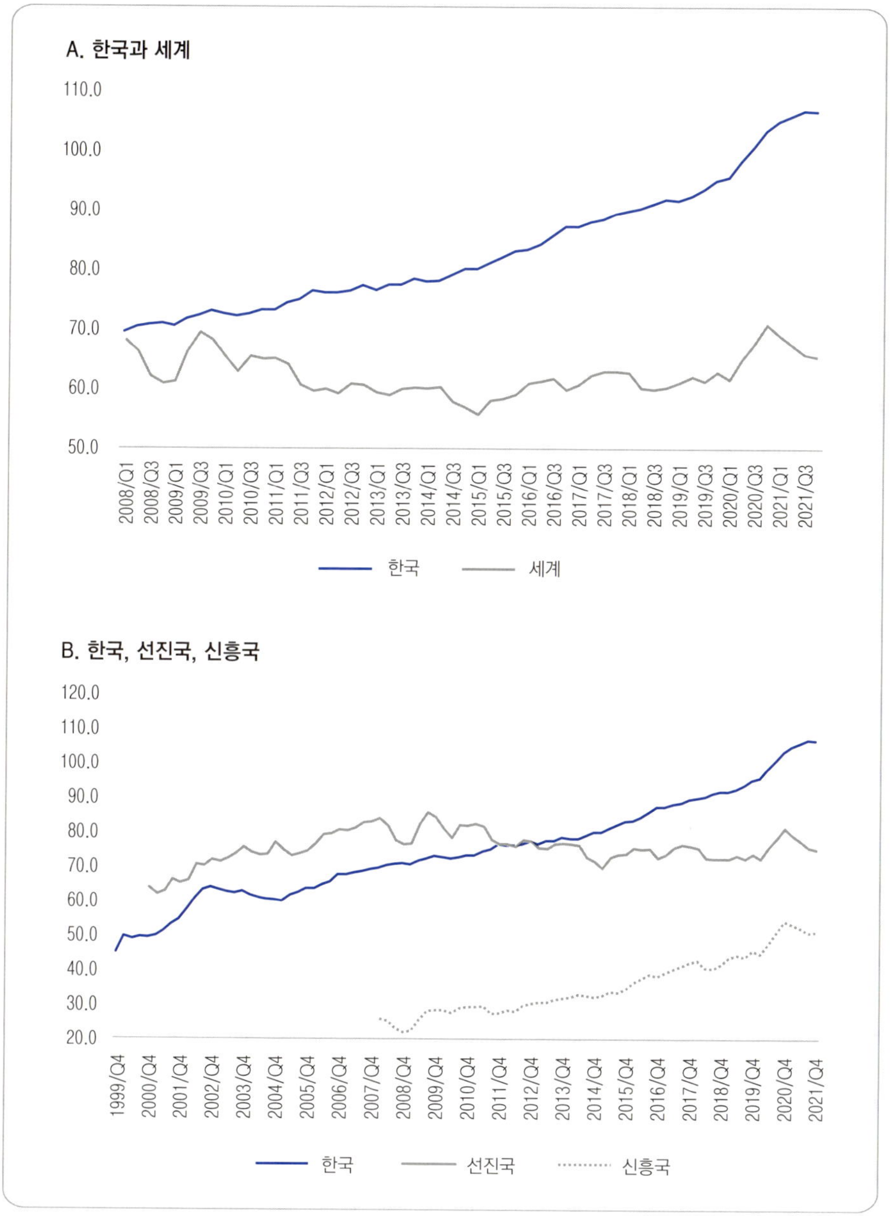

주: 기간 1999년 4/4분기~2021년 4/4분기.
자료: BIS.

〈그림 3-2〉 가계부채(GDP 비중)

(단위: %)

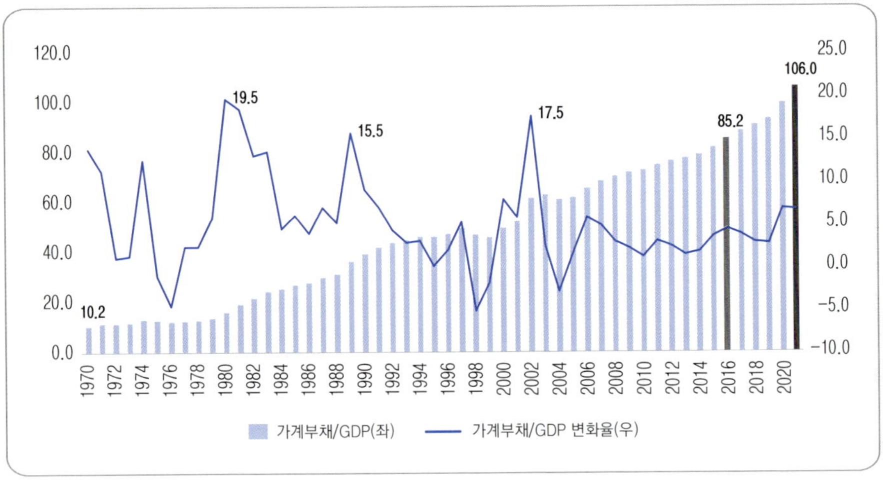

주: 기간 1970~2021년.
자료: BIS 저자 계산.

한국은 계속 상승하고 있음을 볼 수 있다.

<그림 3-2>는 1970~2021년 기간 동안 한국의 연평균 가계부채 비중과 전년 동기 대비 증가율의 추이를 보여주고 있다. 1970년 10%에 불과했던 가계부채 비중이 2021년에는 거의 10배가 넘는 106%가 되어 이 기간 동안 가계부채가 얼마나 많이 증가했는가를 알 수 있다. 앞서 보았던 주요국들의 2021년 4/4분기 가계부채 비중을 비교해 보면 한국의 부채 비중이 106.6%로서 스위스, 호주, 캐나다에 이어 4번째이다(<그림 3-3> 참조). 선진국(75%), 유로지역(60%), 신흥국(51%) 평균보다 훨씬 높고 미국(78%)과 일본(68%)보다 높았다.

최근 증가율을 보면 더욱 심각하다. <그림 3-4>를 보면, 신흥국의 가계부채 비중은 절대적으로 낮지만 지난 5년간 증가율이 34%로서 신흥국의 가계부채가 급격히 늘어나고 있다는 것을 알 수 있다. 그다음이 한국(22%), 프랑스(18%), 일본(13%) 순이고 나머지 국가들은 한 자릿수로 증가하거나 또는 오히려 떨어졌다. 가계부채 비중이 두 번째로 높은

〈그림 3-3〉 가계부채(GDP 비중): 국제 비교

(단위: %)

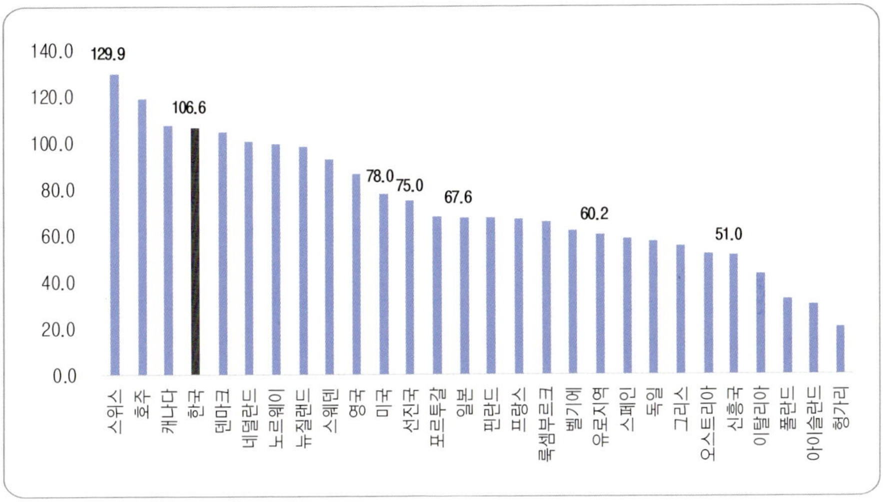

주: 2021년 4/4분기.
자료: BIS 저자 계산.

〈그림 3-4〉 가계부채(GDP 비중) 증가율: 국제 비교

(단위: %)

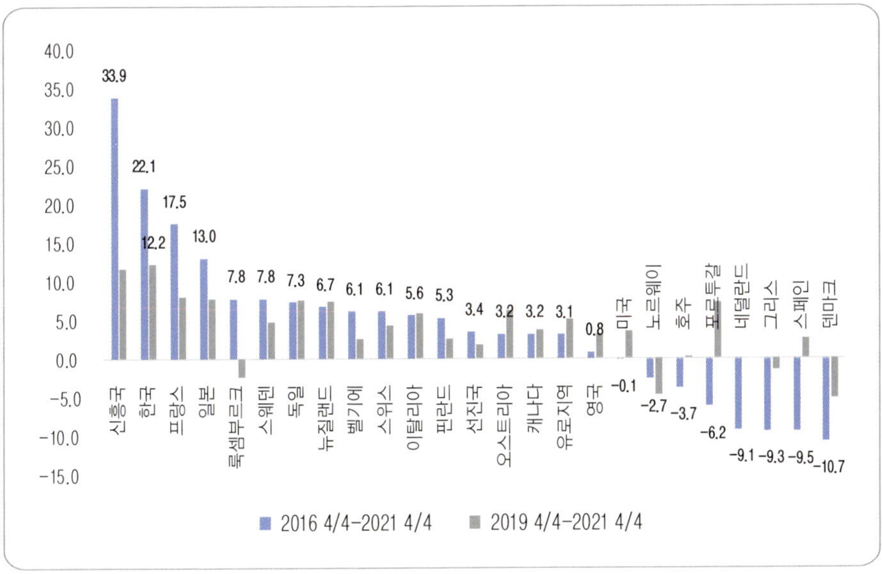

자료: BIS 저자 계산.

호주는 3.7% 줄어들었고 스위스(6.1%)와 캐나다(3.2%)도 한 자릿수 증가에 머물렀다. 선진국(3.4%)과 유로지역(3.1%)의 증가율도 미미하고 미국은 거의 변화가 없었다. 지난 2년 팬데믹 기간을 보면 한국의 가계부채 비중 증가율이 12.2%로서 1위이고 그다음이 신흥국(11.6%)이다. 팬데믹 기간에는 유로지역(5.1%)과 미국(3.6%)을 포함한 대부분의 나라에서 가계부채가 증가했는데, 유럽국가들 중에서 룩셈부르크, 노르웨이, 그리스, 덴마크 같은 나라들은 오히려 줄어들었다. 특히 그리스의 경우 민간부채가 크게 증가했지만 가계부채는 줄어들었음을 볼 수 있다.

2 가계부채, 주택가격과 금리

1970년에는 10%, 1999년에는 46%에 불과했던 한국의 가계부채 비중이 어떻게 세계 최고수준이 되었을까? <그림 3-2>를 보면 가계부채 비중이 감소한 때는 1970년대 중반(1975~1976), 외환위기 직후(1998~1999)와 2004년에 불과하고 대부분 기간 동안 증가하였다. 그 중에서도 가장 높은 증가율을 기록한 해는 1980년(19.5%), 1989년(15.5%), 그리고 2002년(17.5%)이다. 2000년대 중반 이후에는 2006년(5.7%)과 팬데믹 기간인 2020년(6.8%)과 2021년(6.6%)에 높은 증가율을 보였다.

많은 연구들은 가계부채가 주택가격과 금리와 밀접한 관련이 있다는 것을 실증적으로 보여주고 있다. 한국의 가계부채 추이를 설명하기 위해 이 변수들과 어느 정도 관련이 있는지 살펴보도록 하자.[3] 주택가격은 BIS의 실질주택가격지수(1976~2021년)를, 금리는 한국은행 통계시스템에 있는 실질신규대출금리 자료를 이용하였다. 신규대출금리는 1996~2021년

3 본서에서는 가계부채의 결정요인에 대한 회귀분석 대신 단순 상관관계를 이용하여 변수들 간의 관련 정도를 분석한다.

〈그림 3-5〉 실질주택가격지수

(단위: %)

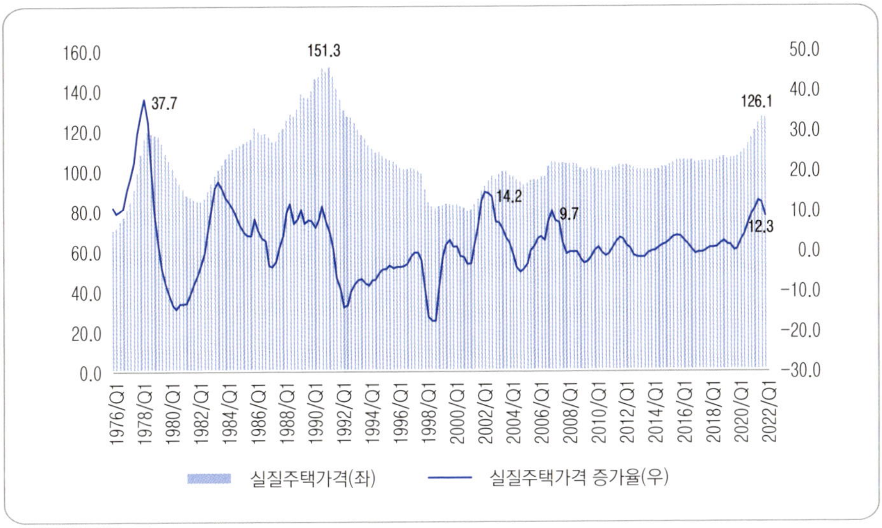

주: 1) 2010=100, 2) 기간 1976년 1/4분기~2022년 1/4분기
자료: BIS.

자료만 있기 때문에 그 이전 연도의 경우에는 기업어음할인율을 사용하였다.

<그림 3-5>는 1976~2021년 기간 동안 분기별 실질주택가격지수(2010년=100) 추이와 전년 동기 대비 실질주택가격의 변화율을 보여주고 있다.[4] 이 기간 동안 실질주택가격이 가장 높았던 때는 1990년 4/4분기이고 가격지수는 151이다. 즉, 2010년 실질주택가격에 비해 50% 높았다는 의미이다. 지난 팬데믹 2년 동안 실질주택가격이 19% 상승하여 2021년 4/4분기 지수가 126까지 올랐지만 1990년 지수보다 낮고 1992년 지수와 비슷하였다.[5] 실질주택가격의 변화율을 보면 가장 높은 상승률을 보인 때는 1978년 2/4분기(37.7%), 2002년 2/4분기(14.2%), 2007년

4 주택가격은 전국평균주택가격이다. 실질주택가격지수는 명목주택가격지수를 소비자물가지수로 나눈 주택가격지수이고 2010년을 100으로 설정하였다.

5 반면 명목주택가격지수는 1990년 4/4분기가 69이고 2021년 4/4분기는 151이어서 이 기간 동안 명목주택가격은 약 120% 상승했다.

〈그림 3-6〉 실질주택가격과 가계부채/GDP 증가율

(단위: %)

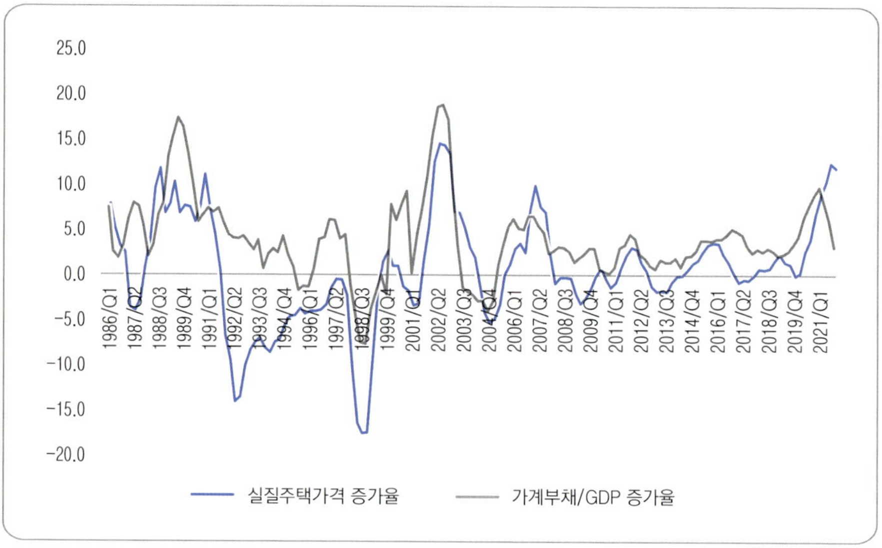

주: 기간 1986년 1/4분기~2021년 4/4분기.
자료: BIS.

1/4분기(9.7%), 2021년 4/4분기(12.3%)이었다. 1988~1990년 동안 평균 실질주택가격 상승률도 7.9%로서 1990년에 역사상 가장 높은 실질주택가격을 기록하는 데 기여했다.

<그림 3-6>은 1986~2021년 기간 동안 가계부채 비중과 실질주택가격의 전년 대비 분기별 증가율의 추이를 비교해 보여주고 있는데, 두 변수의 가장 높은 상승률을 보인 때가 거의 일치하는 모습을 볼 수 있다. 1986~2021년 기간 동안 두 변수 사이의 단순상관계수가 0.64로서 가계부채와 주택가격이 높은 정(+)의 관계가 있음을 알 수 있다.[6]

이제 이 변수들과 실질금리와의 관계를 보기로 하자. 앞에서 언급한 바와 같이 신규대출금리에 대한 자료가 1996년부터 존재하기 때문에 그 이전 기간에는 실질할인율을 이용하였다. 실질할인율은 명목기업어음할

6 상관계수는 1과 −1 사이의 값을 가진다. 계수 값이 1에 가까울수록 두 변수들 사이에 정(+)의 관계가 높고 −1에 가까울수록 부(−)의 관계가 높다는 것을 의미한다. 계수 값이 0에 가까우면 두 변수들 간의 관계가 작다는 것을 뜻한다.

인율에서 소비자물가상승률을 차감한 값이다. 분기자료(quarterly data)가 없기 때문에 연간자료(annual data)를 사용했다. 또한 1976~1985년 기간을 따로 분리해서 분석하였다. 왜냐하면 이 기간 동안에는 자료의 부족으로 BIS가 토지가격지수를 주택가격지수로 대체해 사용했기 때문이다.[7]

1976~1985년

<그림 3-7>은 1976~1985년 기간 동안 가계부채 비중 및 실질주택가격변화율과 실질할인율의 추이를 보여주고 있다. <그림 3-7A>를 보면 실질할인율은 U자형인 반면, 가계부채 비중 증가율은 역(逆)U자형을 보여 두 변수 사이에 부(−)의 관계가 매우 높았던 것을 알 수 있다. <표 3-1>에 의하면, 이 기간 동안 두 변수(A와 C)의 상관계수가 −0.69이었다. 1980년과 1981년의 실질할인율이 높은 물가상승률로 인해 각각 −12.7%와 −10.3%로 떨어졌을 때 가계부채 비중의 증가율은 각각 19.5%와 18.3%까지 치솟았다.

〈표 3-1〉 **가계부채, 실질주택가격 및 실질대출이자율 간 상관계수**

기간	A와 B	A와 C	B와 C
1976 ~ 1985	−0.69	−0.69	0.80
1986 ~ 1990	0.33	−0.38	−0.72
1996 1/4 ~ 2021 4/4	0.75	−0.14	−0.40
2008 1/4 ~ 2021 4/4	0.67	−0.43	−0.60

주: A는 가계부채 증가율, B는 실질주택가격 증가율, 그리고 C는 실질대출이자율을 지칭.

그러나 <그림 3-7B>를 보면 예상과는 달리 실질할인율과 실질주택가격 상승률(B와 C)이 거의 같은 방향으로 움직였다. 즉, 실질할인율이 하락하면 실질주택가격이 상승해야 되는데 반대인 것이다. 두 변수 사

7 BIS에서 토지가격지수를 주택가격지수로 사용했기 때문에 이 책에서도 주택가격지수로 인용하기로 한다. 토지와 주택가격의 동조성이 있기 때문에 부동산가격으로 일반화할 수 있다.

〈그림 3-7〉 가계부채, 실질주택가격과 실질할인율(1976~1985)

(단위: %)

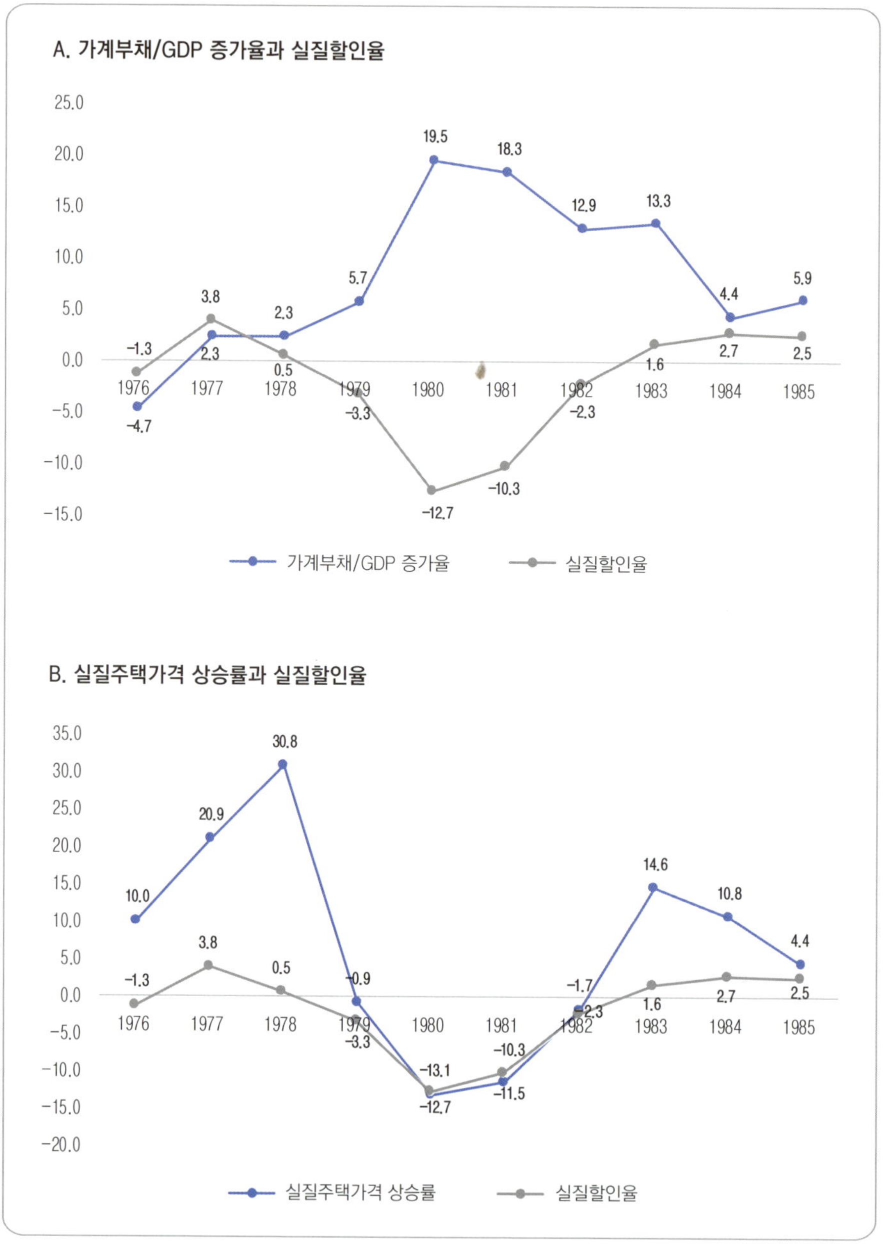

주: 할인율 = 주요 기업들의 어음할인율; 실질할인율 = 할인율 - 소비자물가상승률

자료: BIS; Amsden(1989); 김재욱(1993).

이의 상관계수도 0.80이었다. 또한 가계부채 비중과 실질주택가격(A와 B)도 정(+)의 관계를 보여야 하는데 상관계수가 −0.69이어서 반대로 움직였다. 1976~1978년 기간 동안 실질주택가격이 오른 이유는 1차 오일쇼크 이후 중동지역의 건설 붐으로 인한 중동특수로 경기가 좋았기 때문이다. 연평균 경제성장률이 1974~1975년 8.7%에서 1976~1978년에는 12.2%로 올랐고 M2의 증가율도 36%에 달했다. 이 기간 중 연평균 소비자물가상승률은 1974~1976년 중 25%의 절반에 미치지 못한 13%로서 경제가 안정을 유지한 가운데 고성장을 하던 때이다.

1979~1981년 기간 동안 실질주택가격이 하락한 이유도 거시경제상황과 관련이 있다. 이 기간 동안과 1976~1978년의 거시경제지표를 비교해 보면 거의 반대이다. 1979년 2차 오일쇼크로 시작한 1979~1981년은 연평균 경제성장률이 1980년 역성장을 포함해서 4.8%이었고, M2 증가율 25%, 소비자물가상승률 23%와 같은 심각한 스태그플레이션 상태이었다. 물론 정부의 부동산시장 개입('1979년 8.8 부동산투기 억제 및 지가안정을 위한 종합대책')과 전두환 정부의 경제안정화 정책도 실질주택가격의 하락에 영향을 미쳤다.[8]

요약하면, 1976~1985년 기간 동안 가계부채 비중은 금리 추이와 밀접한 관계가 있지만, 주택가격은 금리보다 그 당시 거시경제상황과 정부의 주택정책에 의해 더 영향을 받았다.

1986~1992년

<그림 3-8>은 1986~1992년 기간 동안 가계부채 비중 및 실질주택가격변화율과 실질할인율의 추이를 보여주고 있다. 제2장에서 언급했듯이 한국은 1986~1989년까지 경상수지 흑자를 기록하였고 그로 인한 풍부한 유동성으로 1988~1990년 기간 동안 물가, 주택가격과 가계부채가

8 이 기간 동안에 실질주택가격은 하락하였지만 명목주택가격은 상승하였다. 명목주택가격의 상승률은 1979년(17.2%), 1980년(11.7%), 1981년(7.5%)이다.

〈그림 3-8〉 가계부채, 실질주택가격과 실질할인율(1986~1992)

(단위: %)

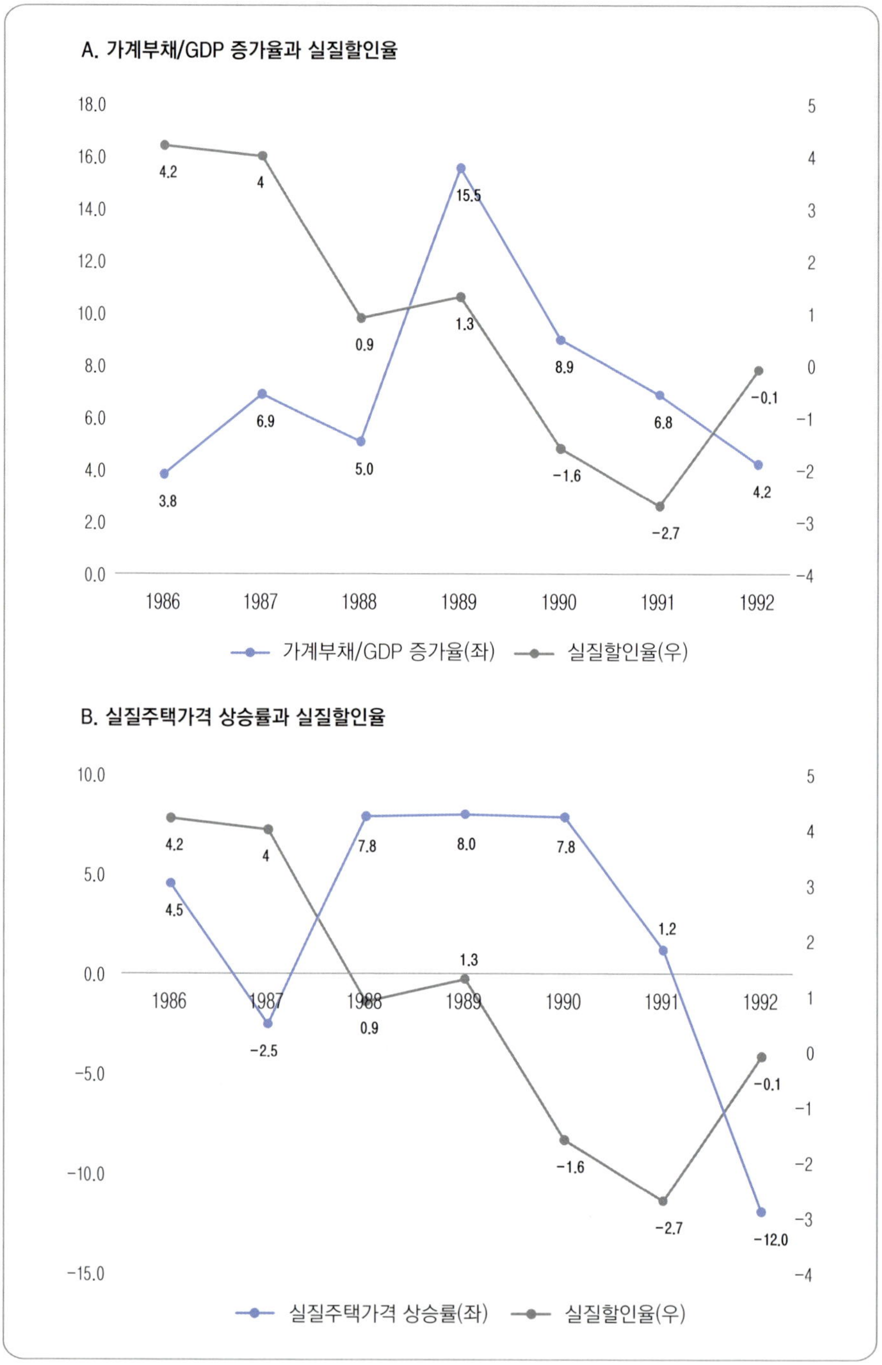

자료: BIS; Amsden(1989); 김재욱(1993).

급등하였다. 1984~1987년 중 2.7%이었던 연평균 소비자물가상승률이 1988~1990년에는 7.1%로 높아졌다. 1988~1990년 중 연평균 가계부채 비중 및 실질주택가격의 상승률도 각각 9.8%와 7.9%로 높아졌다. 그 배경에는 실질할인율의 급락이 있다. 1986~1992년 중 명목할인율은 7~8%로 거의 비슷했는데, 이 기간 동안 높은 물가상승률로 인해 1986년에 4%이었던 실질할인율이 1990년에는 −1.6%까지 하락하였다.

그런데 1991년에는 실질할인율이 −2.7%까지 하락했는데도 불구하고 가계부채 비중과 실질주택가격의 상승률이 둔화되고 1992년에는 실질주택가격이 전년 대비 12% 하락하였다. 주요인은 정부의 부동산정책에 있다. 정부는 1990년 3월 부동산 수요억제책으로 **토지공개념**을 도입했고, 분당·일산 신도시 등 200만 호 주택건설계획의 시행으로 공급을 늘리는 정책이 그 효과를 발휘했다고 할 수 있다.

요약하면, 1986~1990년 기간 동안 가계부채 비중과 실질주택가격의 상승은 실질금리 하락에 기인했다. <표 3-1>에 의하면 실질금리와 가계부채 비중(A와 C) 및 실질주택가격(B와 C)의 상관계수는 각각 −0.38과 −0.72로서 이 기간 동안 금리와 주택가격의 동조성이 매우 강했다. 한편 1991~1992년 기간에는 정부의 부동산정책이 주택가격에 상당한 영향을 주었음을 알 수 있다.

1996~2021년

1996년부터는 신규대출금리가 발표되기 때문에 실질할인율 대신 실질신규대출금리를 실질금리로 정의해 보자.[9] <그림 3-9A>는 1996~2021년 기간 동안 가계부채 비중의 변화율과 실질신규대출금리(이하, 실질금리)의 분기별 추이를 보여주고 있다. 1996~2021년 기간 동안 두 변수 사이의 상관계수는 −0.14로서 가계부채와 실질금리가 부(−)의 관

9 여러 가지 종류의 금리가 있지만 가계대출과 관련이 깊은 은행의 신규대출금리를 이용하였다. 실질신규대출금리는 명목신규대출금리에서 소비자물가상승률을 차감한 값이다.

〈그림 3-9〉 가계부채/GDP 및 실질주택가격 증가율과 실질대출금리

(단위: %)

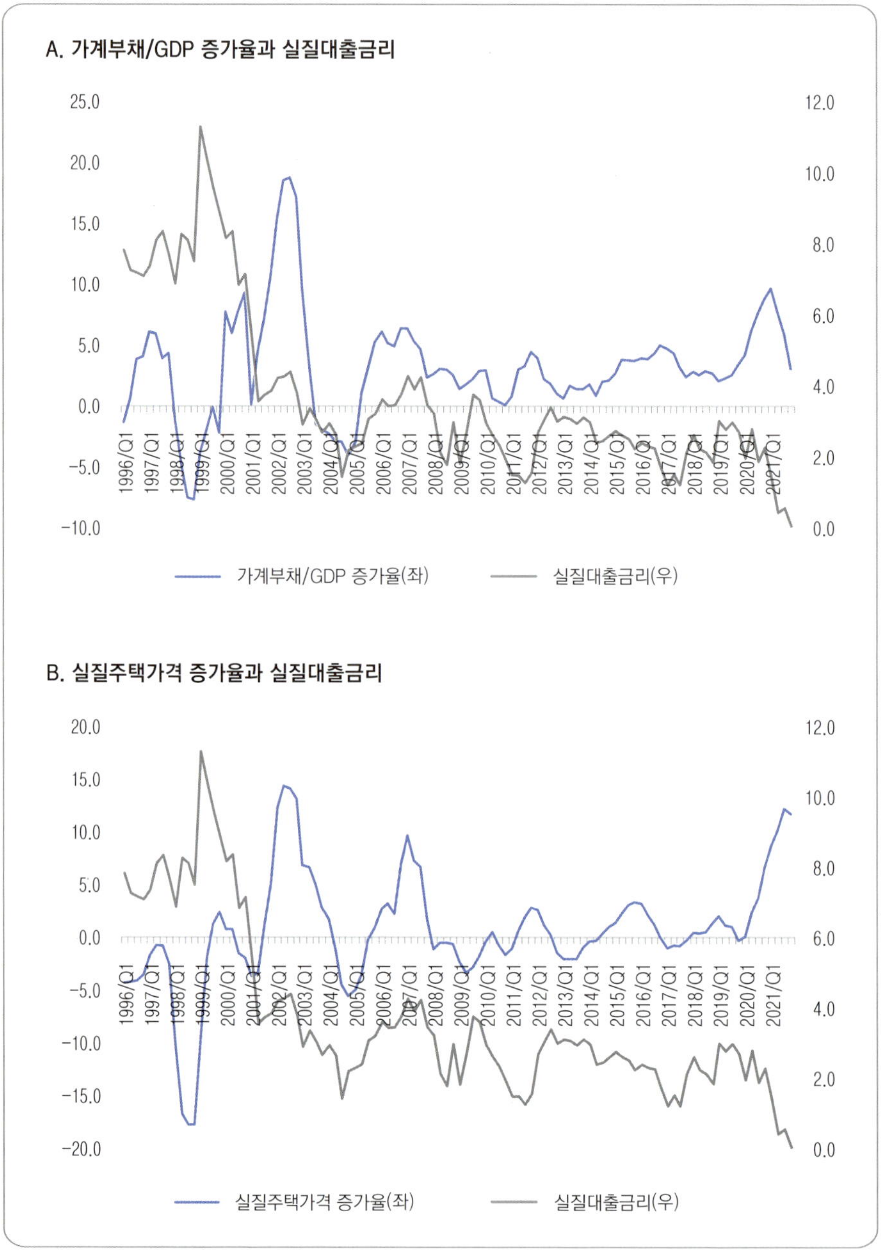

주: 기간 1996년 1/4분기~2021년 4/4분기.

자료: BIS; 한국은행 경제통계시스템.

계에 있지만 연관성이 크지 않게 보인다(<표 3-1> 참조). 그러나 기간을 달리하여 2008~2021년 기간을 보면 상관계수는 −0.43으로 높아진다. <그림 3-9B>는 같은 기간 동안 실질주택가격변화율과 실질금리의 분기별 추이를 보여주고 있다. <표 3-1>을 보면, 1996~2021년 동안 두 변수(B와 C) 사이의 상관계수는 −0.40으로 실질금리가 가계부채보다 주택가격과 연관성이 더 크다는 것을 시사하고 있다. 2008~2021년의 경우 상관계수가 −0.60으로 높아져 실질금리와 실질주택가격의 동조성이 더욱 높아졌다. 또한 1996~2021년 동안 가계부채 비중과 실질주택가격지수(A와 B)의 상관계수가 0.75로서 동조성이 매우 높을 뿐만 아니라 1996년 이전 기간보다 그 크기가 훨씬 커졌음을 알 수 있다.

1990년대 이후의 사례를 좀 더 자세히 살펴보면, 1998년 4/4분기에 가계부채 비중과 실질주택가격이 전년 동기에 비해 각각 7.6%와 17.7% 하락하여 한국의 역사상 가장 큰 하락폭을 기록했다. 그 이유는 외환위기 이후 실질금리가 급등했기 때문이다(<그림 3-9A>와 <그림 3-9B> 참조). 반대로 2002년 2/4분기에는 가계부채 비중과 실질주택가격이 각각 18.6%와 14.4% 큰 폭으로 상승하였다. 그 배경에는 1999년 11%에 달했던 실질금리가 2001년에는 3%대로 떨어진 데 있다. 이처럼 예측한 바와 같이 가계부채와 실질주택가격이 정(+)의 관계가 있고 실질금리와는 부(−)의 관계가 있다는 것을 볼 수 있다.

그러나 실질금리가 가계부채 및 주택가격과 같은 방향으로 가는 기간도 있었다. 미국이 2001년 IT산업의 퇴조로 인해 심한 불황에 빠지자 연준(Fed)은 2000년 말 8.5%이었던 기준금리를 2001년 말에는 1.5%까지 인하했고 그 이후에도 계속 내려 2004년에는 1%까지 떨어뜨렸다.[10]

10 2008년 2월까지는 한국은행의 통화정책 목표금리는 콜금리이었고, 그 이후에는 기준금리(base rate)로 바뀌었다. 기준금리는 한국은행이 금융기관과 RP매매, 자금조정 예금 및 대출 등의 거래를 할 때 기준이 되는 정책금리이다. 환매조건부채권이라고 불리는 RP(Repurchase Agreement)는 금융기관이 일정 기간 후에 다시 사는 조건으로 채권을 팔고 경과 기간에 따라 소정의 이자를 붙여 되사는 채권이다. 한국은행은 통화량과 금리

한국의 콜금리도 2002년 5.0%에서 2004년 11월에는 3.25%까지 내려갔다. 2002년 3/4분기에 4.4%이었던 한국의 실질금리도 2004년 3/4분기에는 1.4%까지 하락하였다. 이처럼 금리가 낮아지자 다시 주택가격이 오르기 시작했고 정부는 부동산 과열을 막기 위해 일련의 부동산대책을 내놓았다.[11] 뿐만 아니라 한국은행도 콜금리를 지속적으로 올려 2007년에는 5.0%까지 높였지만 주택가격의 상승을 막지 못했다. 실질금리가 2007년 4/4분기에 4.2%까지 상승했는데도 불구하고 2005~2007년 기간 동안 실질주택가격과 가계부채 비중이 각각 10%와 14% 올랐다. 즉, 실질금리와 가계부채 및 주택가격이 정(+)의 관계에 있었음을 의미한다. 2001년 1/4~2007년 4/4분기 기간 동안 가계부채 비중과 실질주택가격지수의 상관관계는 0.83으로 다른 어느 기간보다도 두 변수 사이의 동조관계가 높았다. 또한 이 기간 동안 실질금리와 가계부채 비중의 상관계수가 0.61, 실질금리와 실질주택가격지수의 상관계수는 0.57로서 이 변수들이 정(+)의 관계가 있었을 뿐만 아니라 동조성도 높았다는 것을 알 수 있다.

마지막으로, 지난 문재인 정부 5년 동안 주택가격 안정을 위해 24번의 대책을 시행했지만 주택가격을 잡는 데 실패하였다. 설상가상 COVID-19 팬데믹으로 인해 2020년 5월 기준금리를 0.5%로 내린 후 풀린 유동성 증가로 인해 전국적으로 주택가격은 급등하였다. <그림 3-9B>에서 볼 수 있듯이 2019년 4/4분기에 3.0%이었던 실질금리는 2021년 4/4분기에 0%까지 하락했다. 이 기간 동안 가계부채 비중과 실질주택가격은 각각 12%p와 19%p 상승하였다. COVID-19 팬데믹 기간인 2020~2021년 동안

를 조절하기 위한 통화조절용 수단으로 시중은행에 RP를 판매한다.

11 참여정부가 시행한 일련의 부동산대책은 공급확대와 수요억제정책이었는데 수요억제정책을 요약하면 다음과 같다. ① 2005년 8.31대책(양도소득세 강화, 보유세 및 취등록세 강화, 실거래가 의무화), ② 2006년 3.30대책(종부채상환비율(DTI) 도입, 재건축 개발부담금제 도입), ③ 2006년 11.15대책(LTV 규제강화), ④ 2007년 1.11대책(청약가점제 시행, 민간택지 분양가 인하).

에는 실질금리와 실질주택가격의 상관계수가 −0.80까지 높아졌다.

요약하면, 1996~2021년 대부분 기간 동안 금리가 가계부채 및 주택가격과 부(−)의 상관관계에 있었고 1996년 이전에 비해 그 크기가 더 커졌다. 단, 2002~2007년은 예외적으로 이 변수들 간의 상관계수가 정(+)으로 나왔다. 이처럼 상반된 결과도 정부의 정책과 관련이 있다. 그 당시 부동산가격 급등에 따라 정부가 강력한 부동산정책과 금리정책을 사용했음에도 불구하고 그 효과가 미미했기 때문이다.

3 가계의 부채와 자산

지금까지 가계의 부채 수준을 GDP의 비중으로 측정했는데, 이제 가계가 가지고 있는 자산 대비 부채의 비중을 살펴보기로 하자. <그림 3-10>은 가계의 금융자산 대비 금융부채 비중과 금융자산 및 금융부채의 전년 동기 대비 증가율을 보여주고 있다. 여기에

〈그림 3-10〉 가계 부채/금융자산

(단위: %)

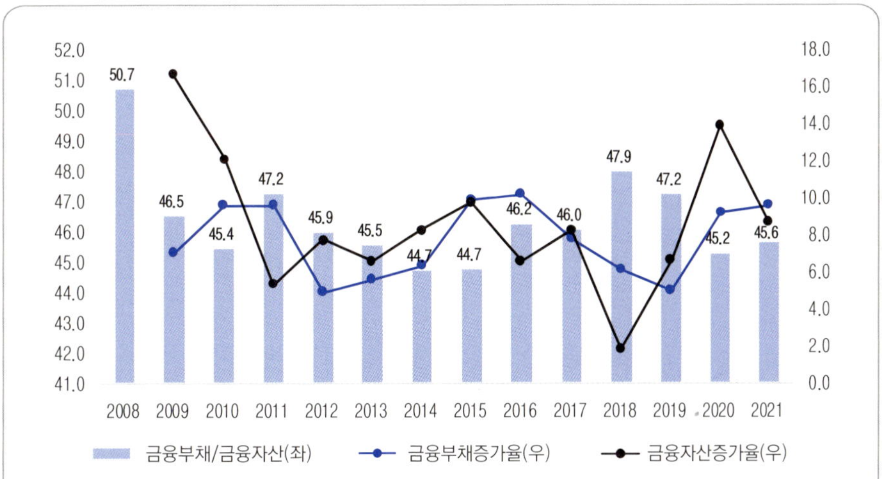

자료: 한국은행 경제통계시스템.

〈그림 3-11〉 가계 부채/비금융자산

(단위: %)

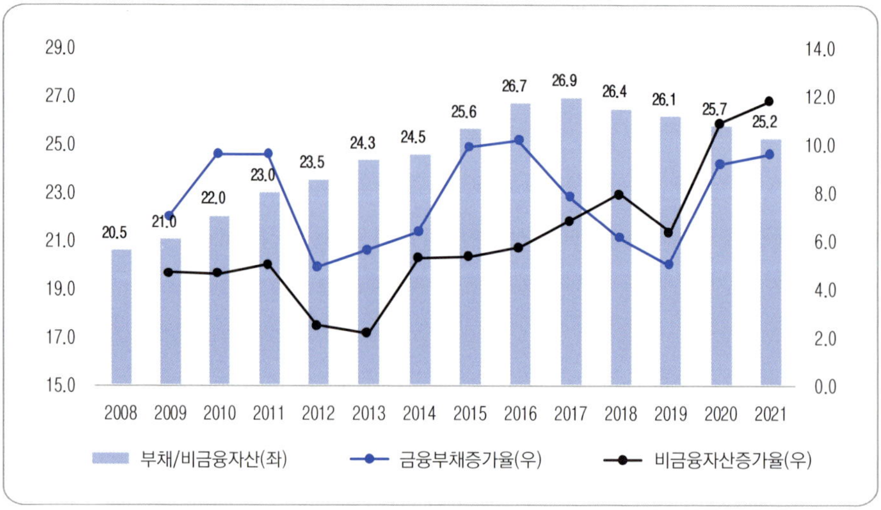

자료: 한국은행 경제통계시스템.

서 금융부채는 지금까지 정의한 부채와 동일한 개념이고 자료의 제약으로 2008~2021년 기간 동안 추이를 보여주고 있다.

가계부채/GDP는 2004년부터 계속 오르고 있지만, 가계의 부채/금융자산은 2008년 50.7%를 고점으로 2015년까지 하향추세에 있었다. 특히 COVID-19 팬데믹 기간 2020~2021년 동안에 가계부채 증가율이 매년 9%가 넘었는데도 불구하고 금융자산의 증가율이 더 높아 부채/금융자산은 오히려 하락하였다. 2020년 주가 급등은 금융자산의 증가율이 14%에 달하는 데 기여하였다.

<그림 3-11>은 부동산과 같은 부채/비금융자산의 추이를 보여주고 있다. 부동산가격이 안정되었던 2008~2017년까지 이 비중이 꾸준히 증가하다가 부동산가격이 오르기 시작한 2018년부터는 다시 하락추세로 돌아섰음을 볼 수 있다. 부동산가격이 폭등한 2020년과 2021년에는 비금융자산의 증가율이 각각 10.8%와 11.7%에 이르렀다. 특히 2021년에 금융자산의 증가율은 하락한 반면 비금융자산의 증가율은 오히려 더 높아졌음을 볼 수 있다.

〈그림 3-12〉 가계 부채/금융자산: 국제 비교

(단위: %)

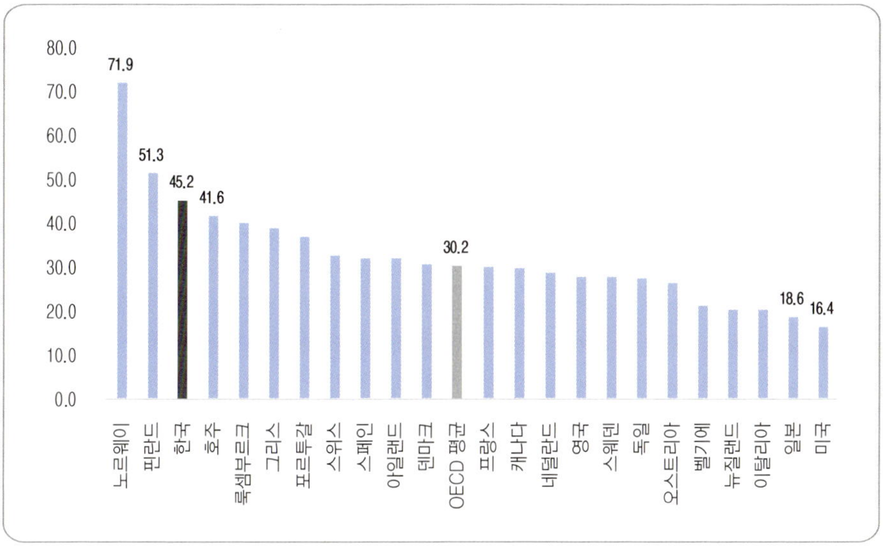

주: 2020년.
자료: OECD.

이처럼 자산이 부채보다 더 많이 늘어났다면 한국의 가계부채는 큰 문제가 없는 것인가? <그림 3-12>는 OECD 주요국들의 2020년 가계의 금융자산 대비 부채 비중을 비교해 주고 있다. 그림을 보면 한국의 비중이 45.2%로 세 번째로 높고 OECD 평균(30.2%)보다 훨씬 높다. 일본(18.6%)과 미국(16.4%)은 한국의 1/3 정도에 불과하다. 또한 자산은 부채에 비해 더 변동성이 크다. 제2장에서 서술했듯이 2022년에 미국과 한국의 기준금리가 급상승하여 주가수준이 2년 전 수준으로 하락했고 부동산가격의 하락도 가시화되고 있다. 만약 앞으로 미국의 기준금리 인상이 계속되고 한국도 기준금리 인상이 불가피하게 된다면 자산가치의 하락이 본격화될 가능성이 있다.

4 COVID-19 팬데믹, 변동금리와 취약차주

COVID-19 팬데믹 기간의 특징은 가계부채 수준도 높지만, 변동금리대출의 비중과 자영업자 및 청년들의 대출이 크게 늘어났다는 것이다. 부채 수준이 높을수록 차입자(이하, 차주)들이 외생적인 충격(예를 들어, 금리상승)에 더 취약하고 이로 인해 거시경제나 금융시스템 리스크를 높이게 된다. 이러한 취약성은 부채의 수준뿐만 아니라 부채의 구조와 차주의 상환능력도 관련이 있다. 첫째, 부채 중에 변동금리 부채 비중이 높을수록 충격에 의한 차주의 취약성이 높아진다. <그림 3-13>은 2016 3/4~2022 3/4 기간 동안 예금은행의 가계에 대한 신규대출금리와 변동금리 비중의 추이를 보여주고 있다. COVID-19 팬데믹이 시작한 2020년 1/4분기에 65.6%이었던 변동금리 비중은 계속 올라 2022년 3/4분기에는 78.5%에 이르렀다. 한편 예금은행의 신규대출금리도 2020년 3/4분기에 2.6%까지 떨어졌다가 그 이후 계속 상승하여

〈그림 3-13〉 **예금은행 가계대출 금리와 변동금리 비중**

(단위: %)

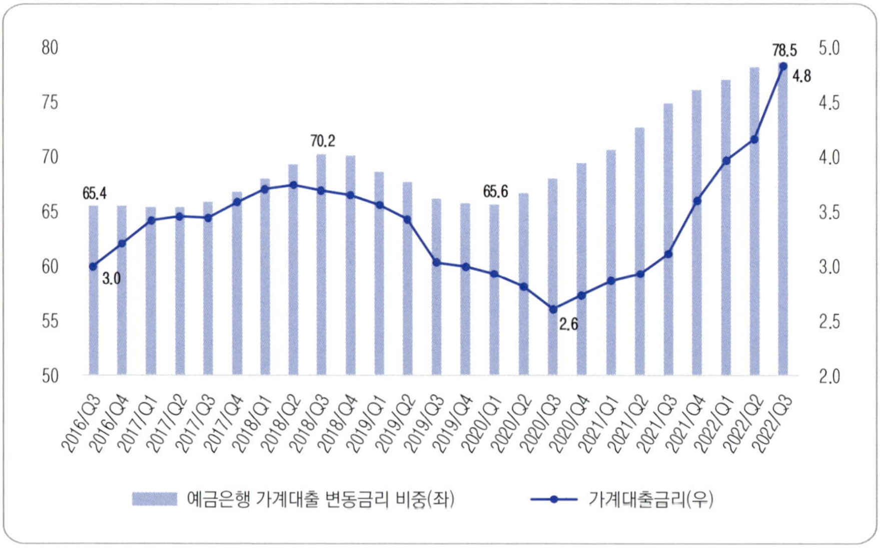

주: 기간 2016년 3/4분기~2022년 3/4분기.

자료: 한국은행 경제통계시스템.

〈그림 3-14〉 취약자 비중

(단위: %)

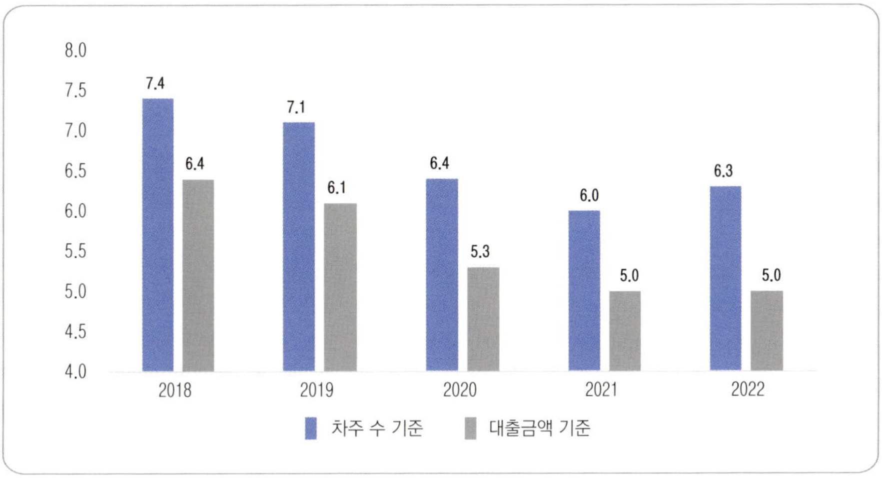

주: 2022년은 3/4분기 자료임.
자료: 한국은행, 금융안정보고서, 2022.12.

2022년 3/4분기에는 4.8%로 거의 두 배가 되었다. 이는 지난 2년여 동안 변동금리 비중이 20% 이상 증가함으로써 금리상승이 그만큼 차주들의 채무상환 부담을 더욱 가중시키고 있다는 것을 의미한다.

둘째, 채무상환능력이 상대적으로 낮은 차주(취약차주)들과 그들의 부채 비중이 높을수록 충격으로 인한 금융시스템 리스크가 높아진다. 2022년 12월 출간된 한국은행의 '금융안정보고서'는 **취약차주**를 다중채무자이면서 저소득(하위 30%) 또는 저신용(신용점수 664점 이하)으로 정의하였다. <그림 3-14>를 보면 취약차주 수는 2022년 3/4분기 말 전체 차주의 6.3%로 2021년 말 대비 0.3%포인트 증가하였다. 그러나 팬데믹 직전인 2019년 말의 7.1%에 비하면 낮아진 상태이다. 또한 취약차주가 보유한 대출이 전체 대출에서 차지하는 비중이 5.0%로서 팬데믹 이전에 비해 낮아졌다. 차주의 신용이 높은 고신용 차주의 비중도 늘어나면서 취약차주로 인한 금융불안의 가능성은 낮은 것으로 평가하고 있다(<그림 3-15> 참조). 그러나 대출금리 상승으로 인한 취약차주의 연체율이 늘어날 가능성도 지적하고 있다.

〈그림 3-15〉 신용별 가계대출 구성비

(단위: %)

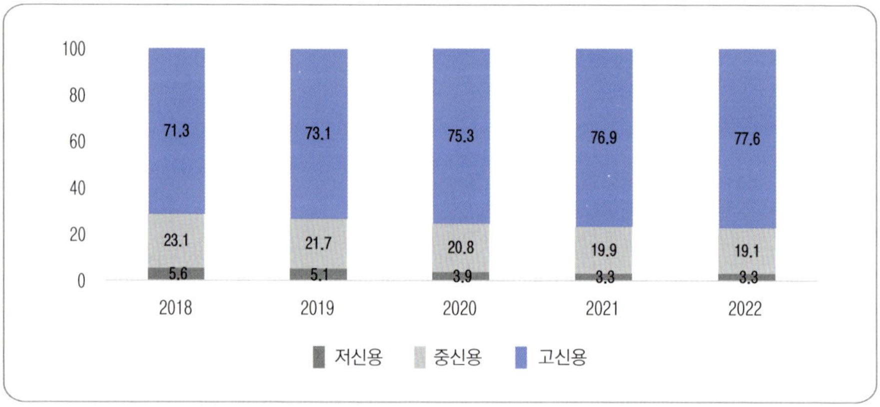

주: 1) 대출금액 기준: 고소득(상위 30%), 중소득(30~70%), 저소득(하위 30%).
2) 2022년은 3/4분기 자료임.
자료: 한국은행, 금융안정보고서, 2022.12.

신용상(2021)은 팬데믹 이후 자영업자와 청년층의 가계부채 급증에 대한 우려를 했고, 한국은행의 금융안정 상황 보도자료(2022.9) 역시 취약차주와 청년층 과다차입자의 경우 그 비중이 크지 않지만 금리 상승 시 연체율이 높아지고 부실위험이 빠르게 높아질 것을 우려하였다. 2023년 3월에 발표된 금융안정 상황 보도자료에 의하면 금융기관에 대한 가계대출 연체율이 2021년 말 0.52%에서 2022년 말에는 0.66%로 빠르게 상승하였고 2023년 말에는 1.0%까지 높아질 것으로 예상하고 있다. 한국은행은 가계대출 연체율이 장기평균(2009~2022년) 수준인 1.26%에 아직 미치지 못해 금융시스템 전반의 건전성에 미치는 영향은 제한적으로 평가하고 있으나, 앞으로 금리상승, 경기침체, 부동산가격 하락 등 악재에 대비할 필요가 있다.

5 시사점

한국의 2021년 말 가계부채는 역사상 최고치로 증가했다. 절대액뿐만 아니라 GDP 대비 비중으로 측정해도 최고치이다. 가계부채 비중은 세계에서 4번째로 높고 최근 5년 동안 증가율도 신흥국을 제외하면 가장 높다. 팬데믹 2년 동안에는 신흥국을 포함해도 가장 빠르게 증가하였다.

1970~2021년 동안 가계부채 비중의 추이를 보면, 가계부채는 대부분 기간 동안 금리와 주택가격과 밀접한 관련이 있었다. 즉, 예측할 수 있듯이 실질금리가 하락하면 가계부채와 주택가격이 상승하고 반대로 실질금리가 상승하면 가계부채와 주택가격이 하락하였다. 미국의 경우 금리하락으로 인해 가계부채와 주택가격이 상승하였고 주택가격 안정을 위해 금리를 올린 후 주택가격의 폭락이 금융위기의 시발점이 되었다. 글로벌 금융위기가 일어나기 전 한국과 미국을 비교해 보면 미국과 한국의 결정적인 차이점은 가계부채 수준이다. 글로벌 금융위기 이전에는 미국의 가계부채 비중이 한국보다 약 30% 더 높았지만 2021년에는 역전이 되어 한국이 미국보다 약 27%가 더 높게 되었다.[12] 현재 한국의 상황은 미국의 금융위기 직전과 유사하다.

이처럼 가계부채 수준이 높게 된 배경에는 정부의 냉탕온탕식 부동산정책이 자리 잡고 있다. 경기가 좋아 주택을 포함한 부동산시장이 과열되고 가격이 오를 때는 정부는 수요억제를 위한 규제를 강화하고 공급을 늘리는 정책을 사용한다. 반대로 경기가 좋지 않을 때는 금리인하, 규제완화 등을 통해 부동산시장을 부양하여 가격을 올리는 정책을 사용한다. 왜냐하면 경기부양을 위한 가장 쉬운 방법이 건설경기를 띄우는 것이기 때문이다. 가계는 부동산가격이 급등할 때 부동산 구입시점을

12 이 장의 부록 참조.

놓치지 않기 위해 무리하게 차입을 해서라도 부동산을 구입하게 된다. 한편 부동산시장이 침체되어 있을 때는 정부가 부동산가격을 올리는 정책을 사용하기 때문에 가계는 차입을 하여 부동산을 매입하게 된다. 즉, 부동산시장이 활황일 때나 불황일 때나 가계는 차입을 통해 부동산을 구입하려는 인센티브를 갖게 되는 것이다. 여기에서 정부의 일관성 있는 부동산정책이 왜 요구되는지 그 이유를 알 수 있다.[13]

지난 5년 동안 가계부채가 급증하였지만, 다행히 부채보다 자산이 더 많이 증가하여 부채/자산 비중은 하락하는 추세이다. 제2장에서 보았듯이 미국의 기준금리가 2023년 5월 말 현재 5.0~5.25%까지 올랐고 앞으로도 오를 것이 예상되는 가운데 한국도 기준금리를 올릴 가능성이 높다. 이 경우 부채부담은 늘어나고 주가와 부동산가격 등 자산가치는 떨어질 가능성이 커지게 된다. 또 다른 문제는 가계부채 잔액의 약 80%가 변동금리대출에 의한 것이라는 점이다. 급격한 금리상승은 취약차주의 채무불이행을 촉발하고 정상차주의 부실위험을 높여 전방위적으로 금융시스템이 붕괴되는 은행위기가 올 수 있음을 예의 주시할 필요가 있다.

13 부동산에 대한 상세한 내용은 제10장 참조.

DEBT

부록 | 한국과 미국의 가계부채 비교

2008년 글로벌 금융위기는 미국의 통화정책과 밀접한 관련이 있다. 2004년 기준금리가 1%까지 떨어지면서 미국의 주택가격이 급등하자 연준(Fed)은 기준금리를 계속 올려 2006년 6월에는 5.25%까지 인상하게 된다. 이 기간 동안 한국이 콜금리로 올린 것도 자본유출을 고려할 때 미국의 기준금리 인상과 맞물려 있다고 할 수 있다. 미국의 금리가 급상승하자 2006년부터 주택가격은 급락하게 되고 2008년 금융위기를 맞게 된다.

2000~2007년

한국의 상황은 어떠했을까? <그림 3A-1>~<그림 3A-3>은 2000~2007년 기간 동안 한국과 미국의 실질대출금리, 실질주택가격 상승률과 가계부채 비중의 증가율 추이를 비교하고 있다. 미국

〈그림 3A-1〉 실질대출금리: 한국과 미국

(단위: %)

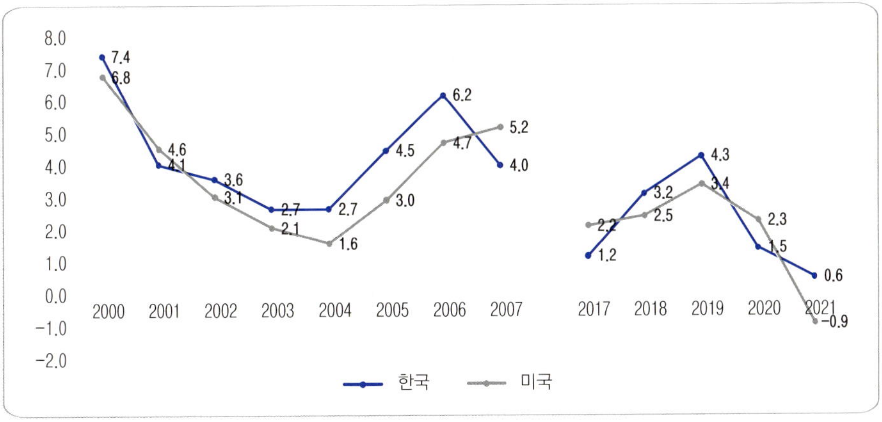

자료: World Bank, World Development Indicators.

〈그림 3A-2〉 실질주택가격 상승률: 한국과 미국

(단위: %)

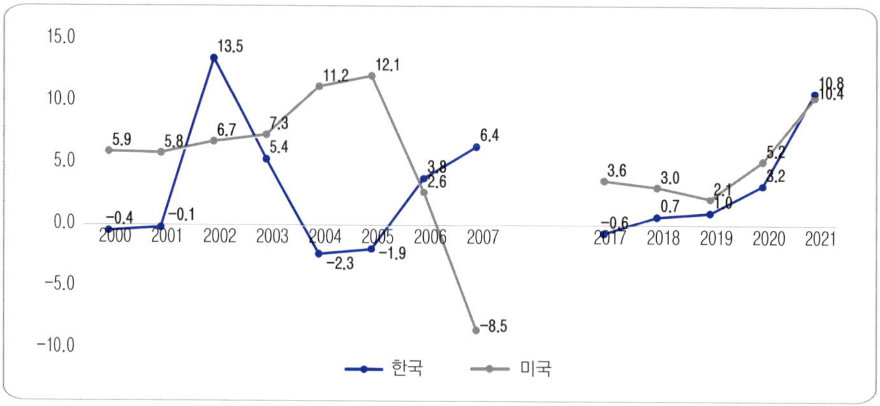

자료: BIS.

〈그림 3A-3〉 가계부채/GDP 증가율: 한국과 미국

(단위: %)

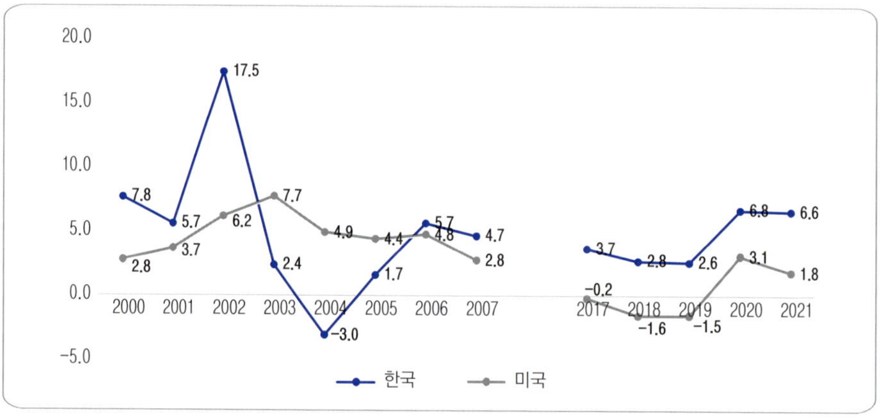

자료: BIS.

의 실질대출금리는 명목대출이자율에서 소비자물가상승률을 차감한 값이고 두 나라의 실질주택가격과 가계부채 비중은 BIS 자료를 이용하였다.

<그림 3A-1>에 있는 실질대출금리의 추이를 보면 2000~2006년 기간 동안 한국과 미국이 거의 같은 추이를 보이고 있다. 한 가지 차이점은 미국의 실질금리는 2004년에 최저점인 1.6%를 찍은 후 2007년(5.2%)까지 계속 오른 반면, 한국의 실질금리는 2006년(6.2%)까지 오르다가 2007년(4.0%)에는 하락했다는 것이다. 한국과 미국의 실질금리 추이가 거의 비슷했는데도

불구하고 실질주택가격과 가계부채 비중의 추이는 상당한 차이가 있다(<그림 3A-2>와 <그림 3A-3> 참조). 미국의 경우 실질금리가 2004년까지 하락하면서 실질주택가격의 상승률은 계속 높아져 2004년(11%)과 2005년(12%)에 정점을 찍은 후, 실질금리가 가파르게 올라가면서 2007년에는 실질주택가격은 8.5% 급락하게 된다. 반면 한국의 실질주택가격은 2002년도에 13.5% 급등한 이후 2005년까지 안정되었다가 미국과 반대로 2006~2007년에 다시 반등하는 모습을 보여주고 있다. 가계부채 비중 증가율은 한국과 미국 모두 실질주택가격 상승률과 비슷한 추이로 움직였다. 이 자료가 암시하는 바는, 첫째는 두 나라 모두 가계부채와 주택가격의 동조성이 크다는 것이고, 둘째는 미국이 한국에 비해 시장기능이 더 잘 작동했다는 것이다.

<그림 3A-4>와 <그림 3A-5>는 2000~2007년 기간 동안 한국과 미국의 가계부채 비중과 실질주택가격지수의 추이를 각각 보여주고 있다. 그림을 보면 미국의 2006년 실질주택가격은 2000년도에 비해 50% 이상 상승했고 2001년도에 이미 2010년 가격(지수=100)을 넘었다. 반면 한국의 실질주택가격은 이 기간 동안 약 19% 상승하였고 2007년 이전까지는 2010년 가격에 미치지 못했다. 한국과 미국 모두 가계부채 비중이 꾸준히 증가하였는데, 가계부채 비중도 미국이 한국보다 훨씬 높았음을 확인할 수 있다. 금융

〈그림 3A-4〉 가계부채/GDP: 한국과 미국

(단위: %)

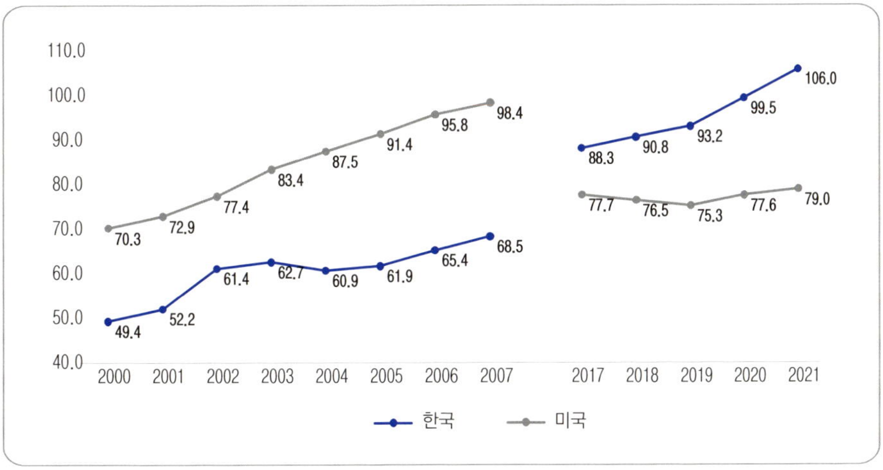

자료: BIS.

〈그림 3A-5〉 실질주택가격지수: 한국과 미국

(단위: %)

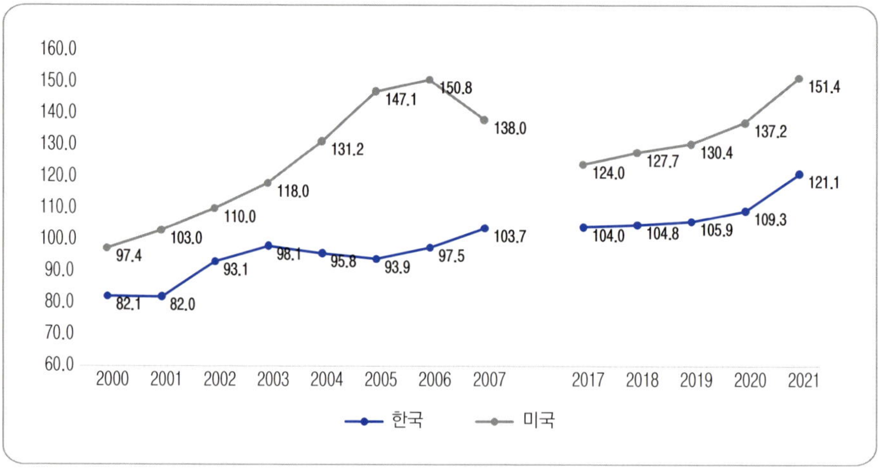

주: 2010=100.

자료: BIS.

위기 직전인 2007년 미국의 가계부채 비중이 98.4%로 가계부채가 GDP의 100%에 가까웠던 반면 한국은 훨씬 낮은 68.5%이었다.

2017~2021년

최근 5년(2017~2021) 동안 한국과 미국의 실질금리, 실질주택가격 상승률 및 가계부채 비중 증가율의 추이도 살펴볼 필요가 있다(<그림 3A-1>~<그림 3A-3> 참조). 실질금리의 경우 2008년 금융위기 전과 마찬가지로 양국이 거의 비슷하게 움직였음을 볼 수 있다. COVID-19 팬데믹이 본격적으로 시작한 2020년 초 한국과 미국 모두 기준금리를 각각 0.5%와 0%로 내리면서 실질금리가 급락했고, 미국 실질금리는 2021년에 −0.9%까지 하락하였다.

그림들을 보면 2008년 금융위기 전과는 달리 지난 5년 동안 한국과 미국의 실질주택가격과 가계부채 비중의 변화율의 동조화가 뚜렷했다. 실질주택가격은 팬데믹 기간 동안 급등하였고 한국과 미국 모두 2021년에는

10% 넘게 상승했다. 두 나라의 다른 점들은 2017~2021년 기간 동안 2021년을 제외하면 미국의 실질주택가격 상승률이 한국보다 항상 높았고, 미국의 상승률이 팬데믹 이전에는 하락추세에 있었던 반면 한국의 상승률은 지난 5년 동안 지속적으로 상승추세에 있었다는 것이다.

이 기간 동안 실질주택가격지수를 보면 미국이 한국보다 여전히 높은 것을 확인할 수 있다. 미국의 지수는 2017년 124로 시작했는데 2021년에는 151.4까지 높아져 금융위기 전 실질주택가격 정점을 찍은 2006년의 150.8을 넘어섰다. 한국의 지수는 2017년에 104로 2007년 지수와 거의 비슷하게 시작해 2021년에는 121로 상승했다. 2008년 글로벌 금융위기와 비교해 보면 팬데믹 이후 미국의 실질주택가격은 위기 전 정점과 비슷하게 되었고, 한국은 그 당시보다 훨씬 더 올랐음을 알 수 있다.

가계부채 비중의 변화율도 두 나라가 비슷한 패턴을 보였지만 차이점도 있다. 첫째, 한국 가계부채 비중의 증가율이 미국보다 훨씬 높다는 것이다. 둘째, 팬데믹 발생시점까지 한국과 달리 미국의 가계부채 비중은 떨어지고 있었다. 팬데믹 기간 동안에는 한국의 가계부채 비중의 증가율이 높았을 뿐만 아니라 2020년(6.8%)과 2021년(6.6%)이 거의 비슷한 수준이었다. 반면 미국의 2020년 증가율은 3.1%로서 한국의 절반에 불과했을 뿐만 아니라 2021년(1.8%)에는 증가율이 큰 폭으로 하락하였다.

<그림 3A-4>에서 보는 바와 같이 한국의 가계부채 비중의 추이는 놀라울 정도이다. 금융위기 이전에는 미국의 가계부채 비중이 한국보다 높았지만 이제는 역전이 되어 한국이 더 높게 되었다. 최근 5년 동안 미국의 가계부채 비중은 금융위기 직전인 2007년의 98.4%보다 훨씬 낮을 뿐만 아니라 78~79% 수준에 머물렀다. 반면 한국의 가계부채 비중은 2007년에 68.5%에 불과했으나 계속 높아져 2020년에 이미 미국의 2007년 부채 비중을 넘어섰다. 주목할 점은 2017년의 가계부채 비중을 보면 한국(88%)이 미국(78%)보다 10%포인트 정도 높았지만, 2021년에는 미국이 79%, 한국이 106%로 큰 차이로 벌어졌다는 것이다. 이러한 자료는 한국의 가계부채 비중 수준이 과도하게 높아 경제위기의 근원이 될 수 있음을 암시하고 있다.

제 **4** 장

한국의 비금융기업부채

1 기업부채 추이

비금융기업의 부채는 BIS에서 발표하는 비금융기업에 대한 신용(credit to non-financial corporations from all sectors at market values)으로 정의한다. 여기에서 기업은 민간기업과 공기업을 모두 포함하고 있다. 또한 '비금융기업'을 앞으로는 '기업'으로 약칭하기로 한다.

<그림 4-1>은 한국, 세계, 선진국과 신흥국의 GDP 대비 기업부채(이하, 기업부채 비중)에 대한 2008~2021년 분기별 자료의 추이를 보여주고 있다. <그림 4-1A>를 보면 2017~2018년을 제외하고 대부분의 기간 동안 한국의 기업부채 비중이 세계 평균보다 높았음을 알 수 있다. 또 한 가지 특징은 COVID-19 팬데믹 기간 동안 한국과 세계 평균 모두 기업부채 비중이 급격히 높아졌지만, 2021년의 세계 평균 부채 비중은 하락한 반면 한국의 비중은 계속 상승했다는 점이다.

<그림 4-1B>에는 선진국과 신흥국의 자료를 보여주고 있다. 다른 부채들의 자료와 마찬가지로 선진국과 한국에 대한 자료의 시작년도는 1999년이다. 1999년은 한국이 외환위기를 겪은 직후이다. 한국과 선진국을 비교해 보면, 1999년 1/4분기 한국(96%)의 기업부채 비중이 선진국 평균(64%)보다 훨씬 높았다. 가계부채 비중과 완전히 반대 상황이었던 것을 알 수 있다. 그 이후 한국의 기업부채 비중은 줄어든 반면 선진국의 경우 계속 올라 2002년에 오면 거의 같아지게 된다. 글로벌 금융위기가 발생한 2008년까지 한국과 선진국의 기업부채 비중 추이는 거의

〈그림 4-1〉 비금융기업부채/GDP: 한국, 선진국, 신흥국

(단위: %)

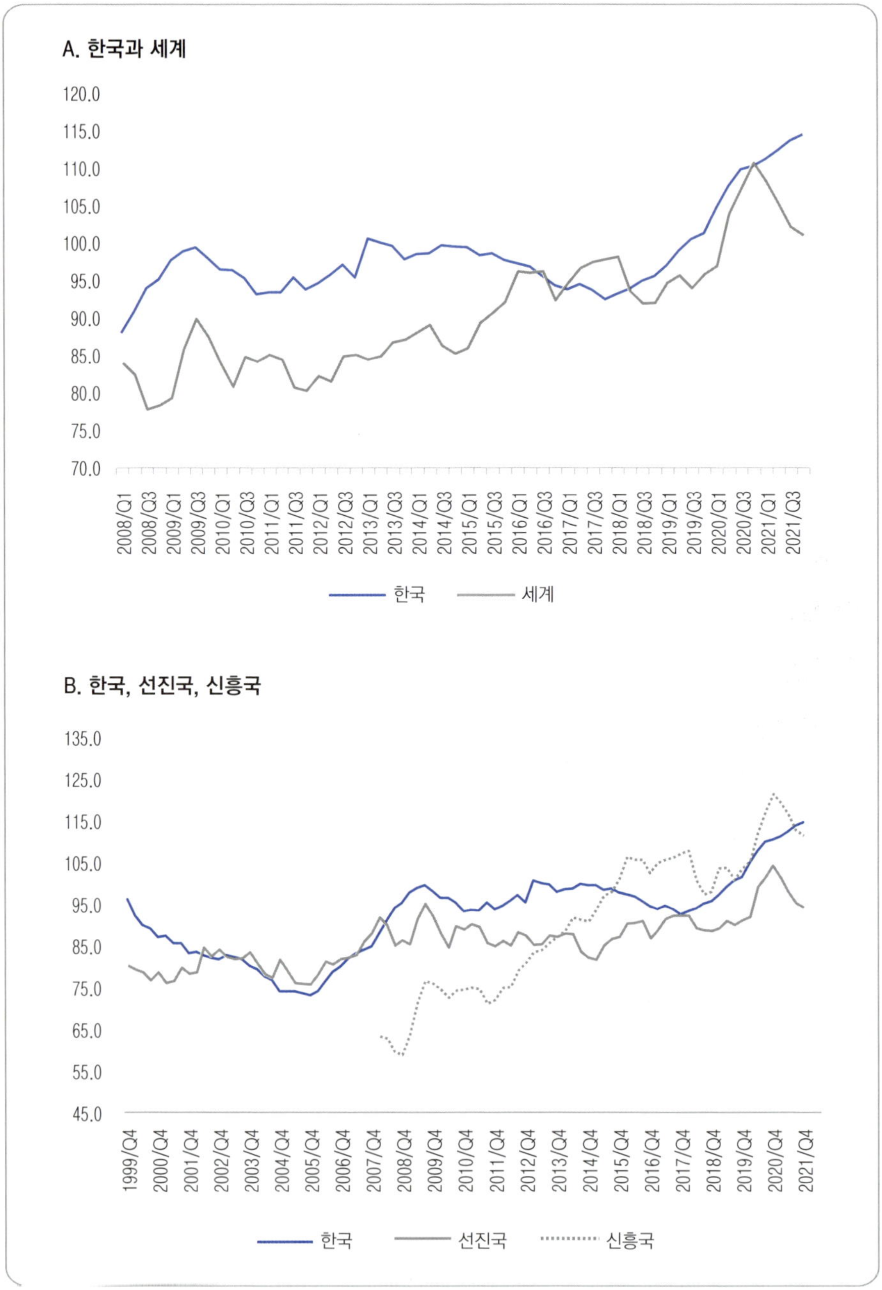

주: 기간 1999년 4/4분기~2021년 4/4분기.
자료: BIS.

〈그림 4-2〉 비금융기업부채(GDP 비중)

(단위: %)

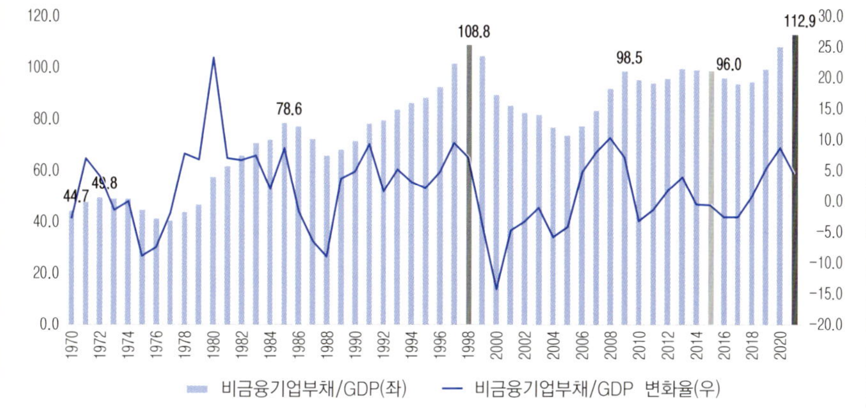

주: 기간 1970~2021년.
자료: BIS.

같았지만 금융위기 이후에는 확실히 달라진다. 선진국의 기업부채 비중은 거의 변화가 없었던 반면, 한국의 경우 2005년에 74%에서 2009년에는 99%로 급등하였고 그 추세가 계속 이어졌다. 팬데믹 기간에도 선진국의 기업부채 비중은 상승에서 하락추세로 전환되었지만 한국의 기업부채 비중은 지속적으로 상승하여 2021년 말의 한국(114.5%)의 기업부채 비중과 선진국 평균(94.0%)의 격차는 1999년보다 더 벌어졌다. 신흥국의 기업부채 비중은 한국이나 선진국보다 훨씬 더 급격히 상승한 모습을 보이고 있다. 2008년만 해도 63%에 불과했던 신흥국의 기업부채 비중이 2021년에 오면 한국의 부채 비중과 비슷한 111%까지 높아졌다.

<그림 4-2>는 1970~2021년 기간 동안 한국의 연평균 기업부채 비중과 전년 동기 대비 변화율에 대한 추이를 보여주고 있다. 1970년 45% 이었던 기업부채 비중이 2021년에는 113%까지 높아졌다. 시간이 흐름에 따라 증가추세에 있었던 다른 부채들과는 달리 기업부채는 오르고 내리기를 반복했다. 기업부채 비중이 정점을 찍었던 해는 외환위기 때인 1998년(109%)이었는데, 2021년에는 이보다 더 높아 경제규모 대비

〈그림 4-3〉 비금융기업부채/GDP: 국제 비교

(단위: %)

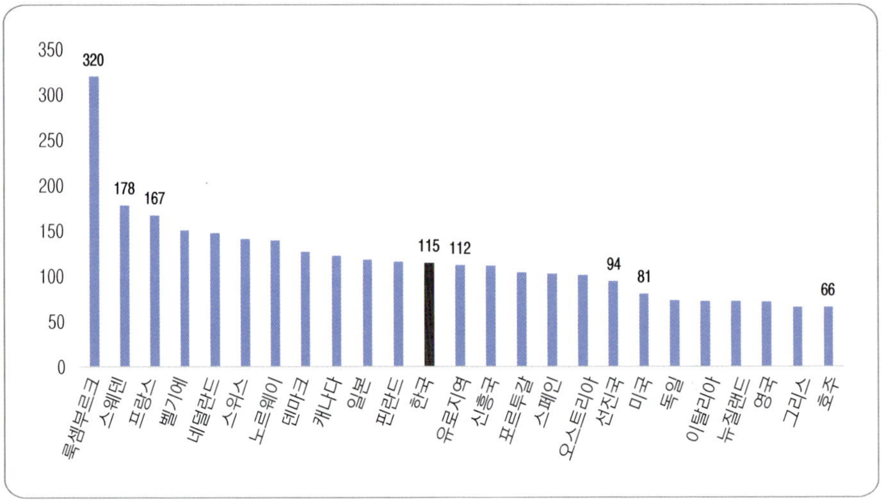

주: 2021년 4/4분기.
자료: BIS.

〈그림 4-4〉 비금융기업부채/GDP 증가율: 국제 비교

(단위: %)

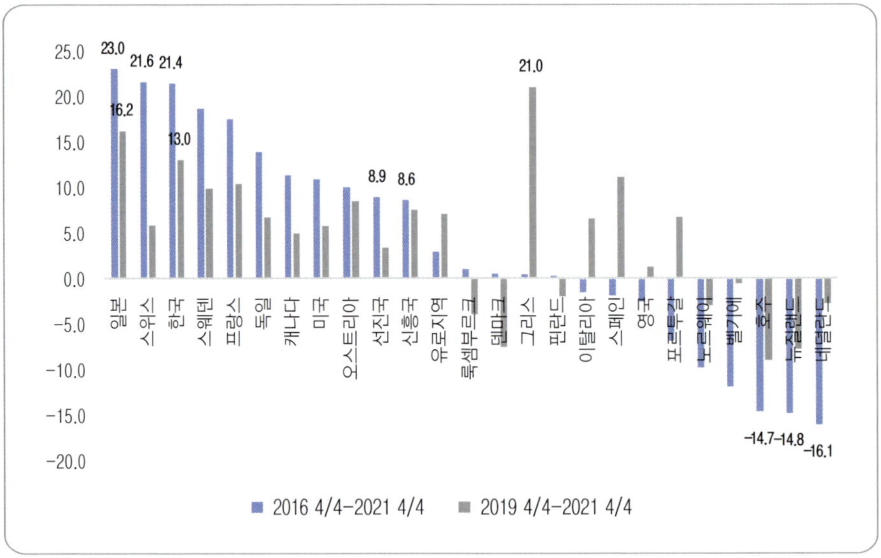

자료: BIS.

기업부채가 최고점에 있음을 알 수 있다. 최근 자료인 2021년 4/4분기 주요국들의 기업부채 비중을 비교해 보면 룩셈부르크(320%), 스웨덴(178%), 프랑스(167%)를 포함한 여러 유럽 국가들이 한국(115%)보다 높았다(<그림 4-3> 참조). 한국은 일본과 유로지역 및 신흥국 평균과 비슷하지만 미국과 선진국 평균보다 높은 것을 볼 수 있다.

한국의 기업부채 비중이 다른 선진국들에 비해 크게 높지 않음에도 불구하고 지난 5년과 2년의 증가율을 보면 매우 우려스러운 수준이다(<그림 4-4> 참조). 최근 5년(2017~2021) 동안 기업부채 비중의 증가율이 가장 높았던 나라들은 일본(23%), 스위스(21.6%)와 한국(21.4%) 순이다. 선진국(8.9%), 신흥국(8.6%)과 유로지역(3%)의 평균보다 훨씬 증가율이 높았다. 이 기간 동안 기업부채 비중이 하락한 나라들도 많았다. 지난 2년(2020~2021년) 팬데믹 기간에도 한국은 3번째로 높은 증가율을 보였다. 그리스(21%)의 기업부채 비중 증가율이 가장 높았고 그다음이 일본(16%)과 한국(13%) 순이다.

2 기업부채의 건전성

기업부채 비중과 기업부채비율

<그림 4-2>에서 볼 수 있는 바와 같이 1970~2021년 기간 동안 한국의 기업부채 비중의 추이에는 몇 개의 꼭짓점들이 있다. 이들은 8.3긴급조치(1972년), 글로벌 외채위기(1985년), 외환위기(1998년), 글로벌 금융위기(2009년), COVID-19 팬데믹(2021년)과 관련이 되어 있다.

이들을 설명하기 위해 기업부채의 건전성을 측정하는 지표들을 보기로 하자. <그림 4-5>는 1960~2021년 기간 동안 한국 제조업 기업들의 '자기자본 대비 부채'(이하, 기업부채비율)의 추이를 보여주고 있다.[1] <그림 4-2>에 있는 첫 번째 꼭짓점은 기업부채 비중이 50%이었던 1972년이

〈그림 4-5〉 기업부채비율(제조업)과 매출액영업이익률

(단위: %)

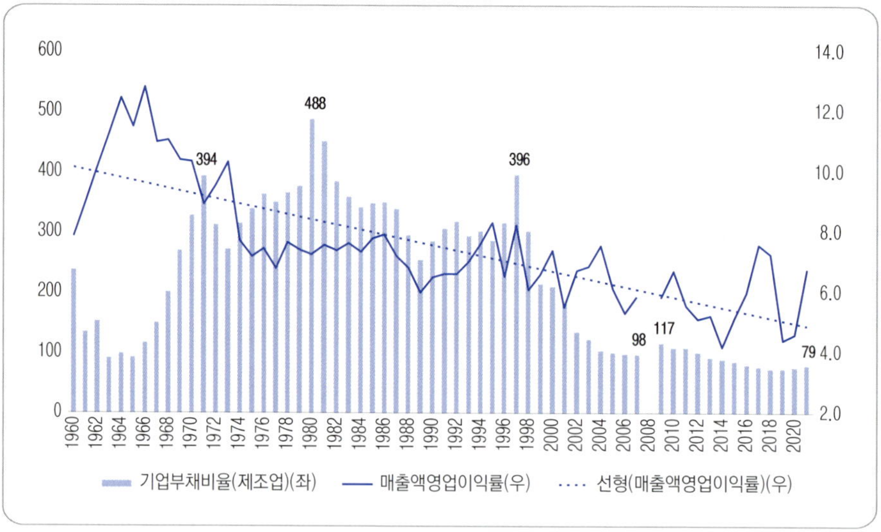

주: 기간 1960~2021년.
자료: 기업경영분석.

다. <그림 4-5>를 보면 1965년 94%이었던 기업부채비율이 계속 올라 1971년에는 394%까지 높아졌다. 이 기간은 박정희 정부의 경제개발 5개년 계획의 실행에 따라 한국의 경제성장이 점차 궤도에 오르게 되는 기간으로서 기업의 숫자도 늘어나고 이들의 금융수요도 증가하게 된다. 그러나 금융시장이 발달되지 않아 많은 기업들이 은행에서 자금을 조달하지 못하고 사채시장(curb market)에 의존하게 된다. 이때 사채금리가 은행의 금리보다 10~20%p 더 높은 연리 40~50%에 이르렀다. 경제성장을 주도했던 주요 기업들도 사채시장에 의존도가 높아 이 기업들도 부실기업으로 분류되어 정부 주도의 성장에 제동이 걸리게 된다. 이에 1972년 8월 3일 정부는 "경제의 안정과 성장에 관한 긴급명령", 소위 '8.3조치'를 취하고 기업이 보유하고 있던 사채를 동결하게 된다.[2]

1 이번 절에서 비금융기업의 부채는 『기업경영분석』과 OECD의 자료를 이용하였다. 2008년은 자료의 단절이 있는 break point이다.

2 '8.3조치'에서 가장 중요한 내용은 기업보유 사채 조정이다. 모든 기업은 1972년 8월 2일

1977년 41%까지 떨어졌던 기업부채 비중은 그 이후 계속 높아져 두 번째 꼭짓점인 1985년에는 79%에 이르게 된다(<그림 4-2> 참조). 이 기간은 앞서 서술했던 중화학공업육성 정책, 그리고 2차 오일쇼크와 더불어 대외채무가 계속 증가하던 때이다. 1980년에는 기업부채 비중이 전년도에 비해 23% 상승했는데 이는 한국의 경제개발 추진 이후 최고치이다. <그림 4-5>에 의하면 1980년 제조업의 기업부채비율(488%)도 최고치이다. 앞서 보았듯이 1980년에는 가계부채 비중의 증가율도 20%로 가장 높았고 가계부채와 기업부채를 합한 민간부채 비중의 증가율도 24%로 가장 높아 한국의 부채 역사상 최악의 해로 평가할 수 있다.

세 번째 꼭짓점은 외환위기 때인 1998년이다. 기업부채 비중이 66%이었던 1988년부터 한해도 쉬지 않고 계속 올라 1997년에는 102%, 1998년에는 109%까지 상승하였다. 앞서 서술하였듯이 1980년대 후반은 경상수지 흑자, 높은 물가와 주택가격 상승을 경험한 기간이고 1990년대에 들어 외환위기 이전까지는 기업들이 과잉차입(overborrowing)과 과잉투자(overinvestment)를 한 기간이다. 1997년 기업부채 비중이 9.5%포인트 상승했고 <그림 4-5>를 보면 1997년 제조업의 기업부채비율이 396%까지 치솟았다. 1970년부터 외환위기 때인 1998년까지 기간 동안 제조업 기업들의 연평균 부채비율이 무려 340%일 정도로 한국 기업들은 차입에 의존해 왔음을 볼 수 있다.

기업부채 비중의 네 번째와 다섯 번째 꼭짓점은 각각 글로벌 금융위기(2009년, 99%)와 COVID-19 팬데믹(2021년, 113%) 때이다. 그런데 <그림 4-5>에서 보여주듯이 외환위기 이후에는 제조업 기업들의 부채비율이 꾸준히 하락하고 있다. 기업부채 비중이 외환위기 이후 낮아지다가 2005년(74%)부터 글로벌 금융위기 때까지 계속 증가했음에도 불구하고

현재 보유하고 있는 사채를 모두 정부에 신고해야 하며, 신고된 사채는 8월 3일자로 월리 1.35%, 3년 거치 후 5년 분할상환의 새로운 채권채무관계로 법에 따라 조정되거나 차입한 기업(차주기업)에 대한 출자로 바꾸도록 했다. 자세한 내용은 제8장 참조.

〈그림 4-6〉 기업부채비율

(단위: %)

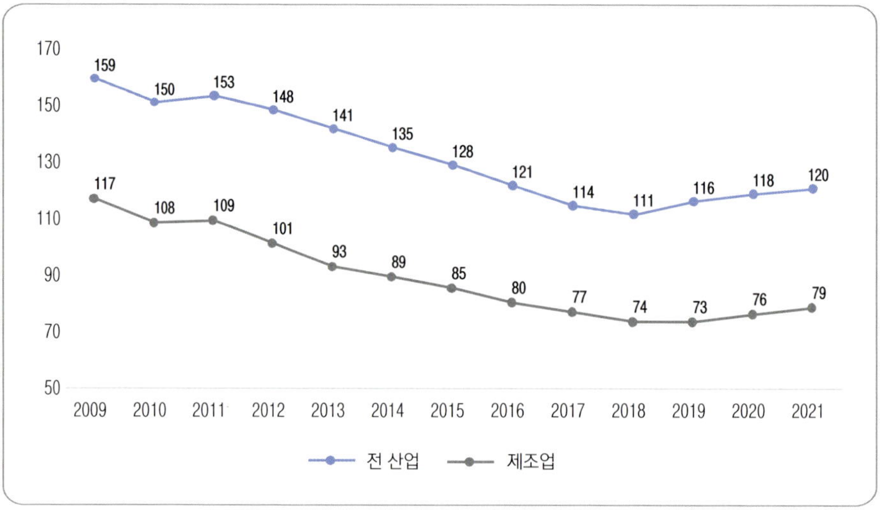

주: 기간 2009~2021년.
자료: 기업경영분석.

제조업 기업들의 부채비율은 100%를 넘지 않았고 거의 변하지도 않았다. 2017년부터 부채비율은 70% 중반에 머물고 있다.

<그림 4-6>은 2009~2021년 기간 동안 제조업과 비제조업을 포함한 전 산업의 기업부채비율을 비교해 보여주고 있다. 2009년부터 자료수집 방법이 전수조사로 바뀌었기 때문에 이 기간만 비교했다. 그림을 보면 전 산업의 기업부채비율이 제조업의 비율보다 더 높아, 서비스업 같은 비제조업 기업이 제조업 기업보다 부채비율이 더 높다는 것을 알 수 있다. 그리고 2018년까지 기업부채비율이 하향추세에 있다가 그 이후에는 조금씩 상승하는 것을 볼 수 있다. 이는 기업들의 차입이 자기자본보다 더 많이 늘어났다는 것을 의미한다. 그러나 팬데믹 기간 동안 기업부채 비중이 외환위기 시점보다 더 높아졌는데도 불구하고 부채비율은 과거에 비해 훨씬 낮은 수준에 머물고 있다.

<그림 4-7>은 OECD 주요 회원국들의 2021년 기업부채비율을 비교하고 있다.[3] 그림을 보면 OECD 평균 기업부채비율이 90%인데 한국은

〈그림 4-7〉 비금융기업부채비율: 국제 비교

(단위: %)

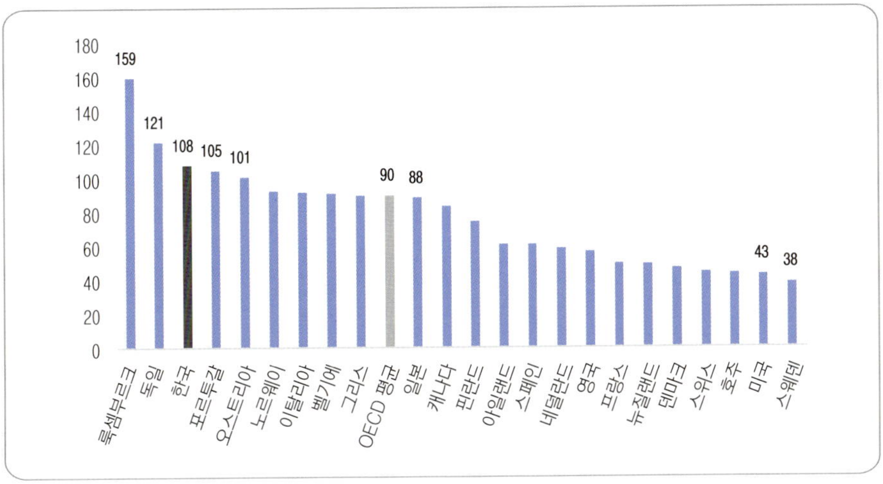

주: 2021년.
자료: OECD.

108%로 룩셈부르크(159%), 독일(121%)에 이어 세 번째로 높다. 한국의 기업부채비율과 비슷한 나라들은 포르투갈과 오스트리아이다. 일본(88%)보다 높고 미국(43%)보다는 약 2.5배 더 높았다. 이 자료가 암시하는 바는, 팬데믹 기간에 기업부채 비중이 크게 높아졌는데도 불구하고 기업부채비율이 과거에 비해 낮은 수준을 유지하고 있지만 다른 선진국들에 비하면 여전히 높은 수준에 있다는 것이다.

이자보상배율

기업부채 건전성의 두 번째 지표는 기업의 이자지급능력을 평가하는 **이자보상배율**(영업이익/총이자비용)이다.[4] 이자보상배율이 높을수록 건전성은 더 좋아진다. <그림 4-8>은 1962~2021년 기간 동안 기업의 이자

3 OECD는 전 산업에 대한 기업부채비율을 제공하는데 한국은행에서 발표하는 기업경영분석의 기업부채비율보다 값이 더 낮다. 그러나 시계열 추이는 비슷하다. 한국에 대한 OECD 자료는 2008~2021년 기간 동안만 존재한다.

4 한국은행에서 발표하는 기업경영분석에서는 '이자보상비율'이라고 정의한다.

〈그림 4-8〉 비금융기업 이자보상배율

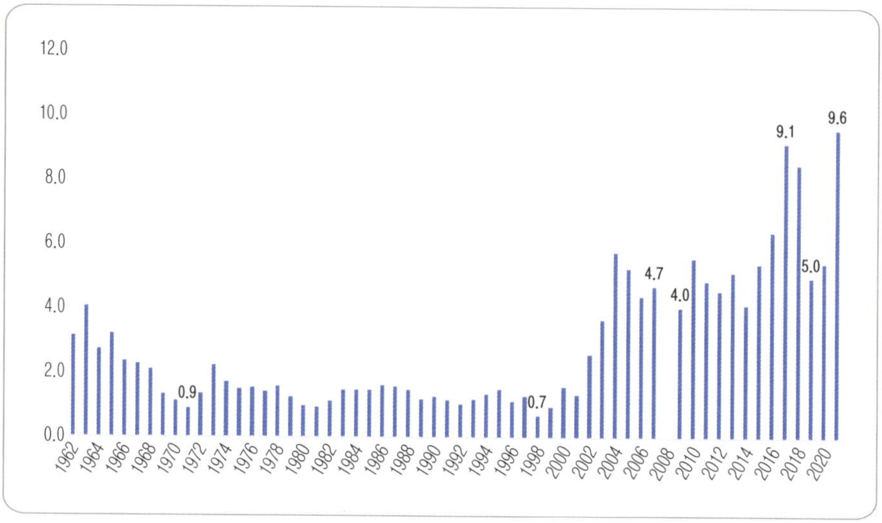

주: 기간 1962~2021년.
자료: 기업경영분석.

보상배율의 추이를 보여주고 있다. 기업부채비율이 높은 기간인 1970~1990년대에는 이자보상배율이 낮고, 기업부채비율이 낮아지기 시작한 2000년대에는 이자보상배율이 높은 것을 볼 수 있다. 1970~1999년 기간 동안 연평균 이자보상배율은 1.3으로 기업의 영업이익이 이자를 겨우 갚을 정도였다.

<그림 4-5>는 매출액영업이익률(영업이익/매출액) 추이도 보여주고 있다. 1970~1999년 기간 동안 매출액영업이익률의 평균이 7.6%로 높은 편이었는데도 불구하고 이자보상배율이 낮은 이유는 그만큼 기업의 부채비율이 높았기 때문이다. 기업부채비율이 400%에 달했던 1971년과 1998년의 이자보상배율은 각각 0.9와 0.7로서 영업이익으로 이자도 갚을 수 없었다. 기업부채비율이 100% 정도이었던 2007년에는 이자보상배율이 4.7까지 올랐고 2017년에는 9.1까지 상승하여 기업의 건전성이 훨씬 나아졌음을 볼 수 있다. 그러나 팬데믹 기간인 2019~2020년에는 5까지 하락하였다. 매출액영업이익률이 2017년에 7.6%이었는데 2019~

〈그림 4-9〉 한계기업 비중과 이자보상배율

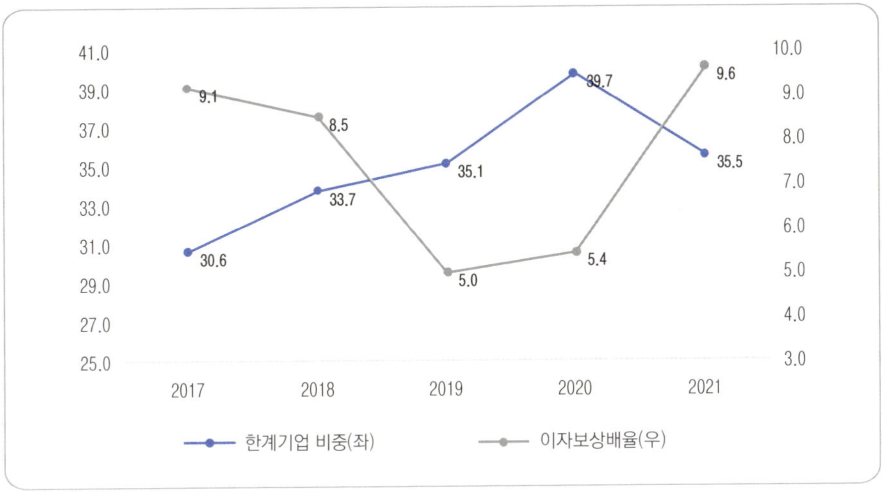

주: 한계기업 비중(단위: %)
자료: 기업경영분석; 한국은행, 금융안정보고서, 2022.6.

2020년에 4.5%로 떨어진 것을 보면 영업이익의 급감이 원인이었다고 할 수 있다(<그림 4-5> 참조). 2021년에는 팬데믹 회복과 더불어 영업이익이 다시 증가하여 이자보상비율이 사상 최고인 9.6까지 다시 올라갔다.

하지만 이러한 수치는 전체 기업의 평균이고 이자보상배율이 1 미만, 즉, 영업이익이 이자비용을 감당하지 못하는 기업(이하, 한계기업)의 비중이 어느 정도 있는가도 중요한 건전성 측정지표이다. 한계기업 비중이 높을수록 자원의 효율적 배분이 저해되고 대내외 충격이 발생할 때 기업의 부실이 늘어날 위험이 높아진다. <그림 4-9>는 2017~2021년 기간 동안 이자보상배율과 함께 한계기업 비중의 추이를 보여주고 있다. 이자보상배율이 2017년 9.1에서 2020년 5.4까지 하락하는 동안 한계기업 비중은 30.6%에서 39.7%로 약 10%포인트 상승하였다. 글로벌 금융위기가 발생했던 2008년 말 33.2%보다 높은 수준이다.[5] 다행히 2021년에는 35.5%까지 하락했지만 여전히 글로벌 금융위기 수준보다 높은 상황이다.

5 한국은행(2021.6) 참조.

〈그림 4-10〉 비금융기업부채/영업이익

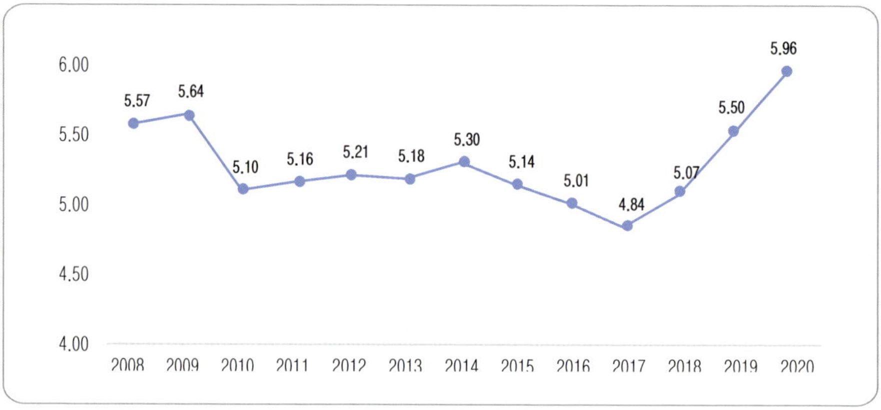

자료: OECD.

이자보상배율과 유사한 지표는 영업이익 대비 기업부채비율이다. 이 비율이 높을수록 기업의 부채상환능력이 떨어지게 된다. <그림 4-10>은 2008~2020년 기간 동안 기업부채/영업이익의 추이를 보여주고 있다. 이 추이는 OECD 자료이고 2021년 수치는 아직 발표되지 않았다. 그림을 보면 기업부채/영업이익은 2008년 5.57에서 2017년 4.84로 줄어들었지만 그 이후 지속적으로 상승하여 2020년에는 5.96까지 높아지게 된다. 2017~2020년 기간 동안은 기업부채가 증가하고 동시에 영업이익이 하락하는 기간이다. <그림 4-9>에 있는 이자보상배율 추이와 반대로 움직임을 확인할 수 있다.

<그림 4-11>은 OECD 주요국들의 2020년 기업부채/영업이익 비율을 비교해 주고 있다. 한국의 비율은 OECD 평균(6.6)과 비슷하고 많은 선진국들에 비해 상대적으로 낮았다. 가장 높은 나라는 룩셈부르크(22)이고 미국(9.4)과 일본(7.5)도 한국보다 높았다. 그러나 유의해야 할 것은 글로벌 금융위기 시점보다 이 비율이 높다는 점이다.

〈그림 4-11〉 비금융기업부채/영업이익: 국제 비교

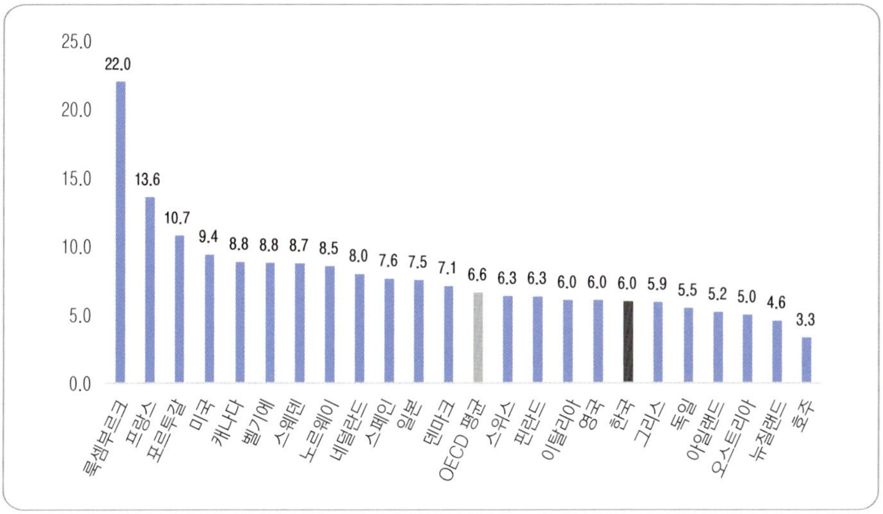

주: 2020년.
자료: OECD.

3 기업의 대외채무

1997년 외환위기를 촉발한 원인 중의 하나는 (비금융)기업 및 금융기업들의 대외채무가 많았고 그 중에서도 단기대외채무 비중이 높았다는 것이다.[6] <그림 4-12>와 <그림 4-13>은 1997~2021년 기간 동안 기업의 대외채무액과 GDP 및 외환보유액 대비 대외채무 비중의 추이를 보여주고 있다. 외환위기(1997년)와 글로벌 금융위기(2008년) 때 각각 464억 달러와 671억 달러이었던 기업의 대외채무액은 팬데믹 중인 2021년에 1,452억 달러로 최고치를 기록했다. 최근 5년(2017~2021년) 동안 기업의 대외채무액이 42% 급증했고 팬데믹 기간인 2020년에서 2021년까지 단 1년 동안 200억 달러 이상 늘어났다. 그러나

6 제2장에서 논의한 대외채무의 주체는 크게 정부, 중앙은행, 금융기업과 비금융기업으로 구성된다.

〈그림 4-12〉 비금융기업 대외채무

(단위: 십억 달러)

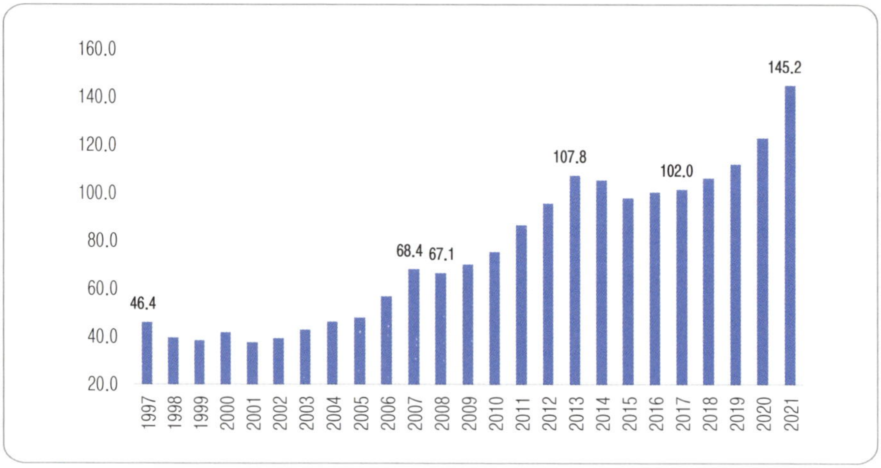

주: 기간 1997~2021년.

자료: 한국은행 경제통계시스템.

〈그림 4-13〉 비금융기업 대외채무/외환보유액과 대외채무/GDP

(단위: %)

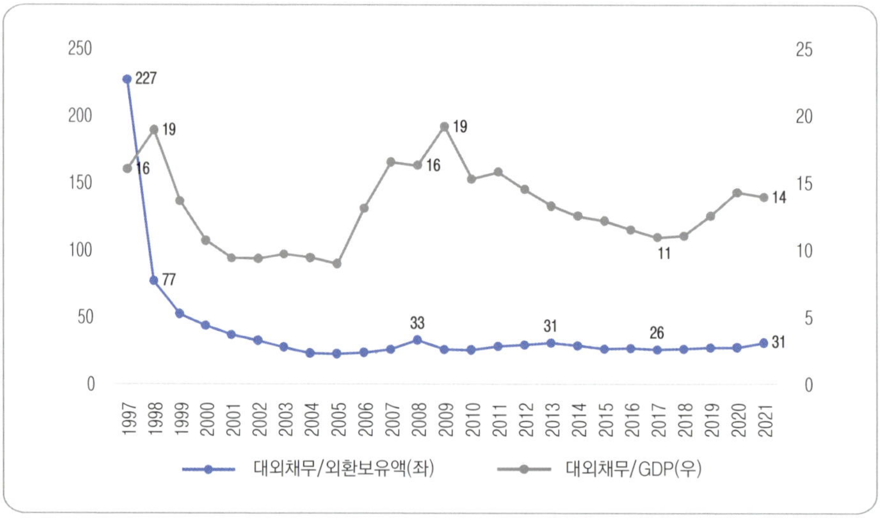

주: 기간 1997~2021년.

자료: 한국은행 경제통계시스템.

〈그림 4-14〉 비금융기업 단기대외채무와 단기대외채무 비중

(단위: 십억 달러, %)

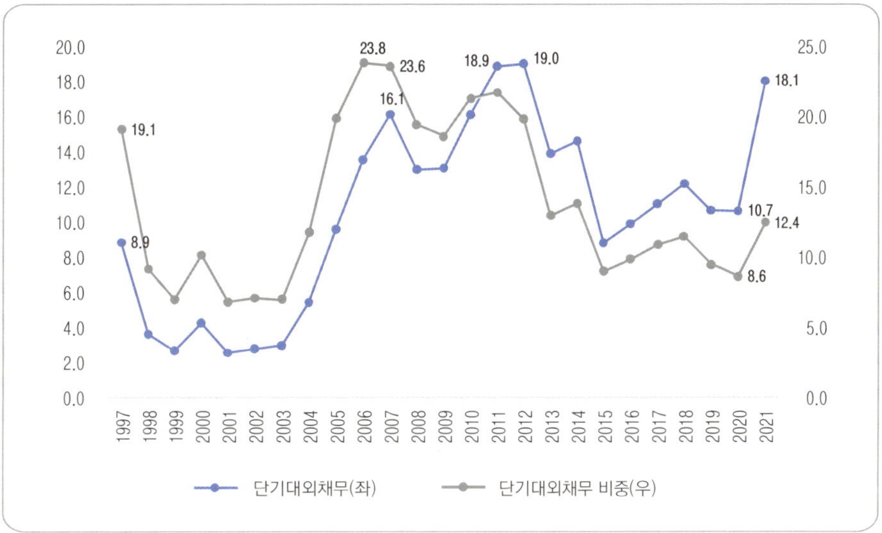

주: 1) 기간 1997~2021년.
　2) 단기대외채무 비중은 단기대외채무가 총대외채무에서 차지하는 비중을 나타냄.
자료: 한국은행 경제통계시스템.

GDP 대비 대외채무 비중으로 보면 1998년과 2008년에 약 19%로 꼭짓점이었고 2020~2021년에는 약 14%로서 외환위기와 글로벌 금융위기 때에 비해 더 낮은 상태이다. 외환보유액 대비로 보면 2020~2021년 평균이 약 31%이다. 이는 외환위기 때인 1997년(227%)과 1998년(77%)보다 훨씬 낮지만 글로벌 금융위기 때인 2008년의 33%에 거의 근접한 상태이다.

<그림 4-14>는 기업의 단기대외채무액과 단기대외채무가 총대외채무에서 차지하는 비중(이하, 단기대외채무 비중)의 추이를 보여주고 있다. 1997년 기업의 단기대외채무는 89억 달러에 불과했지만 단기대외채무 비중은 19%로 외환위기 발생시점에 단기비중이 높았던 것을 알 수 있다. 그 후 2003년까지 꾸준히 낮아졌지만 글로벌 금융위기 전인 2006~2007년에는 외환위기 때보다 높은 24%까지 높아졌다. 2011~2012년 단기대외채무액이 190억 달러로 정점에 달하지만 단기대외채무 비중은 금

융위기 직전의 값에 비해 낮았다. 그 이후로 단기대외채무 비중은 지속적으로 낮아지는 추세를 보여 팬데믹이 시작한 2020년에는 8.6%까지 떨어졌다. 하지만 팬데믹 1년 동안 단기대외채무는 107억 달러에서 181억 달러로 69% 급등하여 2011~2012년 최고치에 접근했고 단기비중도 12.4%로 높아지게 되었다.

<그림 4-15>와 <그림 4-16>은 1997~2021년 기간 동안 기업의 순대외채권(대외채권 – 대외채무)과 GDP 및 외환보유액 대비 비중의 추이를 보여주고 있다. 그림을 보면 전 기간 동안 기업의 대외채권은 대외채무보다 항상 작았음을 알 수 있다. 즉, 순대외채무 상태에 있었음을 의미한다. 기업의 순대외채무액은 1997년과 2007년에 약 400억 달러로서 가장 많았고 1997~2014년까지 전 기간 동안 300억~400억 달러 수준을 유지했다. 2014년부터 순대외채무가 감소하기 시작해서 2017~2020년 동안에는 30억~40억 달러로 줄어들었다. <그림 4-12>에서 볼 수 있듯이 이 기간에는 대외채무가 급격하게 증가했음에도 불구하고 대외채권이 더 많이 증가했음을 의미한다.

한편 GDP 및 외환보유액 대비 순대외채무는 꾸준히 줄어들고 있었음을 볼 수 있다. 1997년 기업의 순대외채무는 GDP의 7.0%이었는데 2020년에는 0.2%로 줄었고, 외환보유액 대비의 경우에도 동 기간 동안 195%에서 0.7%로 줄어들었다. 순대외채무가 가장 많았던 2007년의 경우 GDP 및 외환보유액 대비 각각 3.5%와 15.8%이므로 글로벌 금융위기 시점과 비교해도 훨씬 낮아졌다. 하지만 2021년에는 순대외채무액이 2020년보다 3배 높은 98억 달러로 다시 증가한 상태이다.

요약하면, 2021년 기업의 총대외채무가 역사상 최고치에 달하고 단기채무도 글로벌 금융위기 때보다 더 많게 되었다. 대외채무/GDP는 과거 경제위기 때에 비해 낮으나 대외채무/외환보유액은 금융위기 때에 접근한 상태이다. 한편 단기대외채무 비중은 과거에 비해 낮아졌지만 팬데믹 기간에 다시 급등하고 있다. 2010년대 중반부터 기업의 순대외

〈그림 4-15〉 비금융기업 순대외채권 (단위: 십억 달러)

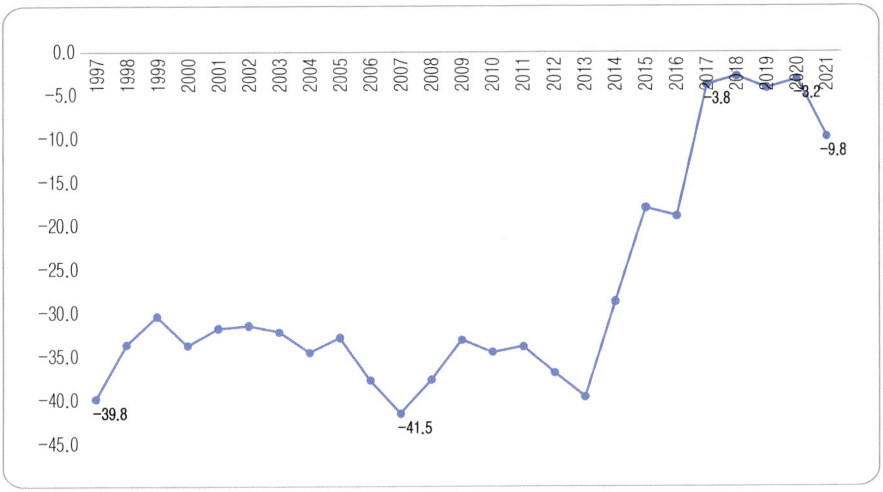

주: 기간 1997~2021년.
자료: 한국은행 경제통계시스템.

〈그림 4-16〉 비금융기업 순대외채권/외환보유액 및 순대외채권/GDP (단위: %)

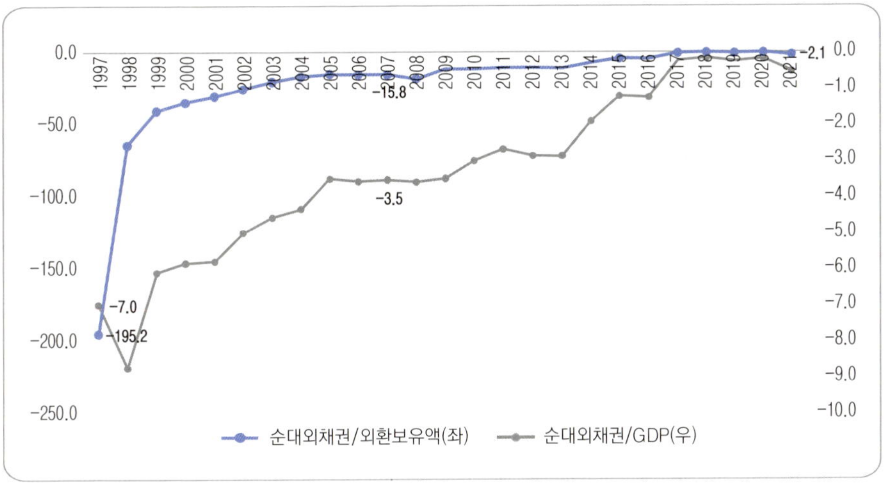

주: 기간 1997~2021년.
자료: 한국은행 경제통계시스템.

채무가 줄어들어 팬데믹 전에는 그 규모가 GDP나 외환보유액 대비 1% 미만으로 하락했으나 2021년에는 대외채무의 급증으로 순대외채무가 증가하고 있다.

4 기업의 유동성과 자산

다시 부채로 돌아와서 기업의 **유동성**(liquidity)을 보도록 하자. 유동성은 채권자가 부채의 상환을 요청할 때 얼마나 빨리 이에 대처할 수 있는지를 측정하는 용어이다. 유동성 지표로서 단기자산/단기부채비율을 이용하기로 한다. 이 비율이 높을수록 기업의 유동성은 높다는 것을 의미한다. <그림 4-17>은 2008~2021년 동안 한국 기업의 단기자산/단기부채비율의 추이를 보여주고 있다. 2008년에 단기자산은 단기부채의 1.27배이었는데, 그 후 꾸준히 증가하여 2021년에는 1.98배로 높아져 기업의 유동성은 더 높아졌음을 볼 수 있다.

OECD 주요국들의 2021년 유동성 지표를 보여주고 있는 <그림 4-18>에 의하면 한국 기업의 유동성이 높아졌지만 OECD 평균(5.3배)보다 낮고 다른 선진국들의 평균 정도임을 알 수 있다. 단기자산/단기부채비율이 특이하게 높은 나라들은 캐나다와 일본인데 각각 단기자산이 단기부채의 49배와 39배에 달했다.

기업은 부채뿐만 아니라 자산도 소유하고 있다. 이제 자산 대비 부채의 수준을 살펴보기로 하자. <그림 4-19>는 2008~2021년 기간 동안 기업의 부채/금융자산 비율 추이를 보여주고 있다. 또한 부채와 금융자산의 연간 증가율도 포함되어 있다. 그림을 보면 금융자산 대비 부채 수준이 꾸준히 하락하고 있음을 알 수 있다. 2008년 값이 120%인데 이는 부채가 금융자산의 1.2배임을 의미한다. 그런데 2017년부터는 부채가 금융자산보다 작아져 2021년에는 90%까지 하락하였다. 앞서 보았듯이 기

〈그림 4-17〉 비금융기업 단기자산/단기부채

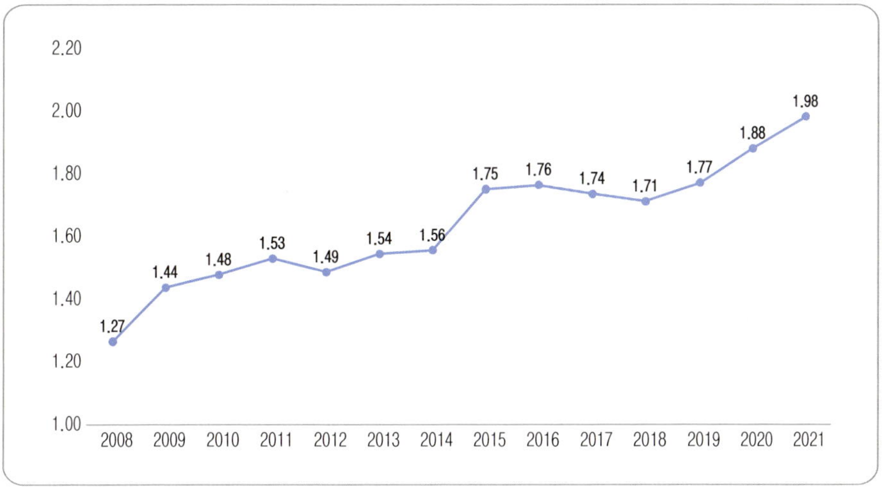

자료: OECD.

〈그림 4-18〉 비금융기업 단기자산/단기부채: 국제 비교

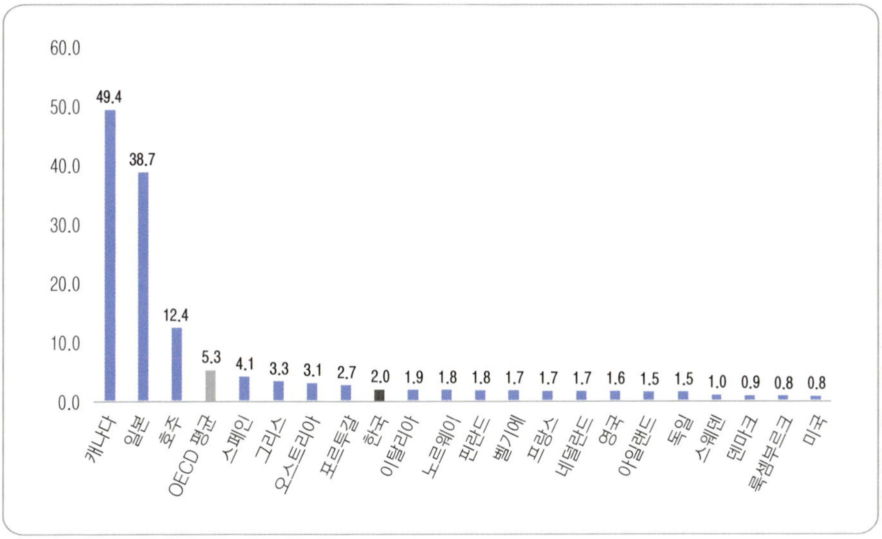

주: 2021년.
자료: OECD.

〈그림 4-19〉 비금융기업부채/금융자산

(단위: %)

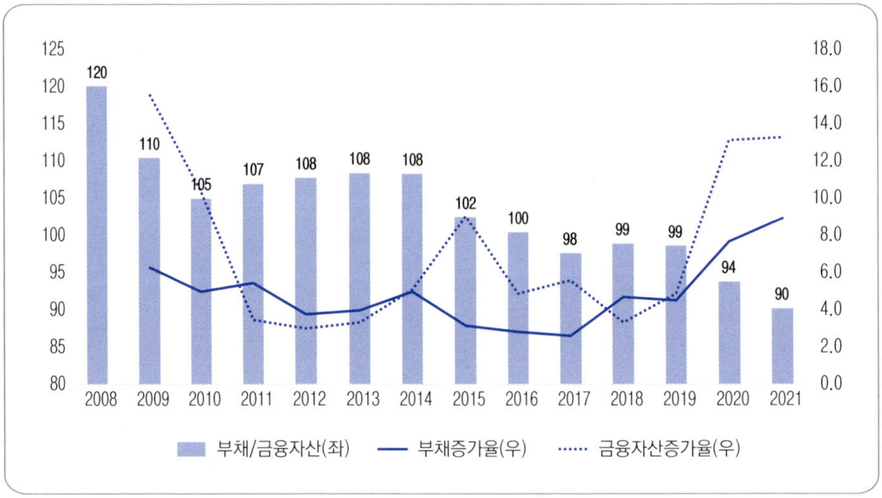

자료: 한국은행 경제통계시스템.

〈그림 4-20〉 비금융기업부채/비금융자산

(단위: %)

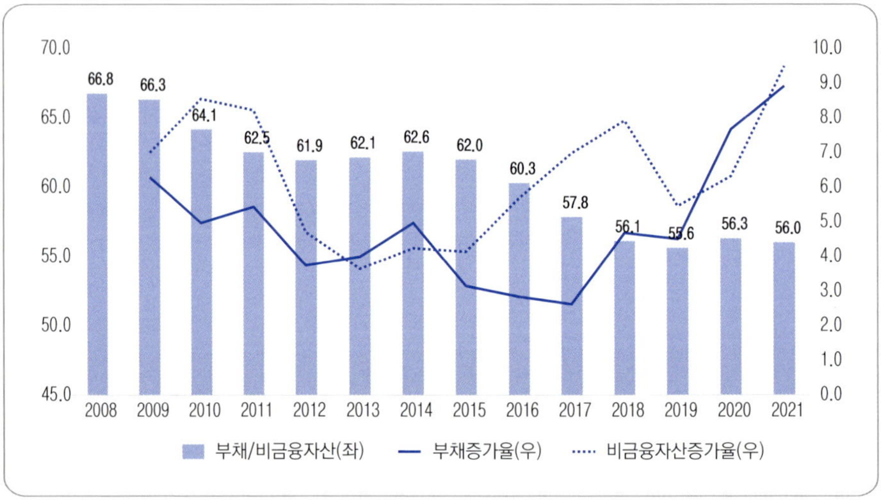

자료: 한국은행 경제통계시스템.

업의 부채가 급등했던 2020~2021년에도 계속 하락했는데, <그림 4-19>를 보면 부채보다 금융자산의 증가율이 더 높았기 때문이다. <그림 4-20>은 부채/비금융자산 비율 추이를 보여주고 있다. 금융자산의 경우와 마찬가지로 이 값은 지속적으로 하락추세를 따랐다. 2008년에는 부채가 비금융자산의 67%이었는데 2021년에는 56%로 하락하였다. 그 이유는 2008~2021년 대부분의 기간 동안 기업의 부채보다 부동산과 같은 비금융자산의 증가율이 더 높았기 때문이다.

5 시사점

한국의 기업부채/GDP는 2021년 말 113.7%를 찍은 후 2022년 3/4분기 말에는 사상 최고치인 119.2%까지 높아졌고, 최근 5년 동안 증가율도 세계에서 가장 높은 나라들 중의 하나이다. 기업의 대외채무액도 사상 최고치이고 GDP와 외환보유액에서 차지하는 비중도 글로벌 금융위기 때와 비슷하다. 이처럼 기업의 국내외 부채 수준이 높음에도 불구하고 과거 경제위기와 비교하면 기업부채비율, 이자보상배율 등 건전성 지표들은 양호한 상태이다. 기업의 유동성도 더 높아지고 순자산도 증가추세이다. 또한 단기대외채무가 총대외채무에서 차지하는 단기대외채무 비중이 상대적으로 낮아져 만기불일치 문제가 완화되었고 순대외채무도 줄어들었다.

그러나 기업부채비율은 주요 선진국들에 비해 여전히 높고, 이자보상배율이 1 미만인 한계기업의 비중이 글로벌 금융위기 때보다 더 높다. 팬데믹이 발생한 이후 대외채무뿐만 아니라 단기대외채무 비중도 급등하고 있다. 한국의 경우 해외차입을 할 때 99% 이상 외화표시로 하기 때문에 통화불일치 문제가 심각하다. 2023년 3월 말의 원/달러 환율은 1,302원으로 전년 동기에 비해 7.4% 상승했다. 2023년 4월에는 원/달러 환율의 변동성이 크게 증가하였고 연중 최고인 1,342원까지 올랐다. 이는 원화표시 대외채무액이 이만큼 추가로 증가한다는 것이고 기업의 대외채무로 인한 부채의 급증을 우려해야 한다는 의미이다.

기업의 순자산이 증가하고 있지만 가계부채에서 언급했듯이 금리인상, 주가하락, 환율상승으로 인해 부채부담은 늘어나고 자산가치는 떨어질 가능성이 높아지고 있다. 특히 급격한 금리인상으로 가계의 취약차주와 더불어 한계기업의 도산이 줄을 잇는 도미노 현상이 발생한다면 은행위기가 발생할 가능성을 배제할 수 없는 상황이다.

부록 | 민간부채의 국제 비교

<그림 4A-1>은 BIS자료를 이용하여 한국, 세계, 선진국과 신흥국을 대상으로 1999~2021년 동안 GDP 대비 민간부채(이하, 민간부채 비중)의 추이를 보여주고 있다. 상단 그림을 보면 한국의 민간부채 비중이 세계 평균보다 높은 기간이 대부분이었다. 세계의 분기별 자료가 시작되는 1999년에 한국의 민간부채 비중은 165%로 세계 평균(126%)보다 높았지만 그 후 지속적으로 하락하여 2000년대 중반에는 세계 평균과 거의 비슷하게 되었다. 그러나 2000년대 중후반부터 한국의 부채는 훨씬 빠른 속도로 늘어나 그 격차가 점점 벌어지는 것을 볼 수 있다. COVID-19 팬데믹 이후 한국과 세계 민간부채 비중이 모두 급등하였지만, 세계 평균 부채 비중은 2020년 4/4분기를 정점으로 2021년에는 하락세로 돌아선 반면 한국은 계속 상승하였음을 또한 볼 수 있다. 하단 그림을 보면 2000년에서 2008년 글로벌 금융위기까지는 선진국의 민간부채 비중이 한국보다 높았지만 선진국의 경우 글로벌 금융위기 이후부터 COVID-19 팬데믹 발생 이전까지 거의 변화 없이 160%대에서 머물렀다. 그러나 한국의 부채 비중은 계속 높아져 팬데믹 직전인 2019년 말에는 200%에 달했고 2021년 말에는 220%가 넘게 되었다. 신흥국의 경우 1999년 민간부채 비중이 73%에 불과했으나 금융위기 이후 급격하게 높아져 팬데믹 직전에는 150%에 달했다. 한편 한국과 달리 선진국과 신흥국 모두 평균 민간부채 비중이 2021년에 오면 하락한 것을 볼 수 있다.

<그림 4A-2>는 1970~2021년 기간 동안 한국의 연간 민간부채 비중과 전년 동기 대비 변화율을 보여주고 있다. 1970년 53%이었던 민간부채 비중은 2021년에는 219%까지 높아졌다. 부채 비중의 증가율이 7~8%에 달했던 해는 1971년(7.9%), 1988~1991년(약 8%), 1997년(8.3%), 2008년(7.2%)과 2020년(7.8%)이다.

최근 2021년 4/4분기 주요국들의 민간부채 비중을 비교해 보면 룩셈부

〈그림 4A-1〉 민간부채(GDP 비중): 한국, 선진국, 신흥국

(단위: %)

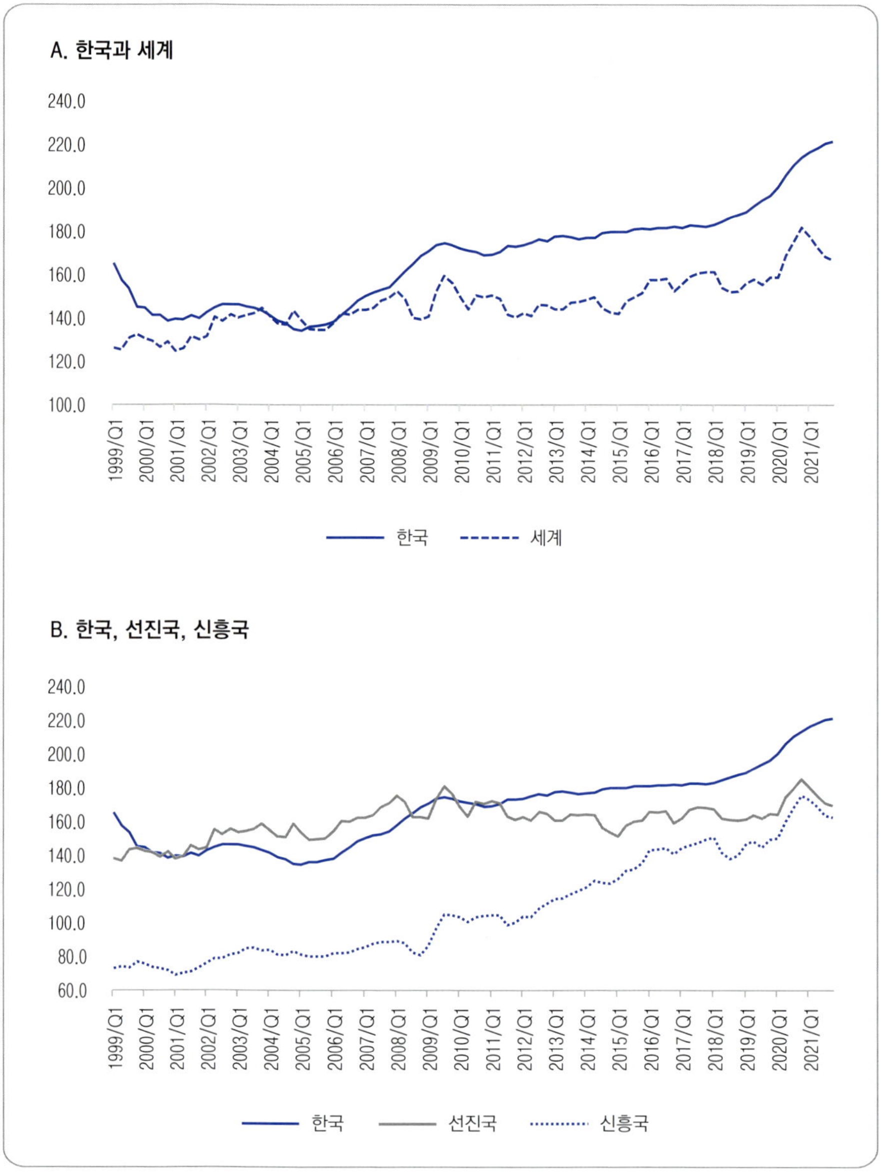

주: 기간 1999년 1/4분기~2021년 4/4분기.
자료: BIS.

〈그림 4A-2〉 민간부채(GDP 비중)

(단위: %)

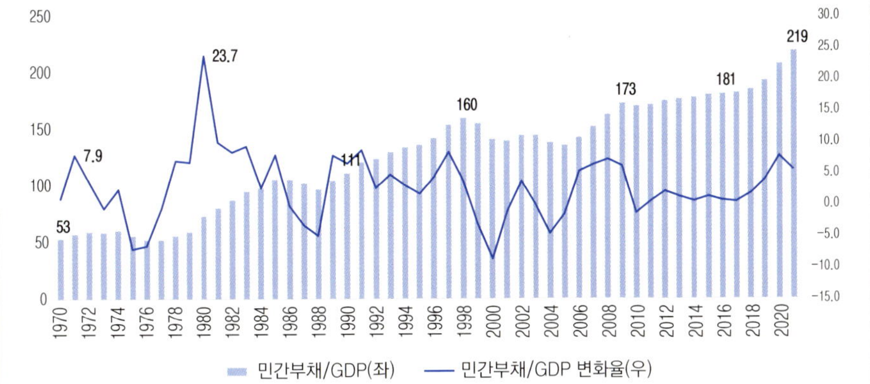

주: 기간 1970~2021년.
자료: BIS 저자 계산.

르크(386%)가 가장 높고 이탈리아(116%)가 가장 낮았다(<그림 4A-3> 참조). 한국의 민간부채 비중은 221%로서 비교 상대국들 중에 상위에 속하고 있고 일본(185%), 유로지역(172%), 선진국(169%), 신흥국(162%), 미국(159%)보다 높았다. 한국의 민간부채 비중이 다른 나라들에 비해 상대적으로 높기도 하지만 최근 부채 비중의 증가율을 보면 더욱 우려가 된다.

<그림 4A-4>에 의하면 지난 5년 동안 비교 상대국들 중에서 한국의 부채 비중의 증가율이 21.7%로 가장 높았고 그다음이 일본(19%)이었다. 신흥국(15.4%), 선진국(6.4%)과 유로지역(2.9%)의 평균보다 훨씬 높았다. 유로지역의 경우 많은 회원국들의 민간부채 비중이 오히려 하락한 것을 볼 수 있다. 지난 2년 팬데믹 기간 중에도 한국(12.7%)과 일본(13%)의 부채 비중 증가율이 가장 높았다. 유로지역의 경우 2010년 재정위기를 촉발했던 PIGS를 보면 민간부채 비중이 상대적으로 낮지만 팬데믹 기간 동안 다른 유로회원국들에 비해 증가율이 더 높은 것을 볼 수 있다.[7] 미국의 민간부채 비중도 지난 5년 동안 5% 정도 증가했고 그것도 주로 팬데믹 기간 동안 이루어진 것이다.

7 팬데믹 기간 동안 PIGS의 민간부채비율 증가율은 포르투갈(P)(7%), 이탈리아(I)(6.3%), 그리스(G)(9.6%), 스페인(S)(7.9%)이다.

〈그림 4A-3〉 민간부채(GDP 비중): 국제 비교

(단위: %)

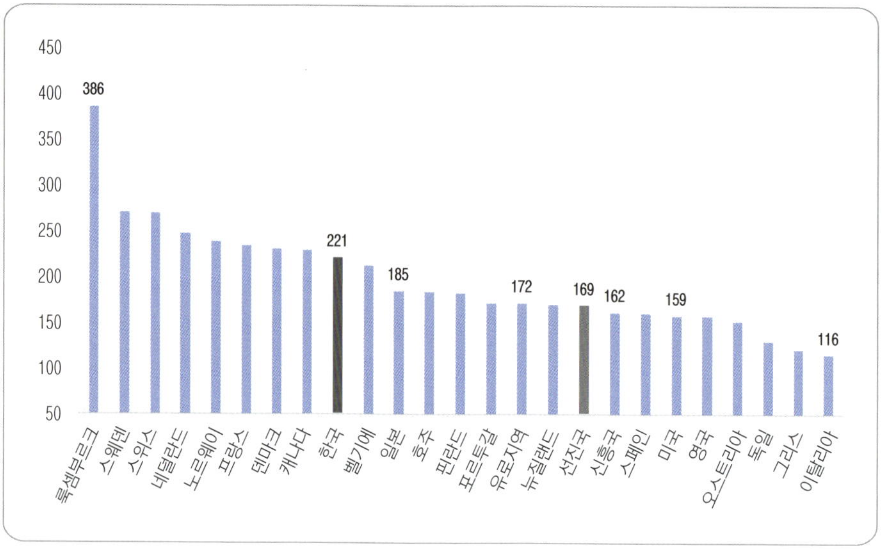

주: 2021년 4/4분기.

자료: BIS 저자 계산.

〈그림 4A-4〉 민간부채(GDP 비중) 증가율: 국제 비교

(단위: %)

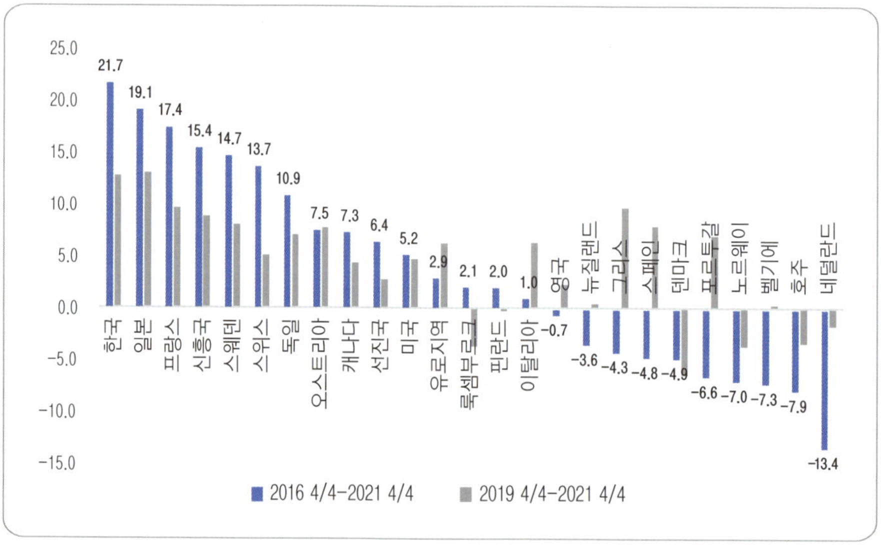

자료: BIS 저자 계산.

제 **5** 장

한국의 정부부채

한국의 정부부채

1 정부부채 추이

한국의 정부부채는 민간부채보다 상대적으로 비중이 작지만, 최근 매우 빠른 증가세를 보이고 있다. 제1장에서도 한국의 정부부채비율이 비기축통화국 평균을 넘어섰다는 점을 소개한 바 있다. 저출산과 고령화가 빠르게 진행되면서 재정건전성에 심각한 문제가 생길지 우려된다. 이번 장에서는 정부부채의 장기적인 추이와 COVID-19 팬데믹 기간 동안의 동향을 분석하고 시사점을 도출해 보기로 한다.

제1장에서 정부의 부채를 국가채무(D1), 일반정부부채(D2)와 공공부채(D3)로 구분하고 어떻게 정의되는지를 설명하였다. 이번 절에서는 BIS와 OECD에서 국가 간 부채 수준을 비교할 때 사용하는 일반정부부채 자료를 이용하여 한국의 정부부채 수준을 평가한다.

<그림 5-1>은 한국, 선진국과 신흥국의 GDP 대비 일반정부부채 비중(이하, 정부부채 비중)에 대한 분기별 자료의 추이를 보여주고 있다. 자료의 유무에 따라 비교 기간은 다르다. 상단은 2001~2021년 기간 중 한국과 세계 평균 정부부채 비중을 보여주는데, 한국과 세계 평균 모두 이 기간 동안 부채 비중이 지속적으로 올랐고 세계 평균 부채 비중이 한국보다 항상 높은 것을 알 수 있다. 그런데 주목할 점은 이 기간 동안 한국의 정부부채 비중이 세계 평균보다 훨씬 더 빨리 증가했다는 것이다. 2001년 4분기 한국의 정부부채 비중이 9.8%, 세계 평균은 61.6%로서 세계 평균이 한국보다 약 6배 높았으나 2021년 4분기에는 각각 46%와 98%가 되어 약 2배 차이로 좁혀졌다.

〈그림 5-1〉 **일반정부부채/GDP: 한국, 선진국, 신흥국**

(단위: %)

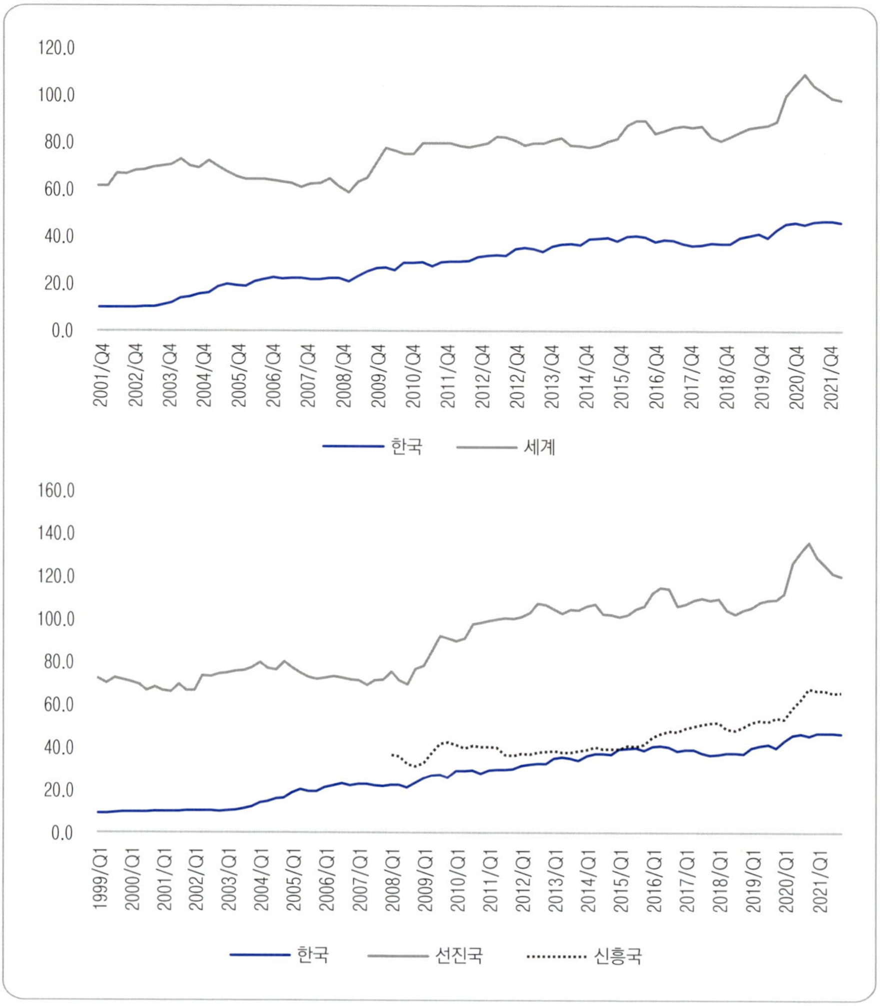

주: 기간 1999년 1/4분기~2021년 4/4분기.
자료: BIS.

하단을 보면 선진국의 정부부채 비중이 신흥국보다 훨씬 높고, 선진국과 신흥국 모두 경제규모에 비해 정부부채가 지속적으로 늘어나고 있음을 알 수 있다. 1999년 1/4분기 한국의 정부부채 비중이 8.6%에 불과한 반면 선진국의 부채 비중은 72%로서 8배 이상 차이가 났었다. 2021년 말에는 선진국의 부채 비중도 120%까지 오르지만 한국과의 차이는

〈그림 5-2〉 일반정부부채(GDP 비중)

(단위: %)

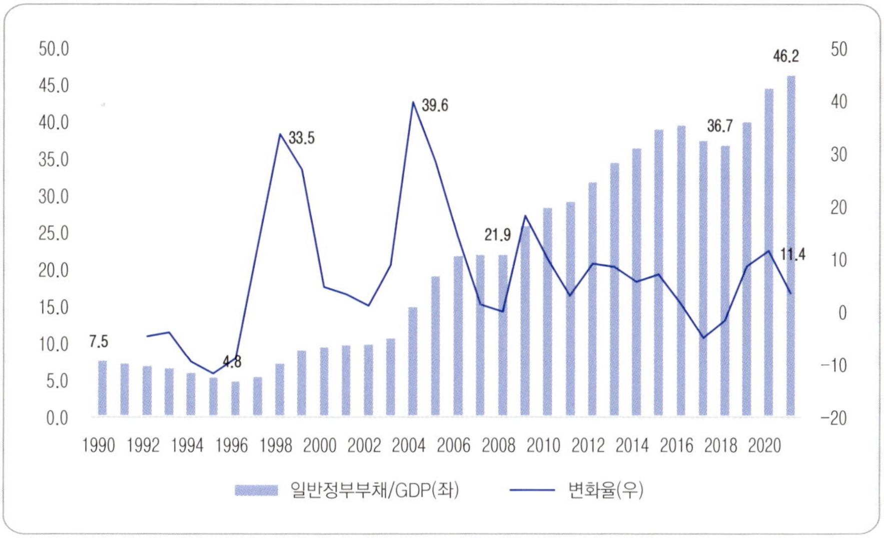

주: 기간 1990~2021년.
자료: BIS 저자 계산.

2.6배로 줄어들었다. 신흥국의 정부부채 비중은 2015년에 한국과 비슷했지만 그 이후 급격하게 증가하여 2021년 말에는 65.5%까지 높아져 한국과의 격차를 더욱 벌렸다.

<그림 5-2>는 1990~2021년 기간 동안 한국의 연간 정부부채 비중과 증가율 추이를 보여주고 있다. 1990년 7.5%이었던 정부부채 비중은 외환위기 이전인 1996년(4.8%)까지 계속 낮아지는 추세를 보였지만, 외환위기 때 급상승한 후 지속적으로 높아져 2021년에는 46.2%에 이르게 된다. 최저점인 1996년을 기준으로 해보면 불과 26년 만에 정부부채 비중이 약 9.6배 늘었다는 것을 의미한다.[1]

1 BIS 자료에 의하면 2022년 3/4분기에는 정부부채 비중이 44.2%로 하락하였다. 그러나 IMF가 발행한 2023년 '재정점검보고서(Fiscal Monitor)'에 의하면 2022년 말 정부부채 비중(일반정부부채(D2)/GDP)은 54.3%, 2023년 말에는 55.3%로 추산했다.

<그림 5-3>은 2021년 4/4분기 기준 주요국들의 정부부채 비중을 비교해주고 있다. 그림을 보면 정부부채 비중이 가장 높은 나라는 일본(235%)이고, 그다음이 2010년 유럽재정위기의 진원지이었던 그리스(206%), 이탈리아(165%), 포르투갈(139%), 스페인(133%)이다. 한국의 정부부채 비중은 상대적으로 매우 낮고 일본의 1/5에도 못 미친다.

그러나 한국의 정부부채 증가율은 매우 우려스러운 수준이다. <그림 5-4>는 지난 5년과 팬데믹 2년 동안 정부부채 비중의 증가율을 보여주고 있다. 지난 5년 동안 비교상대국들 중 뉴질랜드(50%)와 호주(45%)의 증가율이 가장 높았고, 그다음이 신흥국(39%)과 한국(22%) 순이다. 정부부채 비중이 가장 높은 일본의 증가율은 11%이었고, 네덜란드와 스웨덴은 오히려 16% 정도 줄어들었다.

지난 2년 팬데믹 기간 중에는 모든 나라의 정부부채 비중이 높아져 이 기간 동안 경기침체를 억제하기 위한 정부의 역할이 컸음을 알 수 있다. 이 기간 동안 증가율이 가장 높은 나라도 뉴질랜드(71%)와 호주(34%)이고 한국(17%)도 미국(18%)과 비슷한 수준의 증가율을 보이고 있다. 여기에서 주목할 나라는 뉴질랜드와 호주이다. 뉴질랜드의 정부부채 비중은 2019년 말 28%에 불과했는데 2021년 말에는 48%로 급등했다. 호주도 같은 기간에 40%에서 58%로 높아졌다. 뉴질랜드의 경우 2019년 말 한국의 정부부채 비중(39%)에 비해 훨씬 낮았지만 단 2년 만에 한국보다 높아진 것을 보면 정부의 부채가 순식간에 급등할 수 있다는 것을 보여준다.

〈그림 5-3〉 일반정부부채/GDP: 국제 비교

(단위: %)

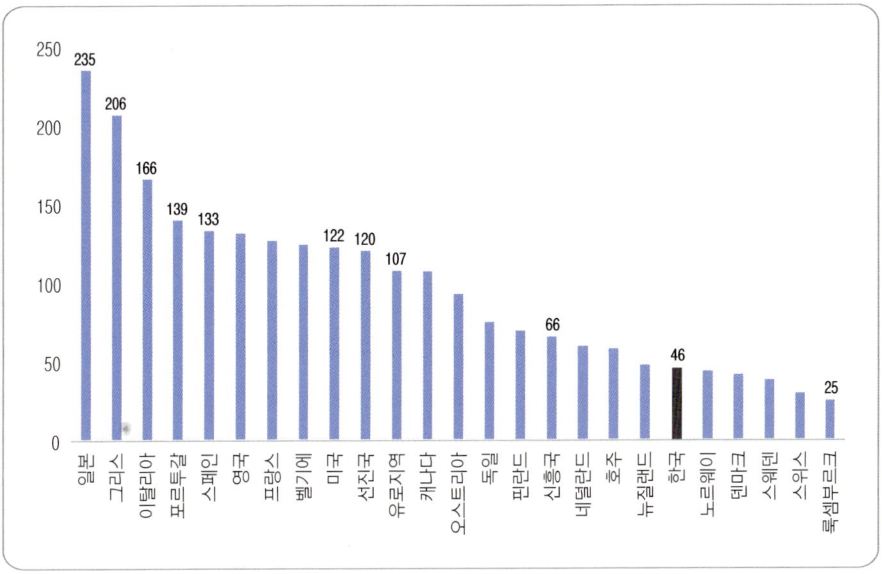

주: 2021년 4/4분기.
자료: BIS.

〈그림 5-4〉 일반정부부채/GDP 증가율: 국제 비교

(단위: %)

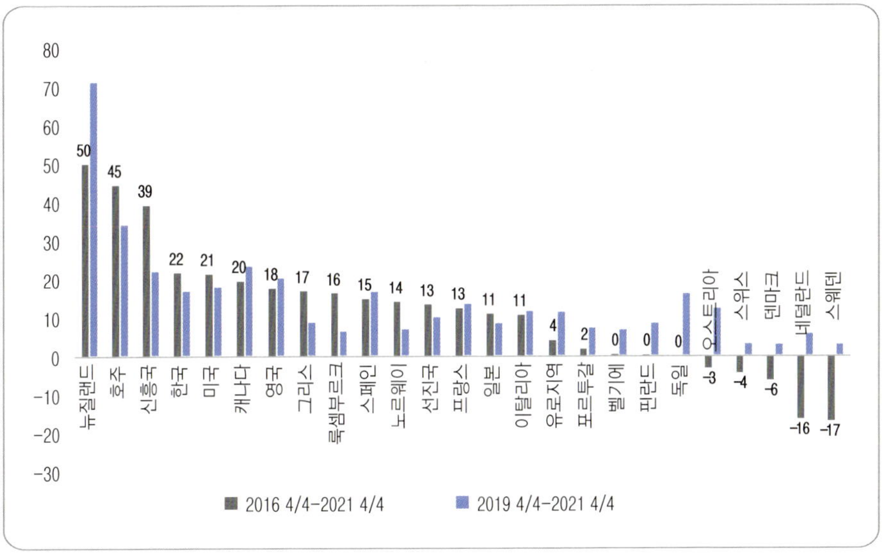

자료: BIS.

〈그림 5-5〉 일반정부부채/GDP: 한국, 미국, 일본

(단위: %)

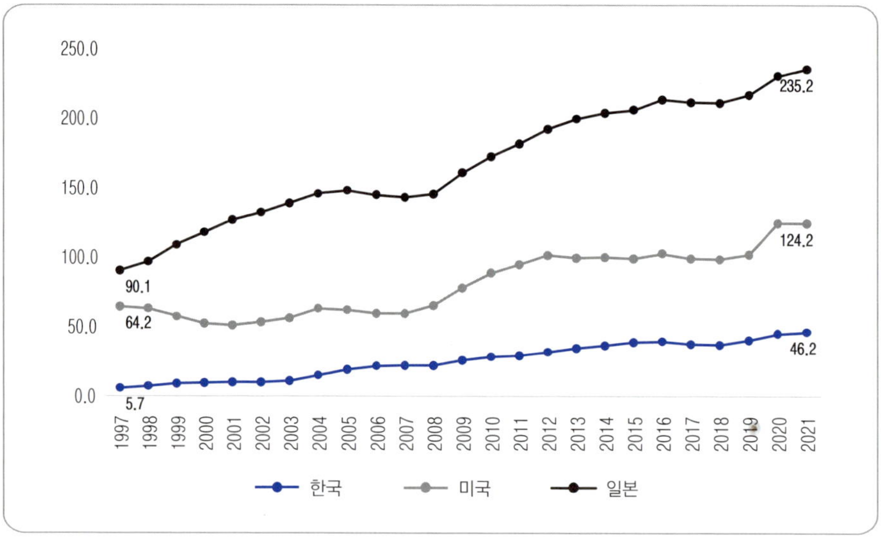

주: 기간 1997~2021년.
자료: BIS.

한국의 경우도 예외는 아니다. <그림 5-5>는 1997~2021년 기간 동안 한국, 미국과 일본의 정부부채 비중 추이를 보여주고 있다. 이 기간 동안 세 나라 모두 정부부채 비중이 증가하였음을 볼 수 있다. 그러나 증가 속도를 보면 상당한 차이가 있다. 1997년 일본과 미국의 정부부채 비중은 각각 한국의 15.8배와 11.3배이었다. 그러나 2021년에는 그 차이가 각각 5.1배와 2.7배로 줄어들었다. 왜냐하면 1997년에서 2021년까지 일본과 미국의 정부부채 비중은 각각 161%와 93% 증가한 반면 한국은 710% 증가하였기 때문이다. 한국의 정부부채 비중이 일본과 미국보다 절대적으로 낮지만 그 증가속도를 보면 머지않은 미래에 정부의 부채가 감당할 수 없을 정도로 커질 수 있다는 것을 암시하는 통계치이다.

이처럼 한국의 정부부채 비중이 급격히 증가한 데는 경기변동, 경제충격, 정부의 정책방향, 사회복지지출에 대한 요구 증대 등 여러 가지 요인들이 있다. <그림 5-2>에 있는 정부부채 비중의 증가율을 보면 몇 번의 점프가 있었던 것을 알 수 있다. 첫째는 외환위기, 글로벌 금융위

기와 같은 경제충격이 있을 때이다. 정부부채 비중이 1997~1999년 단 2년 사이에 70% 증가했고, 2009년 한해에만 18% 증가했다. 둘째는 정부의 정책방향이다. 노무현 참여정부와 문재인 정부와 같이 소득분배에 정책의 초점을 두었을 때 정부의 부채가 증가하였다. 정부부채 비중의 증가율이 가장 높았던 해는 2004년(40%)이고 참여정부(2003~2007년) 기간 동안 정부부채 비중이 약 2배 올랐다. 문재인 정부에서도 마찬가지이었는데 COVID-19 팬데믹과 같은 경제충격이 정부부채의 증가를 더욱 부추겼다. 팬데믹이 시작한 해인 2020년에만 전년 동기 대비 11% 증가하였다.

2 재정수지

이와 같은 정부부채 비중의 추이는 재정수지와 밀접한 관련이 있다. 재정수지는 통합재정수지와 관리재정수지로 구분된다. '**통합재정수지**'는 일반회계 · 특별회계 및 기금을 모두 포괄하는 수지로서, 회계 · 기금 간 내부거래 및 차입 · 채무상환 등 보전거래를 제외한 것이다. '**관리재정수지**'는 통합재정수지에서 4개 사회보장성기금 수지를 제외한 재정수지이다.[2]

<그림 5-6>은 1990~2021년 기간 동안 한국의 GDP 대비 통합 및 관리재정수지의 추이를 보여주고 있다. 그림을 보면 대부분 기간 동안 통합재정수지는 흑자인데 관리재정수지는 적자를 나타내고 있다. 그 이유는 통합재정수지는 사회보장성기금을 포함하고 있는데 이 기금의 수입이 지출보다 많아 흑자를 기록하였기 때문이다. 이는 재정수지에 사회보장성기금을 포함시키면 지속적인 흑자 상태로 보이지만, 이를 제외

2 '2022년 대한민국 재정'에서 재인용한 것이다. 4개 사회보장성기금은 국민연금, 사학연금, 고용보험, 산재보상보험 및 예방 기금을 의미한다.

〈그림 5-6〉 재정수지(GDP 비중)

(단위: %)

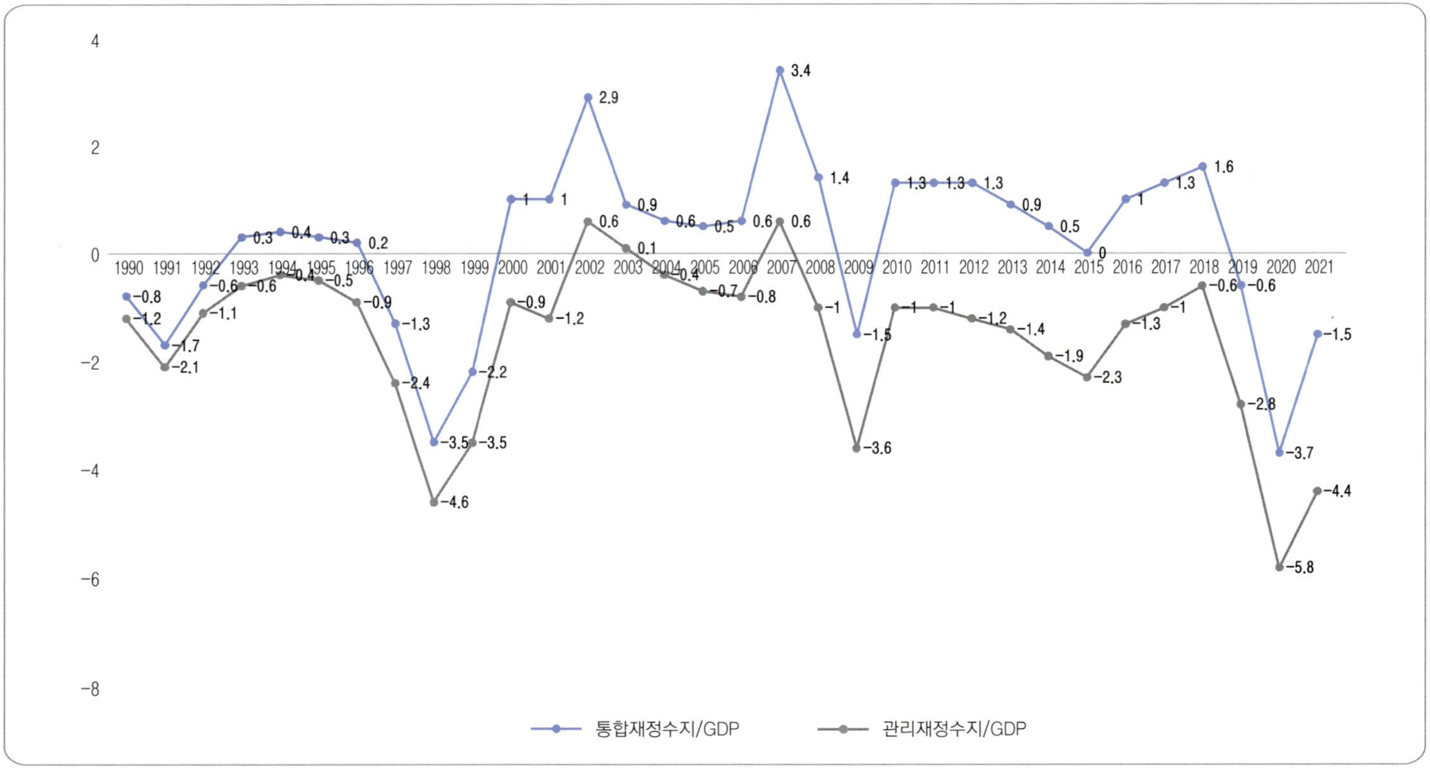

주: 기간 1990~2021년.

자료: 기획재정부 e-나라 지표.

하면 지속적인 적자를 기록하고 있다는 것을 의미한다. 앞으로 본격적인 연금지급이 이루어져서 사회보장성기금의 흑자가 줄어들거나 적자가 된다면 재정수지는 더욱 악화될 가능성이 있다는 것을 시사한다. <그림 5-6>을 보면 GDP 대비 관리재정수지 적자가 크게 세 번의 꼭짓점이 있다. 이때가 1998년(－4.6%), 2009년(－3.6%)과 2020년(－5.8%)이고, <그림 5-2>에서 정부부채 비중이 점프하던 때와 일치한다.

정부의 적자재정은 주로 국채발행에 의해 충당되고 있다. 1997~2021년 동안 국채발행잔액 및 증가율의 추이를 보여주고 있는 <그림 5-7>에 의하면, 1997년 28조 6천억 원(GDP의 5.3%)이었던 국채발행잔액이 2021년에는 935조 5천억 원(GDP의 45.2%)으로 증가하였다. 단 25년 동안에 액수는 약 3,170%, GDP 대비 비중은 856% 증가하였다.[3] 2025년

〈그림 5-7〉 국채발행잔액 및 증가율

(단위: 조 원, %)

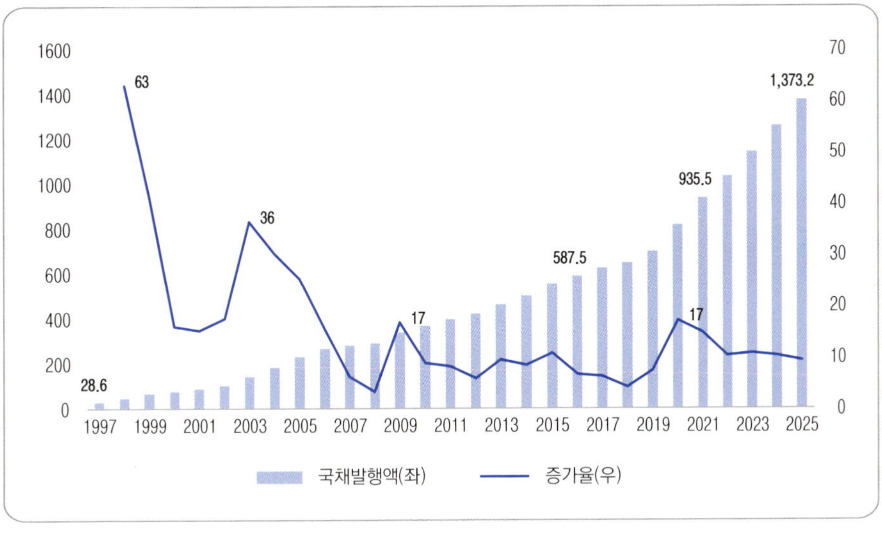

주: 기간 1997~2025년.
자료: 기획재정부.

3 정부부채 증가율보다 국채발행잔액의 증가율이 더 높은 이유는 중앙정부의 부채가 국채뿐만 아니라 차입에 의해서 충당되다가 점차 차입의 비중이 줄고 국채 비중이 높아졌기 때문이다. 예를 들어, 1997년에는 국채와 차입금의 비중이 각각 중앙정부 부채의 57%와 37%이었는데, 2021년에는 각각 99.7%와 0.2%가 되었다.

에는 1,373조 2천억 원(GDP의 55%)이 될 것으로 예측되는데 이는 단 4년 동안에 국채발행잔액이 GDP의 10%가 늘어난다는 것을 뜻한다. 국채발행잔액은 결국 미래 세대에 갚아야 할 빚인데 이런 속도로 증가한다면 인구감소가 예상되는 상황 하에서 머지않아 국가부도 상태가 될 수 있음을 예상할 수 있다. 국채발행 증가율이 가장 높았던 때는 외환위기 때인 1998년(63%)이고 그다음이 2003년(36%)이다. 그 이후에는 글로벌 금융위기와 팬데믹 때인 2009년(17%)과 2020년(17%)이다. 이때도 정부부채 비중이 급등하던 때와 거의 일치한다.

IMF는 매년 각 나라의 **구조적 재정수지**(Structural Budget Balance: SBB)를 발표한다. 구조적 재정수지는 총수입과 총지출에서 경기에 민감하게 반응하는 재정수지 요인을 제외한 지표이다. 경기에 민감한 일시적인 요인을 제외한 구조적이고 지속적인 재정수지 요인을 파악하는 지표로 주로 정부의 중기재정여력을 판단하는 지표 중 하나로 사용된다.

<그림 5-8>은 1995~2026년 기간 동안 한국의 GDP 대비 구조적 재정수지의 추이를 보여주고 있다. 그림을 보면 1995~2019년 기간 동안 구조적 재정수지는 흑자를 유지하고 있었다. 즉, 이 기간 동안 관리재정수지가 2002년과 2007년을 제외하고 항상 적자이었지만 경기순환 요인을 제거한다면 한국은 중장기적으로 건전한 재정을 유지했다는 것을 나타낸다. 2004년에 구조적 재정수지가 균형상태이었던 것을 제외하고 글로벌 금융위기 직후인 2009년에도 흑자이었고 외환위기 때인 1997~1998년에도 구조적 재정수지 흑자가 GDP의 2%에 달했다. 그러나 2019년 흑자 규모가 GDP의 0.5%로 떨어진 이후 적자로 돌아서서 COVID-19 팬데믹 기간인 2020년과 2021년에 적자가 각각 GDP의 1.5%와 2.5%까지 확대되었다. 2022년에는 2.6%의 적자가 예상되고 그 이후 2026년까지 계속해서 2%의 적자가 예측되고 있다.

한국과 달리, 정부부채 비중이 높은 일본과 미국의 구조적 재정수지는 항상 적자이었을 뿐만 아니라 적자규모도 매우 컸다(<그림 5-9>

〈그림 5-8〉 구조적 재정수지(GDP 비중)

(단위: %)

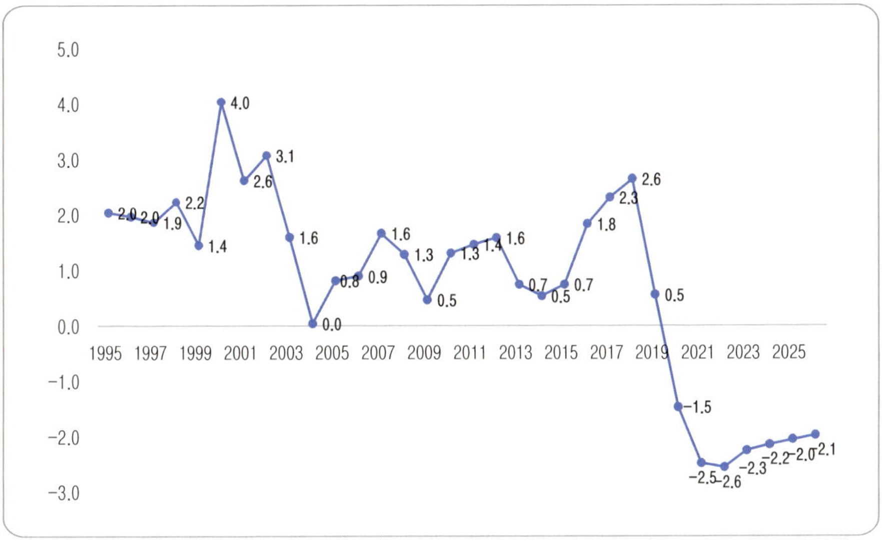

주: 기간 1995~2025년.
자료: IMF, World Economic Outlook.

〈그림 5-9〉 구조적 재정수지(GDP 비중): 일본과 미국

(단위: %)

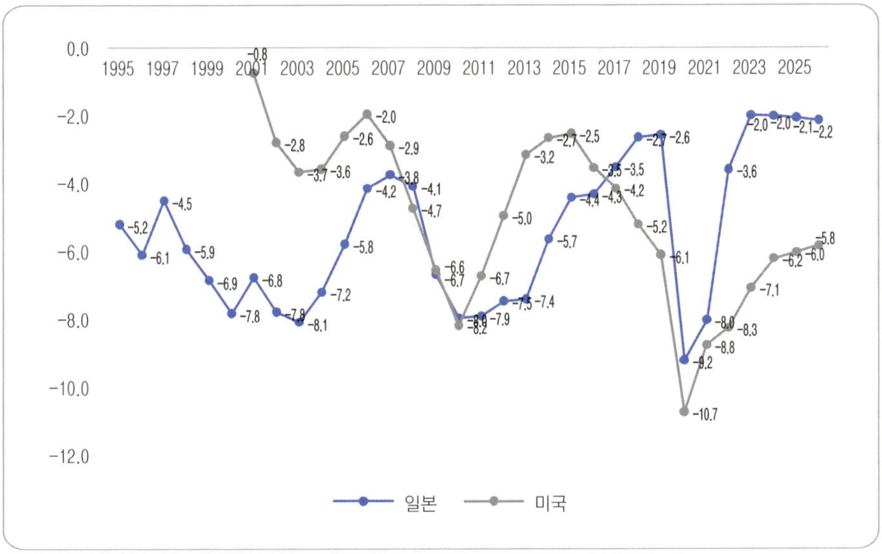

주: 기간 1995~2025년.
자료: IMF, World Economic Outlook.

참조). 이 두 나라의 중장기적 재정은 건전하지 못했음을 의미한다. 일본의 경우 2000년대와 2010년대 전반부의 구조적 재정적자는 GDP의 7~8% 수준이었고 2020년 팬데믹 기간에는 9.2%에 달했다. 미국도 글로벌 금융위기 때는 8%, 팬데믹 때인 2020년에는 10.7%의 적자를 기록했다. 그런데 그림을 보면 팬데믹 이후 두 나라의 구조적 재정적자가 크게 줄어들 것으로 예측되고 있다. 일본의 구조적 재정적자는 2023년부터 GDP의 2%대로 줄어들고, 미국도 2026년에는 5.8%로 줄어들 예정이다. 한국의 적자는 줄어들지 않고 일본과 같은 2% 적자에 머물 것으로 예측되어 이제 한국의 중장기적 재정건전성이 훼손될 가능성이 있음을 인지할 수 있다.

3 장기재정전망

재정수지와 정부부채에 대한 전망도 매우 비관적이다. <표 5-1>은 국회예산정책처에서 발표하는 '한국의 장기재정전망'을 보여주고 있다. 통합재정수지, 관리재정수지와 국가채무(D1)에 대한 2070년까지의 전망치이고, 액수와 더불어 GDP 대비 비중도 포함되어 있다. 표를 보면 미래에는 통합 및 관리재정수지 모두 적자가 될 것으로 예측된다. 통합 및 관리재정수지 적자는 2022년에 각각 GDP의 4.0%와 5.8%로 예상되는데 그 후에도 지속적으로 규모가 더 커져 50년 후인 2070년에는 각각 12.4%와 6.7% 적자 비중이 될 것으로 예측되었다. 통합재정적자는 2030년에는 줄어들지만 그 후부터 다시 늘어 2050년에는 관리재정적자보다 더 많게 된다. 그 이유는 인구의 감소와 고령화로 사회보장기금이 적자로 전환되기 때문이다. 결과적으로 정부의 부채도 크게 증가할 것으로 예상된다. 표에 의하면 2022년 국가채무(D1)가 GDP의 49%인데 2070년에는 193%로 증가할 것으로 예측되었다. 여

〈표 5-1〉 **2022 NABO 장기재정 전망**

(단위: 조 원, %)

	2022	2030	2040	2050	2060	2070
통합재정수지 (GDP 대비 비율)	-86 (-4.0)	-50.8 (-2.0)	-130.5 (-4.5)	-267.4 (-8.2)	-384.8 (-11.0)	-458.7 (-12.4)
관리재정수지 (GDP 대비 비율)	-127 (-5.8)	-111 (-4.3)	-147.3 (-5.0)	-183.3 (-5.7)	-217.2 (-6.2)	-249.6 (-6.7)
국가채무(D1) (GDP 대비 비율)	1,069 (49.2)	1,843 (72.1)	2,939 (100.7)	4,215 (130)	5,625 (161.1)	7,138 (192.6)

자료: 국회예산정책처.

기에 공공기관과 비금융공기업부채를 포함한 공공부채(D3)는 훨씬 더 늘어날 것이다.[4]

GDP 대비 일반정부부채가 가장 높은 일본의 사례는 역설적으로 건전재정의 중요성을 일깨워준다. 일본은 2022년 6월 말 기준 엔/달러 환율이 145엔을 넘어서면서 연초 대비 엔화가치가 26% 하락한 바 있다. 이처럼 엔화가치가 하락한 주요인은 미국을 비롯한 세계 대부분의 나라들이 기준금리를 올리는 데 일본은 올릴 수 없기 때문이다.

<그림 5-10>을 보면, 일본의 기준금리는 2016년 이후 2023년 5월 말 현재까지 계속 -0.1%로 고정되어 있다. 반면 한국을 비롯한 다른 나라들의 2023년 5월 기준금리는 1년 전에 비해 크게 오른 상태이다. 2022년 6월 기준, 일본의 국가채무는 1,255조 엔을 넘었고 국채발행액 잔액이 1,065조 엔에 달한다. 금리가 1%p 인상되면 국채 이자가 연 3.7조 엔이 증가하게 된다. 설상가상으로 일본의 중앙은행인 일본은행이 보유한 국채잔액은 528조 엔으로 전체 국채발행액의 50%에 달해 금리 인상에서 자유롭지 못하다. 엔화가치의 급락을 막기 위해서 금리인상이 불가피하지만 국가채무가 너무 많아 실행하지 못하는 것이다.

4 〈표 1-4〉에 볼 수 있듯이 비금융공기업부채가 공공부채에서 차지하는 비중이 30% 이상인 것으로부터 추론할 수 있다.

〈그림 5-10〉 주요국 기준금리

(단위: %)

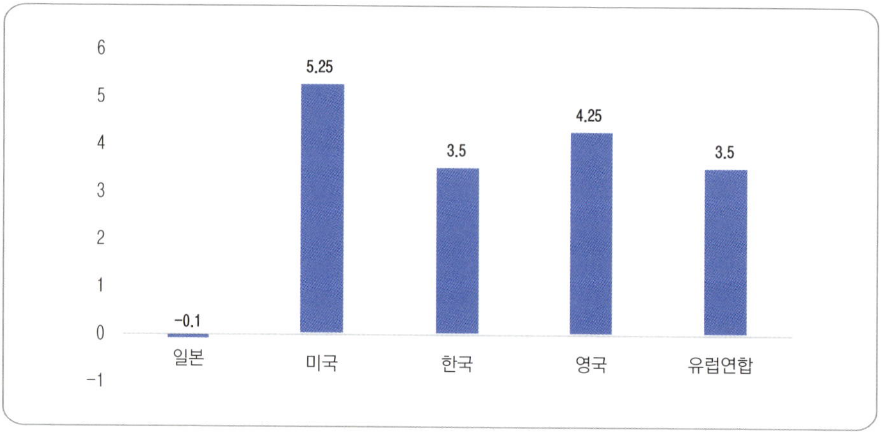

주: 2023년 5월 3일 현재.
자료: 각국 중앙은행.

최근 영국의 사례는 재정건전성이 얼마나 중요한가를 단적으로 보여준다(Box 참조). 2022년 9월 6일 취임한 영국의 신임총리 엘리자베스 트러스(E. Truss)가 경기부양을 위해 실행한 감세정책은 금융시장과 외환시장을 커다란 혼란에 빠지게 하였다. 2021년 말 영국의 일반정부의 부채가 GDP에서 차지하는 비중이 130%에 달하는데, 이처럼 높은 국가채무를 가지고 있는데도 불구하고 트러스 정부가 재원조달계획 없이 감세안을 내놓았다는 것이 문제였다. 결국 트러스는 총리로 취임한지 두 달도 되지 않아 10월 25일 사임하였다.

일본과 영국의 예가 시사하는 바는 정부부채가 많으면 경기변동을 완화시키기 위해 통화정책과 재정정책을 사용하기 어렵게 된다는 것이다. 한국은 아직 재정정책을 사용할 여력이 있다. 그러나 앞서 서술했듯이 인구감소와 고령화로 인해 정부부채는 지속적으로 증가하는 추세에 있다. 또 다른 문제는 한국의 원화는 국제통화가 아니라는 것이다. 미국 달러화, 영국 파운드화, 일본 엔화는 모두 국제통화들이다. 이 나라들은 높은 국가채무 수준이 국가신인도에 크게 영향을 주지 않는다. 왜냐하면 최악의 경우에 화폐발행으로 부채를 충당할 수 있기 때문이다. 그러나 한국의 원화는 국제통화가 아니기 때문에 국가채무 수준이 높아지면 국가신인도 하락 → 자본유출 → 외환위기로 이어질 가능성이 높아진다. '정부가 앞으로 왜 재정운용을 신중하게 해야 되는가?' 그 이유는 한국의 국가신인도를 뒷받침하는 최후의 보루는 건전재정이기 때문이다.

영국의 감세정책으로 금융위기 위험 증대

트러스 영국 총리는 9월 23일 전격적으로 감세정책을 발표했고, 이후 글로벌 주식, 채권 시장은 영국발 위기경보로 일제히 급락 사태를 겪었다. 지난달 28일 영국 중앙은행(BOE)이 부랴부랴 국채 매입을 발표하며 급한 불을 껐다. 4.5%까지 치솟았던 영국 10년물 국채 금리는 4.08%선으로 떨어진 뒤 2일 기준 4.12%대로 소폭 반등했다. 국채가격이 갑자기 하락하면서 영국 연기금이 직면했던 **마진콜**(추가 증거금 요구) 위기에서도 가까스로 벗어났다. 국채 금리가 상승하면서 영국 연기금은 보유한 자산의 가치가 떨어지면서 24시간 이내에 자금을 수혈해야 하는 상황에 몰렸던 것이다. 미 달러 대비 영국 파운드화 값은 감세 발표 직후 하루 만에 약 4% 떨어지며 지난달 26일 한때 사상 최저 수준인 1.03달러까지 추락했다. 이후 BOE의 긴급 국채 매입 발표에 소폭 반등했지만 금융시장에서는 여전히 BOE의 대응이 근본적인 해결책이 아니라며 시장의 혼란이 당분간 계속될 수 있다고 경고한다.

결국 영국 금융시장 불안이 지속되며 중앙은행이 추가 개입에 나섰다. 국제통화기금(IMF)은 정부의 감세정책으로 인해 물가를 잡기 어려울 것이라며 또 경고를 내놨다. 영국 중앙은행인 잉글랜드은행(BOE)은 11일(현지시간) 영국 금융안정에 실질적 위험이 있다고 경고하며 투자심리 안정을 위한 신규 긴급조치를 발표했다. BOE는 금리를 안정시키고 연기금이 유동성 위기에 처하지 않도록 하기 위해 물가연동채도 매입하겠다고 밝혔다. 정부가 지난달 430억 파운드(69조 원) 규모 감세안을 포함한 미니 예산을 발표한 뒤 세 번째 시장개입이다.

BBC는 BOE가 금융시장 안정에 관해 경고하는 것은 드물고 BOE 고위인사 여러 명이 시장 혼란의 원인을 정부 정책에 돌리는 것은 더욱 드물다고 전했다. 당시 쿼지 콰텡 재무부장관이 재원조달계획 없이 감세안만 내놓자 투자심리가 흔들리며 파운드화의 미 달러화 대비 환율이 역대 최저로 떨어지고 국채 금리가 급등했다. 금리가 워낙 갑자기 큰 폭으로 뛰자 채권을 담보로 투자하던 연기금들이 담보가치 하락으로 인해 보유자산을 대거 팔아야 하는 상황에 내몰렸다. 이에 BOE는 지난달 28일 650억 파운드 규모 긴급 국채 매입 프로그램으로 채권시장을 안정시켰다. 이어 전날엔

10월 14일 프로그램 종료로 인해 시장이 충격을 받지 않도록 종료 전 채권 매입 규모 확대와 연기금 단기 유동성 보장 등의 대책을 내놨다. 재무부도 이에 맞춰 중기재정 전망 발표시기를 11월 23일에서 10월 31일로 앞당기겠다고 밝혔다.

그러나 시장의 불안은 가라앉지 않고 채권금리가 또 급하게 올랐다. 다만 이날 추가 개입 이후에는 다소 잠잠해졌다. IMF도 이날 세계경제전망을 발표하면서 영국의 감세안이 성장률을 단기 어느 정도 올리겠지만 물가 대응은 더 어려워질 것이라고 경고했다. IMF는 지난달 감세안 발표 후 금융시장이 요동치자 주요 7개국(G7) 국가의 정책에 이례적으로 비판 의견을 냈다. 이날 IMF는 내년 영국 경제성장률이 0.3%로 4월 전망치(1.2%)에서 급락할 것으로 보인다고 밝혔다. 물가상승률 전망치는 연 9%다. 이는 정부 미니예산 발표 전에 산출된 수치다. 전문가들은 콰텡 장관이 감세안을 더 후퇴시키거나 아니면 공공지출을 크게 줄여야 할 것으로 보고 있다고 BBC가 전했다.

자료: 매경, "영국 총리 트러스 모험에 파운드화 몰락…금융위기 목전까지 몰렸다", 2022.10.2.
매경, "영국 중앙은행 시장 추가 개입…'금융안정에 실질적 위험'", 2022.10.12.

4 시사점

한국의 재정건전성은 어떠한가? 한국은 선진국들에 비해 양호한 상태이지만, 최근 5년 동안 정부부채의 증가율은 세계에서 가장 높은 나라에 속한다. 앞으로 가속화되는 인구감소 및 고령화와 사회복지지출에 대한 요구 증대로 통합재정수지, 관리재정수지 및 구조적 재정수지 모두 적자가 될 것으로 예상된다. 장기재정전망을 보면 20년 이내로 국가채무(D1)/GDP가 100%가 넘게 될 것으로 예측된다. 이와 같은 전망은 정부의 수입과 지출 구조가 현 상태를 유지한다는 조건하에서 나온 수치이다. 그러나 최근 정치권에서는 하루가 멀다 하고 정부의 재정수지를 악화시키는 포퓰리즘적인 법안을 계속 내놓고 있다. 심지어 재정수지 적자가 GDP의 3%를 넘지 못하게 하는 재정준칙도 국회에서 통과되지 못하고 있다. 만약 정치적 불안과 포퓰리즘이 지속된다면 머지않은 미래에 정부부채가 부채위기의 중심에 있을 가능성이 크다.

제1장 부록에서 설명한 바와 같이 재정건전성의 약화는 금융건전성의 약화를 초래할 수 있다. 황순주(2021)에 의하면, 한국과 같이 기축통화를 보유하지 않은 나라일수록, 재정수입에 비해 은행권의 규모가 큰 나라일수록, 또한 민간부채가 많고 빠르게 증가하는 나라일수록 국가부도 위험이 증가하면 은행부도 위험이 더 큰 폭으로 증가한다는 것이다. <표 5-1>에서 볼 수 있듯이 중장기적으로 한국의 정부부채가 급증하여 재정건전성이 약화될 가능성이 크고, 그 결과 금융건전성도 약화될 수 있다. 이러한 상황이 오도록 방치하기보다 선제적으로 대비할 필요가 있음을 본 연구로부터 추론할 수 있다.

제 **6** 장

한국의 금융기업부채

1 금융기업의 정의와 부채 추이

금융시장은 자금이 거래되는 시장이다. 예를 들어, 가계의 저축은 자금의 공급이 되고 기업은 투자를 하기 위해 자금의 수요자가 된다. 좀 더 일반적으로 말하면 경제주체인 가계, 기업, 정부 중 자금이 남는 쪽이 공급자, 자금이 부족한 쪽이 수요자가 된다. 자금이 거래되는 방법이 두 가지가 있다. 하나는 자금의 공급자와 수요자가 직접 거래하는 시장이 있고, 다른 하나는 금융기관을 통해 간접적으로 거래하는 시장이 있다. 전자를 **직접금융시장**, 후자를 **간접금융시장**이라고 한다.[1]

어느 한 나라의 금융의 발전 정도는 금융자산의 축적이 얼마나 되었는가로 측정된다. 금융자산은 직접금융시장에서 거래되는 직접금융자산(주식 및 채권)과 간접금융자산(예를 들어, 은행 예금)으로 나뉜다. 만약 GDP 대비 주가총액과 채권발행잔액이 많다면 이는 직접금융이 발전했다고 한다. 간접금융의 발전 정도를 설명하기 위해 다음과 같은 예를 들어보자. 만약 가계가 은행에 예금을 한다면 가계는 간접금융자산을 보유하게 된다. 한편 예금은 은행에게는 부채가 되고 은행은 부채와 자본금을 기반으로 자금수요자에게 대출을 함으로써 자금거래의 중개역할을 하게 된다. 만약 민간부문에 대한 대출이 이루어졌다면 이를 **민간신용**이라고 한다. 그래서 GDP 대비 예금 또는 민간신용이 많다면 이는 간접금융이 발전했다고 한다. 즉, 은행의 부채 증가는 곧 간접금융자산의 증

1 〈그림 1-1〉 참조(한국은행, 『우리나라의 금융시장』, 2021).

가를 의미한다.

한편 은행은 금융기업 중의 하나이다. OECD는 "금융기업은 금융중개를 하거나 금융중개와 관련된 보조적인 금융행위를 하는 기업 또는 준기업"이라고 정의하고 있다.[2] 한국은행이 정의하는 금융기업(또는 금융법인)은 중앙은행, 예금취급기관, 보험 및 연금기금, 기타 금융중개기관 및 금융보조기관을 포함하고 있다.[3]

예금취급기관인 은행의 예를 보면, 어느 한 나라의 금융기업의 부채 수준은 간접금융자산이 어느 정도 축적되었는가, 즉 간접금융의 발전의 정도를 측정하는 지표이기도 하다. 금융기업의 부채는 다른 부채들과 달리 자료의 제약 때문에 주로 2008~2021년 동안 OECD 자료를 주로 이용하여 분석한다. <그림 6-1>은 2008~2021년 기간 중 한국과 OECD 평균(이하, OECD)에 대한 GDP 대비 금융기업의 부채(이하, 금융기업부채 비중) 추이를 보여주고 있다.[4] 한국의 금융기업부채 비중은 이 기간 동안 291%에서 415%까지 지속적으로 높아졌다. 2008년에는 OECD의 금융기업부채 비중이 375%로서 한국보다 훨씬 높았으나 2015년에 역전이 된 이후 한국의 금융기업부채 비중이 꾸준히 높았음을 볼 수 있다.

<그림 6-2>는 선진국들의 2021년 금융기업부채 비중을 보여주고 있는데 한국보다 부채 비중이 훨씬 높은 나라들이 많음을 확인할 수 있다. 영국, 네덜란드와 일본은 한국의 두 배 정도 높고, 한국은 벨기에, 독일, 미국과 비슷한 수준이다. 국제금융의 중심지인 네덜란드, 영국과 스위스 모두 금융기업부채 비중이 높았다. 요약하면, 한국의 간접금융자산이 꾸준히 증가했음에도 불구하고 간접금융이 발달한 주요 선진국들에 비해 아직 미진한 상태이다.

2 참고: https://stats.oecd.org/glossary/detail.asp?ID=964.

3 한국의 금융기관에 대한 상세한 내용은 이번 장 부록을 참조.

4 룩셈부르크의 금융기업부채 비중은 예외적으로 7,000~8,000%를 넘기 때문에 OECD 평균을 구할 때 제외하였다.

〈그림 6-1〉 금융기업부채(GDP 비중)

(단위: %)

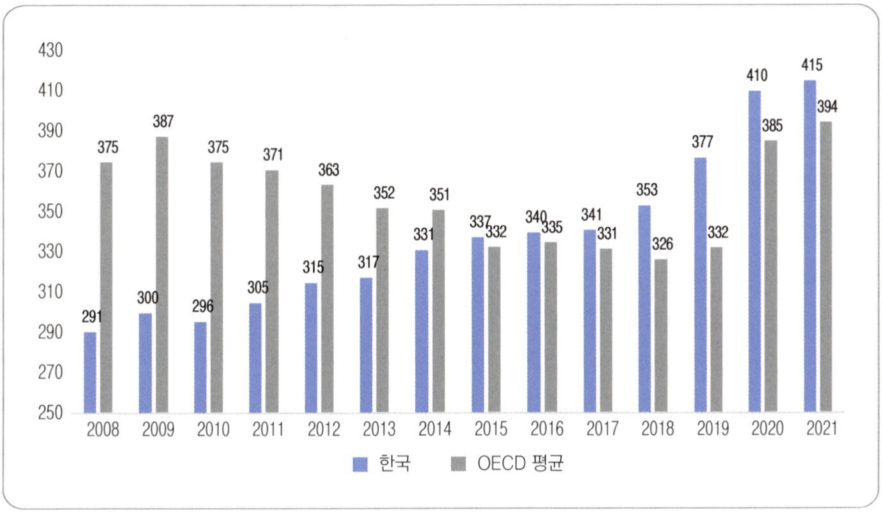

자료: OECD.

〈그림 6-2〉 금융기업부채/GDP: OECD 국제 비교

(단위: %)

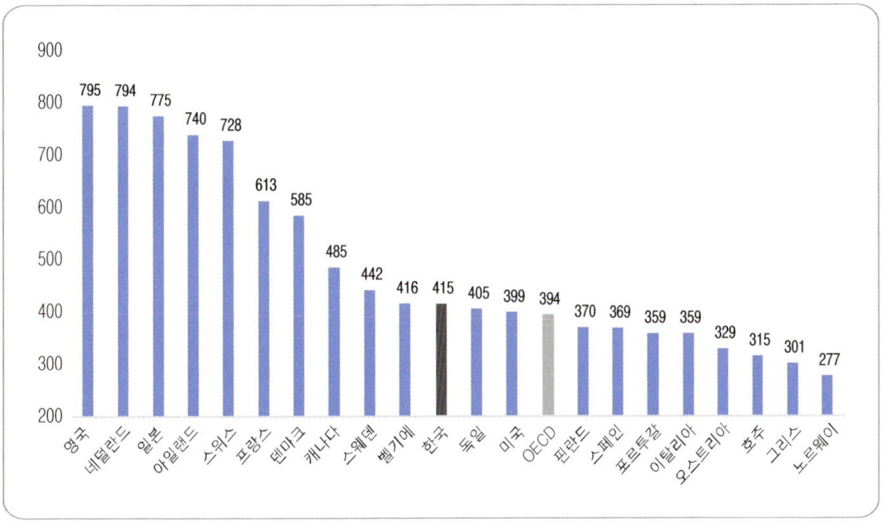

주: 2021년.

자료: OECD.

2 금융기업의 건전성

부채비율

한국의 금융기업 건전성을 평가하기 위해 몇 가지 지표들의 추이를 살펴보고 국제 비교를 해보기로 하자. 첫 번째는 **부채비율**(debt to equity ratio)이다. 앞서 제4장 제2절에서 설명했듯이, 부채비율은 (부채/자기자본) 비율로 정의된다. 부채비율이 높을수록 건전성은 더 훼손된다고 할 수 있다.

<그림 6-3>은 2008~2021년 동안 한국과 OECD 금융기업의 부채비율 추이를 보여주고 있다. 이 기간 동안 한국이 OECD보다 항상 부채비율이 높았음을 볼 수 있다. 글로벌 금융위기 발생 때인 2008년 한국 금융기업의 부채비율은 693%이었고, 그 후 2009~2010년에는 약 100%p 하락하였다가 2011년에는 다시 2008년 수준으로 올라갔다. OECD의 2008년 부채비율은 한국보다 낮은 666%이었는데 2011년까지는 비슷한 패턴을 따라갔다.

그러나 2012년부터 한국의 부채비율은 계속해서 700% 전후에서 움직인 반면, OECD의 부채비율은 지속적으로 하락해서 2021년에 오면 한국은 630%, OECD는 435%라는 큰 격차로 벌어졌다. OECD 주요 회원국들과 비교하면 금융기업 부채비율은 높은 편이다(<그림 6-4> 참조). 그리스가 약 1,100%로 가장 높고 그다음이 호주(1,027%)와 일본(937%) 순이다. 그다음으로 높은 그룹이 이탈리아, 한국과 영국이다. 금융기업 부채 비중이 가장 높았던 나라 중의 하나인 네덜란드의 부채비율은 154%에 불과하고 금융위기를 겪었던 미국도 192%에 지나지 않았다.

〈그림 6-3〉 금융기업 부채비율

(단위: %)

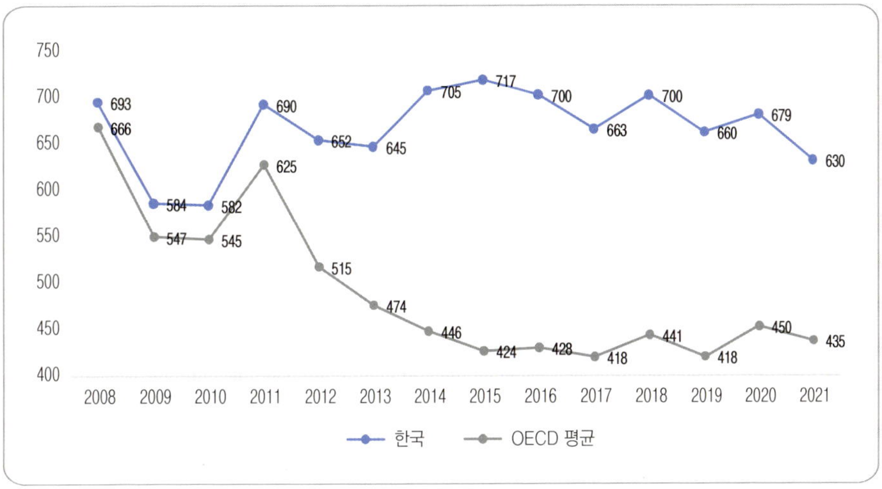

자료: OECD.

〈그림 6-4〉 금융기업 부채비율: OECD 국제 비교

(단위: %)

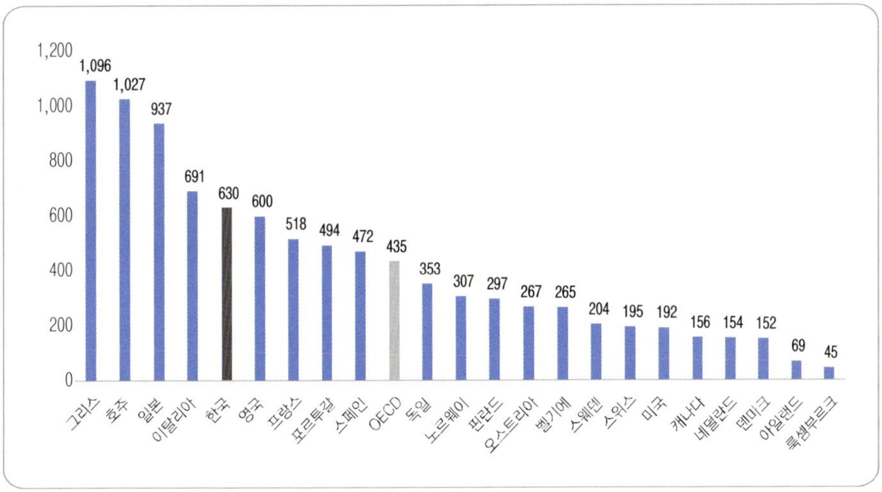

주: 2021년.

자료: OECD.

레버리지

두 번째 지표는 **레버리지**(leverage)이다. 레버리지란 '지레의 작용'이란 뜻인데, 지렛대를 이용하면 작은 힘으로 큰 물체를 들어 올릴 수 있다. 마찬가지로 금융에서는 부채 또는 차입을 이용하여 투자 규모를 키울 수 있다. 기업의 레버리지는 (총자산/자기자본) 비율로 정의한다. 예를 들어, 레버리지가 20이면 금융기업이 자기자본 1을 이용하여 총자산 20을 운영한다는 의미이다. 레버리지가 높을수록 금융기업의 부실 가능성, 더 나아가 파산할 가능성이 높아진다.

<그림 6-5>는 2008~2021년 동안 한국과 OECD 은행부문의 레버리지 추이를 보여주고 있다.[5] 2021년의 한국의 레버리지는 21.8로서 글로벌 금융위기 때인 2008년에 비해 10 이상 하락하였음을 볼 수 있다. 그러나 전 기간 동안 한국의 은행 레버리지가 OECD보다 줄곧 높았다. 2008년에 한국과 OECD 레버리지는 각각 33.9와 23.4로 격차가 있었다. 그 이후 한국의 레버리지는 하락추세를 보였고 2013년에는 20.5까지 떨어졌다. OECD의 레버리지도 2011년을 제외하고 하락하여 2013년에는 18.5가 되었고 한국과의 격차는 상당히 줄어들었다. 그러나 OECD의 레버리지는 2019년까지 거의 변화가 없었던 반면, 한국의 레버리지는 2014년 반등한 이후 24 전후를 유지했다. 팬데믹 기간에 OECD 레버리지가 상승하여 2021년에는 한국과의 격차가 4 정도로 줄어들었으나, 2021년 기준으로 OECD 주요 회원국들과 비교해 보면 한국의 은행 레버리지는 높은 편이다(<그림 6-6> 참조). 예외적으로 높은 나라는 일본(69.7)과 영국(54.3)이고 한국은 그다음 그룹에 속한다. 미국은 부채비율도 낮고 레버리지(8.9)도 매우 낮은 상태이다. 금융부채 비중이 가장 높았던 네덜란드

5 OECD가 정의하는 은행부문은 통화당국과 통화금융기관(monetary financial institutions)으로 구성된다. 통화당국은 중앙은행이고 통화금융기관은 은행을 의미한다. 은행에는 일반은행(시중은행, 지방은행 및 외국은행 국내지점)과 특수은행(중소기업은행, 농·수·축협중앙회의 신용사업부문)이 포함된다.

〈그림 6-5〉 은행 레버리지(leverage)

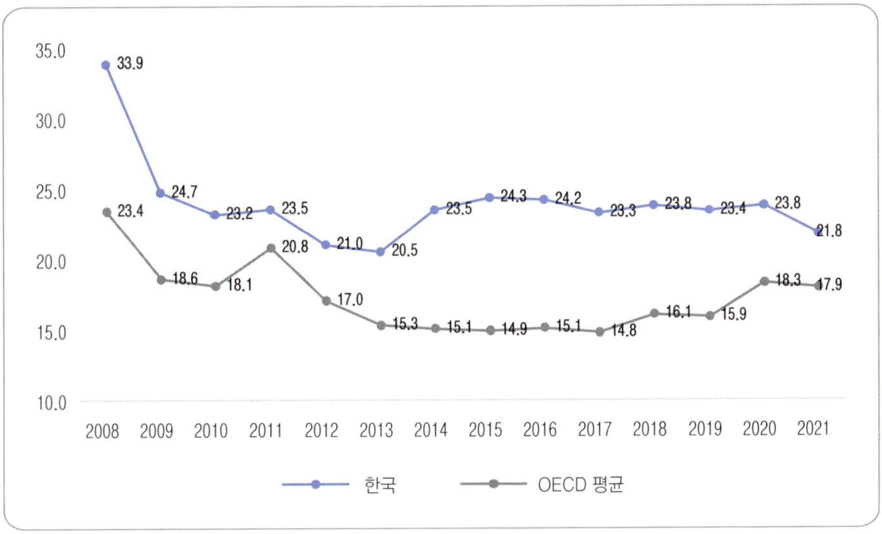

자료: OECD.

〈그림 6-6〉 은행 레버리지(leverage): OECD 국제 비교

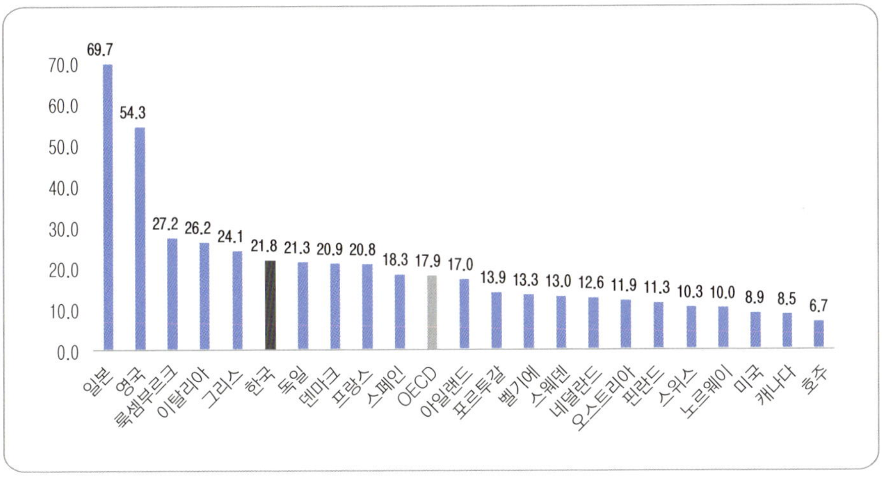

주: 2021년.
자료: OECD.

는 부채비율도 낮을 뿐만 아니라 레버리지(12.6)도 낮은 편이다. 극단적인 나라는 호주이다. 호주는 부채비율이 그리스에 이어 두 번째로 높았는데 레버리지는 비교 대상국들 중 가장 낮은 6.7에 불과했다.

BIS 자기자본비율

레버리지와 관련이 있는 지표는 BIS 자기자본비율이다. **BIS 자기자본비율**은 국제결제은행(BIS) 산하의 바젤은행감독위원회에서 정한 기준으로 은행들의 과도한 위험자산 보유를 제한하여 일차적으로는 예금자를 보호하고 더 나아가 은행의 부실이 금융시장 전체의 신용경색으로 이어지는 사태를 막고자 도입하였다. BIS 자기자본비율은 [(은행부문 자기자본/위험가중자산)×100]으로 정의된다. 위험가중자산은 총자산을 위험 정도에 따라 다시 계산한 것으로 위험이 높을수록 가중치를 높게 적용한다. BIS 자기자본비율(이하, BIS 비율)이 낮을수록 은행의 건전성이 떨어지게 된다.

〈그림 6-7〉 BIS 자기자본비율

(단위: %)

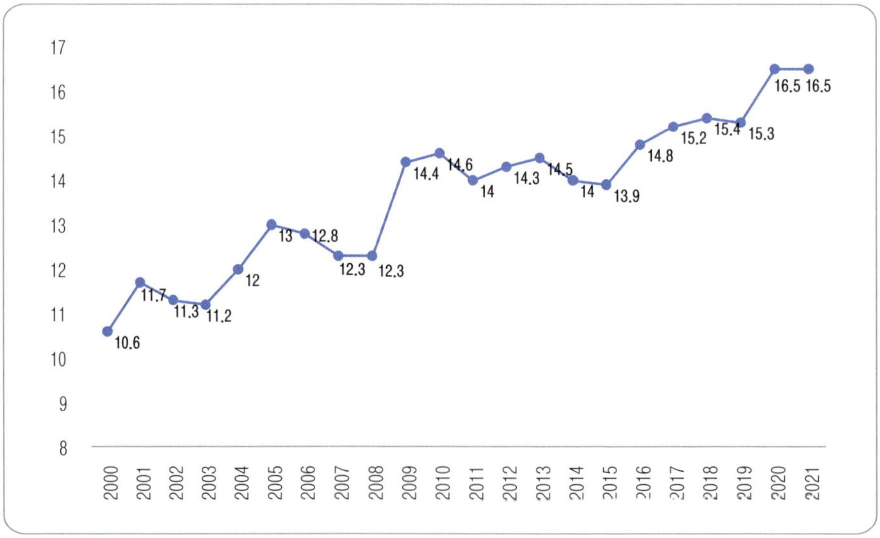

주: 기간 2000~2021년.
자료: 국가지표체계.

<그림 6-7>은 2000~2021년 기간 동안 한국의 은행 BIS 비율 추이를 보여주고 있는데, 2000년 10.6%에서 2021년 16.5%까지 꾸준히 상승하였다.[6] 한국은 1995년에 BIS 비율을 8% 이상 유지하도록 의무화했는데 그 기준을 넘고 있고, 특히 팬데믹 기간에도 16%대를 웃돌아 OECD 평균과 비슷하게 되었다. 레버리지와 BIS 비율의 추이를 보면 은행의 건전성은 점차 강화되었다고 할 수 있다.

연체율

네 번째는 연체율이다. **연체율**은 금융기업(은행)의 총대출채권에서 이자 또는 원금의 상환 약정기일에 상환되지 않은 대출채권(1개월 이상 원리금연체기준)이 차지하는 비율이다. <그림 6-8>은 2008~2022년 기간

〈그림 6-8〉 은행대출금 연체율

(단위: %)

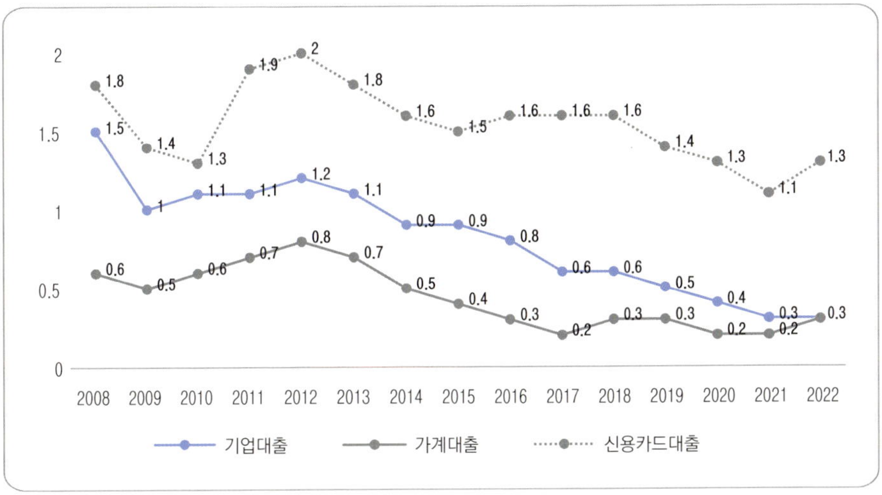

주: 기간 2008~2022년.
자료: 한국은행 경제통계시스템.

6 2013년 12월부터는 바젤 Ⅲ 기준을 적용하고 있다. 바젤 Ⅲ는 바젤은행감독위원회가 발표한 신국제은행자본규제 기준으로, 2008년 글로벌 금융위기를 계기로 세계 은행자본을 건전화함으로써 은행의 위기 시 손실흡수능력을 강화하기 위해 9월에 발표한 세계 은행자본 규제기준을 말한다. 주요 내용은 은행의 위험자산기준을 변경하고 위험자산비율을 하향 조정하게 하여, 은행의 자본확충 기준을 강화하는 것이다.

동안 은행의 기업, 가계 및 신용카드 대출에 대한 연체율 추이를 보여주고 있다. 2012년까지 연체율이 상승했지만 그 이후로 지속적으로 하락 추세에 있다. 특히 팬데믹 기간에도 하락추세가 지속되었다. 2021년 신용카드대출의 연체율이 1.1%로 여전히 높지만 기업과 가계대출의 연체율은 각각 0.3%와 0.2%까지 하락하였다. 그러나 2022년에는 신용카드대출 연체율이 2020년 수준인 1.3%까지 상승하고, 가계대출 연체율도 2019년 수준인 0.3%로 상승하고 있어 은행대출의 건전성이 안정화된 상태는 아니다.

고정이하여신비율

또 다른 자산건전성 지표는 고정이하여신비율이다. 금융기업의 고정이하여신비율은 총여신 중 고정이하여신이 차지하는 비중을 의미한다. 금융기업의 여신을 건전성 정도에 따라 정상, 요주의, 고정, 회수의문, 추정손실 5단계로 나눌 때, 고정이하여신은 고정, 회수의문, 추정손실

〈그림 6-9〉 고정이하여신비율

(단위: %)

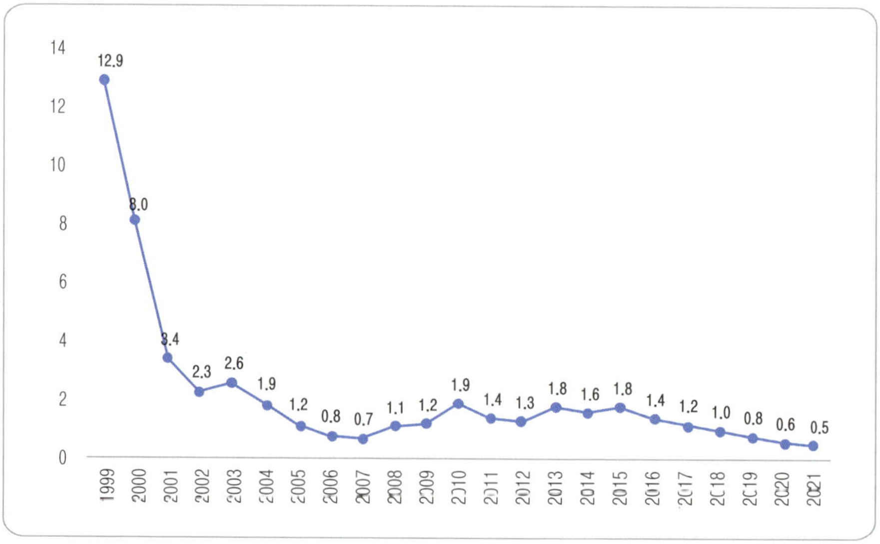

주: 기간 1999~2021년.
자료: 금융감독원 금융통계정보시스템.

등의 부실 여신을 의미한다. 고정이하여신비율이 낮을수록 금융기업이 보유하고 있는 여신의 건전성이 양호하다고 볼 수 있다.

<그림 6-9>는 1999~2021년 기간 동안 은행의 고정이하여신비율의 추이를 보여주고 있다. 외환위기 직후인 1999년에는 동 비율이 12.9%까지 치솟았으나 그 이후 급격히 떨어져 글로벌 금융위기 때인 2008년에는 1.1%까지 하락하였다. 즉, 글로벌 금융위기 시에는 외환위기 시보다 은행의 자산건전성이 크게 향상되었음을 의미한다. 그 이후 2010년까지 약간 상승했으나 그 이후 지속적으로 떨어져 2021년에는 0.5%까지 하락하였다. 연체율과 고정이하여신비율이 낮다는 것은 현재 금융기업의 자산건전성이 양호한 상태에 있음을 의미한다. 그러나 이 상황이 COVID-19 팬데믹으로 인한 정책당국의 금융지원조치가 연장된 결과일 수도 있다. 금융지원조치가 종료된 이후 대출 부실위험의 추이를 면밀히 추적할 필요가 있다.

3 금융기업의 대외채무

앞서 비금융기업의 경우에서 보았듯이, 금융기업의 부채 중에도 해외에서 차입한 부채가 있다. 외환위기와 글로벌 금융위기 때 한국의 취약점은 비금융기업뿐만 아니라 금융기업들의 대외채무가 많았고 또한 단기대외채무 비중이 높았다는 것이다.[7]

<그림 6-10>과 <그림 6-11>은 1997~2021년 동안 금융기업의 대외채무, 대외채무/GDP 그리고 대외채무/외환보유액 비중을 보여주고 있다. 추이를 보면 금융기업의 대외채무는 외환위기가 발생했던 1997년 911억

7 이번 절에서 금융기업의 대외채무와 대외채권은 예금취급기관(은행 및 비은행 예금취급기관)의 대외채무와 대외채권 자료이다. 비은행 예금취급기관은 상호저축은행, 신용협동기구, 우체국예금, 종합금융회사 등이 있다.

〈그림 6-10〉 금융기업 대외채무

(단위: 십억 달러)

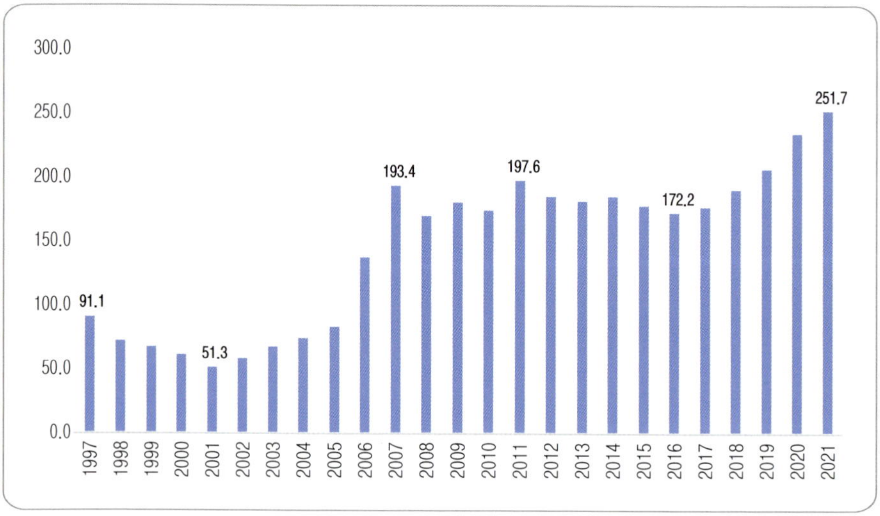

주: 1) 기간 1997~2021년.

2) 예금취급기관(은행 및 비은행 예금취급기관) 대외채무.

자료: 한국은행 경제통계시스템.

〈그림 6-11〉 금융기업 대외채무/외환보유액 및 대외채무/GDP

(단위: %)

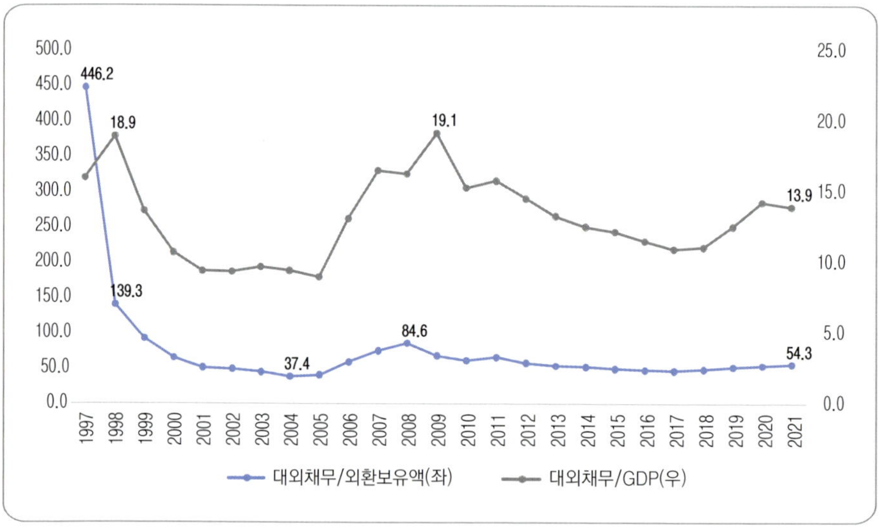

주: 1) 기간 1997~2021년.

2) 예금취급기관(은행 및 비은행 예금취급기관) 대외채무.

자료: 한국은행 경제통계시스템.

달러에서 2001년 510억 달러로 줄어든 후 다시 증가해 글로벌 금융위기 직전인 2007년에는 1,930억 달러로 증가했다. 그 이후 유럽재정위기 직후인 2011년에 1,980억 달러로 증가해 고점을 찍은 후 조금씩 감소해 2016년에는 1,720억 달러까지 줄어들었다. 그러나 최근 5년(2017~2021년)을 보면 증가율이 46%에 달해 2021년에는 2,517억 달러로 급등했음을 볼 수 있다. 2021년의 금융기업 대외채무액은 역사상 최고치이다.

한편 GDP 대비 대외채무 비중으로 보면 1998년과 2009년에 약 19%로 정점을 찍었고 2021년에는 14%로 아직 외환위기와 글로벌 금융위기에 미치지 못한 상태이다. 그림은 외환보유액 대비 대외채무 비중의 추이도 보여주고 있다. 외환위기 발생연도인 1997년에 가용 외환보유액은 훨씬 적었지만 공식적인 외환보유액은 204억 달러이었다. 그해 금융기업의 대외채무액은 911억 달러로서 외환보유액 대비 대외채무 비중은 무려 446%이었다. 이 통계치는 외환위기 당시 외화유동성이 얼마나 부족했는가를 보여주고 있다. 1998년에도 139%에 달했는데 그 후 대외채무가 줄어들고 외환보유액이 늘어나면서 2004년(37%)까지 그 비중이 꾸준히 낮아졌다. 그러나 그 후 금융기업의 대외채무가 급격히 늘어나 글로벌 금융위기가 발생한 2008년에는 85%까지 2배 이상 오른 것을 볼 수 있다. 그 후 하향추세에 있었지만 최근 5년 동안 다시 올라 2021년의 금융기업 대외채무는 외환보유액의 54%에 이르렀다. 하지만 GDP에 대한 비중과 마찬가지로 아직은 과거 경제위기 때의 수준에 미치지는 않았다.

<그림 6-12>는 1997~2021년 동안 금융기업의 단기대외채무와 단기대외채무/총대외채무(이하, 단기대외채무 비중)의 추이를 보여주고 있다. 그림을 보면 외환위기와 글로벌 금융위기 때 모두 금융기업의 단기대외채무 비중이 높은 것을 알 수 있다. 1997년에 54%이었던 단기채무 비중이 1998년에는 43%로 떨어진 후 1999년부터 다시 오르기 시작하여 글로벌 금융위기 때인 2007~2008년에는 70%에 육박하였다. 2007년에는

〈그림 6-12〉 금융기업 단기대외채무와 단기대외채무 비중

(단위: 십억 달러, %)

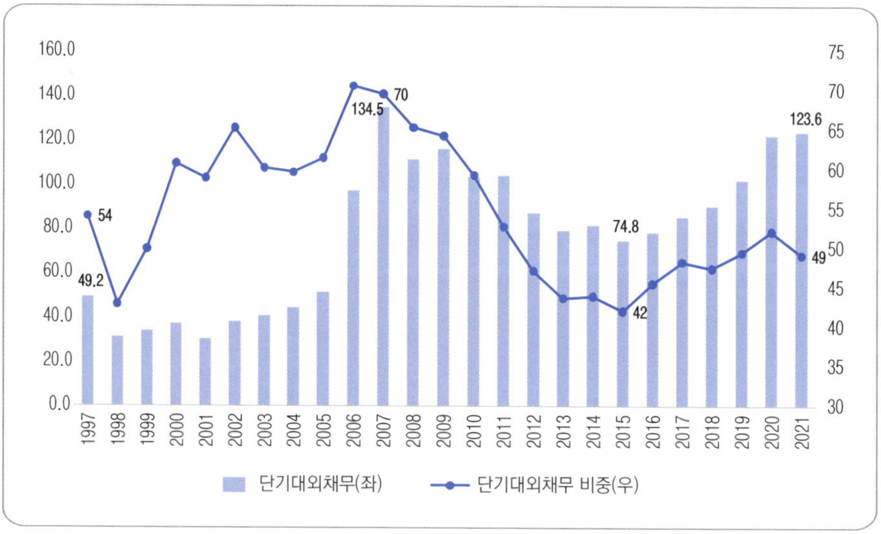

주: 기간 1997~2021년.
자료: 한국은행 경제통계시스템.

단기대외채무액도 1,345억 달러로 역사상 가장 많은 액수이다. 글로벌 금융위기 이후에 단기대외채무액과 단기채무 비중 모두 하락추세에 있다가 2016년부터 다시 상승추세로 바뀌었다. 팬데믹 기간인 2021년의 단기대외채무액이 2007년과 거의 비슷한 1,236억 달러까지 증가하였다. 2007년과 다른 점은 단기채무 비중이 49% 정도에 머물렀다는 것이다. 그러나 최근 5년 동안 단기채무 비중이 꾸준히 증가하여 외환위기 시점의 비중과 거의 비슷하게 되었다는 것을 유의할 필요가 있다.

<그림 6-13>과 <그림 6-14>는 1997~2021년 동안 금융기업의 순대외채권과 순대외채권/GDP 및 순대외채권/외환보유액 비중의 추이를 보여주고 있다. 그림에서 1997~2015년까지는 항상 금융기업의 대외채무가 대외채권보다 많았음을 볼 수 있다. 외환위기가 발생한 1997년의 순대외채무는 234억 달러로 많지는 않았지만 GDP의 4.1%에 달했다. 대외채무가 가장 많았던 2007년에는 대외채무가 대외채권보다 1,204억 달러 더 많았고 GDP 대비로 보면 10.3%이다. 글로벌 금융위기 직후인

〈그림 6-13〉 금융기업 순대외채권

(단위: 십억 달러)

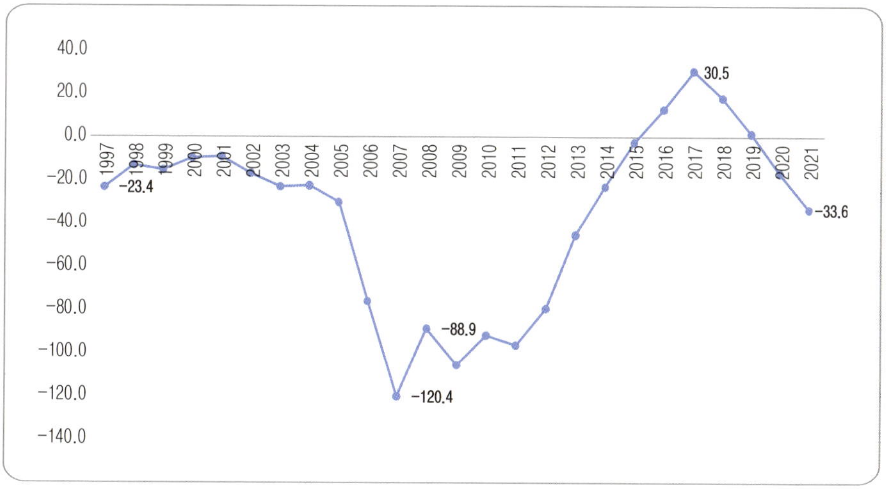

주: 기간 1997~2021년.

자료: 한국은행 경제통계시스템,

〈그림 6-14〉 금융기업 순대외채권/외환보유액 및 순대외채권/GDP

(단위: %)

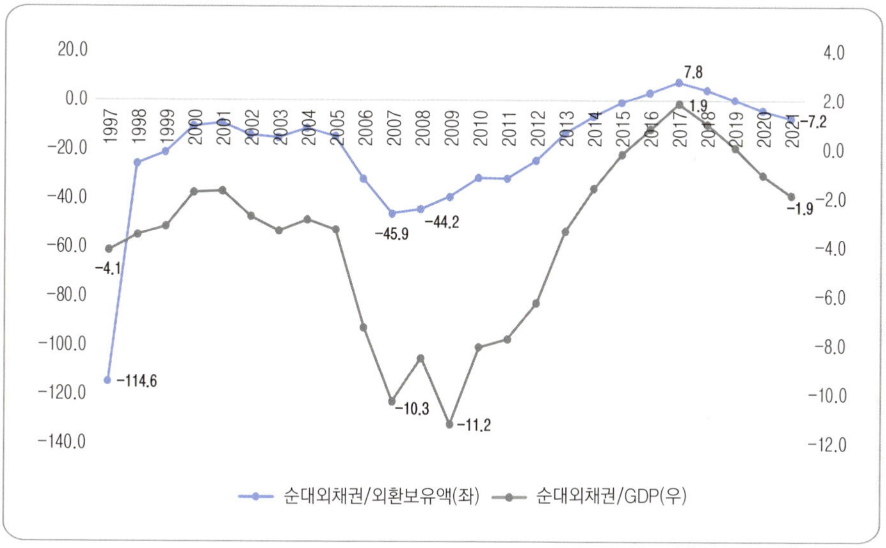

주: 기간 1997~2021년.

자료: 한국은행 경제통계시스템,

2009년에는 순대외채무는 2007년에 비해 작지만 GDP 대비로 보면 11.2%로서 오히려 2007년보다 더 높았고 외환위기 이래 가장 높은 수치이었다. 그 이후로 순대외채무는 지속적으로 줄어 2016년에는 순대외채권으로 전환되었고, 미미하지만 그 추세가 2019년까지 계속되었던 것을 볼 수 있다. 특히 2017년에는 금융기업의 순대외채권이 305억 달러, GDP의 1.9%까지 증가하였다. 하지만 그림을 보면 2018년을 기점으로 순대외채권은 점차 줄어 팬데믹 기간 중에는 순대외채무로 돌아섰을 뿐만 아니라 2021년에는 −336억 달러, GDP의 1.9%로 확대되었다. 그 이유는 <그림 6-10>에서 볼 수 있듯이 대외채무가 급증했기 때문이다.

1997년 외환위기 때와 비교해 보면 순대외채무 규모는 더 크지만 GDP 대비 비중으로 보면 더 낮다. 외환보유액 대비도 비슷한 추이를 보여주고 있다. 2021년 금융기업의 경우 순대외채무는 외환보유액의 7.2%인데 1997년(115%)과 2008년(44%)에 비하면 외화유동성 위기를 우려할 단계는 아니라고 할 수 있다.

4 금융기업의 유동성과 자산

<그림 6-15>는 2008~2021년 동안 한국과 OECD의 금융기업의 단기부채 대비 단기금융자산 비율의 추이를 보여주고 있다. 앞서 비금융기업의 경우에 설명했듯이, 이 지표는 금융기업의 **유동성**(liquidity) 정도를 나타내는데 이 값이 클수록 유동성이 높다는 것을 의미한다. 금융기업의 유동성이 높을수록 지급불능 상태의 가능성이 낮아지게 된다.

그림을 보면 차이가 크지는 않지만 OECD 금융기업의 유동성이 한국 금융기업보다 높음을 알 수 있다. 한국과 OECD는 2008년에 각각 단기금융자산이 단기부채의 53%와 63%이었는데 2021년에도 각각

〈그림 6-15〉 금융기업 단기금융자산/단기부채

(단위: %)

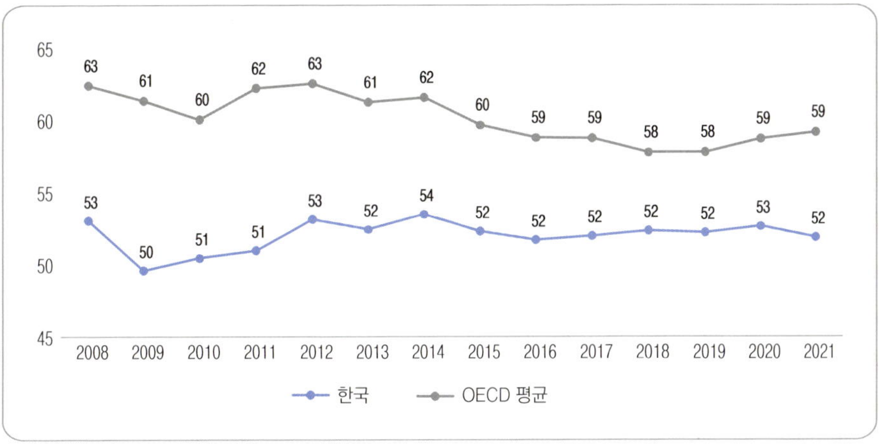

자료: OECD.

52%와 59%로서 변화가 거의 없었다. 한국의 경우에는 2015~2021년 동안 변함없이 52%를 유지했다. 2021년도 OECD 주요 회원국들의 자료를 보면, 대부분 나라들의 경우 단기금융자산/단기부채가 부채비율과 반비례한다는 것을 알 수 있다(<그림 6-16> 참조). 부채비율이 가장 낮았던 아일랜드와 룩셈부르크는 각각 단기금융자산이 단기부채의 139%와 126%이었다. 반면 부채비율이 가장 높았던 그리스와 호주는 각각 34%와 15%에 불과했다. 부채비율이 상대적으로 높았던 한국의 금융기업의 경우 52%로서 OECD 선진국들에 비해 상대적으로 유동성이 낮은 것을 확인할 수 있다. 금융기업의 부채비율이 세 번째로 높은 일본은 한국보다 낮은 46%이었다.

이제 금융기업의 부채뿐만 아니라 자산의 추이도 살펴보도록 하자. <그림 6-17>은 2008~2021년 동안 금융기업의 금융부채가 금융자산과 총자산에서 차지하는 비중의 추이를 보여주고 있다. 금융부채는 앞서 정의한 부채와 동일하고 총자산은 금융자산과 비금융자산의 합을 의미한다. 그림에 의하면 이 기간 동안 금융부채가 금융자산보다 작아 순금융자산이 정(+)이고, 금융부채/금융자산 비중이 큰 변화가 없음을 볼

〈그림 6-16〉 금융기업 단기금융자산/단기부채: OECD 국제 비교

(단위: %)

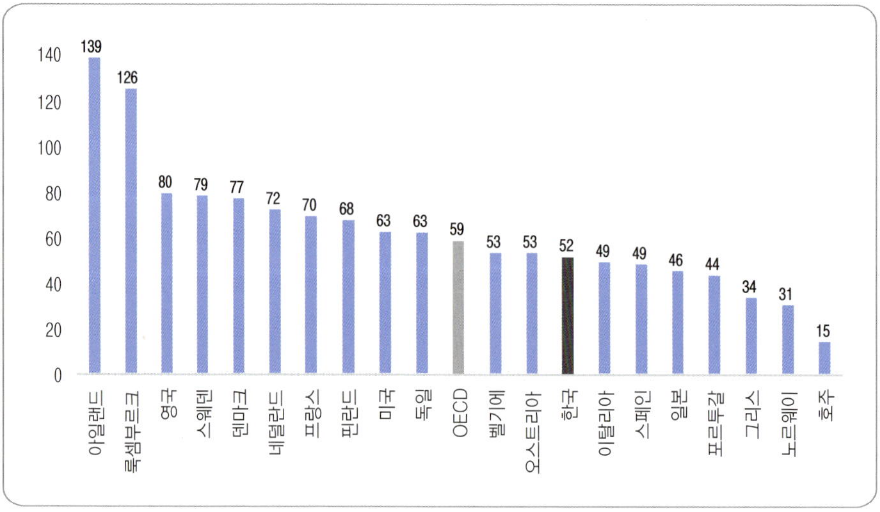

주: 2021년.
자료: OECD.

〈그림 6-17〉 금융기업 금융부채/자산

(단위: %)

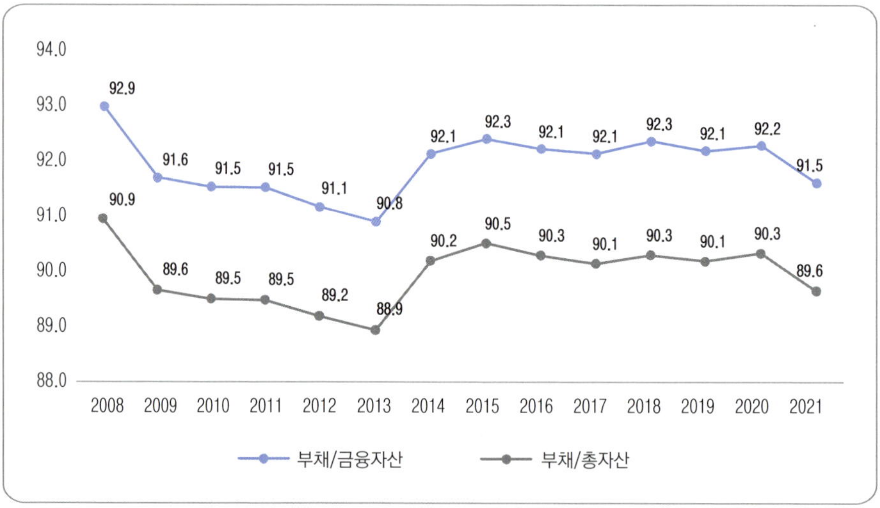

자료: 한국은행 경제통계시스템.

〈그림 6-18〉 금융기업 순금융자산/GDP

(단위: %)

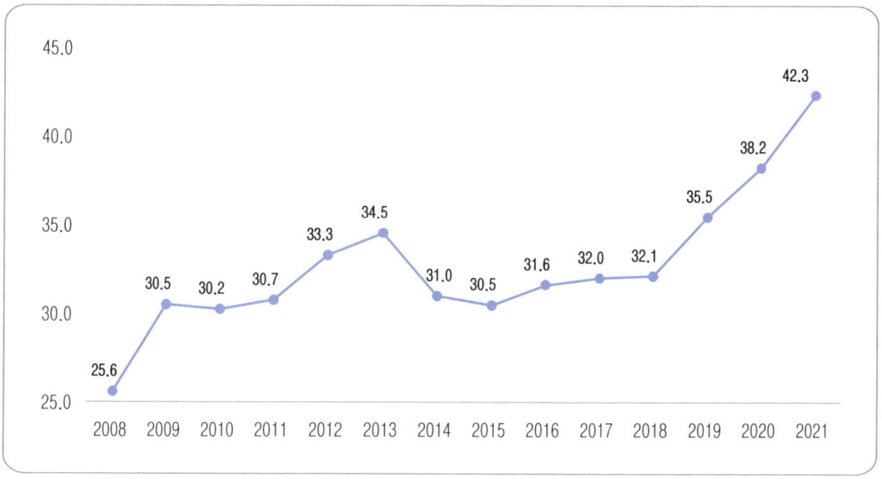

자료: 한국은행 경제통계시스템.

수 있다. 금융기업의 금융부채/금융자산 비중은 2008년 92.9%에서 2013년 90.8%로 하락한 다음, 2014년에 다시 상승하여 2014~2020년 동안 92% 수준에서 거의 변화가 없었다. 팬데믹 기간인 2021년에는 오히려 91.5%로 하락하였다. 총자산 대비 금융부채의 추이도 거의 비슷하다.

<그림 6-18>에 있는 순금융자산/GDP 추이를 보면 2014~2018년을 제외하면 꾸준히 상승세에 있었음을 확인할 수 있다. 특히 2017~2021년 기간 동안 금융기업의 금융부채/GDP 비중이 23% 증가했는데도 불구하고 오히려 순금융자산/GDP 비중은 2017년 32.1%에서 2021년 42.3%로 증가하였다. 이는 금융자산과 금융부채의 차이의 규모가 GDP보다 더 많이 늘어났음을 암시하고 있다.

5 시사점

한국의 금융기업부채가 GDP에서 차지하는 비중은 꾸준히 증가하여 OECD 평균을 넘어섰다. 이는 한국의 간접금융자산 축적이 꾸준히 증가하고 있음을 의미한다. 그러나 직접금융보다 간접금융이 더 발달한 선진국들에 비하면 금융심도(financial depth)가 상대적으로 얕은 편이다. 한편 금융기업의 레버리지, BIS 자기자본비율, 연체율 그리고 고정이하여신비율 등의 지표들의 추이를 보면 금융기업의 건전성은 양호한 편이다. 그러나 OECD 평균과 비교했을 때 부채비율과 레버리지는 더 높고 유동성은 더 낮은 상태이다. 한편 금융기업의 GDP 대비 순금융자산은 꾸준히 증가하고 있다.

가장 큰 문제는 금융기업의 대외채무이다. 1997년 외환위기를 초래한 주요인 중의 하나는 금융기업의 대외채무가 과다하고 단기비중이 높았다는 것이다. 최근 금융기업 대외채무가 급증하고 순대외채권이 부(−)로 반전되어 순대외채무국이 되었지만, GDP 또는 외환보유액 대비 적자규모는 외환위기 때에 비해 낮은 상황이다. 그러나 대외채무의 단기비중이 외환위기 때와 거의 비슷하고 지난 5년간 증가추세로 보았을 때 금융 및 외환위기의 예방을 위한 정책당국의 모니터링이 필요한 시점이라고 할 수 있다. 앞서 비금융기업의 경우에도 언급했듯이 통화불일치 문제를 가지고 있는 한국은 원/달러 환율의 상승으로 인한 금융기업 대외채무의 급증을 우려해야 한다.

또 다른 우려는 COVID-19 팬데믹으로 인한 정책당국의 금융지원조치가 연장되어 금융기업의 연체율과 고정이하여신비율이 하락했을 가능성이 있다는 것이다. 이 경우 대출 부실위험이 이연되면서 리스크가 누적되었을 가능성이 높다. 특히 대출금리가 급등하는 가운데 금융 완화 및 지원 조치가 종료되는 경우 비금융 한계기업을 중심으로 잠재 부실위험이 현실화되어 금융기업의 건전성이 훼손될 것에 대한 대책이 필요하다.

부록 | 한국의 금융기관[8]

우리나라의 금융기관은 제공하는 금융서비스의 성격에 따라 은행, 비은행예금취급기관, 보험회사, 금융투자회사, 기타 금융기관, 금융보조기관 등으로 분류할 수 있다.

은행에는 은행법에 의해 설립된 **일반은행**과 개별 특수은행법에 의해 설립된 **특수은행**이 있다. 일반은행은 예금·대출 및 지급결제 업무를 고유 업무로 하여 시중은행, 지방은행, 외국은행 국내지점으로 분류된다. 시중은행은 은행업을 인가받아 운영 중인 인터넷전문은행 3개사를 포함한다. 특수은행은 일반은행이 재원의 제약, 수익성 확보의 어려움 등을 이유로 필요한 자금을 충분히 공급하기 어려운 부문에 자금을 원활히 공급하기 위하여 설립되었으며, 한국산업은행, 한국수출입은행, 중소기업은행, 농협은행 및 수협은행이 있다.

비은행예금취급기관에는 상호저축은행, 신용협동기구, 우체국예금, 종합금융회사 등이 있다. 상호저축은행은 특정한 지역의 서민 및 소규모 기업을 대상으로 하는 여신업무를 전문으로 한다. 신용협동기구는 조합원에 대한 저축편의 제공과 대출을 통한 상호 간의 공동이익 추구를 목적으로 운영되며, 신용협동조합, 새마을금고 그리고 농업협동조합·수산업협동조합·산림조합의 상호금융을 포함한다. 우체국예금은 민간금융이 취약한 지역을 지원하기 위해 전국의 체신관서를 금융창구로 활용하는 국영금융이며, 종합금융회사는 가계대출, 보험, 지급결제 등을 제외한 대부분의 기업금융업무를 영위한다.

보험회사는 사망·질병·노후 또는 화재나 각종 사고를 대비하는 보험

8 한국은행, 우리나라의 금융시스템(금융기관) 참조. https://www.bok.or.kr/portal/main/contents.do?menuNo=200319

을 인수·운영하는 금융기관으로 생명보험회사, 손해보험회사, 우체국보험, 공제기관 등으로 구분된다. 손해보험회사에는 일반적인 손해보험회사 외에도 재보험회사와 보증보험회사가 있다. 또한 국가기관이 취급하는 국영보험인 우체국보험과, 유사보험을 취급하는 공제기관이 있다.

금융투자회사는 주식, 채권 등 유가증권과 장내·장외파생상품 등 금융투자상품의 거래와 관련된 업무를 하는 금융기관이다. 투자매매·중개업자, 집합투자업자, 투자자문·일임업자, 신탁업자로 분류된다.

기타 금융기관에는 금융지주회사, 리스·신용카드·할부금융·신기술사업금융을 취급하는 여신전문금융회사, 벤처캐피탈회사, 대부업자 및 증권금융회사 등이 있다.

금융보조기관(공적금융기관)은 금융거래에 직접 참여하기보다 정책적 목적으로 각각의 기능에 맞게 설립된 기관을 의미한다. 여기에는 한국무역보험공사, 한국주택금융공사, 한국자산관리공사, 한국투자공사 등이 해당된다.

PART
02

금융위기와 부채

제 **7** 장

금융위기의 임계점과 위기국가 간 비교

1 금융위기란 무엇인가?

금융시장에서는 자금의 융통이 이루어진다. 즉, 자금이 필요한 수요자는 공급자에게 적절한 대가를 지불하고 자금을 빌려 쓰게 된다. 만약 금융시장의 자금중개기능이 저하되면 마치 혈관이 막히는 것과 같다. 피가 원활하게 돌지 않으면 곧 몸에 여러 가지 이상 현상이 나타난다. 뇌혈관이 막히게 되면 심지어 목숨을 잃을 수도 있다. 마찬가지로 금융시장의 마비는 경제 전반에 걸쳐서 심각하게 부정적인 영향을 미치게 된다. 이것을 바로 **금융위기**라고 한다. 다시 말하자면 금융위기는 국내외 정상적인 금융거래가 크게 위축되거나 중단될 위험에 처하게 되는 경우를 포괄적으로 지칭한다.

금융위기 역사를 분석한 킨들버거(Charles P. Kindleberger)는 "광기, 패닉, 붕괴"라는 용어로 금융위기의 특성을 표현했다. 그는 금융위기를 계속 피어오르는 질긴 다년생화라고 표현했다. 자본주의가 꽃피운 이래 금융위기는 계속해서 되풀이되고 있다는 의미일 것이다. 그가 선정한 금융거품의 10대 역사적 사례에는 우리도 잘 알고 있는 네덜란드 튤립 뿌리를 둘러싼 광기가 포함되어 있다. 또한 1980년대 일본의 부동산 및 주식시장 거품과 붕괴, 그리고 한국을 휩쓴 1997년 동남아 외환위기 등을 금융위기의 대표적 사례로 꼽고 있다(<표 7-1> 참조).[1]

1 킨들버거는 1990년대 중반 이후 닷컴 버블까지를 다루고 있는데, 그 이유는 그가 2003년에 세상을 떠났기 때문이다. 살아 있었다면 분명히 2007년 미국의 서브프라임(subprime) 모기지(mortgage) 사태와 2008년 글로벌 금융위기를 주목하였을 것이다. 서브프라임의 정의는 주 7 참조.

〈표 7-1〉 10대 금융거품의 사례

연도(기간)	사례
1636	네덜란드 튤립 알뿌리 거품
1720	영국 남해회사(South Sea Company) 거품
1720	프랑스 미시시피회사(Mississippi Company) 거품
1927~1929	미국 주식시장 거품
1970년대	멕시코를 비롯한 개도국에 대한 은행 여신 급증
1985~1989	일본 부동산 및 주식시장 거품
1985~1989	핀란드, 노르웨이, 스웨덴 부동산 및 주식시장 거품
1992~1997	태국, 말레이시아, 인도네시아 등 동아시아의 부동산 및 주식시장 거품
1990~1993	멕시코에 대한 외국인 투자 급증
1995~2000	미국 나스닥 주식시장의 거품

자료: Kindleberger and Aliber(2005), p. 9 인용.

최근 연구에서는 금융위기를 은행위기와 외환위기로 구분하는 경향이 있다.[2] **은행위기**는 금융기관의 중개기능 마비, 그리고 외환위기는 외환부족으로 인한 국제거래 중단에 초점을 맞춘 개념이다. 여기에 **국가부채위기**(sovereign debt crisis)를 따로 구분하기도 하는데, 이는 외채를 변제할 능력이 없는 경우를 지칭한다.

우선 은행위기란 예금인출사태(bank-run)가 발생하여 은행이 실제적으로 예금・채권 등의 부채를 상환하기 어려워지거나, 또는 예금인출사태의 잠재적 가능성이 증가함에 따라 정부가 이를 저지하기 위하여 적극적으로 개입하는 경우를 지칭한다. 구체적으로 은행에 대한 정부의 대규모 지원, 은행의 강제 폐쇄 및 합병, 정부의 은행경영 개입 등 제도적 변화와 관련된 사건이 발생하면 이를 은행위기의 증거라고 간주한다. 1920년대 말 대공황이 발생할 당시 예금인출에 이은 금융계의 도산이 그 대표적인 사례라고 할 수 있다.

2 김태준 외(2020) 참조.

은행위기의 원인에 대해서는 예금인출을 자기실현적 예상에 따른 균형의 하나로 간주하는 전통적 견해와 기초경제여건의 취약성으로 설명하려는 견해가 대립하고 있다. 전통적 견해는 어떤 이유에서든지 간에 예금자들의 예상에 변화가 발생할 경우 예금인출은 결코 비합리적인 행동이 아니라고 강조한다(Diamond and Dybvig, 1983). 한편 기초적 경제여건을 강조하는 입장에서는 거시경제적 불안정, 금융중개기능을 약화시키는 미시정책적 실패, 은행의 전략적 또는 운용적 실패, 그리고 부패관행에 주목한다. 1997년 동아시아 금융위기의 본질을 외환위기가 아니고 은행위기라고 판단한 견해와도 일맥상통한다(Krugman, 1998).

한편 **외환위기**는 투기적 공격에 의하여 통화가치가 급격히 하락하거나, 또는 정책당국이 통화가치를 방어하기 위하여 외환보유고를 사용하거나 금리를 대폭 인상할 수밖에 없는 상황을 지칭한다. 외환에 대한 투기적 공격은 브레튼우즈 체제(Bretton Woods System)의 붕괴 이후 빈번하게 발생하여 왔다.[3] 1992~1993년 기간 중 유럽통화제도에 대한 투기적 공격과 역내 통화 간 교환비율의 재조정, 1994~1995년 기간 중 멕시코 페소화의 평가절하, 그리고 1997~1998년 기간 중 인도네시아, 한국, 말레이시아, 태국 통화의 가치하락 등이 대표적인 외환위기 사례라고 할 수 있다.

외환위기의 원인으로는 오랫동안 고정환율제도와 일치하지 않는 거시정책이 그 핵심으로 지적되어 왔다. 예를 들어, 고정환율제도를 택하고 있는 개발도상국의 경우 만성적인 재정적자로 통화증발이 불가피하고 물가상승 및 수출경쟁력 저하가 초래되면 고정환율의 유지가 어렵다는 예상이 생겨나고, 투기적 공격이 뒤따른다는 것이다. 그렇지만 투기

3 브레튼우즈 체제는 1944년 미국 뉴햄프셔주 브레턴우즈에서 열린 44개국 연합 회의에서 탄생한 국제통화제도이다. 요약하면, 미국 달러화가 기축통화의 역할을 수행하되 달러가치를 안정시키는 장치로 금 1온스를 35달러(금평가)에 유지하는 고정환율제도 체제이다. 미국의 닉슨(Nixon) 대통령이 1971년 8월, 달러의 금태환 중지를 선언함으로써 브레튼우즈 체제는 사실상 막을 내리고 주요 선진국들은 변동환율제도를 채택했다.

적 공격이 정책의 불일치성과 같은 기초경제여건에 근거한 것이 아니라 자기실현적 예상에 기인한다는 주장도 제기되었다. 소위 제2세대 모형에서는 고정환율제도 유지에 따르는 편익과 비용 간의 상충관계가 상존한다고 할 때, 사람들이 어떤 가능성을 더 높게 평가하느냐에 따라 고정환율이 유지될 수도 아니면 붕괴될 수도 있다고 본다.

마지막으로 **국가부채위기**는 특정 국가가 대외채무상환 부담이 과다하여 채무불이행을 선언하는 경우를 의미한다. 1980년대 국제금리 상승으로 멕시코를 위시한 중남미 국가들이 경험한 외채위기, 그리고 2008년 글로벌 금융위기에 따른 경기침체로 불거진 유럽국가들의 경제위기가 그 대표적인 사례이다. 국가부채위기는 국제금리가 낮을 때 차입한 자본이, 갑자기 국제금리가 오르거나 또는 해당 국가의 경제상황이 악화되면서 외국자본이 빠져나갈 때 발생한다.

<표 7-2>는 1950년 이후 OECD 국가들이 경험한 은행위기, 외환위기, 국가부채위기를 요약하고 있다(Laeven and Valencia, 2018; Nguyen et al., 2022). 다수의 OECD 국가들이 은행위기와 외환위기를 경험하였다. 국가부채위기의 경우에는 과거 개도국이었다가 OECD에 가입한 국가들이 주로 경험하였다. 한국은 각각 1997년 은행위기, 그리고 1998년 외환위기를 겪은 것으로 나타났다. 위기가 발생한 정확한 시점은 연구자에 따라 다소 차이가 있을 수 있지만, 1997~1998년 기간 중 한국이 두 위기를 경험한 것은 사실이다. 흥미롭게도 한국은 이전에도 여러 번 외환위기를 경험하였다. 즉, 전쟁으로 경제가 피폐했던 1950년대뿐 아니라 1980년에도 발생하였다. 그 이유가 무엇인지에 대해서는 제8장에서 자세히 살펴보도록 한다.

〈표 7-2〉 OECD 국가의 은행위기, 외환위기 및 국가부채위기(1950~2019)

	은행위기	외환위기	국가부채위기
호주			
오스트리아	2008		
벨기에	2008		
캐나다			
칠레	1976, 1981	1982	1983
체코	1996		
덴마크	2008		
에스토니아	1992	1992	
핀란드	1991	1993	
프랑스	2008		
독일	2008		
그리스	2008	1953, 1981, 1983	1960, 2012, 2018
헝가리	1991, 2008		
아이슬란드	2008	1960, 1967, 1975, 1978, 1981, 1989, 2008	2008
아일랜드	2008		2013
이스라엘	1983	1953, 1962, 1975, 1980, 1983, 1985	1983
이탈리아	2008	1981	
일본	1997		
한국	1997	1951, 1953, 1955, 1960, 1964, 1980, 1998	
라트비아	1995, 2008	1992	
리투아니아	1995	1992	
룩셈부르크	2008		
멕시코	1981, 1994	1954, 1977, 1982, 1985, 1995	1982
네덜란드	2008		
뉴질랜드		1984, 2008	
노르웨이	1991		
폴란드	1992	1978, 1982, 1986, 1992	1981
포르투갈	2008	1983	2013
슬로바키아	1998		
슬로베니아	1992, 2008		1992
스페인	1977, 2008	1983	
스웨덴	1991, 2008	1993	
스위스	2008		
터키	1982, 2000	1958, 1970, 1978, 1984, 1988, 1991, 1994, 1996, 1999, 2001, 2008, 2018	1978, 1999
영국	2007		
미국	1988, 2007		

자료: Laeven and Valencia(2018)와 Nguyen et al.(2022).

2 과다부채와 금융위기 임계점

한 국가의 금융위기나 경제위기가 어떤 시점에서 발생할지를 정확히 예측하기는 어렵다. 많은 경제학자들이 경제위기의 징후나 조기경보에 대한 연구를 했으나 그것을 통해서 위기 발생 여부를 정확히 예측한 사례는 찾아보기 힘들다. 여러 경제조건들이 결합이 돼서 발생하는 위기는 그야말로 블랙스완적인 성격을 갖기 때문에 매우 낮은 확률로 나타난다.[4]

한편 COVID-19 팬데믹 이후 실물경기 위축에 대응한 완화적 통화정책과 금융지원 강화를 추진한 결과 가계 및 기업의 부채가 증가하고 자산가격이 급등하면서 금융불균형 심화로 금융위기 가능성에 대한 우려가 높아졌다. 이와 관련하여 이번 절에서는 과다부채와 시스템 리스크(systemic risk) 간의 관계, 그리고 위기 발생과 관련된 다양한 임계치 이론 및 지표들을 소개하고 위기 초래 여부에 대한 판단기준을 분석한다.

민스키의 금융불안정성가설과 민스키 모멘트

민스키(H. Minsky)는 금융혁신과 금융세계화로 금융이 심화되는 세계 자본주의 경제에서 금융에 기초한 자본주의 경제의 내재적 불안정성을 주장하였다. **금융불안정성가설**(Financial Instability Hypothesis: FIH)은 금융의 과도한 팽창과 심화로 인해 금융구조가 점점 부채의존 경제로 전환됨에 따라 외부의 작은 충격에도 금융시장에서 신용경색이 초래되고 이로 인해 실물경제의 침체나 경제위기로 발전할 수 있다는 이론이다.[5]

4 '블랙스완(black swan)'이란 불가능하다고 인식되는 상황이 발생되는 것을 뜻하는 것으로 꼬리위험(tail risk)이라고도 한다(Taleb, 2007). 2007년 미국의 서브프라임(subprime) 모기지 금융위기가 블랙스완의 출현과 같은 상황으로 묘사되면서 금융위기를 설명하는 가설로 유명하게 되었다.

5 김지열(2005) 및 Cooper(2008) 참조.

민스키는 자본주의 체제하에서는 대부분의 투자가 외부자금 조달로 이루어지고 있는데 경기호황이나 자산가격의 상승으로 미래 투자수익에 대한 낙관적 기대가 고조되고 군집행위(herding behavior)가 확산될 때 경제주체들은 차입을 확대해서 부채규모를 늘린다고 주장한다. 이런 추세가 지속됨에 따라 금융구조는 불안정한 구조로 전환되고 불안정성이 특정 임계치를 넘게 된다. 이 시점을 소위 **민스키 모멘트**(Minsky moment) 또는 **민스키 시점**이라고 한다. 이 시점 이후에 경제는 전반적으로 해외금리인상이나 경기부진 또는 자국통화가치의 급속한 하락 압력 등과 같은 대내외 충격에 매우 취약하게 되고 결국 거품이 붕괴되면서 금융 및 경제위기에 봉착하게 된다.

금융불안정성가설에서 금융시장은 세 가지 유형의 기업이나 가계 채무자로 구성되어 있는 것으로 가정한다. 먼저 **헤지**(hedge) 유형 채무자는 자산의 현금흐름으로 모든 채무를 충당할 수 있는 차입자를 의미한다. 반면 **투기적**(speculative) 유형 채무자는 이자는 지불할 수 있으나 원금을 계속 차환해야 하는 차입자를 의미한다. 그리고 마지막으로 **폰지**(Ponzi) 유형 채무자는 이자나 원금을 갚을 수 없는 차입자를 지칭한다.[6] 헤지 유형 채무자는 금융시장의 충격 등 금융적 교란에 대해서 위험에 거의 노출되지 않는 차입자 군(群)이다. 한편 투기적 유형의 채무자는 원금을 상환하기 위해서 차환이 필요한데 이자율 상승과 같은 금융적 충격으로 원리금상환에 어려움을 겪게 되는 차입자 군(群)이다. 현재 우리나라의 '영끌족'이나 '빚투족'과 같이 과다하게 자금을 차입해서 투자한 상당한 비율의 2030세대가 이런 부류에 속하는 차입자라 할 수 있다. 폰지 유형의 채무자는 원리금상환을 위해서는 계속해서 신규로 차입을 할 수밖에 없기 때문에 외부적 금융 충격이 있을 때 원리금을 지불하지 못하면서

6 폰지(C. Ponzi)는 1920년대 은행 예금자에게 은행의 수익이 아니라 신규 가입자의 예금에서 이자를 지급하는 방식으로 금융사기 행각을 저지른 이탈리아 출신의 금융인으로 이런 피라미드 방식의 사기를 폰지사기라 한다.

금융위기를 촉발할 가능성이 농후하다.

민스키의 금융불안정성가설에 부합되는 금융위기 유형의 하나로 2002년 발생된 카드사태를 들 수 있다. 당시 카드사태의 본질은 폰지 유형의 카드소지자들이 복수의 카드로 카드론을 돌려막기 하다가 소유한 모든 카드의 한도가 소진됨에 따라 더 이상 신규차입이 불가능해짐으로써 촉발된 금융위기로 해석할 수 있다. 또 다른 사례로는 미국의 2008년 금융위기를 들 수 있는데, 이자를 지불할 능력이 없어서 이자조차도 차입해 갚던 폰지 유형의 서브프라임 차입자들이 금리인상과 주택가격 하락으로 더 이상 신규 홈에쿼티(home equity) 차입이 불가능해짐에 따라 금융위기가 발생한 것으로 설명할 수 있다.[7] 결국 금리인상과 같은 경제적 충격으로 인해 많은 투기 유형의 채무자가 폰지 유형의 채무자로 전락하고 기존의 폰지 유형 채무자는 신용불량자로 추락함에 따라 금융시장의 불안정성이 민스키 모멘트라는 임계치를 넘어섬에 따라 금융위기가 야기된다는 것이다.

한편 금융안정을 위해서 만들어진 제반 제도적 장치나 정책이 금융주체의 도덕적 해이(moral hazard)를 확산시킬 경우 금융시장 구성이 폰지 유형 투자자의 증대로 연결되고 금융불안정성이 오히려 확대되는 역설이 발생할 수 있다. 예를 들어, 중앙은행이 경제안정을 위해 공격적으로 금리를 인하하는 경우나 대마불사(too-big-to-fail)를 암묵적으로 수용하는 정책기조를 확산하는 경우 경기 상승기에 기업이나 가계가 더 공격적으로 부채를 증가시켜서 금융불안이 확대되는 상황이 나타날 수 있다. 이런 상황에서는 민스키가 금융위기를 초래하는 대표적인 충격으로 언급한 상당한 수준의 금리상승이 이루어질 경우 금융위기가 야기될 가

7 미국에서는 신용도가 높은 차입자를 프라임(prime) 차입자, 신용도가 낮은 차입자를 서브프라임(subprime) 차입자라고 한다. 홈에쿼티(home equity) 차입은 모기지론을 제외한 주택의 순가치를 담보로 다시 대출을 받는 것을 의미한다. 미국인들은 홈에쿼티 차입을 통해 가계자금 등으로 사용한다.

능성이 높아진다. 가계부채와 기업부채가 과다한 현재 우리나라의 경우 미국의 금리인상이라는 대외적인 충격으로 인해 불가피하게 국내 금리를 인상해야 하는 민스키 충격이 초래되고, 이로 인해 금융위기가 발생할 가능성이 높아지는 매우 위험스러운 상황에 처해 있다. 따라서 이번 상황이 민스키 모멘트로 악화되지 않도록 금융당국을 비롯한 범정부 차원에서 신속하게 다각도로 대응 방안을 마련해서 대비해야 할 것이다.

민스키 모멘트의 발생 여부를 판정하는 기준으로는 소득 대비 부채의 지표인 **GDP 대비 부채비율**이나 **총부채원리금상환비율**(Debt Service Ratio, 이하 DSR)을 고려할 수 있다.[8] 일반적으로 가계부채는 가계의 유동성 제약을 완화해서 소비를 활성화하고 생애 주기상의 소비를 평활화(smoothing)하는 역할을 한다. 또한 한계소비성향이 높은 차입자로 자원배분이 이루어질 수 있기 때문에 국가 전체의 효용이 증대될 수 있다. 따라서 경제가 성장하면서 금융의 심화가 발생하면 가계부채의 증대가 성장에 긍정적인 영향을 줄 수 있다. 그러나 가계부채가 적정수준을 넘어서게 되면 원리금상환으로 인해 오히려 소비가 둔화되고 경제의 성장세를 제약하는 부작용이 발생할 수 있다. 즉, 적정 부채규모와 관련해서 임계치가 존재한다고 할 수 있다. 기존 연구에서는 성장에 부정적 영향을 줄 수 있는 GDP 대비 부채비율을 가계부채의 경우 50~80%, 기업부채는 80~90%, 정부부채는 85~90%(신흥국의 경우는 50~70%) 수준을 제시하고 있다.[9] 우리나라의 2022년 4/4분기 GDP 대비 가계부채의 비율은 104.7%에 달하고 있는데, 이 수준에서는 부채 증가가 경제성장에 긍

8 DSR은 대출을 받으려는 사람의 연간 소득 대비 주택담보대출과 기타대출 등 모든 대출의 연간 총원리금상환액비율을 의미한다.

9 GDP 대비 경제성장을 저해하는 임계치에 대해 여러 주장이 있다. 체체티(Stephen G. Cecchetti)는 가계부채의 경우는 85%, 기업부채 90%, 정부부채 85%라고 주장하였다(Cecchetti et al., 2011). 한편 아칸드(Jean Louis Arcand)는 가계부채는 50%, 민간부채는 80~120%를 임계치로 제시하였다(Arcand et al., 2015). IMF(2021)는 임계치로 정부부채 85%(신흥국의 경우는 70%)를 제시하였으며, Reinhart & Rogoff(2010)는 정부부채 90%를 제시하고 있다. 이에 대한 보다 자세한 논의는 박창현 외(2021) 참조.

정적인 영향을 주기보다는 소비를 위축시켜서 경제의 활력을 떨어뜨리는 부정적 역할을 할 것으로 예상된다. 한편 1997년 아시아 외환위기를 촉발한 임계치의 하나로 GDP 대비 가계부채와 기업부채를 합한 민간부채비율 100%가 제시된 바 있다. 2022년 4/4분기 우리나라의 GDP 대비 민간부채비율이 225.1%라는 점을 감안할 때 과다부채로 인해 우리 경제가 위기에 직면할 수 있다는 우려가 점차 커지고 있다.

이와 더불어 2021년 3월 0.5%였던 기준금리가 2023년 3월 말 3.5%로 가파르게 오르면서 가계대출 차주들의 평균 DSR은 2021년 3월 말 36.1%에서 2022년 4/4분기 말 40.6%로 상승하였다(<그림 7-1> 참조). 특히 DSR 70%를 초과하는 고DSR 차주의 비중은 15.3%, 대출 비중은 41.9%를 차지하고 있는 것으로 나타났다. 전반적인 DSR의 상승으로 인해 민간소비가 위축될 가능성이 농후하다.[10] 또한 평균보다 DSR 수준이 높은 저소득층과 자영업자들이 이자율 상승으로 인해 연체율이 크게 증가하는 경우 금융기관, 특히 비은행금융기관의 부실이 확대될 것으로 전망되며 이런 상황이 지속될 경우 금융시장 전반에 걸친 위기로 발전

〈그림 7-1〉 차주 기준 DSR

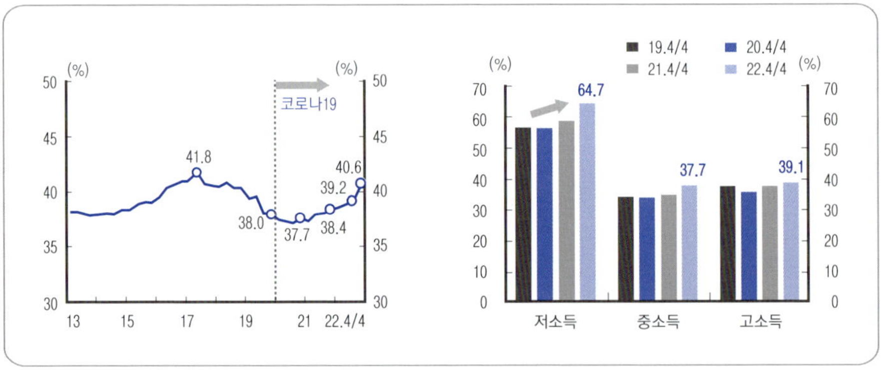

주: 1) DSR 3단계(22.7월 이후) 적용 및 일부 산정방식 변경 내용 등을 소급 반영.
2) 고소득 상위 30%, 중소득 30~70%, 저소득 하위 30%.
자료: 한국은행 시산(가계부채 DB).

10 한국은행(2023.3) 참조.

할 가능성도 배제할 수 없다.[11]

금융불안지수(FSI)와 금융취약성지수(FVI)

한국은행은 2012년 우리나라의 단기적인 거시건전성 상황을 종합적으로 평가할 수 있는 **금융안정지수**(Financial Stability Index: FSI)를 개발하였다.[12] 이후 금융안정지수는 명칭을 **금융불안지수**(Financial Stress Index: FSI)로 변경하였다. FSI는 금융상황에 영향을 미치는 실물 및 금융 6개 부분의 20개 월별 지표를 표준화하여 산출하는데, 금융불안정성이 심화될수록 100에 가깝게 된다. 20개 지표로는 은행의 연체율, 주가 및 환율의 변동성, 금리스프레드 등과 같은 은행 및 주식, 외환, 채권시장 관련 지표 그리고 경상수지, CDS 프리미엄과 같은 대외거래 및 대외지급 관련 지표, 성장률과 물가상승률과 같은 실물경제 관련 지표 그리고 가계, 기업의 경제상황을 나타내는 소비자동향지수와 기업경기지수 등이 포함되어 있다.

FSI는 금융안정을 나타내는 다양한 지표들을 하나의 지수로 변환하여 만든 것으로 우리나라의 전체적인 금융변동을 한눈에 파악할 수 있다는 장점이 있다. 또한 FSI는 금융불균형(financial imbalance) 축적에 기인한 시스템 리스크의 조기 포착을 위해 거시건전성 상황을 진단하는 지표 중 하나로 활용할 수 있다. FSI를 이용하여 위기 여부를 진단하기 위해 '최적 임계치' 개념을 도입하여 거시건전성 상황을 안전, 주의, 위기 단계로 구분하였다. FSI가 8보다 클 경우는 대내외 충격이 영향을 미치나 심각하지 않은 경우를 의미하는 주의단계, 22보다 클 경우는 대내외 충격이 심각하게 영향을 미치는 위기단계로 구분하였다. 2022년 1월

11 2021년 1/4분기 기준 DSR 임계수준(45.9%) 초과 저소득층의 비중은 14.35%, 중소득층은 8.5%, 고소득층은 4.1%, 그리고 전체적으로는 6.3%로 분석되었다. 한편 2022년 4/4분기 말 소득수준 하위 30% 저소득층의 평균 DSR은 64.7%로 나타났다. 한국은행(2021.9와 2023.3) 참조.

12 한국은행(2012.4) 참조.

〈그림 7-2〉 금융불안지수

주: 금융안정 관련 실물 및 금융 부문의 20개 월별 지표를 표준화하여 산출한 종합지수(0~100).
자료: 한국은행.

5.9에 불과하였던 FSI는 8월에 16.4까지 올랐고 11월에는 23.0이 되어 위기단계에 진입하였으나 2023년 2월 다소 하락하여 21.8을 기록했다 (<그림 7-2> 참조).

한편 금융불균형 및 금융시스템 복원력 수준에 대한 평가를 바탕으로 중장기적 관점에서 전반적인 금융상황을 평가하는 지표로는 **금융취약성지수**(Financial Vulnerability Index: FVI)가 있다.[13] FVI의 구조는 금융불균형을 측정하는 자산가격과 신용축적 그리고 금융기관 복원력의 세 가지 요소로 구성된다. 세 가지 평가요소는 다시 각각 부동산, 주식, 채권의 가격요소, 가계, 기업, 대외부문의 신용 관련 요소 그리고 은행, 증권, 카드, 보험, 상호연계성의 금융기관 복원력 관련 요소의 11개 부문에서 각 부문별 상황을 반영하는 39개의 세부지표를 포함한다. FVI는 FSI의 경우와는 달리 취약성 수준에 대한 임계치를 설정하지는 않는다. 1994년 4/4분기~2022년 4/4분기의 평균은 41.1로 나타나고 있는데, 외환위기 시점인 1997년 11월에는 100을 기록하였고 글로벌 금융위기 기

13 한국은행(2021.6(a)) 참조.

〈그림 7-3〉 금융취약성지수

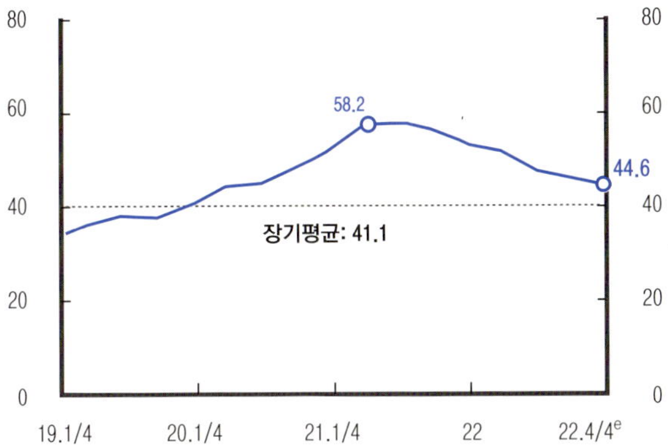

주: 3개 평가요소(신용축적, 자산가격 및 금융기관 복원력)와 관련된 39개 지표를 표준화하여 산출한 종합지수 (0~100), 장기평균은 94.4/4~22.4/4분기.

자료: 한국은행.

간인 2008년 9월에는 73.6을 기록하였다. 그리고 COVID-19 기간인 2021년 1/4분기에 58.2로 최고치를 기록하였으나 2022년 4/4분기에는 자산가격이 일부 조정되면서 다소 줄어든 44.6으로 나타났으나 과거 장기평균을 여전히 상회하고 있다(<그림 7-3> 참조).

금융사이클의 주기와 심도

금융사이클은 금리 수준, 경제 전반의 유동성 상황, 자산가격 등 금융변수들의 종합적인 순환변동을 의미하는 것으로, 일반적인 경기침체와 구별되는 금융위기 상황을 포착하는 것으로 알려져 있다. 금융위기 포착을 위한 조기경보지표로 금융사이클의 주기는 국면판단을, 그리고 진폭은 심도를 평가하는 데 참고할 수 있다. 한국은행의 연구에 의하면, 금융사이클의 확장 및 수축 국면을 판단해서 정점과 저점을 확인할 수 있는데 1990년 이후 금융사이클의 정점이 대부분 우리 경제의 대표적 금융위기인 1997년 외환위기, 2002년 신용카드 사태, 그리고 2008년 글로벌 금융위기의 발생시점과 근접한 시기에 관측되는 것으로 나타

났다.[14]

금융사이클의 진폭이 의미하는 심도는 실질신용과 장기추세치의 차이인 실질신용갭을 사용하여 평가할 수 있다. <그림 7-4>를 보면 COVID-19 기간 동안 가계부채와 기업부채가 동시에 증가함으로써 가계신용갭과 기업신용갭이 모두 가파르게 상승하였고 실질신용갭도 가파르게 상승한 것을 확인할 수 있다(<그림 7-5> 참조). 실질신용갭이 빠르게 상승한다는 것은 금융불균형이 확대되었다는 것으로 해석할 수 있다.[15]

한편 금융사이클과 실물사이클 간의 동조화 여부를 확인함으로써 금융불균형의 정도를 다른 측면에서 점검할 수 있는데, 두 사이클 간 괴리가 심화되면 금융부문과 실물부문 모두 불균형이 악화되는 상황이 초래될 수 있다. 여기에서 실물사이클은 실질GDP 증가율의 사이클을 의미한다. 이정연 · 홍준선(2022)에 의하면 글로벌 금융위기 이후 두 사이클 간 비동조화 경향이 뚜렷한 가운데, 특히 COVID-19 발생 이후에 괴리 현상이 빈번하게 관측되고 있기 때문에 향후 금융과 실물부문의 불균형이 악화되는 상황이 초래될 수 있다.

14 한국은행은 가계 및 기업의 신용의 합계인 민간신용 총액을 소비자물가지수로 변환한 실질민간신용 금액을 이용해서 금융사이클을 측정하였다. 여기에서 민간신용은 Part 1에서 정의한 민간부채와 동일한 개념이다(이정연 외, 2022). 실질민간신용 총액뿐만 아니라 민간신용/GDP, 실질주택가격, 비핵심부채 등의 지표를 합성해서 금융사이클을 측정하는 연구도 있다(이정연 · 박양수, 2015).

15 2022년 초반기부터 가계신용갭은 큰 폭으로 감소하기 시작해서 2022년 4/4분기에는 마이너스를 기록했다. 반면 기업신용갭은 여전히 높은 수준을 유지하고 있다(〈그림 7–4〉 참조).

〈그림 7-4〉 가계 및 기업 신용갭률

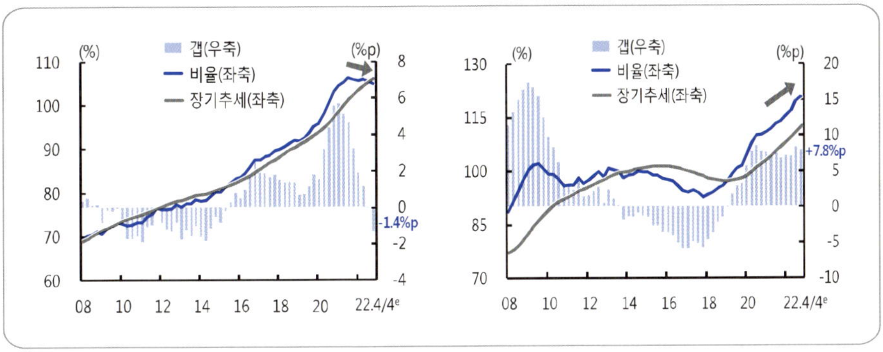

주: BCBS(2010)에서 권고한 방식을 적용하여 우리나라의 부문별 신용/명목GDP 비율과 장기추세치(기간: 75.1/4~22.4/4) 간의 차이를 측정.
자료: 한국은행(2023).

〈그림 7-5〉 한국의 금융사이클 심도

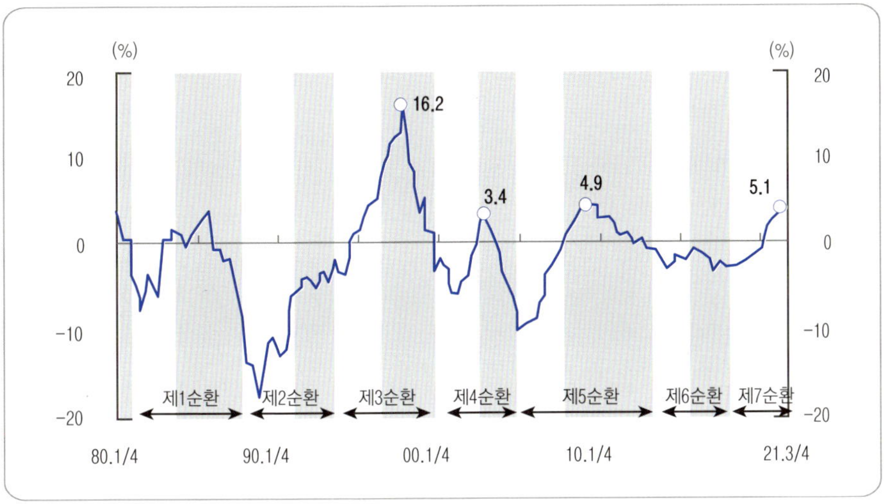

주: 1) 실질신용갭(실질신용 - 장기추세치), HP filter 적용.
2) 음영은 금융사이클의 수축 국면을 표시.
자료: 이정연 · 홍준선(2022).

IMF의 위기징후 지표

IMF(1999)는 1997년 아시아 외환위기가 거시경제와 금융시장의 취약성이 결합하여 발생하였다고 지적하였다. 또한 거시경제 차원에서 위기 발생을 초래할 수 있는 임계치와 금융시장에서의 위기 임계치를 제시하였다. 이러한 요인들이 어떻게 위기로 연결되는지 구체적인 통로를 제시하지 못하였지만 임계치를 기준으로 위기 발생 가능성을 예측하는 참고자료로 활용할 수 있을 것이다.

IMF는 위기징후와 관련해서 7개의 거시경제지표와 8개의 금융시장 관련 지표를 제시했다(<표 7-3> 참조). 금융시장 관련 일부 지표는 금융시장 자유화나 자본자유화 수준 그리고 대출시 담보요구 정도와 같이

〈표 7-3〉 IMF 위기징후 지표 및 임계치

거시경제 지표	위기징후 임계치
물가상승률	> 5%
재정수지 적자/GDP	< -2%
정부부채/GDP	> 50%
경상수지 적자/GDP	< -5%
순단기외자 유입/경상수지 적자	> 50%
자본유입/GDP	> 5%
단기외채/외환보유액	> 100%
금융시장 지표	**위기징후 임계치**
금융자유화 수준	
자본자유화 수준	
민간부채/GDP	> 100%
민간부채 실질증가율	> 20%
대출시 담보요구 수준	
은행부문의 부동산대출비율	> 20%
부실대출비중	> 10%
주식시장 시가총액/GDP	

자료: IMF(1999).

〈표 7-4〉 한국경제의 IMF 위기징후 지표 상황

지표	위기징후 기준	자료	한국 상황
① 소비자물가상승률	> 5%	최근 3개월 평균 (국가별 최신 지표 상이)	6.0%
② 재정수지 적자/GDP	< −2%	'22년 전망치	−1.6%
③ 정부부채/GDP	> 50%	'22년 전망치	52%
④ 경상수지 적자/GDP	< −5%	'22년 전망치	2.2%
⑤ 순단기외자 유입/경상수지 적자	> 50%	'22년 1 혹은 2분기 (국가별 최신 지표 상이)	−
⑥ 민간부채/GDP	> 100%	'22년 1 혹은 2분기 (국가별 최신 지표 상이)	173.6%
⑦ 단기외채비율	> 100%	'22년 1분기	38.2%
⑧ 부실대출비중	> 10%	'22년 1 혹은 2분기 (국가별 최신 지표 상이)	0.2%

주: 위기징후 기준은 IMF(1999) 참조.
자료: 한국경제연구원(2022.10).

자유화정책 관련 상황에 대한 평가를 포함하고 있다. 한국경제연구원(2022.10)은 이 중 8개 지표를 활용해서 한국의 위기징후 수준을 평가하였다. 총 8개 지표 중 소비자물가상승률과 정부부채/GDP 그리고 민간부채/GDP는 임계치를 상회하는 것으로 나타났다. 한편 캄보디아나 태국은 5개, 일본은 4개 그리고 중국은 3개 지표가 위기징후 임계점을 넘는 것으로 나타났다.

그러나 이러한 위기징후 지표에 대한 비중을 감안한 총체적 지표의 산출이나 이들 징후지표 간의 연계에 대한 언급 없이 단지 개수로만 위기징후 가능성을 판단하는 데는 한계가 있다. 다만 경제의 취약한 부문을 확인하고 그것을 개선해야 한다는 경고로 활용될 수 있다는 점에서 여전히 유용하다고 하겠다.

기관투자자 위험평가지표(IIR)와 외채/GNP비율 기준[16]

특정 국가의 대외 국가부도 가능성을 측정하기 위해 기관투자발행사(Institutional Investor)는 1년에 두 번씩 주요 글로벌 투자은행의 국가위험 서베이에 기초해서 **기관투자자 위험평가지표**(Institutional Investor Ratings: IIR)를 산출하여 발표하여 왔다. IIR은 0부터 100까지 점수가 매겨지는데 숫자가 높을수록 특정 국가에서 부도가 발생할 확률이 적음을 의미한다. 즉, 100에서 IIR 값을 뺀 수치가 클수록 부도가 날 확률이 높다는 것을 의미한다. 1979~2007년까지 시행된 90개 국가들의 IIR의 평균은 47.6이고 표준편차는 25.9로 추정되었다.

한편 1970~2008년까지 외채(external debt)와 관련해서 부도가 발생하거나 채무구조조정을 한 국가들의 해당 발생연도의 평균 외채/GNP비율과 평균 외채/수출비율은 각각 69.3%와 229.9%로 나타났는데, 이들 변수들은 한 국가의 대외유동성을 가늠하는 변수로 한 국가의 대외부도 여부와 매우 밀접한 변수임을 확인할 수 있다. 한편 개도국 전체를 샘플로 국가부도 가능성을 가늠하는 (100 − IIR)과 외채/GNP비율 그리고 외채/수출비율과의 상관관계를 측정한 결과 각각 0.45와 0.63으로 유의하게 나타났다. 여기에 근거해서 라인하트와 로고프는 IIR과 외채/GNP비율을 이용해서 국가들의 대외부도 가능성을 분류하였다(Reinhart and Rogoff, 2009).

<그림 7-6>을 보면, 국가부도위험이 가장 작은 클럽A 국가군은 해당 국가의 IIR이 샘플국가 전체 IIR의 평균과 표준편차를 합친 값인 73.5보다 큰 국가들로 분류하였다. 이들 국가들은 해외자본시장에 지속적으로 접근이 가능한 국가들이다. 그리고 IIR 평균에서 표준편차를 뺀 수치인 21.7보다 작은 IIR 수치를 보이는 클럽C 국가군은 부도위험이 가장 높은 국가군으로 분류되는데 국제자본시장에의 접근이 불가한 국

16 외채는 제2장에서 정의한 대외채무와 동일한 개념으로 사용하고 있다.

〈그림 7-6〉 국가 대외부도 위험 가능성 분류

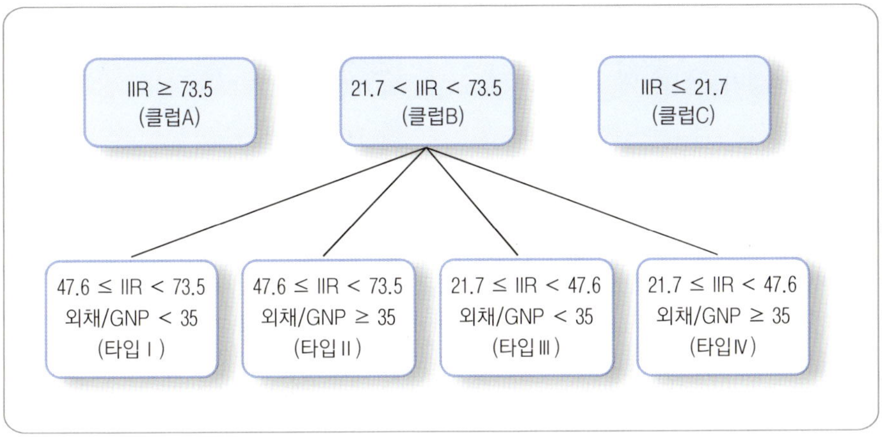

자료: Reinhart & Rogoff(2009), Figure 2.2.

가군이다.

한편 1970~2008년까지 대외부도가 없었던 국가 과반수 이상의 외채/GNP비율은 35%를 하회했기 때문에 이 비율을 대외유동성의 부도 관련 임계치로 설정하였다. IIR의 값이 21.7~73.5에 속하는 클럽B 국가들은 다시 4그룹으로 분류하였다. 타입 I 은 47.6≤IIR<73.5이면서 외채/GNP비율이 35% 이하인 국가로, 타입 II 는 47.6≤IIR<73.5이면서 외채/GNP비율이 35% 이상인 국가, 타입 III 은 21.76≤IIR<47.65이면서 외채/GNP비율이 35% 이하인 국가, 그리고 타입 IV 는 21.76≤IIR<47.65이면서 외채/GNP비율이 35% 이상인 국가로 분류하였다. 타입 I 은 IIR이 73.5 이상인 국가와 유사한 수준으로 대외부도위험이 적은 국가로, 타입 IV 는 IIR이 21.7 이하인 국가와 유사한 부도 가능성이 있는 국가로 분류했다. 타입 II 와 III 은 상당한 수준의 부도위험 가능성이 있는 국가로 간주했다.

2016년 우리나라의 IIR은 180개 국가 중 81.7로 20위로 나타났다. 즉, 대외부도 가능성이 매우 낮은 국가로 분류되었다. 1위는 스위스로 95.2를 기록했고 노르웨이, 독일, 미국 순으로 평가되었다. 클럽A의 기준인 IIR이 73.5보다 높은 국가 중 가장 낮은 나라는 슬로바키아로 73.6을 기록했다. 일본은 82, 중국 76, 이탈리아 68.4 그리고 스페인은 67.5로 평가되었다.[17]

3 금융위기 국가들의 민간신용갭과 DSR 비교

금융위기는 항상 부채와 연관되어 있다. 제3장과 제4장에서 보았듯이 최근 한국이 당면한 문제는 가계와 기업의 부채 수준이 높고 증가율도 높다는 것이다. 그렇다면 한국의 부채 수준이 적정선을 넘어 과다한가? 금융위기를 촉발할 매개체인가? 제2절에서 금융위기가 발생할 수 있는 부채 수준의 임계점에 대한 연구들을 개괄해 보았지만 명확한 결론을 내릴 수가 없었다. 이번 절에서는 부채와 관련된 위험평가지표들을 이용하여 금융위기를 겪은 몇 나라들의 사례를 분석하고, 이 사례들을 통해 현재 한국의 민간부채가 어떤 상황에 있는가에 대한 시사점들을 도출해 보기로 한다.

민간신용갭 비교

첫 번째 위험평가지표는 부채의 수준을 측정하는 **신용갭**(credit-to-GDP gap)이다. 다른 국가들과 비교하기 위해 국제결제은행(BIS)이 제공하는 민간신용갭 자료를 이용하기로 한다. 민간신용갭은 명목GDP 대비 민간신용(가계 및 기업부채) 비율이 장기추세에서 얼마나 벗어났는지를 보여주는 부채위험평가지표이다.[18] 민간신용갭이 정(+)이고 클수록 민간부채/GDP가 장기추세보다 높아지고 부채위험도가 더 높아진다. BIS

17 IIR은 2018년 이후 산정되지 않고 있다. 최근에는 IIR 대신 국가 CDS 프리미엄이 위기징후를 추정하는 데 자주 사용된다.

18 엄밀히 말하면 명목 민간신용갭을 의미한다.

에 따르면 민간신용갭이 10%를 초과하면 '경고', 2~10%이면 '주의', 그리고 2% 미만이면 '보통' 단계로 분류하고 있다.

과거 민간부채와 관련된 금융위기를 겪은 나라들의 신용갭 추이를 보기 위해 북구 3국(핀란드, 스웨덴, 노르웨이), 미국과 일본의 사례를 보도록 하자.[19] <표 7-2>에서 볼 수 있듯이 북구 3국과 미국은 각각 1991년과 2007~2008년에 은행위기를 겪었다. 일본의 경우는 1985~1989년의 부동산 및 주식시장 거품 이후 장기침체에 들어간 사례이다. <그림 7-7>~<그림 7-9>는 북구 3국들의 은행위기 전후의 부채와 관련된 자료를 보여주고 있다. 왼편에는 1985~1995년 기간 동안 각국의 가계 및 기업부채와 대외채무 추이를 보여주고 있고 모두 GDP 대비 비중으로 측정되었다. 실질주택가격지수(2010 = 100)와 민간신용갭 추이는 오른편 그림에 나타나 있다. 먼저 북구 3국들의 공통점을 보면, 첫째는 은행위기가 발생하기 이전에 실질주택가격이 상승하는 기간이 있었고 은행위기는 실질주택가격이 하락하는 시점에 발생했다는 것이다. 둘째는 민간신용갭과 실질주택가격이 거의 비슷하게 움직였다는 것이다. 핀란드와 스

〈그림 7-7〉 핀란드의 부채, 민간신용갭 및 실질주택가격

(단위: %)

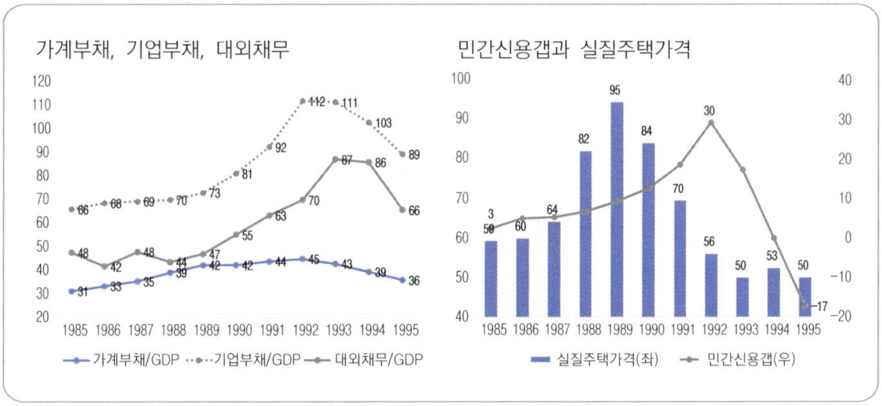

자료: BIS; Lane and Milesi-Ferretti(2021).

19 이들 국가들의 위기와 관련된 상세한 내용은 제10장 부록 참조.

〈그림 7-8〉 스웨덴의 부채, 민간신용갭 및 실질주택가격

(단위: %)

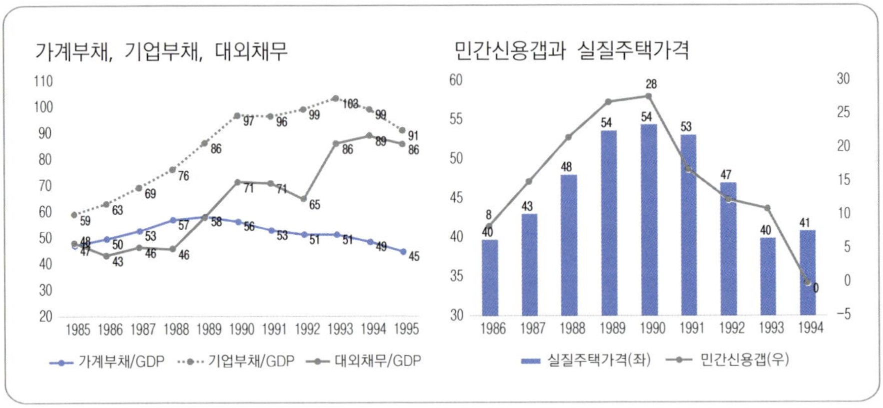

자료: BIS; Lane and Milesi-Ferretti(2021).

〈그림 7-9〉 노르웨이의 부채, 민간신용갭 및 실질주택가격

(단위: %)

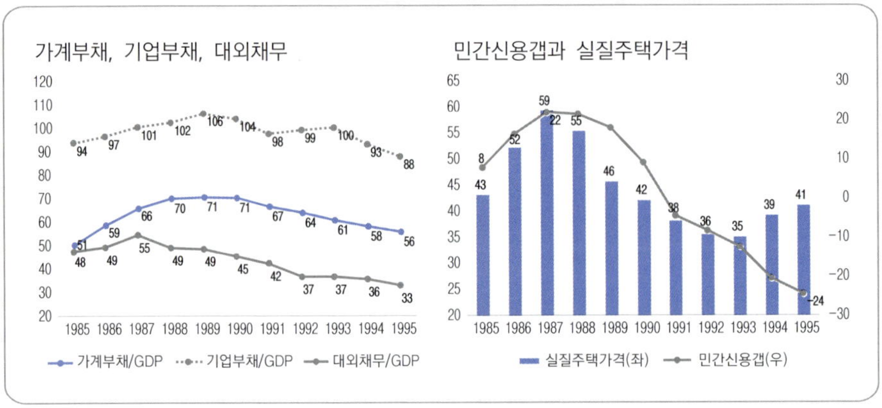

자료: BIS; Lane and Milesi-Ferretti(2021).

웨덴의 민간신용갭은 은행위기 전후에 최고점을 찍었고, 특히 스웨덴의 경우 위기 직전 해인 1990년에 실질주택가격과 민간신용갭이 모두 최고점이었다.

북구 3국들 모두 1980년대 후반에 금융규제를 완화하고 자본시장을 개방하는 금융자유화 정책을 시행했다. 핀란드와 스웨덴의 경우, 금융자유화로 인해 은행의 민간부문에 대한 대출이 급증했고 해외자금의 국내 유입 또한 크게 늘었다. 풍부한 유동성으로 인해 부동산가격도 급등하

게 되었다. 북구 3국 중에서 가장 심각한 은행위기를 겪었던 핀란드의 경우, <그림 7-7>의 왼편에서 볼 수 있듯이 GDP 대비 가계부채, 기업부채와 대외채무 모두 증가하였다. 특히 기업부채와 대외채무가 급증하였음을 볼 수 있다. 1985년 66%에 불과했던 기업부채/GDP는 1992년에 112%로 급등했고 대외채무/GDP도 같은 기간에 48%에서 79%로, 1993년에는 87%로 높아졌다. 가계부채는 상대적으로 적게 증가했지만 가계부채/GDP도 같은 기간에 31%에서 45%로 높아졌다. 그림 오른편에 있는 실질주택가격지수도 1985년에 59에서 1989년에는 95로 급등했음을 볼 수 있다. 그러나 제10장 부록에서 상술하듯이 핀란드가 1991년 은행위기를 맞게 된 결정적인 계기는 금리상승과 핀란드 마르카화의 평가절하이다. 1989년 독일의 통일 후 핀란드를 포함한 유럽국가들의 금리상승으로 1990년에 들어서면서 부동산가격이 하락추세로 바뀌어 실질주택가격지수가 1991년에는 70, 1993년에는 50까지 떨어지게 된다. 또한 은행위기 이후 민간부채와 대외채무가 시차를 두고 줄어드는 것을 볼 수 있다.

스웨덴의 은행위기의 원인과 과정도 핀란드와 매우 유사하다. <그림 7-8>에 있는 스웨덴의 부채, 민간신용갭, 그리고 실질주택가격 추이를 보면 핀란드의 경우와 비슷함을 확인할 수 있다. 원유생산국인 노르웨이는 핀란드와 스웨덴과는 달리 이미 1980년대 후반부터 경기침체에 들어갔다. 왜냐하면 1985~1986년 국제원유가격이 거의 반값으로 떨어졌기 때문이다. <그림 7-9>의 왼편을 보면 GDP 대비 가계와 기업부채의 증가가 1989년부터 하락추세로 바뀌었고 해외자금의 유입은 1987년부터 줄어들기 시작했다. 핀란드, 스웨덴과 비교하면 노르웨이의 기업부채/GDP가 훨씬 높았고 1985~1988년 기간 동안 가계부채/GDP의 증가율은 더 높았음을 볼 수 있다. <그림 7-9>의 오른편을 보면 은행위기 발생한 시점인 1990년대 초반보다 훨씬 이른 1987년에 실질주택가격이 정점에 다다른 후 1993년까지 지속적으로 떨어졌다. 민간신용갭도 1987년

〈그림 7-10〉 미국의 부채, 민간신용갭 및 실질주택가격

(단위: %)

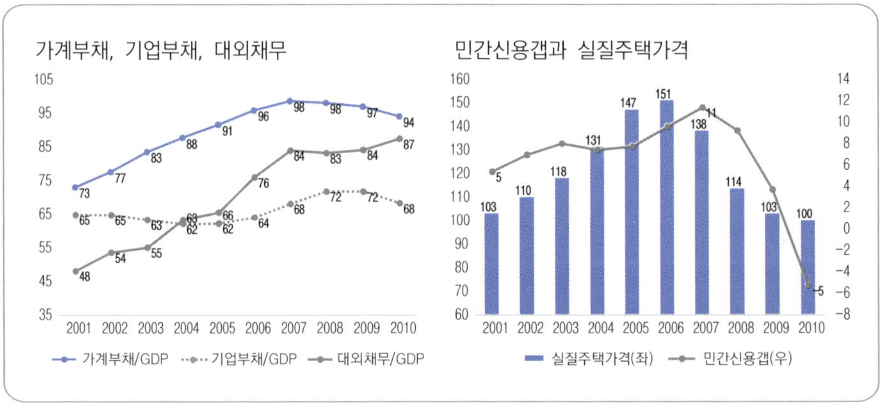

자료: BIS; Lane and Milesi-Ferretti(2021).

에 21.9로 최고점을 찍은 후 실질주택가격지수와 동반 하락하였음을 볼 수 있다.

2007년 은행위기를 겪었던 미국도 북구 3국과 비슷한 패턴을 보였다(<그림 7-10> 참조). 북구와 다른 점은 미국은 기업부채보다 가계부채가 위기의 원인이 되었다는 것이다. <그림 7-10>을 보면 2001~2007년까지 기업부채/GDP는 거의 변화가 없었던 반면 가계부채/GDP는 같은 기간 동안에 34% 증가하였다. 또한 대외채무/GDP도 75% 증가해 해외자본의 국내유입도 급등했음을 볼 수 있다. 2007년 주택가격이 하락하기 전인 2006년까지 실질주택가격지수와 가계부채의 동조성이 뚜렷했다. 민간신용갭도 꾸준히 높아져 2007년에 11.4%로 정점을 찍은 후 실질주택가격과 함께 하락추세로 돌아선 것도 북구와 유사함을 볼 수 있다. 이러한 추세변화에는 2006년 기준금리를 5.25%까지 인상한 통화정책이 결정적인 역할을 하였다.

<그림 7-11>은 일본의 부동산 거품과 관련된 1985~1995년 기간 동안 부채 자료를 보여주고 있다. 제10장 부록에서 상술하듯이 1985년 플라자협정 이후 일본의 유동성 공급확대는 가계와 기업의 부채를 늘리는 원인이 되었다. 그림을 보면 1985~1990년 기간 동안 민간부채가 증가했

〈그림 7-11〉 일본의 부채, 민간신용갭 및 실질주택가격

(단위: %)

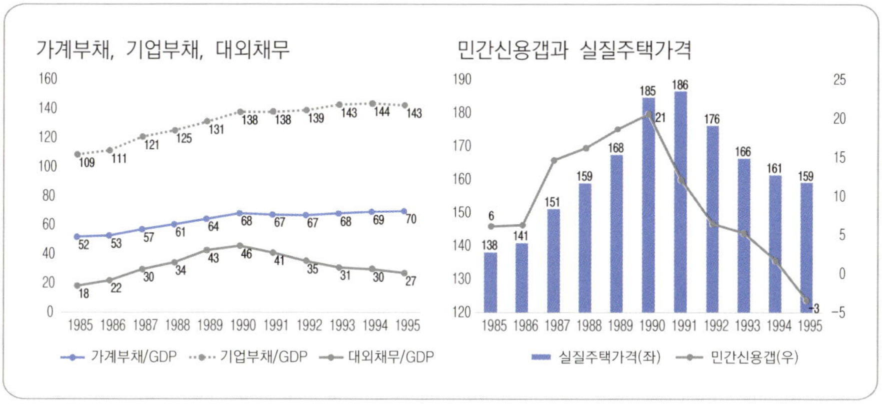

자료: BIS; Lane and Milesi-Ferretti(2021).

는데 이는 가계 및 기업의 부채가 동반 상승한 데 기인하였다. 그런데 민간부채에서 기업부채가 차지하는 비중은 가계부채보다 두 배 더 높음을 확인할 수 있다. 또 이 기간 동안 대외채무/GDP가 2배 이상 높아져 해외로부터 자금유입이 많았음을 알 수 있다. 1990년 금리인상에도 불구하고 실질주택가격은 1991년까지 상승하였다. 민간신용갭도 꾸준히 올라 1990년에 20.6%로 정점을 찍었다. 그 이후 부동산 거품이 꺼지기 시작하여 실질주택가격 하락과 함께 민간신용갭도 줄어들게 되었다.

이상의 사례들을 요약해 보면, 은행위기가 발생하기 이전 또는 부동산 거품이 생기는 동안에는 민간부채의 증가와 부동산가격의 상승이 동반된다는 것이다. 또한 해외로부터 자금유입이 늘어나 유동성이 증가하게 된다. 이처럼 경제가 이상과열이 되면 금리인상을 하게 되고 그 결과 부동산가격의 하락과 민간부채가 감소하게 된다. 민간신용갭은 위기 시점 또는 그 전후에 최고점을 찍고, 위기는 부동산가격이 하락하는 과정에서 발생하게 된다.

이제 과거 금융위기 사례들을 한국의 경우에 적용해 보자. <그림 7-12>는 1972~2022년 동안 한국의 연간 민간신용갭의 추이를 보여주고 있다. 2022년은 3/4분기의 값을 나타낸다. 그림을 보면 민간부채가 장기

〈그림 7-12〉 한국의 민간신용갭(1972~2022)

(단위: %)

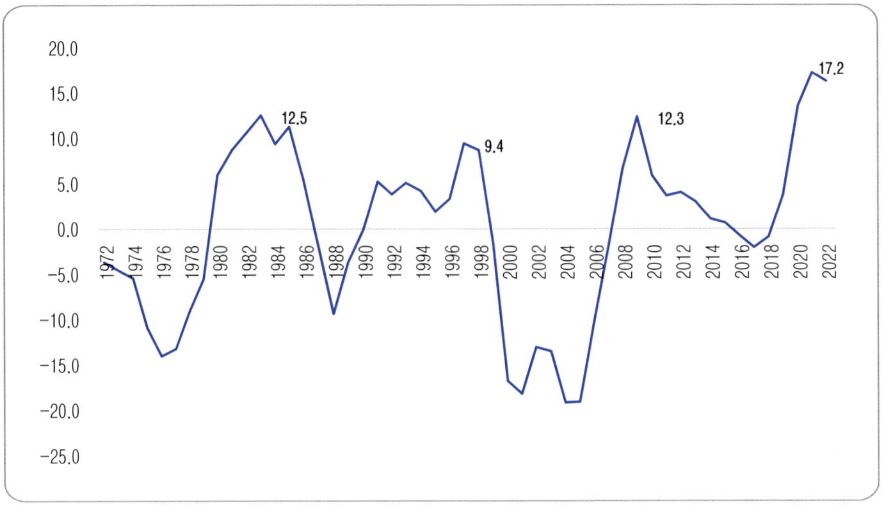

주: 2022년은 3/4분기 자료임.
자료: BIS.

추세에서 벗어난 꼭짓점들이 네 번이 있다. 이들 중 세 번이 위기와 관련이 있다. 외채위기(1983년, 12.5%), 외환위기(1997년, 9.4%)와 글로벌 금융위기(2009년, 12.3%)이다. 마지막 네 번째 꼭짓점은 2021년이고 민간신용갭이 17.2%로서 지난 세 번의 위기 시점의 신용갭보다 훨씬 더 크다. 즉, 최근의 민간부채 수준은 1972년 이래 장기추세에서 가장 멀리 떨어져 있을 정도로 높다는 것이다.

앞서 본 금융위기 사례들과 비교하기 위해 한국의 관련 자료에 대한 최근 5년 동안(2022년 3/4분기 포함)의 추이가 <그림 7-13>에 나타나 있다. 그림을 보면 지난 5년 동안 한국의 부채, 민간신용갭 및 실질주택가격 추이가 북구와 미국의 은행위기 이전 상황과 매우 흡사하다는 것을 알 수 있다. 가계부채/GDP, 기업부채/GDP, 대외채무/GDP 모두 지난 5년간 급등했고, 민간신용갭과 실질주택가격지수가 동반 상승하였다. 특히 2017~2018년의 민간신용갭은 마이너스로서, 이때 민간부채는 장기추세보다 낮은 수준이었는데 2019~2021년 단 3년 동안 민간부채 수준이

〈그림 7-13〉 **한국의 부채, 민간신용갭 및 실질주택가격** (단위: %)

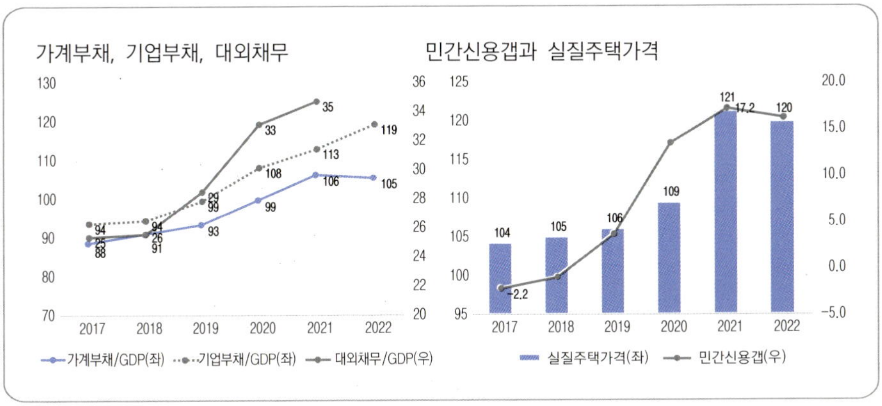

주: 2022년은 3/4분기 자료임.
자료: BIS; Lane and Milesi-Ferretti(2021).

급등했음을 보여주고 있다. 2022년에 들어서면서 민간신용갭이 16.2%로 약간 떨어졌는데 그림 왼편을 보면 가계부채/GDP가 소폭 하락했기 때문이다. 기업부채/GDP는 여전히 상승하고 있다.

북구와 미국의 은행위기가 한국에 주는 시사점은 무엇일까? <표 7-5>는 앞서 본 국가들과 한국의 민간신용갭이 최고점이었을 때의 값을 비교하고 있다. BIS는 신용갭이 10%가 넘으면 부채위험이 '경보' 상태로 분류를 하고 있다. 북구 3국의 신용갭은 모두 20%를 넘어 '경보' 상태를 초과했고 민간부채 수준이 장기추세보다 훨씬 높았음을 보여준다. 특히 핀란드는 거의 30%에 가까웠다. 일본도 20%를 넘겼다. 그런데 미국은 11.4%로 북구 3국의 절반에 못 미쳤음에도 불구하고 은행위기를

〈표 7-5〉 **민간신용갭(%) 국제 비교**

핀란드	스웨덴	노르웨이	미국	일본	한국
29.6 (1992)	27.6 (1990)	21.9 (1987)	11.4 (2007)	20.6 (1990)	17.2 (2021)

주: 괄호 안은 민간신용갭의 최고점 연도.
자료: BIS.

겪었다. 한국의 민간신용갭은 2021년 17.2%로 이미 '경보'를 넘어선 상태이다. 북구 3국이나 일본보다는 낮지만 미국의 신용갭을 뛰어넘었다. 금융위기를 초래할 신용갭의 경계선이 어느 정도인가는 정할 수 없지만, 한국이 부채위험지대로 들어선 것은 분명한 것으로 보인다.

총부채원리금상환비율(DSR) 비교

부채위험도는 부채 수준뿐만 아니라 차주의 상환능력과도 관련이 있다. 만약 차주가 은행에서 대출을 받았는데 원리금을 갚지 못하면 은행의 입장에서 부실채권이 될 것이고 부실채권이 과다하면 은행이 도산하고 은행위기로 이어질 수 있기 때문이다. 차주의 부채상환능력을 측정하는 대표적인 지표는 제2절에서 언급한 DSR인데 대출을 받으려는 사람의 소득 대비 전체 금융부채의 총원리금상환액비율을 의미한다. DSR이 높아지면 차주의 부채상환 부담이 더 늘어나게 된다. DSR은 금융기관의 대출을 규제하기 위한 정책수단으로 사용되기도 한다.

BIS는 1999년부터 세계 주요국들의 가계, 기업 및 민간부채의 분기별 DSR 자료를 발표하고 있다. 여기서는 이 자료를 이용하여 한국 부채의 DSR 추이를 보고 금융위기국들과 비교를 통해 한국이 당면하고 있는 부채위험도를 평가할 것이다.[20] 그런데 BIS의 DSR 자료는 1999년부터 존재하기 때문에 앞서 살펴본 북구와 일본의 사례는 제외하고 미국을 비교 대상국으로 분석하기로 한다.

<그림 7-14>는 1999~2022년 기간 동안 한국과 미국의 연간 민간부채 DSR 추이를 보여주고 있다. 2022년은 3/4분기를 나타낸다. 그림을 보면 한국과 미국의 추이가 대조적임을 알 수 있다. 외환위기 직후인 1999년의 한국 민간부채 DSR은 22.7%인 반면 미국의 DSR은 훨씬 낮

20 BIS와 한국은행이 산정하는 DSR 차이가 크게 나타나고 있는데 DSR 산정 시 BIS는 모든 가구를 대상으로 하는 반면, 한국은행은 부채가구만을 대상으로 하는 것에 기인한다. 그 결과 BIS가 산정한 DSR의 수치가 낮게 나타난다.

〈그림 7-14〉 민간부채 DSR: 한국과 미국

(단위: %)

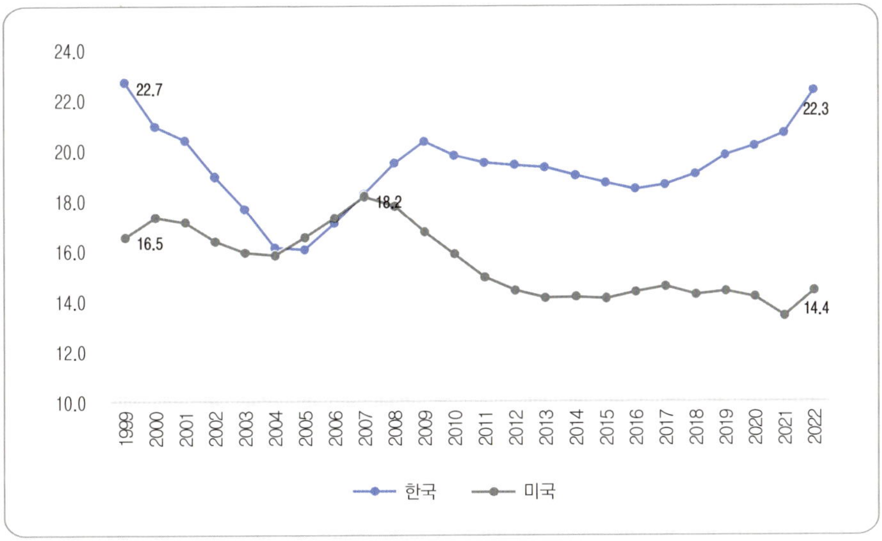

주: 2022년은 3/4분기 자료임.
자료: BIS.

은 16.5%이었다. 그 이후 한국은 하락하고 미국은 상승하여 금융위기 시작 해인 2007년에는 두 나라의 DSR이 18.2%로 동일하게 되었다. 그러나 그 이후 미국의 DSR은 지속적으로 하락한 반면 한국은 상승추세를 유지하였고 2022년 3/4분기에는 한국과 미국의 DSR은 각각 22.3%와 14.4%로 다시 큰 차이로 벌어지게 되었다. 2022년 3분기 한국의 DSR은 금융위기 때보다 높고 외환위기 직후인 1999년과 거의 비슷하게 되었다.

<그림 7-15>와 <그림 7-16>은 민간부채를 나눠 각각 가계와 기업부채의 DSR 추이를 보여주고 있다. 먼저 미국의 기업부채 DSR은 전 기간 동안 40% 초반에서 움직였다. 반면 한국의 기업부채 DSR은 1999년에 64.5%로 부채상환능력이 크게 떨어졌으나 그 후 지속적으로 개선되어 이제 미국과 거의 같은 40% 수준으로 되었음을 볼 수 있다(<그림 7-16> 참조). 문제는 가계부채의 DSR이다(<그림 7-15> 참조). 2007년 금

〈그림 7-15〉 가계부채 DSR: 한국과 미국

(단위: %)

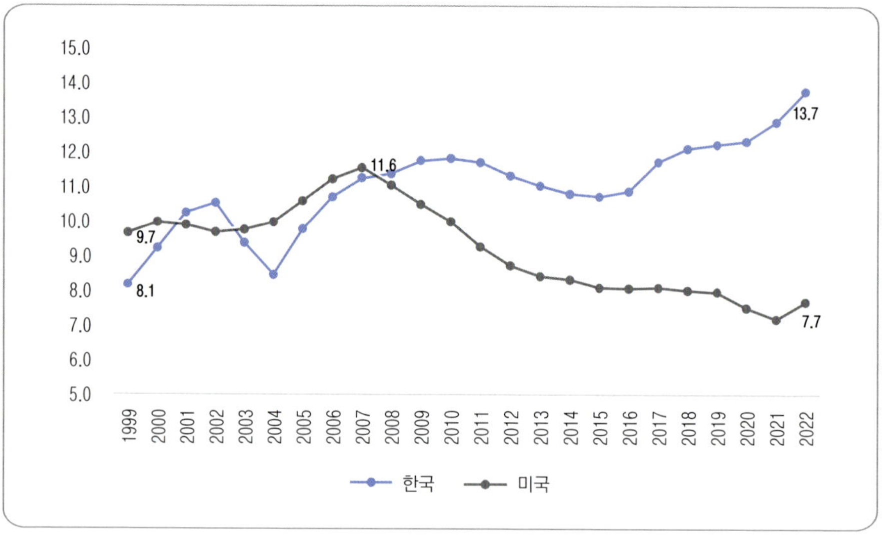

주: 2022년은 3/4분기 자료임.
자료: BIS.

〈그림 7-16〉 비금융기업부채 DSR: 한국과 미국

(단위: %)

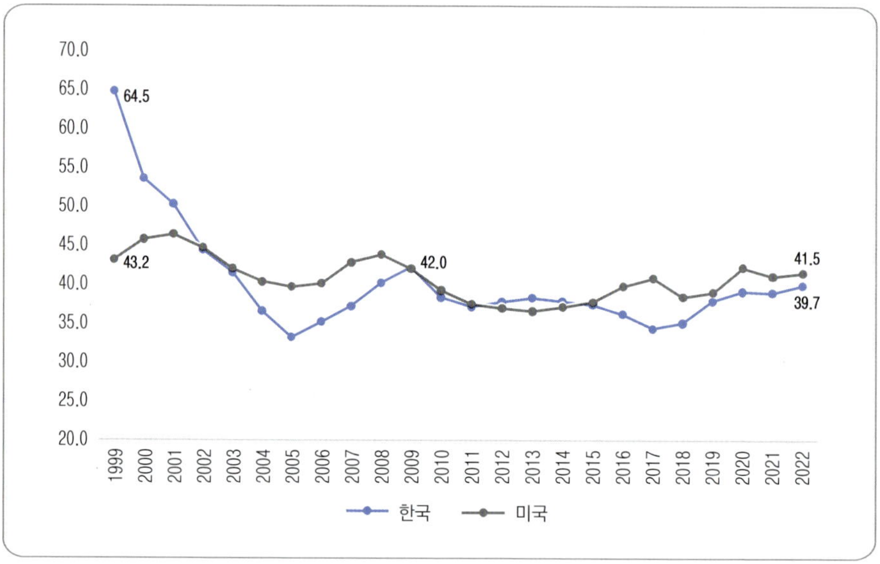

주: 2022년은 3/4분기 자료임.
자료: BIS.

융위기 이전까지만 해도 대부분의 기간 동안 한국 가계부채의 2022년 3/4분기 DSR은 미국에 비해 낮았다. 그러나 그 이후부터 한국의 DSR은 상승세로, 미국의 DSR은 하락세로 바뀐 후 그 격차가 점점 벌어져 2022년 3/4분기 현재 각각 13.7%와 7.7%로 2배 정도의 차이가 나게 되었다. 현재 한국 가계부채의 DSR은 미국의 2007년 DSR인 11.6%보다 더 높은 상태이다.

<그림 7-17>은 주요 선진국들의 2022년 3/4분기 민간부채 DSR을 비교하고 있다. 한국의 DSR은 22.3%로 스웨덴(25.6%), 네덜란드(24.2%), 노르웨이(23.3%) 다음으로 높은 국가그룹에 포함되어 있다. 독일(11.2%), 이탈리아(10.1%)보다 두 배 높았다. 최근 5년간 한국의 민간부채 DSR상승률은 14.7%로 스웨덴(19.8%)에 이어 두 번째이다(<그림 7-18> 참조). 절반 이상의 국가들은 DSR이 오히려 하락하였다.

가계부채 DSR의 경우 13.7%로 호주(14.9%)에 이어 두 번째이고, 스웨덴(12.4%)보다 높고 최상위 그룹에 포함되어 있다(<그림 7-19> 참조).

〈그림 7-17〉 주요 선진국들과 한국의 민간부채 DSR 비교

(단위: %)

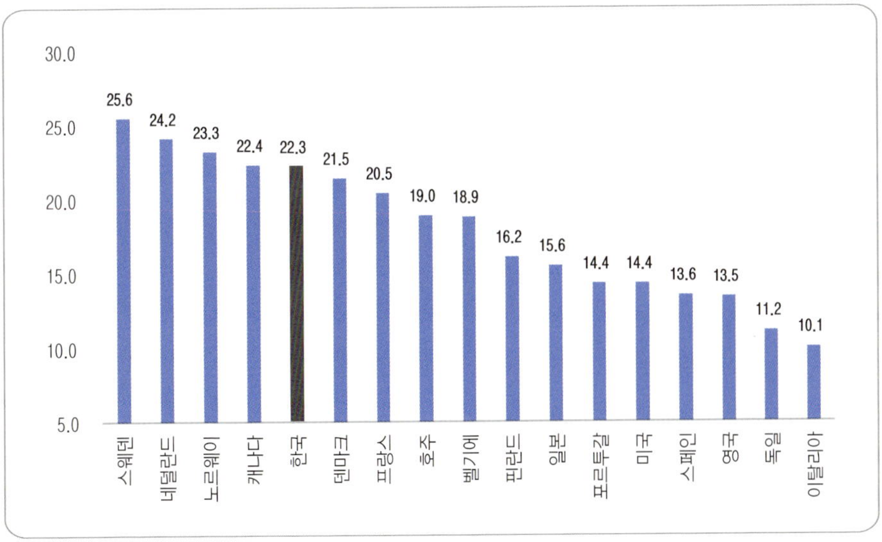

주: 2022년 3/4분기.

자료: BIS.

〈그림 7-18〉 민간부채 DSR 변화율 국제 비교

(단위: %)

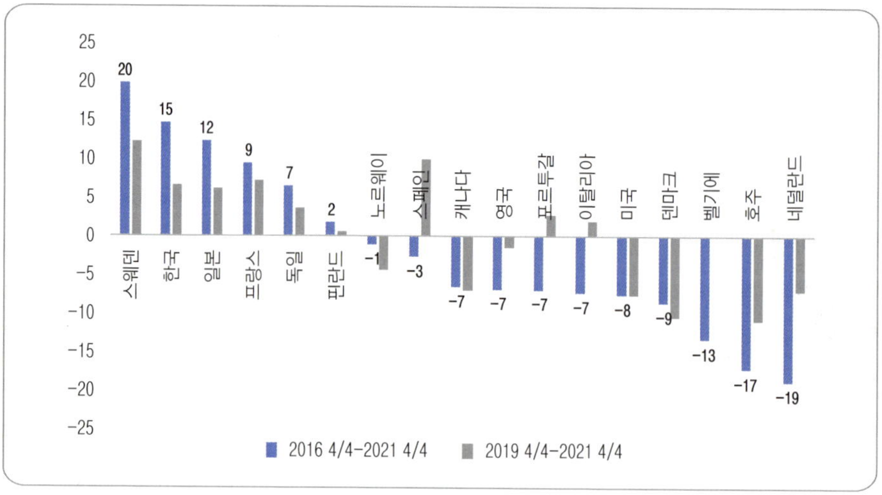

자료: BIS 저자 계산.

〈그림 7-19〉 주요 선진국들과 한국의 가계부채 DSR 비교

(단위: %)

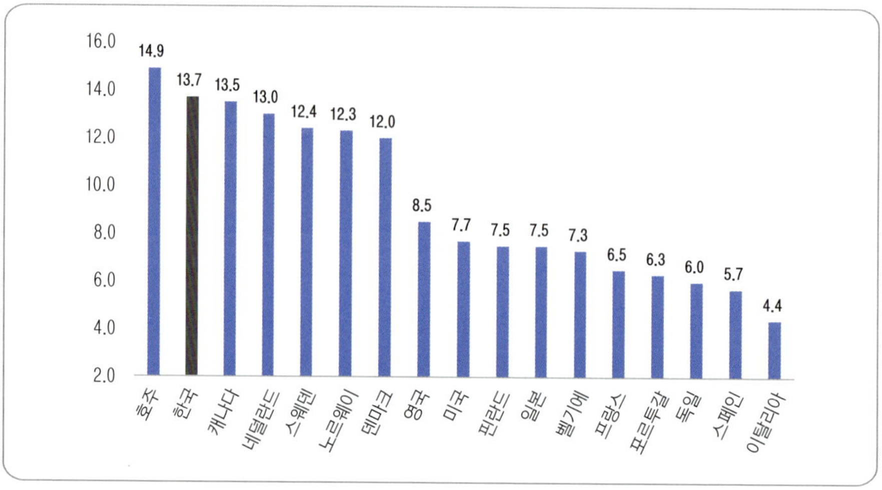

주: 2022년 3/4분기.
자료: BIS.

〈그림 7-20〉 가계부채 DSR 변화율 국제 비교

(단위: %)

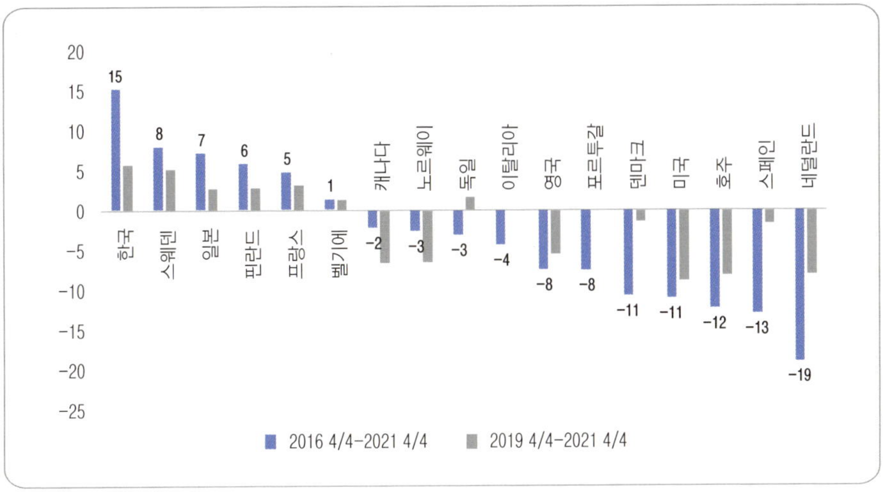

자료: BIS 저자 계산.

가계부채 DSR이 가장 낮은 이탈리아(4.4%)보다 세 배 높았다. 한국 가계부채 DSR의 최근 5년 상승률은 15%로 비교대상국들 중 1위이고 2위인 핀란드와 스웨덴보다 두 배 가량 빠르게 상승한 것을 볼 수 있다(<그림 7-20> 참조). 대부분의 국가들은 가계부채 DSR이 하락한 것을 또한 확인할 수 있다.

시사점

민간부채와 관련된 금융위기 사례들의 공통적인 현상은 주택가격과 민간신용갭이 정점을 찍은 후 하락하는 과정에서 금융위기가 발생했다는 것이다. 만약 이러한 현상을 고려한다면 한국의 민간부채로 인한 위기 발생의 여부도 앞으로 주택가격과 민간부채의 추세 여부에 달려 있다고 할 수 있다. 우려스러운 점은 그동안 미국의 연준(Fed)이 기준금리를 급격하게 올림에 따라 한국은행도 기준금리를 2023년 1월 3.5%로 인상했고 이 수준은 당분간 지속될 것으로 예상된다는 점이다.

이러한 금리인상으로 주택가격과 민간부채는 하락추세로 돌아섰는데 하락 폭이 어느 정도 될지는 불확실한 상황이다. 핀란드의 은행위기 발생을 촉발한 것이 금리인상과 마르카화의 가치절하이었다는 것을 상기할 필요가 있다.

한국의 민간부채/GDP 중 가계부채/GDP가 주요 선진국들 중에 가장 높은 그룹에 속하고 최근 5년 증가율은 가장 높았다는 것을 앞에서 지적했다. 이것은 가계의 부채상환능력이 가장 낮은 그룹에 속하고 가계의 부채상환능력이 가장 많이 떨어졌다는 것을 나타낸다.

그러면 현재 한국 부채의 DSR 수준이 금융위기를 초래할 부채위험 경계선을 넘은 것인가? 금융위기와 관련된 다른 요인들이 많기 때문에 DSR 적정선을 구하기는 어렵다. 하지만 금융위기를 겪은 다른 나라들과의 비교를 통해서 적정성을 추론할 수는 있다. 2022년 1/4분기 현재 한국의 가계부채와 민간부채의 DSR 수준(각각 13.7%, 22.3%)은 미국의 금융위기 시의 DSR 수준(각각 11%, 17.8%)을 넘었다는 것을 위에서 확인했다. <표 7-2>를 보면 많은 유럽국가들이 2008년에 은행위기를 겪었음을 알 수 있다.[21]

<그림 7-21>은 2008년 은행위기를 겪은 유럽국가들의 당시 민간부채 DSR 수준과 한국의 민간부채 DSR을 비교하고 있다. 한국은 2008년과 2022년 3/4분기의 값이 모두 포함되었다. 덴마크의 DSR이 31.2%로 높고 이탈리아와 독일을 제외하면 나머지 국가들의 DSR은 20% 전후이었다. 한국의 2008년 민간부채 DSR은 19.4%로 평균 수준이다. 2022년 한국의 DSR은 22.3%로서 은행위기 당시 스웨덴(21.6%)보다 더 높고

21 그 과정을 요약하면, 유로지역을 포함한 유럽의 은행들은 글로벌 금융위기 발생시점까지 급격히 해외자산을 많이 보유하게 되었다. 보유자산 항목들을 보면 미국의 금융자산과 더불어 다른 유로지역 국가들의 정부채권과 소비, 주택투자 및 주택모기지 관련 대출을 포함하고 있었다. 그 결과 2007년 리먼 브라더스의 파산과 함께 시작한 미국의 금융위기와 버블붕괴로 인해 유로지역 은행들은 많은 자산이 손실을 보았고 각국 정부는 구제금융을 통해 손실을 보전해 주어 재정적자와 부채가 급증하게 되었다. 이런 이유로 2010년에 발생한 유럽의 재정위기는 은행위기에서 비롯되었다고 할 수 있다(국제금융연구회, 2022 참조).

〈그림 7-21〉 2008년 글로벌 금융위기 시 유럽국들과 한국의 민간부채 DSR 비교

(단위: %)

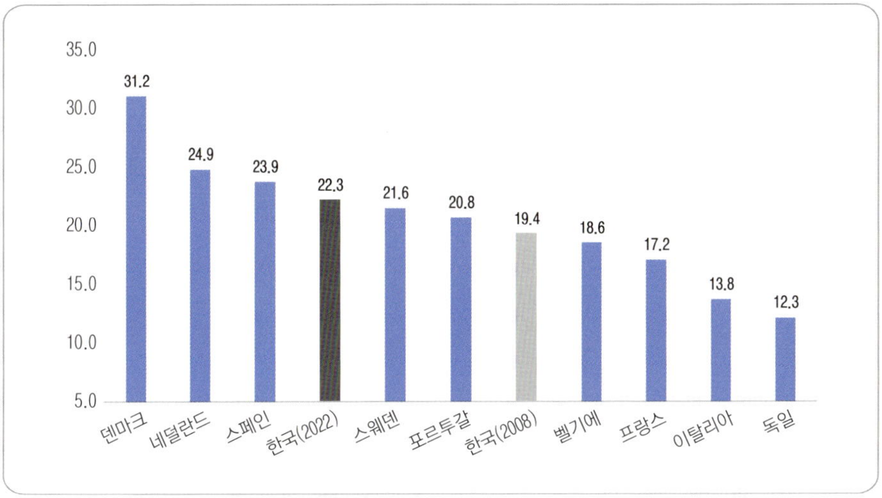

자료: BIS 저자 계산.

DSR이 높은 그룹에 속하고 있음을 볼 수 있다. 결론적으로 한국의 민간부채의 DSR이 과거 은행위기를 겪었던 나라들의 DSR에 비해 결코 낮은 수준이 아니다. 이러한 지표들을 보면 정부가 시행하고 있는 은행의 신규대출에 대한 DSR 규제는 올바른 정책방향이라고 할 수 있다.

제 **8** 장

한국의 경제위기와 금융위기

1 한국경제의 위기와 특징

위기의 성격

고도성장을 거듭하던 한국호의 엔진에 빨간 불이 들어온 것은 1980년대 말부터라고 할 수 있다. 1980년대 중반 소위 '3저'에 힘입어 흑자를 기록하던 경상수지는 1990년에 다시 적자로 반전되었고, 1993년을 제외하면 1997년까지 적자를 지속하였다. 게다가 1992년 자본시장을 일부 개방하면서 대외충격에 대한 한국경제의 취약성은 증대되었다. 결국 1997년 외환위기는 실물부문과 금융부문에서 누적된 위험이 대폭발을 일으킨 것이라고 볼 수 있다.

그렇다고 한국의 외환위기가 1997년 처음 발생한 것은 아니다. 제2차 세계대전이 끝나면서 일제 식민통치에서 벗어난 한국은 부강한 새나라 건설을 꿈꾸었으나 현실은 고난의 연속이었다. 전쟁으로 피폐했던 1950년대뿐 아니라 1960년대와 1970년대에 걸쳐 한국경제는 여러 번의 위기를 맞았다. 개도국이었던 한국은 외환이 늘 부족하였고, 정부는 외환사용을 철저하게 통제하였다. 외환의 배급은 일종의 특혜로 여겨질 정도였다. 그럼에도 불구하고 외환부족으로 인한 위기를 여러 번 경험하였고, 겉으로 드러나지 않은 위기도 가까스로 넘겼을 개연성이 충분히 있다.

한국의 은행위기에 대한 연구들은 1997년에 은행위기가 발생하였다고 지적하고 있다. 하지만 이것 역시 의심스럽다. 미국을 비롯하여 금융이 발달한 OECD 회원국들 대다수가 은행위기를 겪었고, 그것도 한 번이 아니라 여러 번 겪었다. 그렇다면 한국의 은행이 선진국의 은행들보다 더 건전했을까? 그것보다는 한국의 금융시장 규모가 크지 않고 또한 정부에 의해 통제되었기 때문에 위기상황이 더 진전되지 않고 무마되었을 가능성이 높다. 그 단적인 예로 1970년대 초 기업부채 누적으로 초래된 위기상황이나 1980년대 초 제2차 오일쇼크 및 정치적 혼란이 겹치면서 발생한 경제위기를 들 수 있다. 둘 다 금융시장이 마비되는 일은 발생하지 않았지만 그 원인이 되었던 기업부채를 탕감하고 산업합리화를 촉진하기 위하여 정부가 치른 비용은 상당하였다.

한국경제가 고도성장을 구가하던 시절, 정부가 금융시장에 개입해서 자금을 정책목표에 따라 배분하는 것이 당연시되었다. 즉, 한국이 **금융억압**(financial repression)의 전형적인 사례라고 하여도 하등 이상할 것이 없었다. 금융시장에 대한 정부 개입을 줄이고 금융시장을 선진화하자는 논의는 1980년대에 이루어지기 시작하였는데, 본격적으로 실행에 옮겨진 것은 1980년대 말부터라고 할 수 있다. 그 배경에는 금융시장의 비효율성을 더 이상 방치할 수 없다는 자체적인 판단도 주효하였지만, 미국을 비롯한 주요 교역대상국들의 자본시장 개방 압력도 무시할 수 없었다.[1] 그 결과 1990년대 초부터 대내적으로는 금리자유화를 실시하였고, 대외적으로는 자본시장 개방을 추진하였다. 1997년 은행위기와 외환위기가 동시에 발생한 것은 이러한 금융자율화 과정에서 미처 예상하지 못한 위험이 발생하고, 이것이 국제금융시장의 충격에 의해 증폭되었기

1 1988년 10월에 「3단계 개방계획」이 수립되었고 이어 12월 2일에는 기업금융의 국제화와 자본시장의 개방요건을 성숙시키기 위해 개방을 단계적으로 확대, 추진하는 내용의 「자본시장 국제화와 단계적 확대 추진계획」이 발표되었다. 1990년대 들어와 단기금융회사의 전환 허용 등 금융산업의 자율화를 확대하면서 1991년에는 4월 1일 유통시장 개방 발표에 이어 9월 3일 주식시장 개방 추진방안이 발표되어 3차 산업의 개방화가 본격화되었다. 동시에 11월에는 금리지유화조치 항후 계획이 발표되어 금융개빙화에 대응한 금융산업 경쟁력 제고를 위한 금융자율성 확대계획과 보완계획이 발표되었다. 이러한 개별적 조치 위에서 금융산업 전반에 대한 종합적 조치로 1992년 3월 「금융자율화 및 개방시행계획」이 발표되었다(국가기록원, 2007).

때문이라고 볼 수 있다.

위기발생 판단 기준

실물부문의 피해상황을 살펴봄으로써 역으로 위기 발생 여부를 판단할 수도 있다. 수출을 전략적인 성장동력으로 활용한 한국경제의 특수성을 고려하여 경제성장률 하락과 순수출(수출 - 수입)의 악화를 위기의 잣대로 살펴보도록 하자. 그리고 외환위기 잣대로 환율급등을 살펴보도록 하자.

<그림 8-1>에서 보는 바와 같이 한국의 경제성장률은 1960년대 중반부터 1980년대 말까지 상승세를 그리다가 1990년대 초부터는 하향세로 반전되었다. 그런데 성장률이 평균 10%에 달하던 고도성장기에도 한국경제는 심각한 경기변동을 경험하였다. 1970년대에는 1972년과 1975년 각각 성장률이 전년도에 비하여 크게 떨어졌다. 1980년에는 성장률이 이례적으로 마이너스의 값을 기록하였는데, 이러한 역성장은 1998년과 2020년에 다시 나타났다.

〈그림 8-1〉 **한국의 경제성장률과 순수출/GDP비율(1961~2021)**

(단위: %)

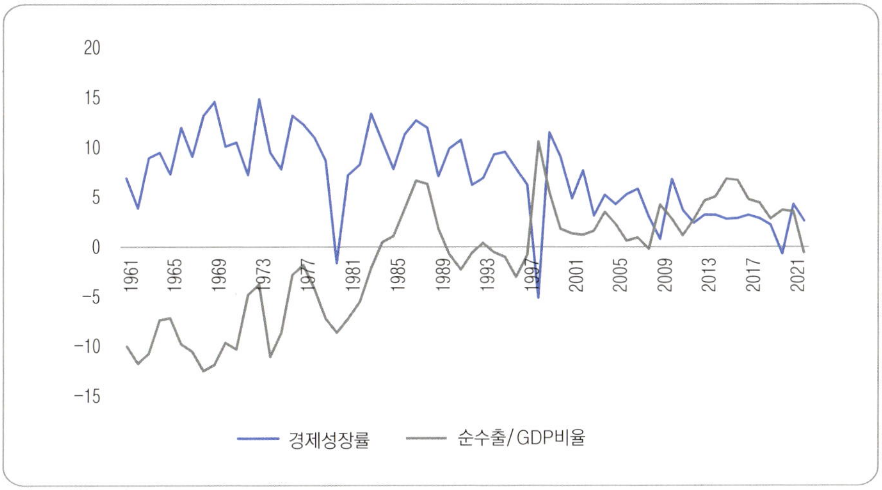

자료: Federal reserve economic data(FRED), St.Loise FED.

〈그림 8-2〉 원화의 대미달러화 환율(1961~2021)

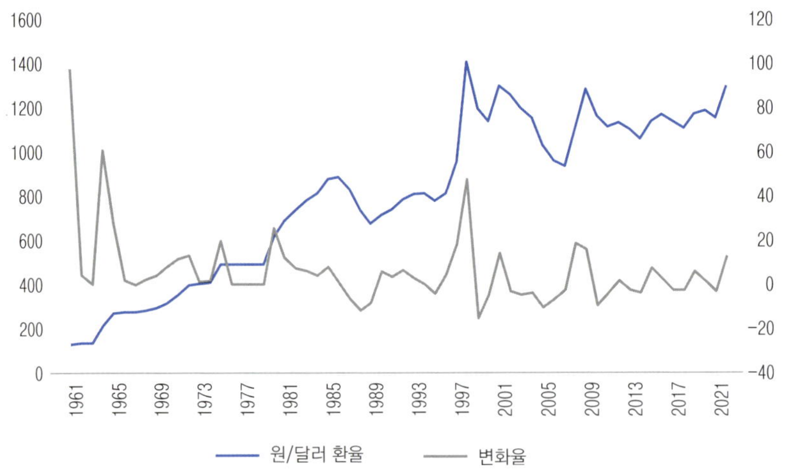

주: 왼쪽 축은 원/달러 환율, 그리고 오른쪽 축은 변화율(%)을 표시.
자료: Federal reserve economic data, St. Loise Fed.

순수출은 1960대 이래 줄곧 적자를 기록하였고 1970년대 두 차례에 걸친 오일쇼크 때 적자규모가 크게 늘어났다. 그리고 그 기간 동안의 적자의 변동폭은 상당히 큰 수준으로 나타났다. 그러다가 1980년대 중반부터 개선되기 시작하여 줄곧 흑자를 기록하였으나 1990년대에 들어와서 1996년 외환위기 직전에 순수출은 크게 악화되었다. 이후 1998년 외환위기 직후에는 큰 폭의 흑자를 기록하여 경기회복에 크게 기여하였다. 2008년 글로벌 금융위기 시 순수출은 적자를 기록하였으나 위기 직후인 2009년에 순수출이 크게 개선되어 경기침체를 조기에 극복하는 데 기여하였다.

<그림 8-2>는 원화의 대미달러화 환율 추이를 보여준다. 환율이 25% 이상 급등한 경우를 외환위기로 본다면 1965년, 1980년과 1998년을 꼽을 수 있다. 이러한 추정은 제7장 제1절에서 검토한 기존의 경제위기 관련 연구와도 일맥상통한다. 이밖에도 1975년과 2008년에는 환율이 20% 가량 상승하여 외환시장의 수급불균형이 위기상황에 가까웠음을

보여준다.

이하에서는 1972년, 1980년, 1997년, 2008년 발생한 경제위기 및 금융위기 사례를 차례대로 살펴보기로 한다. 또한 위기 때마다 부채와 관련된 특이사항에 대하여 자세하게 검토한다.

2 1970~1980년대 경제위기

기업부채누적과 1972년 경제위기

1960년대 중반 이후 한국경제는 수출과 투자를 바탕으로 고도성장을 구가하기 시작하였다. 그러나 자기자본보다 타인자본, 특히 사채 의존도가 높았던 기업은 재무구조가 취약해졌고, 통화량 증가, 물가 상승, 환율 상승의 악순환으로 부작용도 없지 않았다. 그 결과 1970년부터는 불황국면을 맞게 됐고 기업들의 생존이 위태로워지기까지 하였다. 마침내 정부는 1972년 8월 3일, "경제안정 및 성장을 위한 대통령령"을 선포하였다. 동 조치는 산업합리화 자금지원기준, 기업사채 조정, 그리고 종합경제안정책 등 세 파트로 구성되어 있는데, 핵심은 기업부채로 인한 위기가능성에 대한 적극적 대처이다.[2]

1960년대 후반 이후부터 기업들은 차관이나 은행 대출을 받거나, 사채에 의존하는 경향이 만연하였고, 이로 인하여 기업의 재무건전성은 크게 악화되었다. 그러나 기업부채 누적의 책임은 기업에게만 있다고 보기 힘들다. 왜냐하면 정부가 금융시장에 직접 개입하여 자금배분에 깊숙이 관여하였기 때문이다.[3] 1960년대 한국의 금융시장은 정부의 광범위한 금리규제와 특정 분야에 대한 인위적 자금배분을 내용으로 하는 전형적인 금융억압(financial repression)에 놓여 있었다. 이러한 상황에서

2 한국개발연구원(1995).

3 고영선(2008), pp. 200~216.

사채시장의 존재는 불가피한 것이었다.

이러한 맥락에서 1965년 9월의 금리현실화조치는 획기적이었다고 할 수 있다. 정부는 9월 중반 이자제한법을 개정하여 금리상한을 연 20%에서 연 40%로 대폭 인상한 다음, 9월 30일을 기하여 금리현실화 조치를 단행하였다. 금융기관의 수신금리는 정기예금의 경우 연 15%에서 연 30%로 2배 인상하였고, 여신금리는 일반어음대출의 경우 연 15%에서 연 26%로 대폭 인상하였다. 저금리에 체질화된 국내기업에게 이러한 금리현실화는 충격적인 사건이었다.

금리현실화는 금융기관의 시중자금 흡수능력 제고 및 금리의 자금배분기능 제고를 위한 것이었다. 사채금리가 연 50%를 상회하는 상황에서 수신금리 인상은 시중자금을 사금융에서 공금융부문으로 유도할 것으로 기대되었다. 또 여신금리 인상은 생산성이 낮은 부문에서 높은 부문으로의 자원배분을 촉진할 것으로 기대되었다. 적어도 시중자금 흡수라는 면에서 금리현실화는 놀라운 성공을 거두었다. 은행의 저축성예금은 1965년 말까지 3개월간 약 50% 증가하였고 그 후에도 1969년 말까지 매년 두 배 증가하였다. 그 결과 GDP 대비 저축성예금의 비율은 1964년 말 2%에서 1969년 말 21%로 상승하였고, 여기에다가 요구불예금을 합한 총예금 비율은 6%에서 29%로 상승하였다.

그러나 수신금리가 여신금리보다 더 높기 때문에 예대금리 간에 역마진이 발생하였고 금융기관의 수익은 크게 악화되었다. 결국 중앙은행이 지준예치금과 통화안정계정에 묶인 자금에 대해 이자를 지급하는 이례적인 조치를 취하지 않을 수 없었다. 더 큰 문제는 국내외 금리차가 커지면서 외자도입이 급증하였다는 점이다. 국내 물가상승률을 고려한 실질 해외차입금리가 마이너스인 상황에서 차관에 대한 정부보증 및 이자비용에 대한 세제혜택은 차관 도입의 폭발적 증가를 촉진하였다.

차관 도입의 폭발적 증가는 기업부실을 촉발하였다. 외자기업 중 83개사가 은행관리로 넘어갔고 123개사가 경영부실에 빠져 있었다. 1971

년에는 외자기업 중 부도업체의 수가 200개로 증가하였다. 이와 함께 통화량(M2) 증가율이 50% 이상에 달하면서 거시경제의 안정이 큰 위협을 받게 되었다. IMF는 이러한 국내경제상황의 혼란을 극복하기 위해 한국정부에 대해 강력한 안정화정책을 권고하였다. 권고사항의 주요 내용은 과도한 수출보조금 및 수입규제를 폐지하는 대신 원화를 평가절하하고 외자도입에 일시적 한도를 부과하는 것이었다. 미국이 PL480 원조 및 공공차관의 추가제공을 내세워 압력을 가하자 한국은 IMF의 권고 중 수출보조금 폐지를 제외한 대부분을 수용하였다.

고금리정책도 1968년부터 완화되기 시작하였다. 1968년 4월의 제1차 금리인하를 시작으로 동년 10월(제2차), 1969년 6월(제3차), 1971년 6월(제4차), 그리고 1972년 1월(제5차) 및 8월(제6차)에 걸쳐 단계적 금리인하가 이루어졌다. 제1차 및 제2차 금리인하에서는 역금리의 해소가 주목적이었고 고금리체계는 대개 유지되었으나, 제3차 금리인하에서는 역금리가 해소되고 저금리체계로 전환이 이루어졌다.

금리인하에도 불구하고 1970년대에 들어서면서 미국 등 주요 선진국들의 불황과 IMF의 권고에 따른 긴축정책으로 성장률은 1968년 11.3%, 1969년 13.8%에서 1970년 8.8%, 1971년 8.2%, 1972년 4.5%로 급락하였다. 또 외국 상업차관에 대한 원리금상환이 1970년부터 본격화되면서 차관기업들의 자금사정을 압박했다. 특히 1971년의 대폭적인 환율인상은 차관기업들의 원리금상환 부담을 가중시켰다. 이에 따라 많은 기업들이 사채시장에 의존하게 되었는데, 높은 사채금리는 기업들의 채산성을 악화시켰다.

경기불황과 높은 금융비용으로 어려움을 겪고 있던 재계는 정부에 대해 강력한 대책을 요구하였다. 이러한 요구에 부응하여 정부는 1972년 1월에 제5차 금리인하를 실시하였으며 8월에는 제6차 금리인하와 더불어 대통령 명령의 '8·3긴급경제조치'를 단행하였다. 취지는 기업을 사채의 중압에서 해방시키고 특별금융지원을 베풀어 줌으로써 기업의 취

〈표 8-1〉 '8 · 3긴급경제조치'의 주요 내용

조치	내용
사채조정	1972년 8월 2일 현재 기업보유 사채를 9일까지 모두 신고하도록 하고, 신고 사채의 채권 · 채무관계를 월리 1.35%(연리 16.2%), 3년 거치 5년 분할상환 조건으로 조정함으로써 기업의 사채 부담 경감.
특별금융조치	금융기관이 발행한 저리(연 5,5%)의 특별 금융채권 2천억 원을 한국은행이 인수하고, 금융기관은 이 자금으로 기업 단기대출금 잔액의 30% 해당액을 연 8%의 이자, 3년 거치 5년 분할상환의 장기대출로 전환.
금융기관 금리인하	금융기관의 여수신 최고금리와 한은 여신금리를 인하하고, 특수은행의 여신금리와 재정자금의 대출금리를 조정, 이에 따른 금융기관의 수지적자는 한은의 금융기관 지준금에 대한 이자지급과 특별융자로 보전.
신용보증제도 확충	담보력이 취약한 기업에 대한 금융기관의 여신을 원활하게 하도록 중소기업신용보증기금과 농립수산업신용보증기금에 정부가 각각 출연. 각 금융기관에도 신용보증기금을 설치.
산업합리화와 투자촉진	국무총리 직속으로 설치된 '산업합리화심의회'를 통하여 합리화 대상 산업 및 기준을 정하고, 산업은행은 장기저리와 산업합리화 자금을 기업에 공급, 합리화 대상으로 지정된 산업의 고정설비투자에 대해 특별감가상각률과 법인세 및 소득세상의 투자공제율을 인상.
재정운용의 합리화	재정의 경직성을 완화하기 위하여 지방교부세와 지방교육재정교부금 등의 법정 교부율 방식을 폐지, 매년 예산에서 이를 정하도록 함으로써 정부예산 중 교부금의 비중을 축소.

자료: 김병주(1995), 한국경제 60년사 편집위원회(2010), p. 28에서 재인용.

약한 재무구조를 개선하고, 금리인하를 통해 생산비 절감을 유도하며 금융질서를 시정하는 것이었다.

8 · 3긴급조치의 주요 내용은 기업과 사채권자의 모든 채권 · 채무관계는 1972년 8월 3일 현재로 무효화되고 새로운 계약으로 대체된다는 것이었다. 채무자(기업)는 신고한 사채를 3년 거치, 5년 분할상환(3년 후부터, 즉 4년째부터 8년째까지 5년 동안 나눠 상환) 조건으로 동결하고. 월 이자는 1.35%(연 16.2%)로 낮추었다. 당시 기업들이 쓰고 있던 사채의 가중평균금리가 월 3.84%인 데 비하면 획기적인 부채탕감성책이라고 할 수 있다. 대통령령이 정한 기업부채조정 관련조치는 <표 8-1>과 같다.[4]

8 · 3긴급경제조치에 포함된 특별금융조치를 보면 한국은행이 금융기관에 대한 특별융자를 통하여 기업의 단기대출금을 저리로 만기연장하도록 규정하고 있다. 이러한 정부의 개입은 사적재산권에 대한 초법적 제약을 의미하지만 금융위기를 선제적으로 방지하려는 시도라고 평가할 수 있다.

8 · 3긴급조치 결과 경제성장률은 1972년 7.2%에서 1973년 13.9%로 크게 증가하였다(<그림 8-1> 참조). 기업의 생산비 가운데 금융비용이 차지하는 비중은 1970년 8.8%에서 1973년 4.4%로 떨어졌고 기업이익률은 평균 이자율보다 높아졌다(정재영, 2010). 하지만 1970년대 전 세계를 강타한 오일쇼크에서 한국도 자유로울 수 없었다. 특히 1970년대 말 발생한 2차 오일쇼크는 정책오류와 정치적 혼란이 더해지면서 한국경제를 파탄 직전까지 몰고 갔다.

중화학공업화와 오일쇼크 그리고 1980년 경제위기

한국의 경제성장에서 수출과 함께 성장의 중요한 요인으로 볼 수 있는 것은 투자의 증대라고 할 수 있다. 제1차 5개년 경제개발계획 기간 중 GNP 대비 투자율은 17% 수준에 불과하였으나, 제2차와 제3차 기간 중에는 25%를 넘어섰고, 제4차 기간에는 30%를 넘어서기에 이르렀다. 투자의 증가는 자본축적을 의미하는데, 한국의 경제성장의 원천으로 자본축적의 중요성을 강조하는 것은 자명하다고 할 수 있다. 때로는 투자가 경제성을 무시하고 너무 많이 이루어진 것이 아닌가라는 문제가 제기될 정도였다. 이러한 과잉투자 문제는 1970년대 이후 끊임없이 논란의 대상이 되어 왔다. 그 대표적인 예가 제1차 오일쇼크 직후부터 추진된 중화학공업화라고 할 수 있다.[5]

정부는 1973년 중화학공업을 집중 육성하기로 결정하였다. 이는 취

4 한국경제 60년사 편집위원회(2010).

5 강문성 외(2021), 제2장.

약한 산업구조를 고도화하고 국가안보를 위해 필요하다는 판단 아래 취해진 조치였다. 정부는 중화학공업화의 대상으로 조선, 자동차, 철강, 석유화학 등을 선정하고 이를 담당할 대기업에게 각종 금융·조세특혜를 집중적으로 제공하였다. 그 결과 소수 재벌에 의한 경제력 집중 현상이 나타나게 되었다. 한편 외자조달상의 여러 가지 특혜를 부여하였다. 일례로 국제신용도가 높지 않아 차입이 어려운 기업들을 위하여 직접 지급보증을 서 주었다. 또한 중화학공업화를 위한 자본재수입을 지원하기 위하여 대미달러 환율을 484원으로 고정시켰다. 그러나 중화학공업화는 원한다고 순식간에 이루어지는 것이 아니다. 명목환율을 고정시킨 상황에서 해외보다 높은 국내 물가상승률은 실질환율을 하락시키고 수출을 감소시키는 결과를 초래하였다. 게다가 중화학공업화가 추진되었던 1970년대 국제환경도 한국에 호의적이지 않았다. 왜냐하면 원유가격의 급등으로 세계경제는 경기침체와 인플레이션이 동시에 나타나는 스태그플레이션을 겪게 되었기 때문이다.

오일쇼크는 1970년대 두 차례에 걸쳐 발생하였다. **제1차 오일쇼크**는 1973년 10월 16일 석유수출국기구(Organization of Petroleum Exporting Countries: OPEC)가 일방적으로 원유가격 인상을 결의, 원유고시가격을 17% 인상하면서 발생하였다. 다음 날인 17일에는 팔레스타인의 권리가 회복될 때까지 원유생산을 전월에 비해 5%씩 감산한다고 발표하면서 석유를 정치적 무기로 사용하기 시작했다. 이로 인해 원유가격의 급등은 더해져서 1974년 7월 1일 OPEC의 석유수출가격은 사우디아라비아 기본유종(아라비안 라이트 34도)을 기준으로 배럴당 11.65달러로 고시되었는데, 이는 1973년 10월 수준의 4배에 가까운 것이었다.

제1차 오일쇼크는 자국의 유전에 대한 영구적인 주권을 주장하는 산유국과 세계 대부분의 유전을 지배하고 있는 국제석유자본 간의 오랜 대립과정에서 발생한 것이다. 제1차 오일쇼크로 인해 세계경제 전체의 경제성장률이 크게 떨어져 서방 선진국은 마이너스 성장을 하게 되었고,

세계적인 불황과 인플레이션이 가속화되었으며, 경상수지도 큰 폭의 적자를 기록하였다. 또한 원유가격 결정권을 OPEC이 장악하게 되어 자원 민족주의가 강화되었다.

1978년 12월 17일 OPEC 회원국들은 다시 한번 원유가를 총 14.5%를 올렸다. 더구나 석유 공급의 15% 수준을 차지하고 있던 이란이 국내 정치 및 경제적 혼란을 이유로 석유생산을 대폭 감축하고 그해 12월 27일 전면적인 대외 석유금수조치를 단행하였다. 이로 인해 원유가격은 배럴당 20달러 선을 돌파하고 현물시장에서는 40달러에 육박하여 **제2차 오일쇼크**가 시작되었다. 한국경제는 제1차 오일쇼크보다는, 특히 제2차 오일쇼크 때 극심한 피해를 입었다. 1979년 경제성장률이 6.5%로 하락한 데 이어 1980년에는 −5.2% 성장을 기록했고, 물가상승률은 30%나 됐다. 이렇듯 제2차 오일쇼크 후 피해가 더 컸던 것은 제1차 오일쇼크 이후 중화학공업화의 추진에 몰두하면서 에너지 절약에는 원천적 한계가 있었기 때문이다.

오일쇼크는 원유수입의존도가 100%였던 한국에게는 직격탄이 되었다. 국제유가를 결정하는 데 영향력이 큰 서부텍사스유(West Texas Intermediate: WTI)의 가격추이는 <그림 8-3>에서 보는 바와 같이 1973년 7월 배럴당 23.92달러에서 1974년 2월 배럴당 63.76달러로 2.7배 가량 급등하였다. 1970년대 제2차 오일쇼크 때 1978년 12월 배럴당 65.31달러에서 1980년 3월 배럴당 141.25달러로 다시 2배 이상 급등하였다. 원유가격의 증가로 인하여 한국의 상품 및 서비스의 순수출은 크게 악화되었고 순수출은 적자를 면치 못하였다. 따라서 한국의 외채 규모가 급속히 증대하고 부정적 대외충격에 대한 취약성이 심화되었다.

이러한 상황에서 1979년 박정희 대통령의 급작스러운 서거에 따른 정치적 혼란이 겹치자, 한국은 경제위기에 봉착하게 되었다. 또한 외채위기의 그림자가 짙게 드리우게 되었다.

다행히 1980년대 중반 세계경제환경이 바뀌면서 나타난 '3저 현상

〈그림 8-3〉 원유가격(1946~2022)

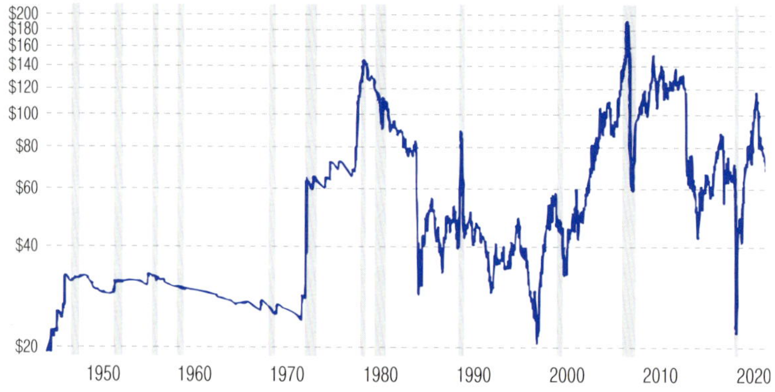

주: West Texas Intermediate(WTI) 원유 배럴당 달러가격.
자료: Macrotrends, "Crude Oil Prices – 70 Year Historial Chart".

(저금리, 저유가 및 저달러)'는 한국경제에 커다란 행운을 가져 왔다. 우선 원유가격은 전 세계 경기침체에 따른 수입감소로 1980년 이후 크게 떨어졌다. 1985년에는 사우디아라비아가 원유증산에 나서면서 원유감산 카르텔이 깨지게 되었다. 한편 1985년 플라자협정으로 인한 일본 엔화 가치의 상승은 한국의 수출을 증가시키게 되었다. 또한 국제금리 하락은 해외자금 조달을 용이케 하고 국내기업들의 투자비용을 감소시켜 투자를 활성화하는 효과를 가져 왔다.

그러나 호사다마란 말처럼 예기치 않은 행운을 가져온 '3저 현상'은 후유증도 만만치 않았다. 자동차, 조선, 철강 등 주요 수출산업에서 막대한 외부차입에 의존한 과잉투자가 이루어진 결과 상당수의 대기업들의 수익성은 저하될 수밖에 없었다. 결국 이는 1990년대 중반이후 대기업과 금융기관의 동반 부실화를 초래하면서 외환위기의 단초가 되었다.

3 1997년 은행위기와 외환위기

기업대출 부실화와 은행위기

한국은 1997년 금융위기를 경험하였다. 엄격하게 말하면 은행위기와 외환위기를 차례로 겪었다. 흔히 1997년 금융위기를 논할 때 외환위기에 주목하고 그 원인으로 자본자유화의 실패를 강조하는 경우가 많다. 한국이 OECD 가입을 앞두고 지나치게 자유화를 확대하였기 때문에 외환위기에 봉착하였다는 것이 그 요지이다. 반면에 대외적인 자본자유화보다는 국내 금융자유화가 기업 및 금융부문의 부실을 악화시켜 은행위기를 초래하였고, 이것이 단기 위주의 외채구조와 부족한 외환보유고 등으로 인하여 외환위기로 발전하였다는 견해도 제기되었다.[6] 물론 은행위기나 외환위기가 단순히 자본자유화나 금융자유화로 인하여 발생하였다고 보기 힘들고, 또한 자본자유화나 금융자유화가 각각 쌍둥이 위기 중 어느 하나에만 영향을 미쳤다고 보기도 어렵다. 그렇다면 대내적 금융자유화와 대외적 자본자유화가 은행위기 및 외환위기와 어떠한 연관성이 있으며, 그 과정에서 부채가 어떠한 역할을 담당하였는지를 보다 면밀히 검토할 필요가 있다.

1997년 은행위기는 기업도산과 어음부도율이 걷잡을 수 없게 급증하면서 발생하였다. 그 원인은 1995년 하반기 이후 국내경기침체와 교역조건의 악화로 대기업들의 매출수입과 현금흐름이 악화되었고, 1997년 초부터 한보, 삼미, 진로 등의 부도를 초래하였기 때문이다. 대기업의 부채비율은 1997년 500%에 육박하였는데, 이는 대마불사라는 믿음 때문에 금융기관이 위험도에 대한 고려 없이 대출을 감행하였기 때문이다. 고도성장시기에 형성된 대기업들의 과다차입－과잉투자 관행이 벽에 부닥치자, 금융권의 부실대출이 누적되고 급기야 감당할 수 없는 수준

6 양 견해에 대한 검토는 김태준 · 유재원(2004) 참조.

〈그림 8-4〉 **부도기업 수 및 어음부도율**

(단위: 개, %)

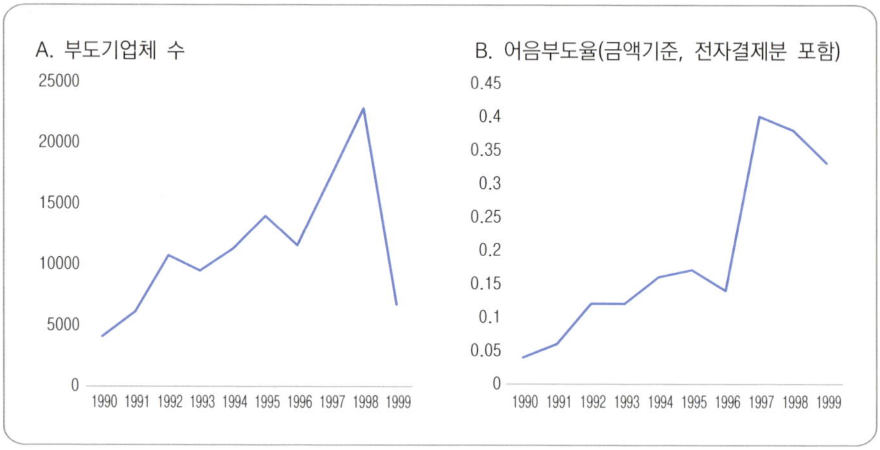

자료: 한국은행 경제통계시스템.

에 달하게 되면서 은행위기를 맞게 된 것이다(<그림 8-4> 참조).

그렇다면 **금융자유화**는 이러한 은행위기에 어떤 영향을 미쳤을까 생각해 보자. 조윤제(1999)는 노동시장의 경직성으로 인한 실질임금의 빠른 인상, 높은 임대료, 고평가된 환율 등으로 기업부문의 구조적 취약성이 심화되고 있는 가운데, 1993년 이후 단기상품 위주로 추진된 금리자유화는 자금조달의 단기화 및 조달금리의 인상을 가져와 은행위기를 재촉하였다고 주장한다. 기업에 대한 신용평가제도가 제대로 마련하지 못한 상황에서 단기금융시장을 급속히 자유화한 결과, 중화학공업투자 등 장기투자를 2~3개월짜리 기업어음과 같은 단기부채로 조달하는 상황이 발생하고, 부도위험성이 높아졌다는 것이다. 더구나 기업에 대한 자금공급에 있어서 종합금융회사와 같은 제2금융권의 역할이 커지면서 전반적인 금융감독기능이 크게 약화되었다는 것이다.

한편 정부는 대외자본거래의 자유화를 추진하면서 무역신용과 같은 단기금융을 먼저 자유화시켰는데, 이는 기업부채의 단기화를 촉진하게 되었다. 또한 장기금융에 있어서 상업차관이나 국내 회사채시장 개방 등과 같이 해외투자자금이 유입될 수 있는 경로를 엄격히 제한하는 한편 국내기업들의 해외 전환사채 발행을 우선적으로 확대하였다. 그 결과 해외지명도가 높은 재벌기업들과 공기업들은 장기해외차입으로 재무구조 개선을 도모하였지만, 신용도가 떨어지는 비재벌기업의 경우는 별 도움을 받지 못하였다.

한편 30대 기업의 여신관리에 따라 우대금리의 적용을 받는 대기업들의 은행대출 기회는 상대적으로 축소되어 이들의 단기금융시장에서의 차입확대를 촉진하게 된다. 고수익자산에 대한 금융기관 간 경쟁이 심화됨에 따라 가계대출 및 중소기업대출 등 고금리대출의 비중이 늘어나게 되었다. 또한 해외신용도가 높지 않아 국내금융에 의존할 수밖에 없는 중견기업이나 비재벌기업에 대한 대출이 확대되었다.

돌이켜 보면 기업부문의 누적된 부채와 과중한 원리금상환은 은행위기를 초래한 가장 중요한 원인이었다고 할 수 있다. 여기에다가 충분한 검토와 준비 없이 금융자유화를 추진하면서 결과적으로 금융부문의 부실이 악화되었다고 할 수 있다.[7] 국내 은행위기는 대외신인도의 하락을 초래하였고 마침 불어닥친 동남아의 외환위기가 전염되면서 한국은 외환위기를 맞게 되었다.[8]

단기외채누적과 외환위기

1997년 **외환위기**의 원인을 두고 대외적 요인을 강조하는 견해와 대내적 요인을 강조하는 견해가 대립되어 왔다. 우선 대외적 요인을 강조하는 견해는 한국경제의 기초경제여건은 견실하였음에도 불구하고 외생적 충격에 의한 단기유동성 부족으로 위기가 발생하였다고 주장한다.

---

7 기업부도가 급증한 것은 재무사정이 악화된 것이 직접적인 원인이지만, 기업퇴출제도와 부실자산 처분시스템이 제대로 작동치 않았다는 것도 간접적인 원인이라고 볼 수 있다(허찬국, 2009).

8 Laeven and Valencia(2018)는 한국의 경우 1997년 말 외환위기에 앞서 은행위기가 먼저 발생하였다고 주장하였다. Reinhart and Rogoff(2009) 역시 은행위기 발생시점을 1997년 7월로 추정하고 있다.

다시 말하자면, 1997년 국제상업은행들이 동아시아 지역에 대출한 자금의 회전을 중단하고 일시에 자금을 회수해 나가는 과정에서 외환부족으로 인한 위기를 겪게 되었다는 것이다. 때마침 동남아시아에서 발생한 외환위기가 전염되는 불운까지 겹쳤다고 본다(Radelet and Sachs, 1998).

한편 한국경제의 내생적인 구조적 취약성을 강조하는 견해는 동남아시아의 위기가 없었더라도 한국의 고도성장과정에서 근본적인 문제가 발생하였고, 외환위기의 위험이 상존하였다고 주장한다. 즉, 한국의 거시지표만 보면 별다른 문제가 없는 것처럼 보였지만, 내부적으로는 구조적 문제가 누적되고 정책오류까지 겹치면서 외환위기가 발생하였다는 것이다. 앞에서 언급한 바와 같이 재벌기업들은 과도하게 차입을 한 결과 재무구조가 악화되어 경기변동과 외부충격에 취약한 구조를 갖게 되었다. 또한 정부의 암묵적 보증하에 금융기관들은 재벌기업들이 파산하지 않을 것이라는 잘못된 믿음을 갖게 됨으로써 재벌기업에 대한 무차별적인 대출이 이루어진 결과 금융기관들의 부실화가 심화되었다는 것이다(Krugman, 1998). 여기에다가 동남아시아 외환위기의 여파로 한국에서 자본유출이 급증하면서 외화차입을 확대하였던 금융기관들의 부실은 가속화될 수밖에 없었다고 주장한다.

1997년 외환위기는 대외적 요인과 대내적 요인 중 어느 것이 더 중요한가를 판단하기는 어렵다. 그보다는 두 요인이 결합하면서 상호작용을 일으켜 발생하였다고 보는 것이 현실적일 것이다. 한국의 구조적 취약성은 갑자기 형성된 것이 아니라, 몇 번에 걸친 개혁 시도에도 불구하고 해결되지 못한 채 방치한 결과라고 할 수 있다. 이러한 구조적 취약성을 배경으로 1997년 동남아에서 발생한 외환위기에 감염되면서 한국도 외환위기를 맞았다. 한국 정부는 경제의 기초체력이 동남아와는 근본적으로 차이가 있다고 강조하였지만, 동아시아 지역을 휩쓸던 쓰나미를 피해갈 수 없었다.[9]

되돌아보면 외환위기 직전까지 위기를 전혀 예측하지 못하였다. 사

〈그림 8-5〉 한국의 외환보유액(1990.1~1999.12)

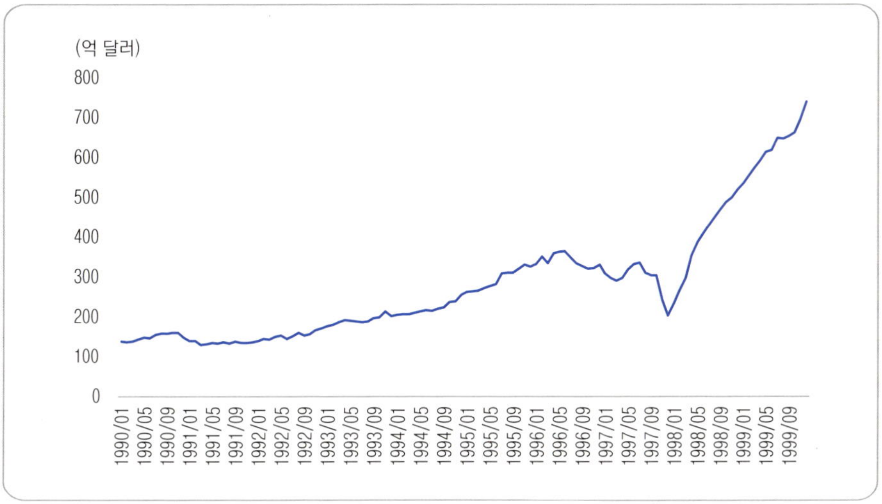

자료: 한국은행 경제통계시스템.

실 한국의 거시경제지표는 성장률이 하락하는 가운데서도 경상수지 악화를 제외하면 특별한 이상징후를 보이지 않았다. 경상수지는 1993년을 제외하면 1990년 이후 적자를 기록하였고 1996년에는 GDP 대비 6%를 상회하기에 이르렀다. 하지만 경상수지 적자에도 불구하고 이를 상쇄하고 남을 만큼 민간부문의 자본유입이 이루어져 외환보유액은 지속적으로 증가하는 양상을 보였다. <그림 8-5>에서 보는 바와 같이 한국의 외환보유액은 1996년 6월 366억 달러를 기록한 후 1997년 3월 292억 달러로 다소 감소하였다. 하지만 1997년 7월에는 337억 달러로 다시 회복세를 보였다.

국제외환시장의 대이변은 1997년 7월 태국 바트화를 시작으로 인도

9 김적교 전 대외경제정책연구원장은 1997년 금융위기의 원인으로 대내적인 요인과 대외적인 요인 둘 다 중요하지만, 그 중에서도 대내적인 문제가 더 중요하다고 지적한다. 구조적인 취약성으로 거시경제적 불균형과 외채, 기업의 지나친 부채의존성, 그리고 취약한 금융부문을 들고 있다. 이러한 문제의 근원에는 국가주도형 경제발전에서 시장주도형 경제발전으로 전환되는 과정에서 발생한 제도적 공백에 있다고 주장한다(Kim, 2019: 173~182).

네시아 루피아화와 필리핀 페소화가 폭락하면서 나타났다. 10월에는 타이완 달러화가 대규모로 평가절하되고, 홍콩증시가 폭락하면서 한국의 외환시장도 위기에 봉착하게 되었다. 외환당국은 대규모 외환매각으로 환율 안정을 시도하였으나, 외환이 고갈됨에 따라 위기상황으로 내몰리게 된다. 이렇게 보면 한국의 외환위기는 동남아 외환위기가 전염된 결과라고 보인다. 그 핵심은 국제상업은행들이 국내은행에 대한 대출연장을 거부하고 대출금을 회수한 것이라고 할 수 있다.

대외부문의 취약성이 급속히 악화된 가운데 외화자금의 조달 및 운용규모를 정확히 파악하지 못하고 정부가 금융기관의 해외부채에 대하여 암묵적으로 지급보증을 약속한 것이 외환위기를 앞당겼다는 지적도 있다. 한국은 외국인투자보다 차입을 통하여 자금을 조달하는 방식에 의존하여 온 결과 금융기관의 차입비중이 상대적으로 높았고, 이러한 상황에서 정부의 지급보증이 민간위험을 국가위험으로 전환시키는 결과를 초래하였다.

한국의 외환위기를 전후하여 GDP 대비 대외채무비율이 급등한 반면, GDP 대비 외환보유액비율은 급감한 것에 대해서는 제2장에서 상세하게 논의하였다. 여기서는 단기외채규모에 비하여 가용외환보유액이 지나치게 적었다는 점에 대하여 부연설명하도록 하자. <표 8-2>에서 볼 수 있는 바와 같이 장기부채와 단기부채를 합한 총외채는 1996년 12월 말 1,247억 달러였다. 이 중 단기부채는 810억 달러로 총외채의 65%에 달하였다. 한편 1996년 12월 말 기준으로 외환보유액은 332억 달러 수준이었는데, 해외점포예치금을 제외한 가용외환보유액은 294억 달러에 불과해 단기부채의 규모에 비하여 크게 부족하였다.

1997년에 들어오면서 단기부채의 연장이 어려워지자 단기부채규모는 줄었지만 대신 장기부채가 늘었다. 단기부채 대비 가용외환보유액비율은 1996년 12월 말 48.2%에서 1997년 3월 32.9%로 감소하였고, 외환위기 직전인 11월 말에는 11.8%까지 급속히 하락하였다. 이러한 수치는

〈표 8-2〉 **외채 대비 외환보유액비율**

(단위: 억 달러, %)

	1996.12	1997.3	1997.9	1997.11	1997.12
A. 총외채(B+C)	1,247	1,103	1,197	1,161	1,208
B. 장기부채	437	461	541	545	696
C. 단기부채	810	642	656	616	512
D. 외환보유액	332.4	291.5	304.3	244.0	204.1
E. 가용외환보유액	294.2	211.4	224.2	72.6	88.7
D/A(%)	31.7	26.4	25.4	21.0	16.9
D/C(%)	54.5	45.4	46.4	39.6	39.9
E/A(%)	28.1	19.2	18.7	6.3	7.3
E/C(%)	48.2	32.9	34.2	11.8	17.3

자료: 김인준(2013), p. 98.

유동성위기가 얼마나 심각하였는지를 극명하게 보여준다(김인준, 2013).

그렇다면 애당초 외화표시 장기부채 대신 단기부채가 급증한 이유는 무엇인가? 이는 정부가 장기 해외차입의 경우 신고의무를 부과한 반면, 단기차입의 경우는 무역금융과 관련된 것으로 간주하여 특별히 규제를 하지 않았기 때문이다. 국제금융시장의 변화로 국내금융기관들 특히 종합금융회사들이 단기외환차입을 확대하게 되었고, 그 위험성을 충분히 인지하지 못하고 방치한 금융감독당국의 책임을 면키 힘들 것이다. 덧붙여 외환당국이 자본유출이 발생한 상황에서 달러페그제도를 유지하려 시도했다는 점도 외환위기를 앞당긴 정책실패 중의 하나라고 할 수 있다.[10]

10 1997년 외환위기에 자본거래 자유화가 미친 영향을 놓고 아직까지 논란이 지속되고 있다. 이규성(2006)은 우루과이라운드의 금융서비스 협상과 OECD 가입 현상을 앞두고 자유화 폭이 크게 확대되어서 해외자본 도입이 늘어났다고 주장한다. 반면에 김태준 외(2004)는 외환위기 전 자본이 크게 유입된 이유는 OECD 가입을 앞둔 자본자유화 확대조치보다는 기업의 중공업부문 투자수요를 충족시키기 위해 은행들이 상당한 규모의 외화차입을 확대했고 이와 더불어 1970년대 중반 외자도입을 원활히 하기 위해 설립한 종합금융회사를 1990년대 금융산업 개편의 일환으로 대거 추가 허가되면서 저금리 단기외화자금이 유입되는 등 국내적인 금융자유화 확대에 기인한 것이라 주장한다. 한국이 1996

4 2008년 글로벌 금융위기의 파급

글로벌 금융위기의 원인과 파급경로

2007년 8월부터 악화되기 시작한 미국의 신용위기는 2008년 하반기에 들어서면서 악화일로를 겪게 된다. 미국 금융기관들, 특히 은행들은 부실대출과 파생금융상품 투자의 손실, 증권판매수수료의 감소, 그리고 차입비용의 증가 등으로 심각한 위기국면에 놓이게 되었고, 이는 실물부문에 대한 신용경색을 초래하였다.

또한 미국 주택시장 침체로 인한 주택담보금융의 부실화는 미국의 양대 국책주택담보 금융업체인 **패니메이**(Fannie Mae)와 **프레디맥**(Freddie Mac)까지 번져 금융시장 불안을 더욱 가중시켰다.[11] 여기에 9월 15일 세계적인 투자은행 리먼 브라더스(Lehman Brothers)가 파산하게 되자 그 충격파는 순식간에 글로벌 금융시장으로 번져나갔다. 미국과 유럽에서 은행도산, 인수합병, 공적자금투입 등이 줄지어 발생하였다. 한편 국제금융시장의 신용경색이 심화되면서 헝가리, 아이슬란드, 파키스탄 및 우크라이나 등은 IMF에 구제금융을 신청하기에 이르렀다.

글로벌 금융위기의 원인에 대해서는 이미 많은 논의가 이루어졌다. 최근 한국에서도 주택가격 하락으로 인한 금융위기의 가능성이 높아지고 있는 만큼, 미국의 주택시장 침체와 미국의 신용위기, 그리고 글로벌 금융위기 간 연결고리를 주의깊게 살펴볼 필요가 있다.

첫째, 많은 연구자들은 주택시장에서의 거품 붕괴에 따른 금융기관의 대출 부실화를 미국 신용위기의 근본요인 중의 하나라고 지적하였다.

년 OECD 가입 시 자본자유화 규약에 따른 추가적 개방은 거의 이루어지지 않았다는 점을 근거로 제시하고 있다(김태준 외, 2018).

11 패니메이와 프레디맥은 각각 연방전미저당협회(Federal National Mortgage Association)와 연방주택대출저당회사(Federal Home Loan Mortgage Corporation)의 약칭이다. 두 기관은 주택 구입자가 담보대출을 받기 용이하도록 대출금융기관으로부터 주택담보대출 채권을 매입하여 유동화를 통해 자금을 융통해 줄 목적으로 설립되었다.

하지만 주택가격 상승은 미국에 국한된 현상이 아니고, 또 다른 선진국들과 비교할 때 미국의 주택가격 상승폭이 특별히 높다고 보기 힘들었다. 따라서 주택시장 침체 하나만으로는 미국 금융위기를 설명하기 힘들다.

둘째, 2000년 말 IT산업과 벤처기업 붐이 가라앉으면서 경기침체 조짐이 나타나자, 미국 연준은 금리를 대폭 낮추었다. 특히 9·11사태 이후에는 연방기금 금리가 1% 수준까지 떨어졌다. 이로 인해 초래된 과잉유동성이 주택을 포함한 자산가격의 상승을 부추기고, 이 과정에서 부실대출이 벌어졌다고 볼 수 있다. 하지만 서브프라임 모기지 대출에서 발생하는 손실이 아무리 커도 주식시가 총액의 1% 정도에 불과했던 만큼 이렇게 작은 충격이 어떻게 금융시장의 붕괴를 가져왔는가는 여전히 문제로 남는다.

셋째, 금융기관 대차대조표상의 자산가격을 시장가격으로 산정하는 시스템하에서는 부실대출이나 부실채권투자보다 자산가격 하락이 훨씬 더 강력하고 즉각적인 영향을 미칠 수 있다(Tobias and Shin, 2008). 실례로 2002년 유럽 생명보험회사들은 보유주식가격이 떨어지면서 재무구조가 악화되자 주식을 팔아 건전성을 유지하려고 시도하였는데, 동시다발적 투매로 주가를 크게 하락시키면서 사태를 악화시켰다. 미국의 비우량 담보대출시장도 주택가격이 하락하자 금융기관이 심각한 유동성 부족에 봉착하였고, 자산의 부실화로 지급능력 자체가 위협받게 되었다.

넷째, 신용위기가 전 금융부문으로 확산되는 과정에서 중요한 역할을 담당한 요인으로는 증권화(securitization)에 주목하여야 한다. 투자위험을 회피하면서 유동성을 창출하려는 목적으로 도입된 파생금융상품이 오히려 시장위험을 확대시키는 부작용을 낳았다. 특히 **부채담보부증권**(Collateralized Debt Obligation: CDO)과 **신용부도스왑**(Credit Default Swap: CDS)이 금융위기를 확대시키는 데 중요한 역할을 하였다. 전자의 경우 증권화를 통하여 투자위험이 최소화되면서 고수익이 보장될 수 있다는

〈그림 8-6〉 글로벌 금융위기의 파급경로

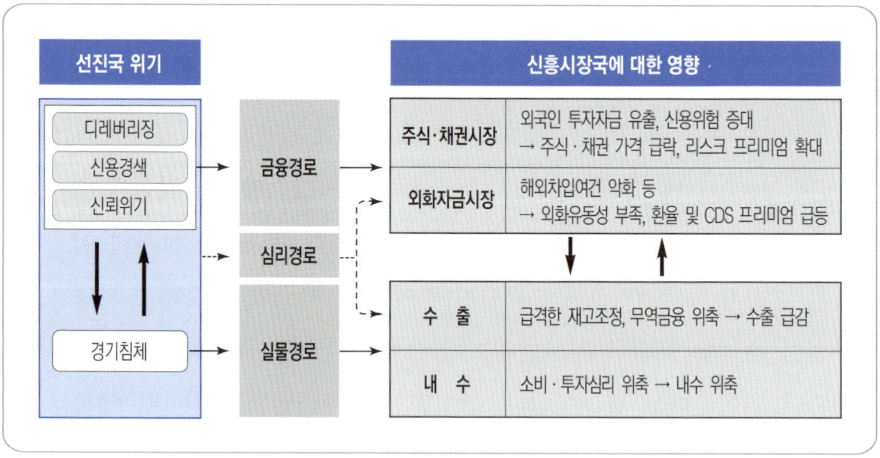

자료: 한국은행, 「통화신용정책보고서」, 2009.9, p. 9.

가정하에 2차, 3차 증권화가 진행되면서 파생금융상품 규모가 눈덩이처럼 늘어났다. 한편 기업의 파산위험 자체를 사고팔 수 있도록 고안된 신용부도스왑은 기업의 부도 시 원금손실을 피할 수 있도록 고안되었으나, 부도위험이 증가하자, 오히려 부도를 예상한 투기적 수요를 부추겼다.

요약하면 미국의 신용위기는 과잉유동성 공급으로 인하여 발생한 자산가격 버블이 붕괴되는 과정에서 과다한 부채비율을 안고 있는 금융기관들의 부실이 가중되면서 발생하였다고 볼 수 있다. 특히 비우량 담보대출은 투자은행들에 의하여 부채담보부증권으로 가공되어 기관투자가들에게 판매되었는데, 비우량 주택담보대출로 인한 손실이 발생하면서 대출업체의 파산이 속출하였다. 뿐만 아니라 대출 및 채권을 떠맡아 파생금융상품을 판매한 투자은행 및 여기에 투자한 은행까지 위기는 급속히 확산되었다. 결국 미국 금융기관의 유동성 부족은 경제 전반에 걸친 신용경색을 가져왔으며, 전 세계적인 신용경색을 초래하기에 이르렀다고 볼 수 있다.

미국의 금융위기가 당시 한국과 같은 신흥시장국으로 파급되는 경로는 <그림 8-6>과 같다. 미국을 비롯한 선진국의 금융위기는 금융경로와 실물경로, 그리고 심리경로를 통하여 신흥시장경제에 부정적인 충격을 가하게 된다. 국제금융시장의 불안과 외화차입여건의 악화로 국내금융시장에서는 주식 및 채권가격이 급락하고 리스크 프리미엄이 급등하는 한편 자본흐름이 역전되면서 외환위기 가능성이 다시 대두되었다. 한편 해외경기침체로 수출이 급감하는 한편 소비 및 투자심리의 위축으로 내수도 감소하게 된다. 요약하면 대외 금융 및 실물충격은 실물경제 위축과 금융부문의 부실화를 초래하였다.

가까스로 모면한 외환위기

한국은 1997년 외환위기를 겪고 나서 대대적인 금융부문의 개혁을 추진하였고, 대외건전성을 제고하기 위하여 각고의 노력을 경주하였다. 그럼에도 불구하고 한국은 2008년 글로벌 금융위기에서 자유로울 수 없었고, 또 한번의 위기를 맞게 되었다. 국제금융기관들이 자본 확충을 통해 자산건전성을 제고하기 위해 국내에 투자한 증권을 매도하고 자본을 회수하기 시작하자, 주가가 폭락하고 외환시장은 불안한 모습을 보였다. 환율이 급등하자 원화표시 대외부채 규모가 크게 늘었다.

또한 금융기관들이 단기외채 차환에 어려움을 겪으면서 외환조달 금리와 환율이 급등하자 원화표시 외화조달비용이 크게 증가하였다. 미국 등 선진국 경제가 급격히 위축되면서 수출이 급감하자 성장률 하락과 큰 폭의 고용감소가 뒤를 이었다. 실물경제 침체는 다시 기업의 부실과 금융기관의 자본건전성 악화를 초래하였다. 2008년 말 연체율은 1.08%로 전년 대비 0.34%포인트 상승하였고, 2009년에는 가속적으로 상승하였다. 한편 부동산시장의 거품붕괴에 따른 금융기관의 부실도 증가하였다(김인준, 2013).

2008년 후반 한국의 경제상황은 1997년 외환위기를 연상시키면서 걷잡을 수 없을 정도로 악화되었다. 한국을 바라보는 외부시각도 호의적이지 않았다. 로이터(Reuters) 통신은 달러 유동성 경색으로 은행과 기

〈그림 8-7〉 2008년 글로벌 금융위기 전후 한국의 국제수지

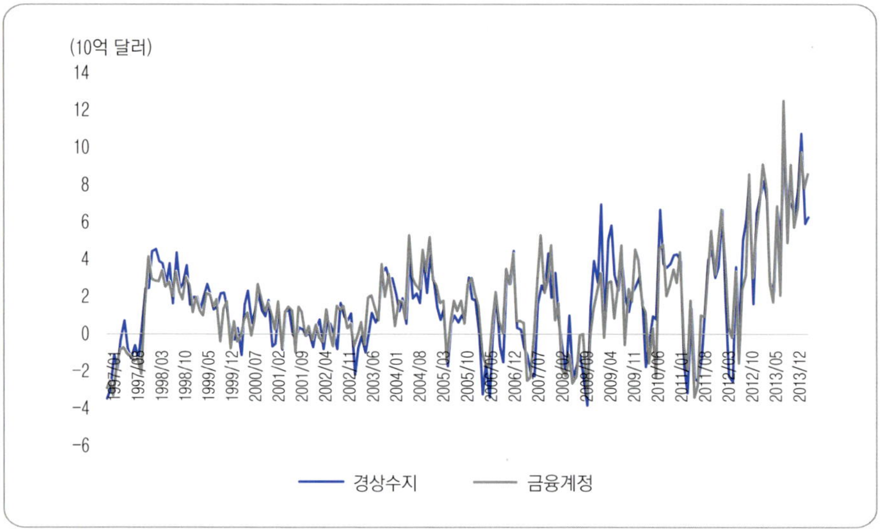

자료: 한국은행 경제통계시스템.

업이 외채상환능력을 상실할 위험에 처했다고 보도하였다. 월스트리트 저널(Wall Street Journal)도 아이슬란드의 채무불이행 위기가 고조되고 있는 상황에서, 아시아 국가 중 아이슬란드와 유사한 상황에 처할 가능성이 가장 높은 국가가 한국이라고 보도하였다.[12]

<그림 8-7>은 2008년 글로벌 금융위기 전후 한국의 국제수지 추이를 보여준다. 2008년 한국의 경상수지는 17.5억 달러의 흑자를 기록하였는데, 이는 2007년 104.7억 달러의 1/5에도 못 미치는 규모였다. 특히 2008.1~2008.8 기간 중 경상수지는 123.2억 달러의 적자를 기록하였다. 한편 거주자의 대외 금융자산 및 부채변동을 나타내는 금융계정은 크게 감소하였는데, 외국인 증권투자 및 기타투자가 크게 감소하였기 때문이다.[13] 주식시장에서 해외자본이 빠져나가고 금융기관의 대외차입에 문제

12 대한민국 정책브리핑, 2008.10.10(www.korea.kr).

13 2008년 금융계정에서 괄목할 만한 점은 해외자본의 유출이라고 할 수 있다. 외국인 증권투자는 259억 달러 감소하였고, 외국인 기타투자도 117.9억 달러 감소하였다. 한국의 준비자산 역시 2008년 한 해 동안 564억 달러 감소하였다.

가 발생하자 외환시장은 요동치기 시작하였다.

원/달러 환율은 2008년 1월 말 942.7원에서 5월 말 1,038.2원, 10월 말 1,326.8원, 그리고 11월 말 1,400.8원으로 급등하였다. 통상 환율이 25% 이상 급등할 경우 이를 외환위기의 징조로 간주하는데, 이러한 의미에서 한국은 실질적인 외환위기를 맞았다고 볼 수 있다.

글로벌 충격에 따른 원화가치 급락은 1997년 외환위기 이후 변동환율제도 도입과 외환보유고 비축 등의 많은 노력에도 불구하고 한국경제가 대외충격에 얼마나 취약한지를 여실히 보여주었다. 환율급등에도 불구하고 한국경제의 버팀목 역할을 해 왔던 수출증가는 미미하였다. 1997년에는 선진국들을 중심으로 세계경제 상황이 비교적 양호한 상태여서 원화가치가 떨어지자 수출이 늘었지만, 2008년 글로벌 금융위기 시에는 해외수요가 감소하면서 수출에 별 도움이 되지 못하였다. 경상수지는 수입이 줄면서 '불황형 흑자'를 기록하였다.

한국의 위기상황은 2009년 2/4분기 이후 글로벌 금융시장의 불안이 완화되고 세계경제가 회복세를 보이면서 해소되기 시작하였다. 미국을 비롯한 주요 선진국들은 경기부양을 위하여 금리인하, 유동성 공급확대, 부실자산 구제 등을 추진하였다.[14] 금리인하를 통한 경기부양이 한계에 부닥치자 중앙은행이 직접 국채매입을 통해 유동성을 공급하는 **양적완화**(Quantitative Easing: QE) 정책을 추진하였다. 한국의 외환시장은 2009년 3월 이후 안정을 되찾았는데, 이에 앞서 2008년 10월 30일 한미 통화당국 간 체결된 300억 달러 규모의 통화스왑협정이 대외신인도 회복에 상당한 기여를 하였다는 점을 지적해 둘 필요가 있다.

14 이환호(2010) 제15장 참조.

PART
03

한국의 금융불안과 부동산발 금융위기 시나리오

제 9 장

통화정책 정상화와 금융위기의 가능성

1 코로나 사태 이후 통화정책의 정상화

COVID-19 팬데믹과 경기부양정책

2020년 초부터 본격화된 코로나 감염증(COVID-19)은 세계경제를 얼어붙게 만들었다. 코로나로 인한 경기침체가 본격화되면서 소비와 투자가 감소하고 재화 및 서비스에 대한 총수요가 위축되었다. 동시에 코로나로 인한 격리와 지역 및 국경봉쇄는 국내외 공급망을 붕괴시켜 총공급을 감소시켰다.

<그림 9-1>은 코로나 감염증으로 인한 세계 성장률 및 인플레이션율 변화를 보여준다. 코로나 감염증이 본격화된 2020년 세계경제의 성장률은 −3.1%로 떨어졌는데, 선진국과 개도국은 각각 −4.5%와 −2.0%를 기록하였다. 한국도 −0.7%의 역성장을 보였다. 한편 물가상승률의 경우 세계경제는 2019년 3.5%에서 2020년 3.2%로 약간 감소하였다. 선진국과 개도국은 2020년 각각 0.68%와 5.2%를 기록하였다. 선진국이 전년도와 비교할 때 큰 폭으로 하락한 반면, 개도국은 오히려 상승하였다. 한국의 물가는 0.3% 상승에 그쳤다.

코로나 감염증으로 인한 경기침체가 본격화되면서 각국 정부는 적극적으로 경기부양을 추진하였다. 한국은 평소보다 얼마나 확장적으로 거시경제정책을 운용하였는지를 살펴보도록 하자. <그림 9-2>는 통화량 증가율 추이를 보여준다. 본원통화는 한국은행이 발행하는 가장 기초적 의미의 통화로서 민간화폐 보유액과 금융기관의 지급준비금을 합한 금액이다. 한국은행이 금융기관에 대출을 하거나, 외환을 매입하거나 또는 국공채를 매입하면 본원통화가 증가한다.

〈그림 9-1〉 COVID-19 팬데믹 기간 중 성장률 및 인플레이션율 변화

(단위: %)

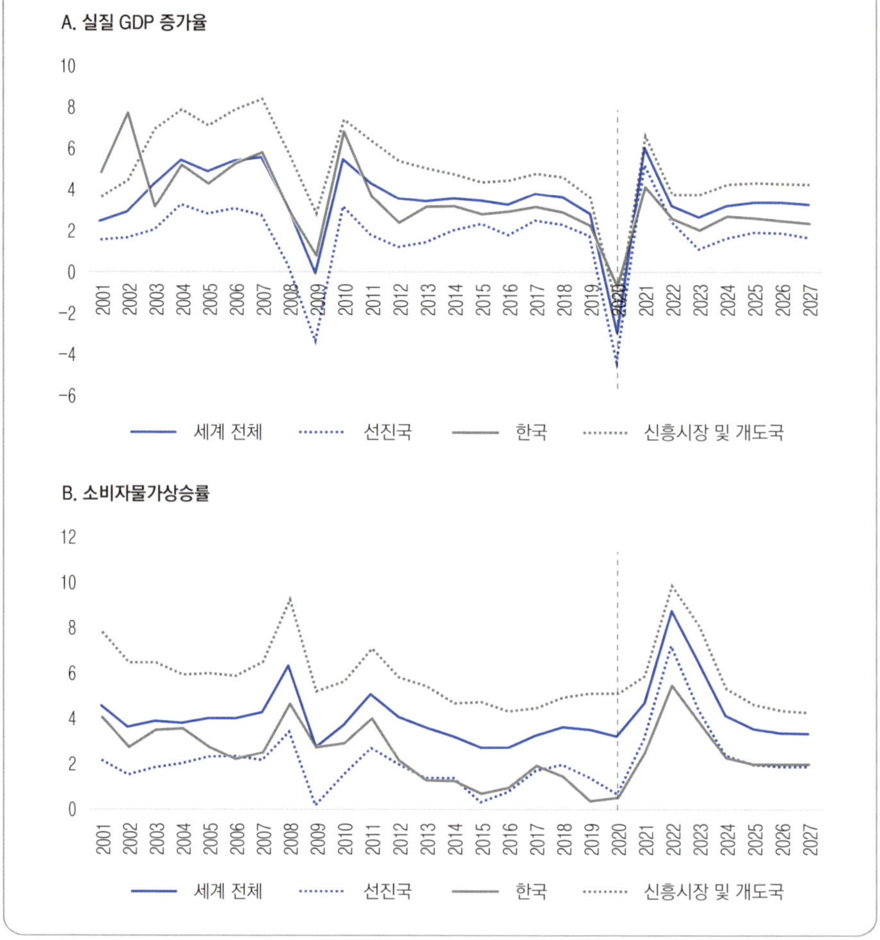

주: 2021년 이후는 전망치임.
자료: IMF, World Economic Outlook, October 2022.

본원통화는 2019년 4/4분기부터 증가율이 높아져서 2020년 2/4분기에는 5.4%를 기록하였다. 이는 한국은행이 기준금리를 낮추면서 시중금리를 인하하기 위하여 통화안정증권, 환매조건부증권(RP) 매매, 통화안정계정 등을 통하여 유동성 공급을 확대한 결과이다. 본원통화는 2021년 1/4분기 이후에는 감소세를 보이다가 2021년 4/4분기에 다시 높은 증가율

〈그림 9-2〉 통화량 증가율

(단위: %)

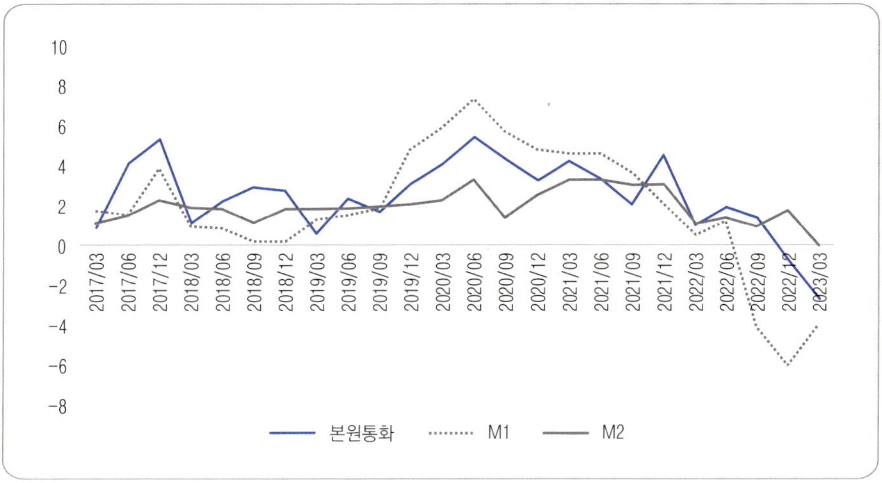

주: 전기 대비 증가율.
자료: 한국은행 경제통계시스템.

을 보였다.[1]

M1은 현금통화와 요구불예금을 합한 협의의 통화지표이다. 2019년 3/4분기부터 2021년 3/4분기까지 M1의 증가율은 본원통화의 증가율을 초과하고 있다. 이는 확장적 통화정책의 결과 예금취급기관의 대출이 크게 증가하였음을 반영한다. 한국은행은 본원통화공급을 늘리는 과정에서, 중소기업 대출실적 등에 따라 금융기관에 저리로 공급하는 금융중개지원대출도 확대하였다.[2]

한편 광의의 통화지표인 M2의 증가율은 2020년과 2021년 기간 중 본원통화의 증가율에 못 미쳤다.[3] 이는 대출에 따른 결제성 예금(요구불

1 2020년 본원통화증가율은 15.0%를 기록하여 2019년 8.5%보다 훨씬 높다. 2021년에도 16.3%의 증가율을 기록하였다. 한국은행의 기준금리는 2020년 1월 1.25%에서 3월 0.75%로 인하되었고, 5월에는 다시 0.5%로 인하되었다. 이러한 초저금리 기조는 2021년 7월까지 유지되었으나, 2022년에 들어오면서 뚜렷한 감소세로 바뀌었다. 특히 2022년 4/4분기와 2023년 1/4분기에는 부(−)의 증가율을 기록하였다.

2 M1 증가율도 2022년도에는 크게 떨어졌고, 2022년 4/4분기와 2023년 1/4분기에는 부(−)의 증가율을 기록하였다.

〈그림 9-3〉 재정지출 및 재정수입 증가율(전년 동기 대비)

(단위: %)

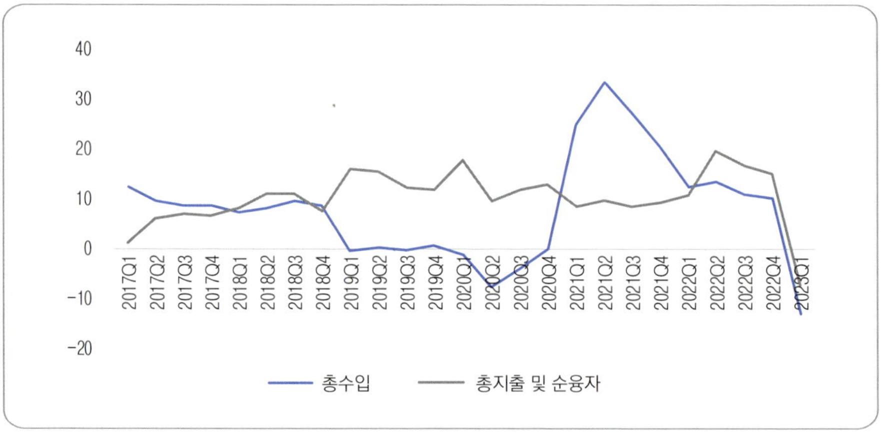

자료: 국가통계포털, 통합재정수지(https://kosis.kr/index/index.do).

예금 및 수시입출식예금)과 달리 자산 증식이나 미래지출에 대비한 저축은 상대적으로 크게 늘지 않았음을 보여준다.

다음에는 재정정책의 지표로 재정수입에서 재정지출을 제한 재정수지를 살펴보도록 하자. 재정수지의 장기적인 추세는 제5장에서 살펴본 바가 있으므로 여기서는 COVID-19 팬데믹 기간 중 분기별 자료를 살펴보기로 한다. <그림 9-3>은 통합재정수지(일반회계, 특별회계와 기금 포괄)상 지출과 수입의 전년 동기 대비 증가율 추이를 보여준다. 2019년 1/4분기에서 2020년 4/4분기 기간 중 총지출 증가율은 총수입 증가율을 추월하였다가, 2021년에 와서야 다시 총수입 증가율이 총지출 증가율을 넘어섰다. 그렇다고 해서 늘어난 적자를 흑자로 되돌리기에는 역부족이다. 통합재정수지 적자폭은 2019년 12조 원에서 2020년 71.2조 원으로 확대되었다가, 2021년 30.5조 원으로 다소 감소하였을 뿐이다.[4] 한편 재

3 M2는 M1에다 정기예 · 적금, 거주자 외화예금 및 양도성예금 증서, 시장형 금융상품, 실적배당형 금융상품, 금융채, 발행어음, 신탁형 증권저축 등을 더한 광의의 통화지표이다. 단, 유동성이 낮은 만기 2년 이상의 장기금융상품은 제외된다.

4 GDP 대비 통합재정수지비율은 2019년 −0.6%에서 2020년 −3.7%에서 확대되었다가 2021년에는 −1.5%로 적자폭이 다소 감소하였다. 2022년에는 경기침체로 총수입이 크게

정건전성 여부를 판단하는 데 사용되는 관리재정수지(통합재정수지에서 사회보장성기금 수지를 제외한 수치)을 보면 2019년 54.4조 원 적자, 2020년 112.0조 원 적자, 그리고 2021년에는 90.6조 원 적자를 기록하였다.[5]

인플레이션 우려와 금리인상

2022년에 들어오면서 코로나 감염증은 그 위험이 감소하면서 감기와 같은 유행병으로 치부되기 시작하였다. 동시에 2020년 이후 추진된 확대거시경제정책의 부작용이 가시화되기 시작하였다. 특히 세계경제 성장률이 감소하였음에도 불구하고 인플레이션율이 부쩍 높아졌다. 이러한 새로운 상황이 전개되자 주요국의 중앙은행들이 본격적으로 금리인상에 나서기 시작하였다. 이러한 선택은 가파른 물가상승에 대응하기 위하여 불가피한 측면이 있지만, 경기침체가 우려된다는 점에서 고육지책이 아닐 수 없었다.

미국의 정책금리인 **연방기금금리**(federal funds rate)는 2020년 3월 25일부터 2022년 3월 16일 기간 중 0%에 가깝게 유지되어 왔다. 연방기금금리는 은행 간 대출에 적용되는 단기이자율을 의미하는데, 금융시장의 다양한 금리를 결정하는 데 기본 잣대가 된다.[6] 2022년 3월부터 금리인상이 시작되면서 코로나 감염증에 대응하여 추진되었던 확장적 통화정책은 소위 비정상의 정상화 과정을 밟게 되었다. 여타 주요국들도 미국의 통화정책 기조 변화를 수용하여 금리인상에 나섰다. <그림 9-4>는 2001년 1월~2023년 3월 기간 중 주요국의 중앙은행 정책금리 추이를

줄면서 −3.0%로 적자폭이 다시 늘었다.

5 GDP 대비 관리재정수지비율은 2019년 −2.8%, 2020년 −5.8%, 그리고 2021년에는 −4.4%를 기록하였다. 2022년에는 −5.4%로 크게 적자폭이 확대되었다(e-나라지표, "통합재정수지" 참조).

6 미국의 중앙은행인 연준에서는 매 6주마다 열리는 연방공개시장위원회(Federal Open Market Committe: FOMC)에서 연방기금금리의 목표치를 결정하고, 여기에 맞춰서 통화량을 조정한다.

〈그림 9-4〉 주요국 중앙은행의 정책금리(2001.1~2023.5)

(단위: %)

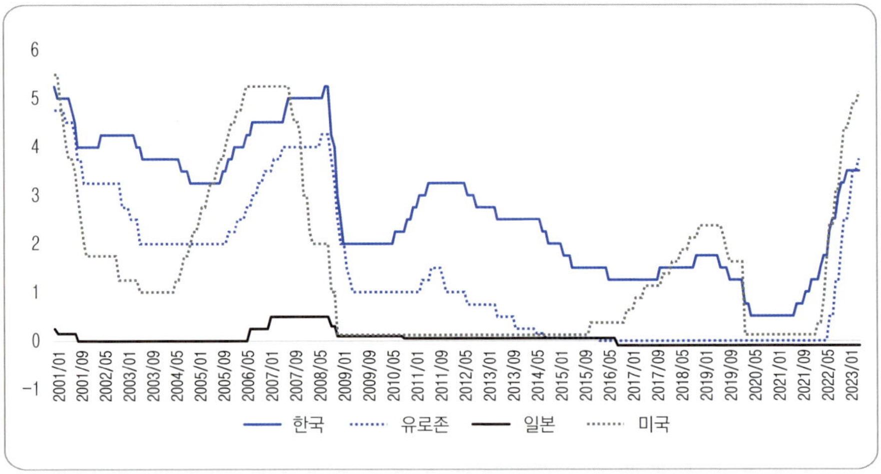

자료: 한국은행 경제통계시스템.

보여준다. 2022년 9월부터 미국의 기준금리가 한국의 기준금리를 능가하게 되었다. 2023년 5월 현재 미 연준의 기준금리는 5.0~5.25%로 16년 만에 최고치에 달하였다.

확장적 통화정책은 2008년 글로벌 금융위기 때도 강도 높게 추진된 바 있는데, 인플레이션 현상은 나타나지 않았다. 그런데 이번에는 왜 물가가 대폭으로 상승한 것인가? 그 단서는 글로벌 금융위기와 달리 확장적 통화정책 추진이 금융기관의 대출로 연결되어 통화량이 대폭 증가하였기 때문이다. 미국의 경우 서브프라임 모기지 위기로 촉발된 글로벌 금융위기 시 주택을 비롯한 자산가격이 하락하였다. 그런데 이번에는 주요 선진국의 경우 저금리정책의 영향으로 자산가격이 올랐다는 것이 다르다. 한국의 사례를 보면 확대통화정책의 결과 부동산이나 주식과 같은 자산가격의 상승기대가 형성되면서 가계대출이 크게 확대되었다. 대출자금은 다시 자산시장으로 유입되어 자산가격이 상승하는 악순환을 초래하였다.[7]

---

7 한국은행(2021.12(c)).

다른 한편으로는 확대재정정책으로 소비가 증가한 반면, 러시아의 우크라이나 침공과 글로벌 공급망 붕괴 등으로 부정적인 공급충격이 더해졌기 때문이라는 주장도 설득력을 얻고 있다. 노벨경제학상을 수상한 크루그만(Paul Krugman)은 뉴욕타임즈에 투고한 칼럼에서 국제경제환경 변화를 제대로 인지하지 못하여 인플레이션이 심각하지 않을 것이라고 잘못 예측하였음을 고백한 바 있다.[8] 그는 미 정부의 대규모 구제프로그램 추진으로 인한 지출증가가 서비스보다 상품소비에 집중되면서 운송 컨테이너 부족이나 항구 용량의 부족현상이 나타났고, 퇴직, 이민 감소, 육아서비스 부족 등의 요인이 복합적으로 작용하여 전반적인 생산능력이 감소하였다고 주장하였다.

생산능력의 감소가 단기에 그치지 않는 구조적 문제라면 인플레이션율이 쉽게 떨어지지 않을 것이라는 지적도 있다. 서머스(Larry Summers)는 2008년 글로벌 금융위기 때에는 만성적인 수요 부족과 투자 기피 탓에 저물가・저금리・저성장이 닥쳤지만, 지금은 재정지출이 인구문제나 지정학적 불안 때문에 늘어날 수 없기 때문에 고물가・고금리가 상당기간 지속될 것이라고 주장하였다.[9]

여러 논란이 있지만 미국이 인플레이션이 안정될 때까지 금리인상을 지속하는 한 다른 나라에도 상당한 파급효과를 미칠 수밖에 없다. 특히 대외의존도가 높은 한국으로서는 미국의 기준금리 인상을 무시하고 독자적인 통화정책을 추진하는 데 한계가 있을 것이다. <그림 9-5>는 국내외 기준금리 인상의 파급경로를 정리한 것이다(한국은행, 2022.12(b)). 우선 한국의 기준금리 인상은 이자비용의 증가, 투자위험선호 경향의 약화, 그리고 유동성 축소를 가져올 것이다. 한편 미국 등 주요국의 금리인상으로 국제금융시장의 변동성이 확대되고, 글로벌 경기둔화가 우려된다. 여기에다가 국내외 금리차가 벌어지게 되면 자본유출이 증가하

8 Krugman(2022).

9 이데일리(2023.1.8)

〈그림 9-5〉 기준금리 인상의 파급경로

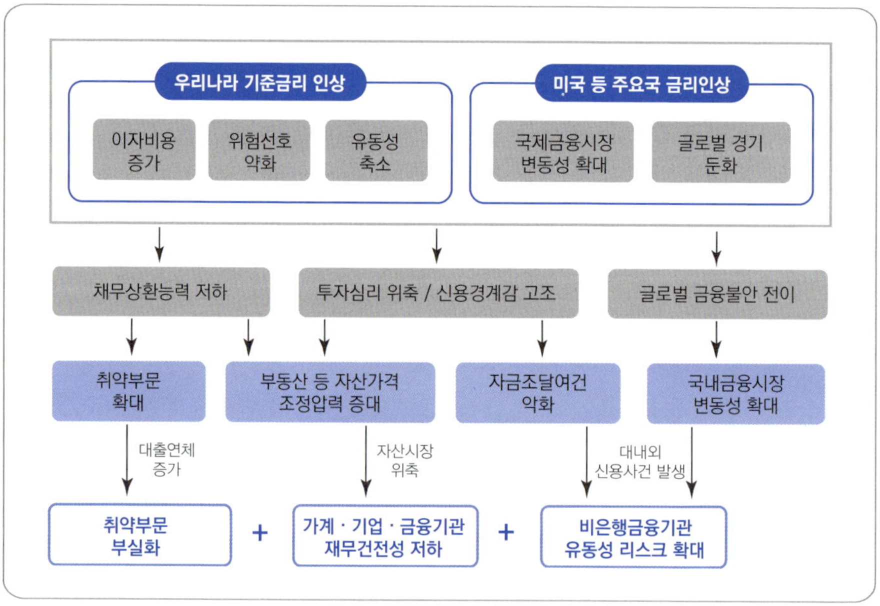

자료: 한국은행, 『금융안정보고서』, 2022.12, p. 112.

고, 원/달러 환율 상승 및 주가 하락의 가능성이 커질 것이다. 한편 실물부문에서는 글로벌 경기둔화에 따라 수출이 감소하고 국내경기가 둔화되며, 기업 및 가계의 소득이 감소하게 될 것이다. 또한 금리인상으로 주택시장이 위축되고 가계와 기업의 채무상환 부담이 증가할 것이다.

기준금리 인상은 취약부문의 부실화, 가계, 기업 및 금융기관의 재무건전성 저하, 그리고 비은행금융기관의 유동성 리스크를 확대시키는 결과를 가져올 것이다. 이러한 충격을 잘 이겨내면 중장기적으로는 민간신용 증가세가 둔화되고 경제여건과 자산가격 간 괴리가 축소되어 금융불균형이 축소될 수 있다. 그러나 단기적으로는 금융불안이 확대될 것이다(한국은행, 2022.12).

2 금리인상과 금융시장의 반응

은행대출시장

2022년 상반기부터 미국 연준이 기준금리를 인상하자 한국은행도 긴축정책으로 전환하였다. 기준금리의 인상과 함께 은행부문의 대출금리가 상승하였고, 대출조건도 까다로워졌다. 구체적으로 가계와 기업대출에 어떠한 영향을 미쳤는지를 다각적으로 검토하도록 한다.

우선 은행부문의 대출금리가 어떻게 변하였는지를 살펴보자. <그림 9-6>은 예금은행과 비은행금융기관의 가계대출 및 기업대출의 금리 추이를 보여준다. 예금은행이란 예금을 받아 대출을 하는 금융중개기관을 일컫는데, 시중은행, 지방은행, 특수은행, 외국계은행 및 인터넷 전문은행이 해당된다. 이들 예금은행의 신규취급액 기준대출금리는 2020년 초를 전후하여 하락하기 시작하여 2020년 8월에는 가계대출금리는 2.55%, 그리고 기업대출금리는 2.68%를 기록한 후 상승세로 전환되었다.[10] 흥미로운 점은 이러한 대출금리 상승이 한국은행의 기준금리 상승보다 앞서 나타났다는 점이다. 이후 가계대출금리는 2022년 12월 5.6%, 그리고 기업대출금리는 2022년 11월 5.67%를 기록하였는데, 이는 코로나 감염증이 확산되던 2020년 8월과 비교하면 2배 이상 높은 수준이다. 이후 예금은행의 대출금리는 다시 하락세로 돌아섰는데, 이러한 변화 역시 한국은행의 기준금리 추세와는 상당한 괴리를 보이고 있다는 점에서 금융감독기관의 개입 여부가 논란이 되고 있다.

한편 비은행금융기관의 대출금리는 예금은행의 대출금리보다 상당히 높을 뿐 아니라 그 추세도 사뭇 다른 모습을 보이고 있다.[11] 상호저축은행

---

10 가계대출은 주택담보대출, 보증대출, 신용대출 3가지 방식으로 나눌 수 있는데, 이 중 가장 금리가 낮은 것은 주택담보대출 방식이다. 한편 기업대출금리의 경우는 대기업이 중소기업보다 낮다.

11 한국의 금융기관에 대한 자세한 설명은 제6장 부록 참조.

〈그림 9-6〉 예금은행 및 비은행금융기관의 대출금리

(단위: %)

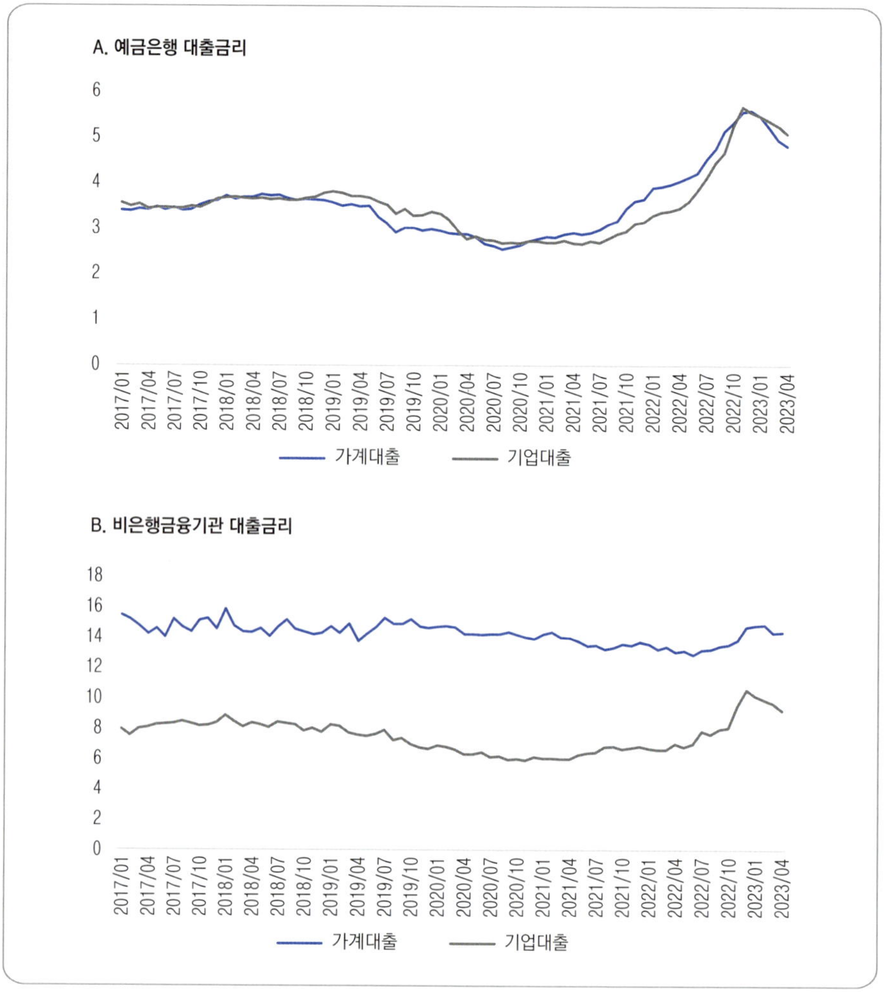

주: 신규취급액 기준. 비은행금융기관은 상호저축은행(일반대출)을 지칭.
자료: 한국은행 경제통계시스템, 금리.

의 일반대출 시 가계대출금리는 2020년 2월 14.81% 이후 하락세를 보이기 시작하여 2022년 6월에는 12.89%를 기록하였다. 이후 상승세를 이어가고 있는데 2023년 2월에는 14.87%를 기록하였다. 한편 기업대출의 경우는 2020년 1월 6.91% 이후 하락세로 전환되었지만, 2020년 9월 5.99%를 저점으로 다시 상승하기 시작하였다. 2022년 12월 10.59%를 기록한 후 다시 하락세를 보이고 있다. 이러한 비은행금융기관의 대출금리 추세 역시 한국은행의 기준금리와는 상당히 다른 모습을 보이고 있다.

다음에는 은행부문의 가계 및 기업대출규모가 어떻게 변하였는지를 살펴보도록 하자. 자료의 일관성을 위하여 은행부문을 일반은행과 특수은행뿐 아니라 비은행예금취급기관을 포괄하는 예금취급기관으로 정의하도록 한다.[12] <그림 9-7>은 한국은행의 자금순환표상 예금취급기관의 가계 및 기업에 대한 대출잔고 추이를 보여준다.

첫째, 가계대출잔고의 전기 대비 증가율은 2020년 1/4분기 1.1%에서 2020년 4/4분기 3.4%로 큰 폭으로 상승하였다. 이 기간 중 주택담보대출은 꾸준한 증가율을 보인 반면 기타대출은 더 큰 폭의 증가율을 보였다. 이는 가계가 생활을 목적으로 금융기관으로부터 빌린 대출 및 사업자로 등록되지 않은 개인에 대한 대출이 급증하였기 때문이다. 이후 가계대출잔고의 증가율은 둔화되기 시작하여 2021년 4/4분기에는 1.9%, 그리고 2022년 4/4분기에는 0.1%를 기록하였다. 이러한 하락세는 대출금리 상승뿐 아니라 대출조건의 강화를 반영한다.

둘째, 예금취급기관의 기업대출잔고 추세는 가계대출과는 상당히 다른 모습을 보이고 있다. 기업대출잔고는 2020년 4/4분기 이후 2022년 3/4분기까지 빠르게 증가하였다. 이는 가계대출과 달리 기업대출은 금리인상에도 불구하고 상당기간 지속되었음을 의미한다. 2022년 4/4분기에 와서야 기업대출잔고의 증가율은 0.3%로 떨어졌다.[13]

그렇다면 기준금리의 인상은 은행부문의 수익에 어떠한 영향을 미쳤을까? 국내은행의 수익은 2020년 코로나 감염증으로 감소하였다가,

12 한국은행 경제통계시스템에서 예금취급기관은 은행과 비은행기관으로 구별된다. 전자는 일반은행과 특수은행(한국산업은행, 한국수출입은행, 중소기업은행, 농협은행 및 수협은행)을 포괄한다. 후자에는 상호저축은행, 신용협동기구, 우체국예금, 종합금융회사 등이 포함된다.

13 기업신용의 구성비를 보면 회사채 비중이 금융기관대출 비중보다 높은데, 회사채 발행은 2020년 전반기와 2021년 전반기에 높은 증가세를 보였다.

〈그림 9-7〉 예금취급기관의 가계대출 및 기업대출

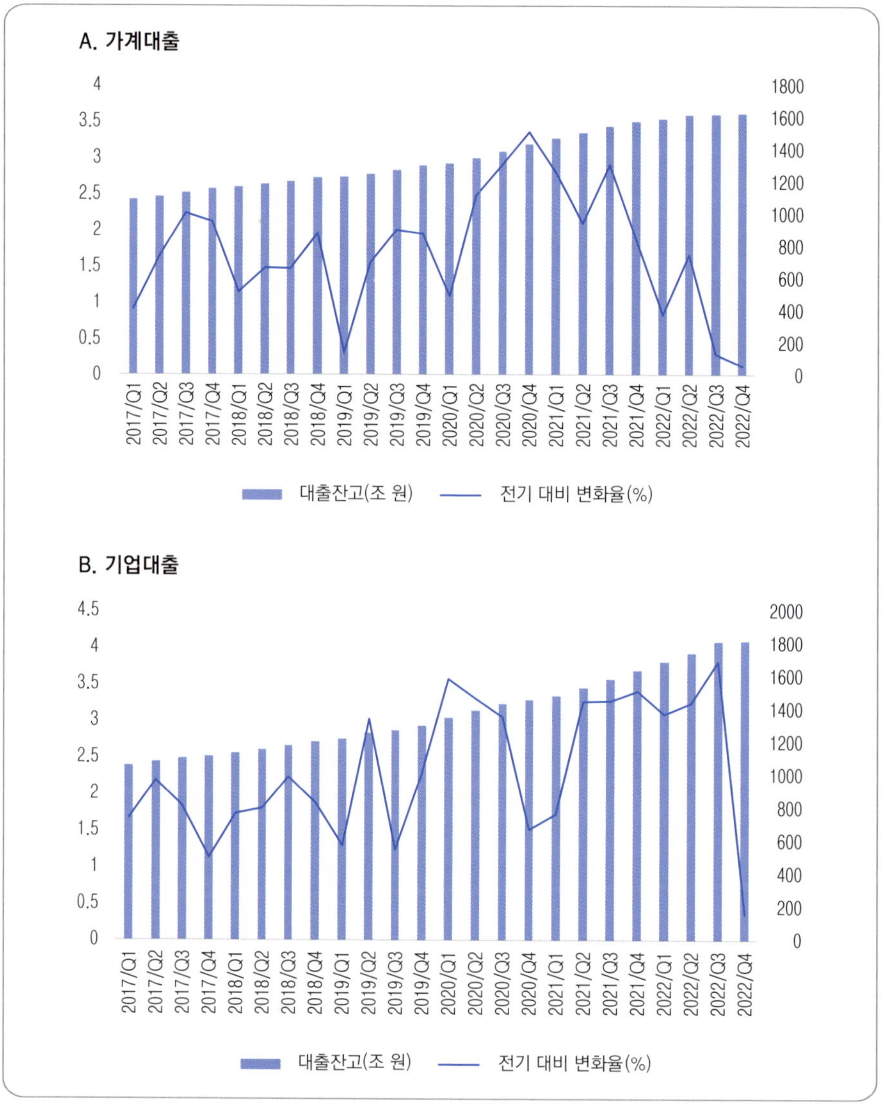

주: 예금취급기관(은행 및 비은행)의 대출잔고 기준. 우축은 대출잔고, 좌축은 변화율 표시.
자료: 한국은행, 자금순환표(금융자산부채잔액표).

〈그림 9-8〉 은행대출금 연체율(2017.1~2023.3)

(단위: %)

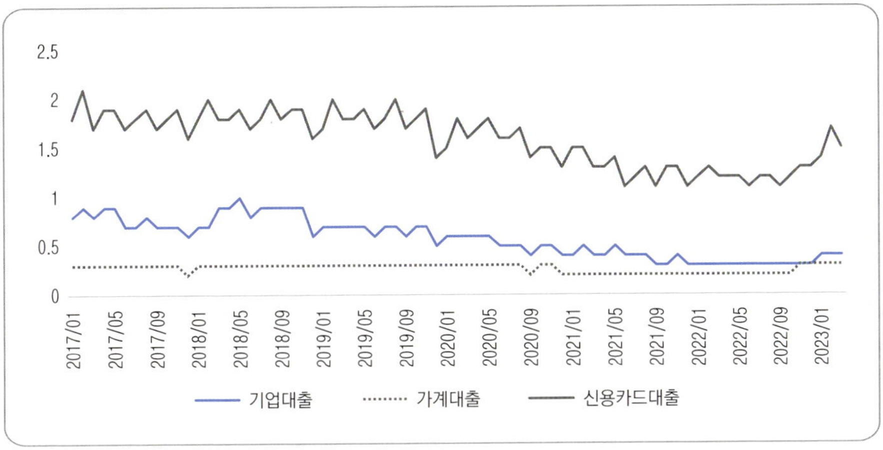

주: 일반은행과 특수은행 대출금 연체율의 가중평균치.
자료: 한국은행 경제통계시스템, 은행대출금 연체율.

2021년에는 회복세를 보였다. 2022년에는 시장금리 상승에 힘입어 수익이 큰 폭으로 증가하였다.[14] 하지만 2023년에도 은행의 양호한 영업실적이 지속될 수 있을 것인가는 미국의 은행위기 가능성이 부각되면서 불투명한 상황이다.

<그림 9-8>은 일반은행과 특수은행을 가중평균한 은행부문의 대출연체율 추세를 보여준다. 2020년 가계대출금 연체율이나 기업대출금 연체율은 각각 0.29%와 0.43%를 기록하였다가, 2021년에는 0.20%와 0.33%로 하락하였다. 그런데 2022년에는 가계대출금 연체율이 0.23%로 다소 증가한 반면, 기업대출금 연체율은 0.26%로 다소 하락하였다. 한편 신용카드 대출금의 연체율은 완만한 하락세를 보이다가 2022년 9월 이후 상승세로 전환되었다.[15]

14 금융감독원에 따르면 국내은행의 총자산순이익률(ROA)은 2019년 0.52%에서 2020년 0.42%로 하락하였다가 2021년에는 0.53%, 2022년에는 0.52%를 기록하였다. 자기자본순이익률(ROE)은 2019년 6.72%에서 2020년 5.63%로 하락하였다가 2021년 7.01%로 상승하였고 2022년에는 다시 7.41%로 상승하였다.

15 2023년 초 기업대출금과 가계대출금 연체율은 큰 변화가 없으나, 신용카드대출금 연체율

문제는 2023년에 들어와 금리인상이 가계대출과 기업대출 연체율에 미치는 영향이 본격적으로 나타나고 있다는 점이다. 이 중에서도 가계신용대출과 중소기업대출 연체율이 상대적으로 빠르게 증가하고 있다. 게다가 소상공인 · 자영업자에 대한 대출만기연장이나 이자상환유예 조치 등으로 들어나지 않은 부실채권도 있기 때문에 은행부문에 대한 타격은 불가피할 것이다.

외환시장

미국 연준의 공격적인 금리인상은 달러 강세를 초래하였다. 2020년 코로나 감염증이 확산되면서 달러화의 교환가치는 반짝 상승하였다. 이후 하향세로 돌아섰던 달러화 가치는 2021년 하반기부터 다시 상승세를 이어나가고 있다. 세계경제가 위기에 처할 때마다 달러화 가치가 오르는 것은 안전자산 선호의 결과라고 하지만, 전 세계적으로 경기침체와 인플레이션이 만연한 상황에서 미국 달러 강세를 보였던 것을 어떻게 설명할 수 있는가?

<그림 9-9>는 주요 통화의 무역가중치를 이용하여 도출한 **달러인덱스**(U.S. Dollar Index) 추세를 보여준다.[16] 달러인덱스의 상승(하락)은 다른 통화에 비하여 달러화의 가치가 상승(하락)함을 의미한다. 2006년 1월을 기준으로 할 때 달러가치가 상승세를 보인 기간은 글로벌 금융위기 직후인 2008년 11월~2009년 4월, 그리고 미국경제 회복세가 상대적으로 견고해진 2014년 12월~2015년 12월 기간이다. 2016년에서 2019년 기간 중 안정적인 모습을 보이던 달러는 2020년 코로나 감염증이 본격적으로 퍼지면서 반짝 상승세를 보였다. 이후 횡보하던 달러는 2022년 3월 이

은 2023년 2월 1.7%로 정점에 달하였다.

16 달러인덱스는 2006년 1월을 기준으로 미국 달러화가 여타 통화에 비하여 상대적으로 얼마나 가치가 올라갔는지를 보여준다. 여기서 소개하는 브로드 달러인덱스(the nominal broad dollar index)는 주요 26개국(선진 7개국과 신흥시장국 19개국) 통화를 대상으로 달러화 1단위의 교환비율을 무역가중치를 사용하여 평균한 값이다.

〈그림 9-9〉 달러인덱스(2006.1.2~2023.4.14)

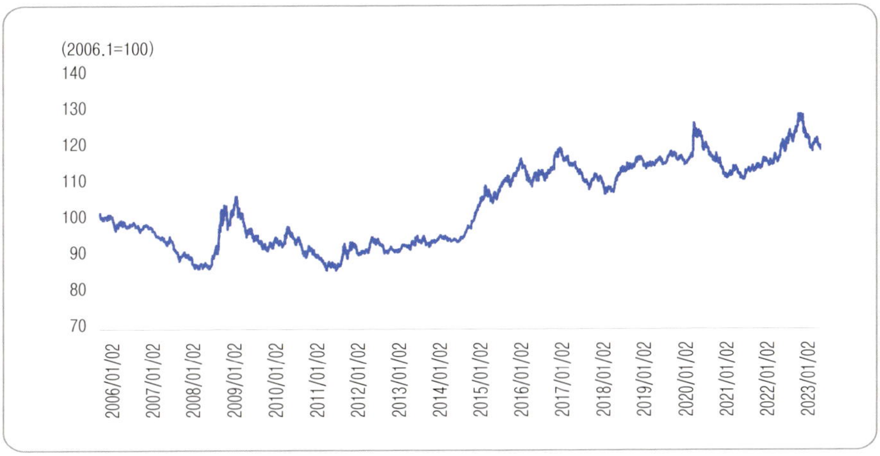

자료: Board of Governors of the Federal Reserve System(US), "Nominal Broad U.S. Dollar Index" (https://fred.stlouisfed.org/series/DTWEXBGS).

후 서서히 상승하기 시작하였고, 7월 이후에는 급등세를 보였다. 그 배경에 미국 연준의 금리인상이 자리잡고 있는 것은 자명하다.

달러화 강세가 대세라면 원/달러 환율의 상승 또한 별로 이상할 것이 없다. <그림 9-10>은 1991.1.3~2023.4.20 기간 중 원화의 대미달러 환율 추이를 보여준다. 원화 환율은 1997년 외환위기가 발생한 직후인 1997년 12월 23일 1,962원으로 최고치를 기록하였다가 12월 24일에 극적으로 한국과 IMF와의 추가 합의와 함께 조기 자금지원이 발표되면서 안정된 바 있다. 2008년 글로벌 금융위기 때도 원/달러 환율은 9월 1일에 1,110원을 넘어섰고 2009년 3월 2일에는 1,570원에 달하였다. 2008년 10월 30일 미국과의 300억 달러 규모의 통화스왑, 그리고 2008년 12월 13일 일본 및 중국과 각각 300억 달러 규모의 통화스왑을 체결하면서 원/달러 환율은 안정세로 돌아섰다.

금리가 인상되면서 원/달러 환율은 상승세를 보이고 있다. 2022년 9월 30일 1,439원을 기록하여 최고점에 달하였는데, 연초의 1,192원과 비교하면 20% 정도 상승한 수치이다. 1997년 외환위기나 2008년 글로벌 금

〈그림 9-10〉 원화의 대미달러화 환율(1991.1.3~2023.4.20)

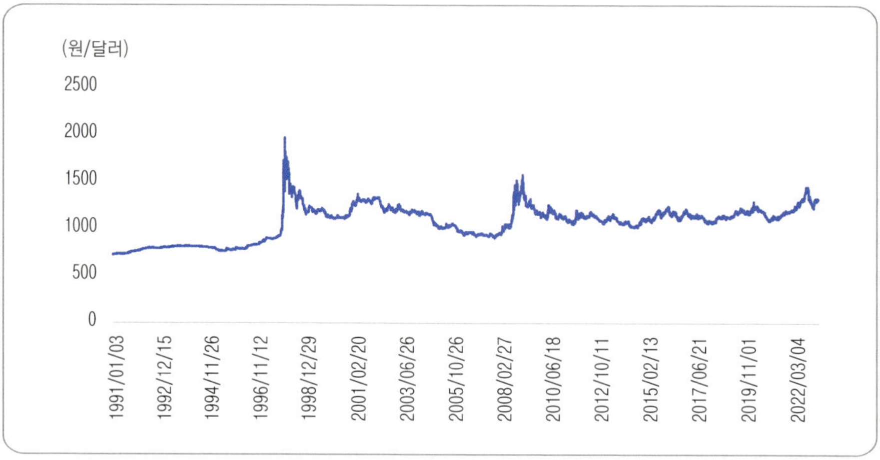

자료: 한국은행 경제통계시스템.

융위기 때에는 못 미치지만, 상당히 가파른 상승세를 보였다고 할 수 있다. 달러인덱스가 연초보다 10.4% 증가한 것과 비교하면 원/달러 환율의 상승폭은 약 2배에 달한다. 같은 기간 유로 및 파운드 가치가 각각 13.7%와 17.7% 하락하였고, 엔화 가치는 25.5%나 하락하였다. 원/달러 환율의 상승세는 2022년 10월 하순부터는 하락세로 반전되었지만, 2023년 2월부터 원/달러 환율은 다시 상승하기 시작하였고, 그 변동성도 확대되고 있다.

최근의 강달러 현상은 미국 금리가 다른 주요국에 비하여 빠른 속도로 상승하였다는 것이 가장 큰 원인이라고 할 수 있다(<그림 9-4> 참조). 미국의 기준금리는 2022년 12월 4%를 넘어섰고 2023년 5월 상단 5.25%에 달하고 있다. 2022년 7월부터 한국의 정책금리 수준을 넘어서기 시작하였고 양국의 금리차는 계속 확대되어 왔다. 그동안 미 연준이 금리인상을 단행하거나 추가적으로 인상할 것이라는 예상이 우세할 때마다 원/달러 환율은 상승하는 양상을 보여 왔다. 하지만 한국은행이 원/달러 환율을 안정시키기 위하여 금리를 인상하여야 하는가는 다른 문제이다. 한국은행법에 따르면 통화정책의 목표는 물가안정과 금융안정이다. 여기에 추가적으로 환율안정을 또 다른 목표로 추가하는 것은 무리일 것이다. 한편 미 연준의 기준금리와 한국의 기준금리가 원/달러 환율에 미치는 영향은 대등하지 않다는 것도 문제이다. 다시 말하자면 미 연준의 기준금리가 강달러 현상에 미치는 영향이 훨씬 크기 때문에, 금리인상에 대한 기대가 바뀌지 않는 한 한국의 기준금리가 인상되더라도 원화 약세를 벗어나기는 쉽지 않을 것이다.

최근 원화가치의 하락폭이 상대적으로 크게 나타난 이유는 미 연준의 긴축통화정책뿐 아니라 심각한 무역수지 악화가 큰 영향을 미쳤을 것이라는 주장도 있다(유은혜, 2023). 무역수지는 통관기준 수출액에서 수입액을 제한 금액으로 상품의 국제경쟁력을 나타내는 지표이다. 대외의존도가 높은 한국경제의 특성상 무역수지가 장기적으로 적자를 기록하게 된다면 대외신인도와 함께 통화가치의 하락이 예상된다.[17] 그렇다면 중국을 비롯한 주요 수출대상국의 경기침체와 반도체 수출의 부진, 그리고 러시아의 우크라이나 침공으로 인한 국제에너지 가격상승 등이 얼마나 지속될지 여부가 원화 약세가 구조적인가 아니면 일시적인가를 결정짓게 될 것이다. 만약 이러한 추세가 장기적이라면 단순히 원/달러 환율뿐 아니라, 한국경제의 성장잠재력을 위협하는 심각한 상황이 아닐 수 없다. 더욱이 환율상승에도 불구하고 수출이 크게 늘지 않는 현상은 외환위기나 글로벌 위기 때와 확연히 다른 것으로 한국경제의 위기 우려를 증폭시키는 한 요인이 될 것이다.

17 한국의 무역수지는 2022년 3월 이후 2023년 5월까지 15개월 연속 적자를 보였다. 그 원인으로는 주요국 수입수요 감소와 반도체 가격 하락 등이 주요인으로 지적되고 있다(산업통상부, 2023). 한편 경상수지는 2022년 8월과 11월에 각각 29억 달러와 0.2억 달러의 적자를 기록하였고, 2023년 1월에는 45억 달러에 달하는 적자를 기록하였다(e-나라지표, 2023.4.21). 이 역시 상품수지 적자가 늘어났기 때문이지만, 본원소득수지의 견고한 흑자추세에 힘입어 연간 경상수지는 흑자를 기록할 것으로 전망된다.

주식시장

금리가 상승하면 일반적으로 주식시장에 부정적인 영향을 미치게 될 것이다. 첫째, 금리가 오르면 주식보다는 채권이나 정기예금과 같이 위험이 적은 금융상품의 수익률이 상대적으로 증가하기 때문에 주식시장에서 자금이 빠져나가게 될 것이다. 둘째, 금리가 오르면 기업의 자금조달비용이 상승하게 되므로 매출이 동시에 증가하지 않는다면 이윤이 줄기 때문에 주가는 하락하게 된다.

그렇다고 주가와 금리가 반드시 반대로 움직이는 것은 아니다. 경기가 호황일 경우 주가는 올라가고, 기업의 자금수요 증가에 따라 금리도 올라가게 된다. 실제로 미국의 사례를 보면 2000년 초부터 글로벌 금융위기가 발생하기 이전까지는 금리와 주가가 유사한 움직임을 보였다. 한편 경기가 침체될 때를 보면 주가도 떨어지고 금리도 떨어진다. 2008년 글로벌 금융위기 직후나 2020년 초 코로나 감염증이 확산되기 시작할 때가 여기에 해당된다.

<그림 9-11>은 미국 다우존스(Dow Jones) 지수와 한국 코스피(KOSPI) 지수의 추이를 보여준다. 두 지수는 길게 보면 유사한 추세를 보이고 있지만, 추세의 지속기간이나 지수의 변동폭에 있어서는 상당한 차이를 보이고 있다. 한국 코스피 지수는 1997년 외환위기를 겪으면서 크게 떨어졌기 때문에 미국의 다우존스와 비교할 때 글로벌 금융위기 전까지는 빠른 증가세를 보이는 것처럼 보인다. 그렇지만 글로벌 금융위기 이후를 놓고 보면 미국 주가는 변동성이 비교적 작고, 매우 빠른 증가세를 이어갔다. 이는 미국 연준의 확장적 통화정책의 강도가 한국보다 강한 데 기인하기도 하지만, 한국 증시가 국제금융시장 충격에 취약하기 때문이라고도 할 수 있다.

인플레이션 퇴치를 목표로 하는 금리인상은 주가하락으로 이어질 수밖에 없다. 미국의 경우 2021년 9월부터 주가가 하락하기 시작하였다. 다우존스 지수는 2021년 8월 35,361을 기록한 후 하락세로 반전되어

〈그림 9-11〉 **한국과 미국의 주가지수(2001.1~2023.5)**

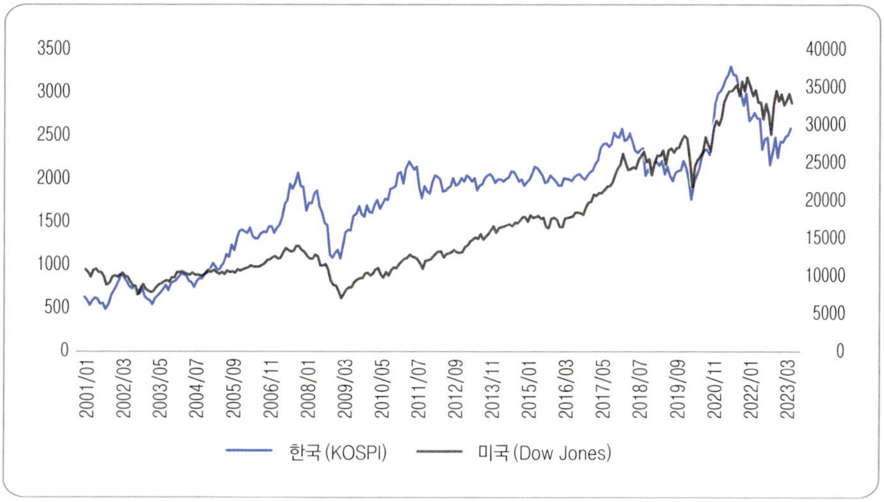

주: 코스피는 왼쪽 축(1980.1.4=100), 다우존스는 오른쪽 축(1896.5.26=100).
자료: 한국은행 경제통계시스템, 주요국 주가지수(월별).

2022년 9월에 28,725까지 약 20% 정도 하락하였다. 이후 다소 반등하였으나, 연준의 금리결정에 대한 발표가 있을 때마다 큰 폭의 변동성을 보이고 있다. 2023년에도 1월 34,147, 2월 32,656, 그리고 3월 33,274 등 등락을 지속하였고, 4월에도 박스권 장세가 이어지다가 5월에는 32,908을 기록하였다.

한편 한국의 코스피는 2021년 6월 3,297의 최고치를 기록한 후 하락하기 시작하여 2022년 9월에는 2,155까지 떨어졌다. 단기간에 주가가 30%만큼 떨어졌다는 것은 그만큼 금리인상 충격이 컸다는 것을 보여준다. 이후 회복세를 보이던 주가지수는 2022년 11월 2,473을 기록한 후 다음 달인 12월에는 2,236으로 하락하였다. 2023년에도 등락을 계속하고 있는데, 5월에는 2,577로 마감하였다. 한국의 주가변동폭은 주요 선진국은 물론 대부분의 신흥시장국보다 크다. 그 이유 중 하나는 주식시장에서 차지하는 외국인 지분이 크고, 또 외국인 투자자금이 국제금융시장 충격에 민감하게 반응하기 때문이다. 주식시장의 시가총액 기준

〈그림 9-12〉 외국인 주식보유비율

(단위: %)

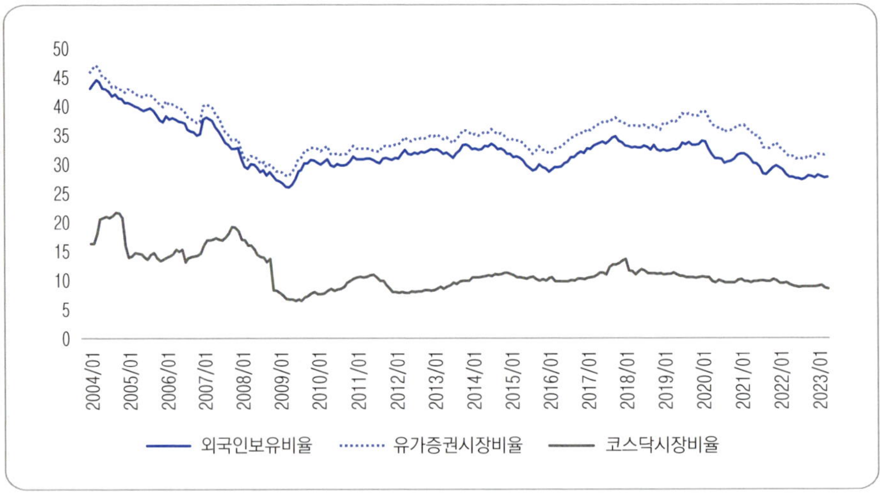

주: 시가총액 기준.

자료: 한국거래소 정보데이터시스템, "주식 외국인보유량 추이"; e-나라통계, "외국인증권투자 현황"에서 재인용.

외국인보유 비중은 2020년 1월 33.8%에서 2022년 8월 27.2%까지 하락하였다(<그림 9-12> 참조). 2023년에도 이러한 추세는 지속되고 있다. 금리인상 시 주식에서 채권이나 정기예금으로 자금이 재배분되는 것은 당연하다. 그러나 이러한 현상이 한국경제의 전반적 경쟁력 하락에 따른 투자매력의 감소를 반영한다면 위기신호로 받아들여야 마땅할 것이다.

채권시장

금리인상과 국제유동성 축소 충격은 국내채권시장에 상당한 충격을 주었다. 그런데 국내채권금리는 그보다 훨씬 이전부터 오르기 시작했다. <그림 9-13>은 대표적인 시장금리인 국고채(3년물)와 회사채(AA-) 금리 추세를 보여준다. 국고채 금리는 코로나 감염증이 만연하기 시작한 2020년 초에는 하락하다가 2020년 5월 이후 서서히 상승하기 시작하였다.

이렇게 국고채 금리가 한국은행의 금리인상 추진 이전부터 오른 것은 코로나 사태에 대응하기 위하여 정부가 국고채 발행을 늘렸기 때문

〈그림 9-13〉 **국고채와 회사채 금리**

(단위: %)

주: 국고채는 3년 만기 기준. 회사채는 신용등급 AA- 기준.
자료: 한국은행 경제통계시스템.

이다. 국채의 발행잔고증가율은 2020년(1/4분기) 7.2%, 그리고 2021년(1/4분기) 6.9%를 기록하여 2018년(1/4분기) 4.2%나 2019년(1/4분기) 5.3%와 비교하면 확연한 증가세를 보였다.[18] 뿐만 아니라, 지방자치단체들이 발행한 지방채도 이전과 달리 증가율이 크게 늘었다.[19] 특별법에 의해 설립된 공공기관이 발행하는 특수채의 경우는 2019년 4/4분기부터 2020년 2/4분기까지 상대적으로 높은 증가율을 보였다.[20] 한편 회사채의 경우에는 코로나 사태로 인한 금융시장 불안으로 신규발행이 어려워졌고, 2021년 8월 이후에는 본격적으로 금리가 상승하기 시작하였다.

이러한 상황은 2022년 미 연준의 기준금리 인상이 추진되면서 더욱 심화되었다. 주목할 점은 금리인상에도 불구하고 채권시장의 수급 불균형이 확대되었다는 점이다. 국고채의 경우 발행 확대, 주요 기관투자자

18 국채에는 국고채, 외국환평형기금채권, 국민주택채권, 재정증권이 포함된다.
19 지방채의 대표적 예로는 도시철도채권과 지역개발채권이 있다.
20 특수채의 예로는 한국전력공사채권과 토지개발채권을 들 수 있다.

및 외국인의 투자수요 약화 등으로 국고채의 수급부담이 가중되었다. 이에 따라 국고채시장은 회전율이 크게 하락하는 등 유동성이 낮아졌다(정화영, 2022). 회사채시장도 신용스프레드가 확대되었는데, 이는 주요 기관의 투자여력이 약화된 가운데 신용위험 경계감의 확대와 금리 불확실성의 확대로 유동성이 낮은 채권 수요가 크게 위축되었기 때문이다(한국은행, 2022.10).

회사채 금리의 확대와 함께 주목할 만한 점은 채권시장의 유동성 축소에 따른 발행여건의 약화이다. 특히 2022년 9월 발생한 강원도 레고랜드 사태로 금융시장이 급격히 경색되면서 공사채마저 매각이 연기된 바 있다.[21] 일례로 한국전력공사(AAA급) 채권도 2,000억 원의 모집 물량을 채우지 못해 발행에 실패하였고, 국가철도공단(AAA급), 한국도로공사(AAA급), 인천교통공사(AAA급) 등도 300억~1,500억 원의 공사채 발행을 포기하기에 이르렀다.

채권시장 불안을 증폭시킨 또 다른 사태는 흥국생명이 금리인상과 환율인상에 따른 부담을 우려하여 외화채권의 조기상환을 미룬 사건이다.[22] 뒤늦게 문제의 심각성을 깨달은 금융감독기관의 개입으로 흥국생명은 콜옵션을 행사하기로 결정하였지만, 국내 기업의 외화표시채권 가격은 크게 떨어졌다.

이상과 같은 일련의 사태는 국고채와 회사채 금리를 끌어올리는 한편

21 2020년 레고랜드는 건설자금을 조달하기 위해 유동화전문회사 아이원제일차를 설립하고, 2,050억 원 어치의 자산유동화기업어음(ABCP)을 발행하였고, 강원도가 지급보증을 섰다. 그런데 해당 자산유동화증권은 대출 만기일이 도래했음에도 이를 상환하지 못하는 사태가 발생하였다. 10월 5일 강원도가 보증한 레고랜드 자산유동화기업어음이 최종 부도 처리되면서 채권시장은 급속히 얼어붙었다. 사태가 커지자 김진태 강원도지사는 10월 21일 문제가 된 ABCP 2,050억 원을 2023년 1월까지 전액 상환하겠다고 입장을 번복하였다.

22 통상 금융사들이 자본 확충 목적으로 발행하는 신종자본증권은 만기가 30년 이상으로 매우 길지만 5년 내에 조기상환하는 것이 관행이다. 그런데 흥국생명에서 불문율을 어긴 것이다.

두 금리 간 스프레드를 확대시키는 결과를 초래하였다. 다행히 2022년 10월 하순에는 국고채 금리와 회사채 금리 둘 다 하향세로 돌아섰다. 회사채와 국고채 간 금리차도 12월 중순 이후 감소하기 시작하면서 채권시장의 수급불균형이 어느 정도 해소되는 모습을 보이고 있다. 2023년 4월 20일 현재 회사채와 국고채 금리는 각각 4.15%와 3.33%이다.

3 금리인상과 민간부문의 부채상환 부담

가계부채

중앙은행의 기준금리 인상에 따른 시중금리 상승은 신규 대출금리를 상승시킬 뿐 아니라, 변동금리로 계약한 부채의 원리금상환 부담을 증가시킨다. 우선 금리인상이 DSR에 어떤 영향을 미쳤는지를 살펴보도록 하자. 미리 지적해 두어야 할 문제는 DSR 통계가 발표기관마다 상당한 차이가 난다는 점이다. 그 이유는 표본집단이 다르고, 또한 이자율, 부채, 소득 등 자료에도 차이가 나기 때문이다. 예를 들어, BIS의 DSR 통계는 가계 전체를 대상으로 하고 있는데 반해, 한국은행에서 발표하는 DSR 통계는 부채가 있는 가구만을 대상으로 하고 있다.

한국은행의 가계부채 DB에 따르면 2022년 4/4분기 기준 가계대출 차주의 DSR은 40.6%에 달하고 있다. 코로나 사태가 발생하기 이전인 2019년 4/4분기 이후 증가세를 이어가고 있다(한국은행, 2023.3).[23] 그 이유는 2020년과 2021년 중 주택가격 및 주가상승 기대로 주택 관련 대출과 주식투자를 위한 대출이 빠른 속도로 증가하였기 때문이다. 2022년 4/4분기 현재 전체 차주 69.1%의 DSR이 40% 이하이다. DSR 수준은 연령별로는 60대 이상, 그리고 소득수준별로는 저소득 차주에서 높게

23 가계대출차주의 DSR은 2019년 4/4분기에 38.0%, 2020년 4/4분기 38.4%, 2021년 4/4분기 40.2%, 그리고 2022년 4/4분기 40.6%를 기록하였다(한국은행, 2023.3).

〈표 9-1〉 시나리오별 DSR 변화 전망(2021년 말 대비)

(단위: %p)

시나리오	전체	주택 관련 대출 보유	주택 관련 대출 미보유
기본 시나리오[1]	1.8	2.6	1.0
낙관적 시나리오[2]	-1.8	-2.7	-1.4
비관적 시나리오[3]	7.1	10.4	4.4

주: 1) 소득과 대출은 2022년 1/4분기 수준 유지, 평균 대출금리 50bp 상승 가정.
2) 기본 시나리오 대비 소득증가율 +5%p, 대출증가율 −5%p 가정.
3) 기본 시나리오 대비 소득증가율 −5%p, 대출증가율 +5%p, 평균 대출금리 +50bp 가정.
자료: 한국은행, 『금융안정보고서』, 2022.6.

나타나고 있다. DSR 상승폭은 20~40대 그리고 저소득 차주에서 상대적으로 크게 나타나고 있다.

가계대출차주의 DSR이 증가하는 것은 소득과 비교할 때 부채가 더 빠른 속도로 증가하였기 때문이다. 하지만 DSR에 미치는 금리, 소득 및 부채 변화의 영향을 따로 구분하기 힘들다. 기준금리 인상에 따른 대출금리 증가가 DSR에 미치는 영향 역시 대략적 방향은 짐작할 수 있지만, 정확한 수치는 제시하기 힘들다. 때문에 한국은행도 금리인상이 DSR에 미칠 영향을 몇 가지 시나리오로 나눠 분석하고 있다.[24]

<표 9-1>은 한국은행이 구축한 가계부채DB를 활용하여 금리인상이 주택 관련 대출의 보유 여부에 따라 DSR에 어떤 영향을 미칠지를 보여준다. 소득, 대출 및 금리의 변화는 기본 시나리오와 함께 낙관적 및 비관적 시나리오 등 3가지 경우로 상정하고 있다. 결론부터 말하면 경기침체로 인한 소득감소가 더해질 경우 DSR은 매우 큰 폭으로 증가할 것이다.

기본 시나리오는 소득과 대출이 2022년 1/4분기 수준을 유지하고, 대출금리가 50bp 상승할 경우를 가정한다. 이때 가계대출차주의 평균 DSR은 1분기 전인 2021년 말과 비교하여 1.8%p 증가한다. 주택 관련 대출 여부에 따라 DSR변동폭을 분석하면, 대출을 보유한 차주의 경우

24 한국은행(2022.6) 참조.

2.6%p, 그리고 대출을 보유하지 않은 차주의 경우는 1.0%p 증가한다. 보다 현실적이라고 할 수 있는 비관적 시나리오는 기본 시나리오 대비 소득증가율 −5%p, 대출증가율 +5%p, 평균 대출금리 +50bp를 가정하고 있다. 이 경우 가계 전체 차주의 평균 DSR은 7.1%p, 그리고 주택 관련 대출 보유 차주의 DSR은 10.4%p 증가할 것이다. 2021년 말 기준으로 주택 관련 대출 보유 차주의 DSR은 47.6%였으므로, 경기침체와 금리인상이 겹쳐 나타나는 비관적 시나리오하에서는 DSR이 58.0%에 달하게 될 것으로 전망된다.

현재 DSR이 40%를 넘을 경우 추가대출을 금지하고 있는데, 40%라는 수치는 원리금상환이 어려운 취약차주를 정의하는 경계치로 간주되고 있다.[25] 금리인상은 저소득가구 및 노년층의 원리금상환 부담을 증가시켜 취약차주의 비중이 확대될 것으로 우려된다. <그림 9-14>는 2022년 6월 기준으로 금리인상에 따른 취약차주 비중 변화를 분석한 결과이다. 소득이나 부채는 변하지 않고 금리가 상승한 효과만을 살펴보았다.

〈그림 9-14〉 금리상승 시 취약차주 비중 증가 전망

(단위: %p)

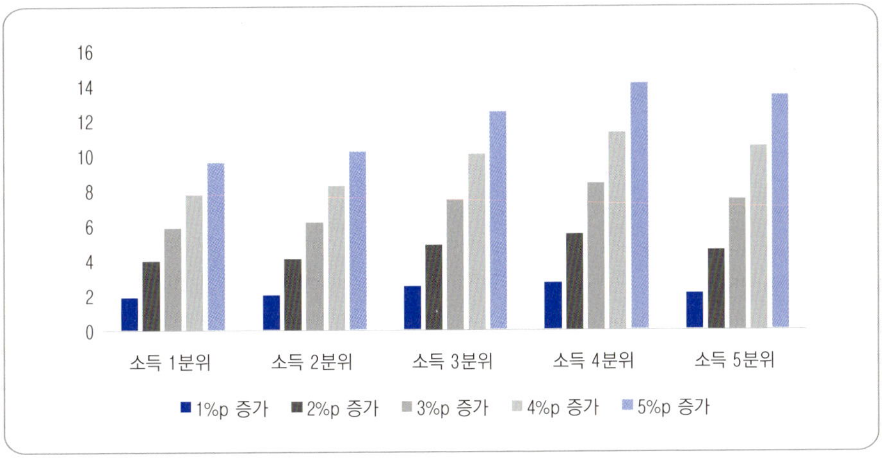

주: 취약차주 비중은 해당 차주군 중 DSR이 40% 이상인 경우의 비중.
자료: 가계금융복지조사에 근거하여 저자 계산.

25 2022년 4/4분기 DSR이 70%를 넘는 고DSR 차주 비중은 15.3%이다(한국은행, 2023.3).

금리상승 이전 소득분위에 따른 취약차주 비중은 소득이 가장 낮은 1분위가 22.8%로 가장 높고, 소득이 올라갈수록 낮아져서 5분위의 경우는 10.1%에 불과하다.[26] 금리가 상승하면 전반적으로 취약차주 비중이 증가한다. 예를 들면, 금리가 3%p 상승하면 취약차주 비중이 평균 7.1%p 상승한다.

유의할 점은 금리인상 시 취약차주 비중 증가가 소득 4분위 계층의 경우 가장 크다는 것이다. 예를 들어, 금리가 3%p 증가하면 소득 1분위 계층의 취약차주 비중 증가는 5.9%p, 2분위 계층은 6.2%p, 그리고 3분위 계층은 7.5%p 증가한다. 한편 4분위 계층은 8.4%p 증가하는데, 이는 5분위 계층의 7.5%p보다도 크다. 5분위 계층의 경우에는 금리인상에 따른 부채상승 효과와 동시에 투자수익의 증대로 자산증가 효과가 상대적으로 큰 데 비하여 4분위 이하 계층의 경우 자산증가 효과가 작기 때문인 것으로 보여진다.

요약하면 가계부채는 높은 증가율에도 불구하고 코로나 사태 중에는 저금리, 부동산가치 증가 및 정책적 지원 등으로 안정적으로 관리되어 왔다. 그러나 금리상승으로 인하여 악화될 우려가 크며, 특히 저소득층의 원리금상환 부담은 크게 늘어날 것이다. 이는 금융권의 건전성 저하를 초래할 위험이 크며, 특히 차주의 신용도가 낮은 제2금융권의 경우는 가계대출 부실화에 따른 손실 부담이 큰 폭 증가할 가능성이 높다.[27]

26 소득분위별 취약차주(DSR 40% 초과) 비중은 다음과 같다(2022.6 기준).

1분위	2분위	3분위	4분위	5분위
22.8	20.9	19.5	16.8	10.1

27 2020년 4월부터 진행된 'COVID-19 피해 중소기업·소상공인에 대해 대출원금 만기 연장 및 원리금상환 유예 조치'와 관련 금융권의 익스포저는 2021년 말 기준 134조 원으로 전체 중소기업 및 개인사업자 대출 잔액의 10%에 달하는 금액이다. 향후 지원정책이 중단될 경우 자영업자의 채무상환능력 저하로 연체율이 증가할 가능성이 높다(삼일PwC경영연구원, 2022(a)).

기업부채

기업부채는 가계부채나 정부부채와 비교하여 그 규모가 훨씬 크다. 또한 최근 5년간 GDP 대비 증가율은 일본과 스위스에 이어 가장 크다. 따라서 대출금리 인상은 원리금상환 부담을 크게 증가시킬 것으로 예상된다.

기업대출을 규모별로 살펴보면 중소기업의 비중이 압도적으로 높다. 대기업의 경우는 사내유보자금으로 경영자금에 여유가 있는 반면, 중소기업의 경우에는 코로나 사태로 경영이 악화되자 대출의존도가 크게 증가하였기 때문이다. 기업채권 역시 2020~2021년 기간 중 발행한 물량이 많아서 만기가 돌아오는 채권의 원리금상환 부담이 만만치 않다. 시중금리가 크게 상승하면서 발행시장은 크게 위축되었고, 경기침체에 따라 스프레드가 크게 확대되고 있다. 더구나 경기둔화로 기업의 영업이익에 따른 현금흐름 창출이 줄어들 경우 부채가 많은 기업들의 재무건전성은 크게 악화될 공산이다(삼일PwC경영연구원, 2022(b)).

<그림 9-15>는 기업의 재무구조를 나타내는 대표적인 경영지표라고 할 수 있는 부채비율 추이를 보여준다. 부채비율은 부채를 자기자본으로 나눈 값(백분율)을 의미하는데, 갚아야 할 타인자본에 대해 자기자본이 어느 정도 준비되어 있는가를 나타낸다. 전 산업의 부채비율은 2020년 증가하다가 2021년 전반기만 하여도 하락세를 보였다. 하지만 2021년 3/4분기 이후 다시 증가세로 반전되었으며, 2023년 1/4분기에 94.95%에 달하였다. 산업별로 보면, 제조업보다 비제조업의 부채비율이 상당히 높은 편인데, 2023년 1/4분기에 각각 72.88%와 132.95%를 기록하였다. 기업 규모별 부채비율을 보면, 대기업과 중소기업 모두 코로나 사태 이후 유사한 추이를 보이고 있다. 2023년 1/4분기에 대기업의 부채비율(92.56%)과 중소기업의 부채비율(106.57%) 둘 다 전기보다 증가하였다.

다음에는 차입금의존도에 대하여 살펴보기로 하자. 차입금의존도는 기업의 총자본(자본과 부채의 합) 중에서 이자를 지급하거나 원금을 상환

〈그림 9-15〉 산업 및 기업규모별 부채비율

(단위: %)

자료: 한국은행 경제통계시스템, 기업경영분석지표(분기), 자산/자본지표.

하기로 계약을 맺고 조달한 차입금(이자부담부채)의 비중을 나타낸다.[28] 다시 말해서 이자부담부채는 금융기관에서 빌린 차입금이나 회사가 발행한 회사채를 의미하는데, 기업이 자기자본에 비해 차입금을 많이 사용할 경우 금융비용이 많아지고 만기 시 원금상환 부담이 커지게 된다. 또한 경기가 나빠져서 수익성이 하락하더라도 정해진 시점에 이자를 지급하고 원금을 상환해야 하기 때문에 차입금이 늘어날수록 재무구조의 안전성이 취약해질 위험이 높아진다. 따라서 차입금의존도는 부채비율보다 재무구조 안정성을 평가할 때 더 중요하다.

<그림 9-16>에서 볼 수 있는 바와 같이 차입금의존도의 추세는 앞에서 살펴본 부채비율 추이와 유사하다. 즉, 코로나 감염증이 만연한 2020년 증가하였다가 2021년에 들어오면서 다소 주춤하였다가 2021년 3/4분기 이후 다시 증가세로 돌아섰다. 2023년 1/4분기 제조업과 비제조업의 차입금의존도는 각각 20.74%와 32.69%를 기록하였다. 한편 대기업과 중소기업의 차입금의존도는 각각 25.05%와 30.23%를 기록하였는데, 대기업과 달리 중소기업의 경우는 전기와 비교하여 다소 감소하는 모습을 보이고 있다.

정리하면 금리인상과 경기침체에 따른 부담은 대기업보다 중소기업, 특히 한계기업의 경우에 클 것으로 보인다. 개인사업자들의 경우 코로나 사태 기간 동안 사업소득이 감소하면서 소득기반 채무상환능력이 하락하였다.[29] 정부의 일시적 소득지원이 종료됨에 따라 이들의 기업채무상환능력은 더욱 저하될 것이다. 이는 개인사업자 부채가 경제 전체의 위험요소로 작용할 공산이 크다는 것을 시사한다(삼일PwC경영연구원, 2022(b)).

28 이자부담이 없는 부채는 상환의무가 있지만 이자를 지급하지 않는 부채를 의미한다. 거래처에 갚아야 할 매입채무, 예수금, 선수금, 미지급금 등이 여기에 해당한다.

29 2020년 전년 대비 소득감소율은 숙박 및 음식업 −18%, 금융 및 보험업 −14%, 교육서비스업 −7%, 예술・스포츠 및 여가 관련 서비스 −23%로 나타났다(삼일PwC경영연구원, 2022(b)).

〈그림 9-16〉 산업 및 기업규모별 차입금의존도

(단위: %)

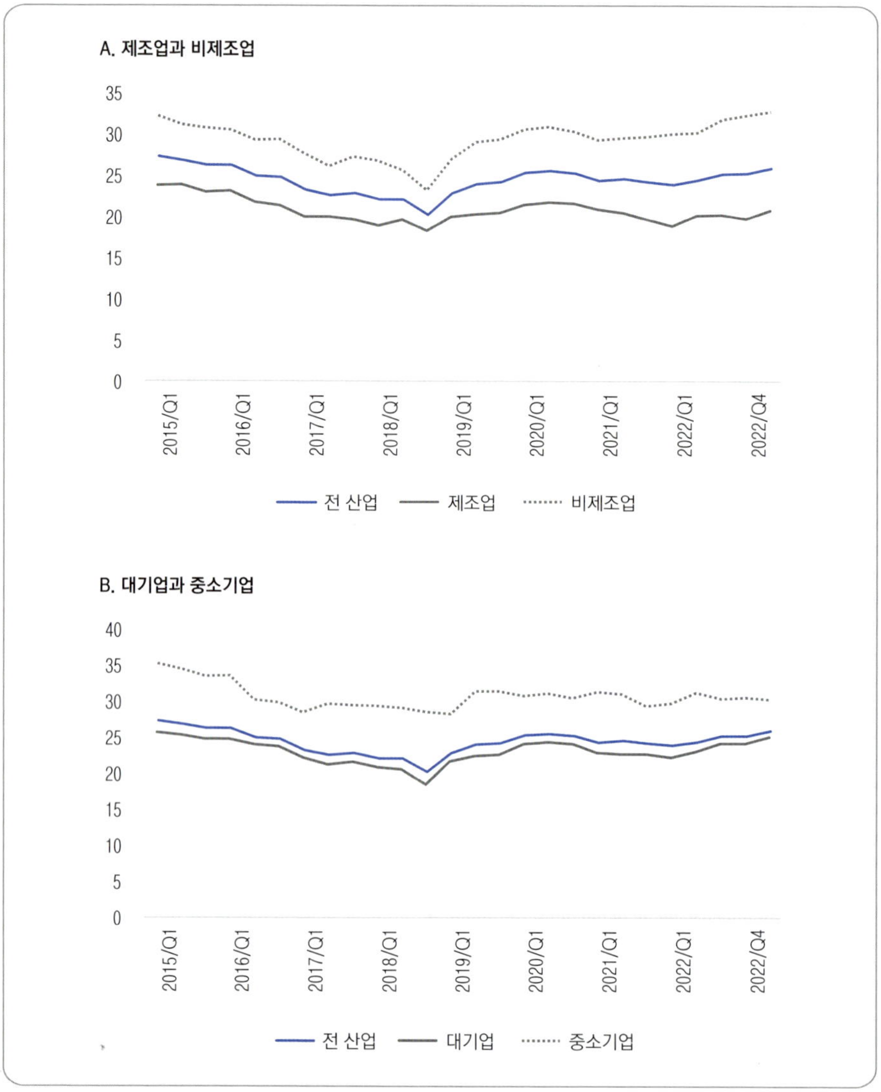

자료: 한국은행 경제통계시스템, 기업경영분석지표(분기), 자산/자본지표.

4 금융스트레스와 금융위기 가능성

금융시스템의 스트레스 증가

금리인상으로 인하여 국내금융시장 불안이 커진 가운데, 국제금융시장에서도 혼란이 지속되고 있다. 2023년 3월 실리콘밸리은행(Silicon Valley Bank: SVB)과 뉴욕의 시그니처은행(Signiture Bank)이 파산하고 크레디트스위스(Credit Suisse: CS)은행이 예금인출사태에 직면한 바 있다. 미국 금융당국은 즉각 예금전액 보증을 약속하였고, 스위스 금융당국도 유동성 투입과 동시에 크레디트스위스은행을 UBS은행에 합병시키는 등 충격을 최소화하기 위하여 적극적으로 나섰다. 그러나 미국의 중소은행의 도산위험이 여전히 높은 가운데, 금융위기의 재발에 대한 우려 역시 해소되지 않고 있다.

한국의 금융시장은 위기상황에 얼마나 근접하였는가? 그 정도를 객관적으로 측정하기 위하여 금융시스템의 스트레스를 검토하도록 한다. 먼저 금융스트레스란 금융기관 또는 부문의 잠재적 취약성을 일컫는데, 이를 측정하기 위하여 고안된 것이 스트레스 테스트(stress test)이다. 1990년대 초부터 국제투자은행들이 사용하기 시작한 스트레스 테스트는 경제상황이 악화되었을 때 영업중단위험을 계량화하기 위하여 고안되었다. 이렇게 개별 금융기관에 적용하는 스트레스 테스트의 개념을 총량적 차원에서 금융시스템으로 확장시킨 것을 **금융시스템 스트레스 테스트**라 한다. 금융시스템 스트레스 테스트의 목적은 특정한 시나리오하에서 전체 금융기관의 잠재적 손실규모를 측정하는 것인데, 정책당국은 이를 통하여 금융시스템의 안정성을 평가하는 데 활용할 수 있다.

한국은행의 금융불안지수(FSI)는 금융시스템의 스트레스를 측정하는 데 활용되는 대표적인 지표라고 할 수 있다.[30] 금융불안지수는 2022년

30 한국은행 금융불안지수(FSI)와 관련해서는 제7장 참조.

하반기에 증가하였다가 2023년 초에는 다소 진정되는 모습을 보이고 있으나 여전히 위기단계 수준에 머무르고 있다(한국은행, 2023.3). 그렇다면 한국의 금융시스템 스트레스는 2008년과 비교하면 얼마나 심각한 것인가? 또 금융시장의 어느 부문이 가장 취약한 것일까? 이러한 문제에 답하기 위하여 본절에서는 자체적으로 **금융시스템 스트레스 지수**를 도출하고자 한다. 한국은행 금융불안지수 모형이 금융과 실물 부문을 포괄하는 거대모형이라면, 본 모형은 금융부문만을 고려한 간결한 모형이라고 할 수 있다. 한국은행 모형이 월별자료를 사용하고 있는데 반해, 본 모형은 일별자료를 사용한다는 것도 차이점이다.

금융시스템을 정의하려면 먼저 이를 구성하는 개별 부문들을 설정하여야 한다. 여기서는 캐나다 중앙은행에서 개발한 초기 모형을 참조해서 금융시스템이 은행, 외환, 주식, 채권 등 4개 부문으로 구성되어 있다고 가정한다. 이들 개별 부문의 스트레스 지표를 추정한 후, 이들이 0에서 1까지의 값을 갖도록 정규화하여 가중평균하면 종합적인 스트레스 지수를 도출할 수 있다(Illing and Liu, 2006). 이렇게 정의한 금융시스템 스트레스 지수는 1에 가까울수록 금융시장의 위험이 높아진다는 것을 의미한다.[31]

2002년 1월 8일부터 2023년 4월 20일까지 금융시스템 스트레스의 추이는 <그림 9-17>에서 보는 바와 같다. 글로벌 금융위기 직후인 2009년 3월 2일 스트레스 지수는 이 기간 중 가장 높은 0.77을 기록하였고, 2014년 11월 5일에도 0.55의 높은 스트레스를 기록한 바 있다. 코로나 감염증이 확산되면서 스트레스 지수는 2020년 1월 22일 0.32에서 2020년 3월 23일 0.62로 급등하였다. 이후 다시 진정국면으로 접어들었다가 2021년 6월 30일 0.28에서 2022년 10월 21일 0.56까지 가파른 상승을 보였다. 미국 연준의 금리인상이 국제금리의 인상을 부추기고 금융시장

31 금융시스템 스트레스 지수의 정의와 개별 부문의 스트레스 지표에 대해서는 부록 참조.

〈그림 9-17〉 금융시스템 스트레스 지수

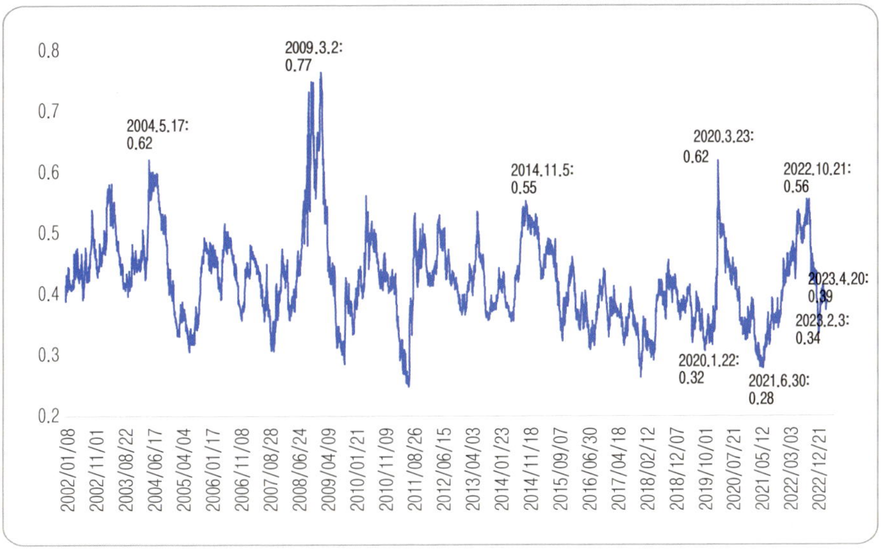

주: 저자 계산.

의 불안을 증폭시켰다는 점은 자명하다. 다행스럽게 2023년에 들어오면서 금융시스템의 스트레스는 빠른 속도로 완화되는 모습을 보였다. 하지만 2023년 2월 3일 0.34를 저점으로 다시 상승세로 전환되었다. 2023년 4월 20일 현재 스트레스 지수는 0.39를 기록하였다. 절대적 수준 자체는 2020년 3월이나 2021년 10월에 비하여 높지 않지만, 금융시장이 안정되지 않고 다시 스트레스가 증가세를 보이고 있다는 점에서 주의가 요구된다.[32]

32 한국은행은 2023년 2월 현재 금융시장 불안이 다소 진정되는 모습이나, 대내외 불확실성 증대 등으로 금융불안지수가 여전히 위기단계 수준을 유지하고 있다고 판단하였다(한국은행, 2023.3).

〈그림 9-18〉 외평채 5년물 CDS 프리미엄(2002.2.28~2023.4.20)

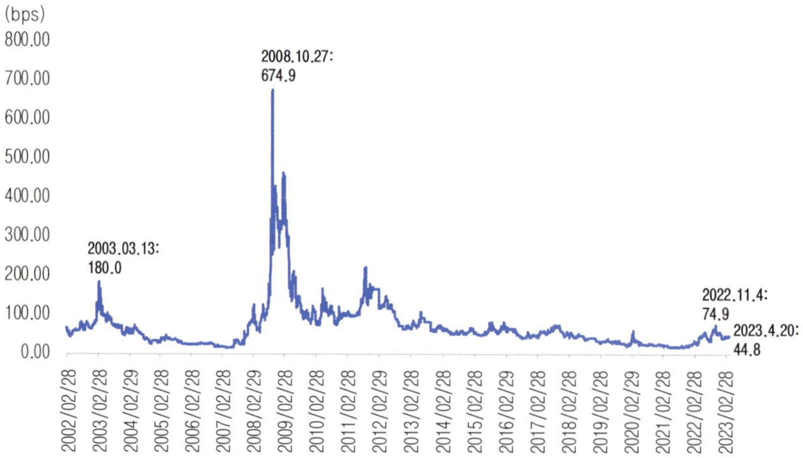

자료: 금융위원회 금융동향보고(https://www.fsc.go.kr/no030101).

대외신용 리스크 증가

최근의 금융시장 불안은 한국의 대외신인도에 부정적인 영향을 미칠 수밖에 없다. 하지만 아직까지 한국의 국가신인도는 큰 변동이 없다. 다만 서서히 금융불안에 따른 위험프리미엄이 증가세를 보이고 있다. 투자위험도를 나타내는 대표적인 지표는 **신용부도스왑**(Credit Default Swap: CDS) **프리미엄**이다. CDS는 채권이 부도날 경우 보험회사로부터 원금을 받을 수 있는 파생상품이다. 부도 우려가 높을수록 보험료 성격인 CDS 프리미엄은 올라가게 된다.

<그림 9-18>은 외평채 5년물의 CDS 프리미엄 추이를 보여준다. CDS 프리미엄은 2021년 9월 16일 17.40bp를 기록한 이후 완만한 상승세를 보이기 시작하여 2022년 11월 4일에는 74.9bp까지 치솟았다. 이러한 수치는 코로나 감염증이 확산되기 이전보다 높은 수준임은 틀림없지만, 글로벌 금융위기 와중이었던 2008년 10월 27일에는 프리미엄이 674.9까지 치솟은 적이 있음을 감안할 때 현 상황이 위기라고 보기는 어

〈그림 9-19〉 외평채 스프레드(2014.7~2023.3)

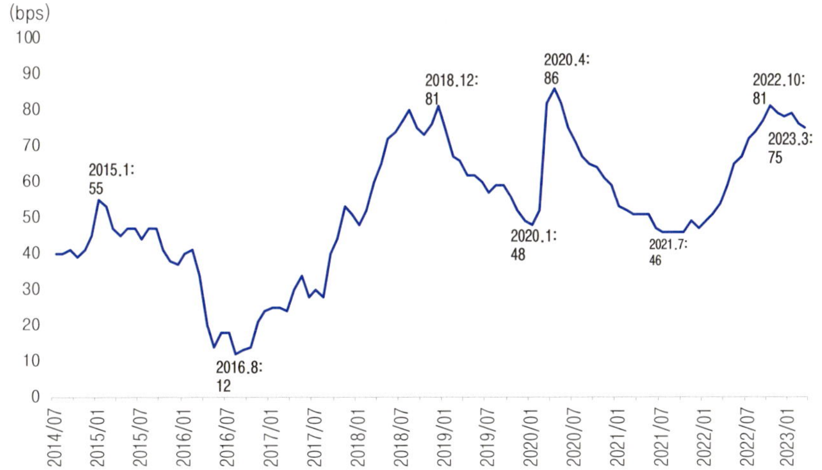

주: 한국 외평채금리 - 미국채(2044년물) 금리.
자료: 기획재정부(국제채권시장 자료). e-나라지표(외평채 스프레드 추이)에서 재인용.

렵다. 게다가 2023년에 들어와서 수치는 50bp 밑으로 떨어졌다.

한편 **외평채 스프레드**는 우리 정부가 발행한 외평채가 거래될 때 미국 재무부채권 금리에 덧붙여 지불하는 금리를 뜻한다. 외환보유고 확충을 위해 정부가 발행한 외국환평형기금채권은 달러화 기준으로 발행하는 유일한 국채다. 따라서 외평채 스프레드는 사실상 우리 국가신인도를 나타내는 지표 역할을 한다. <그림 9-19>에서 볼 수 있는 바와 같이 5년 만기 외평채 가산금리는 2020년 초 1월 48bp에서 4월 86bp로 급상승하였다가 하향세로 돌아서서 2021년 7월에는 46bp까지 떨어졌다. 이후 다시 증가하기 시작하여 2022년 10월에는 81bp를 기록하였고 이후 서서히 감소하여 2023년 3월에는 75bp에 머물렀다.

종합하면 최근 국제금융시장의 불안이 확대되면서 원화는 주요 통화에 비하여 지나치리만큼 민감한 반응을 보이고 있다. 국내외 금리차와 무역수지 적자로 설명하기에는 과도한 측면이 있으며, 이를 외환위기의 전조라고 주장하는 것은 지나치다고 할 수 있다. 더구나 외평채 5년물 CDS 프리미엄 추이나 외평채 스프레드를 보더라도 한국의 대외신인도는 2022년 말부터 진정되는 양상을 보이고 있다.

하지만 금융시장이 안정되었다고 안심할 수 없다. 미국의 금리인상 충격은 아직 끝나지 않았고, 국내외 금리차 역전이 확대될 가능성도 있기 때문이다. 미국의 금융시장 불안이 여전히 상존하고 있는 상황에서 국내 부동산가격이 추가로 하락하고 아파트 미분양 사태로 인하여 금융기관의 건전성이 악화될 경우에는 금융시스템의 불안정성이 확대될 수 있다. 이 경우 외환시장의 변동성이 확대되면서 한국의 대외신인도가 하락할 가능성도 배제할 수 없다. 또한 금리인상으로 인한 경기침체가 본격화되면서 가계부채와 기업부채의 원리금상환 부담은 더욱 증가할 것으로 전망된다. 이러한 맥락에서 보면 금융시장 불안은 아직 끝나지 않은 진행형이라고 보는 것이 옳을 것이다.

부록 | 금융시스템의 스트레스 지수

금융시스템의 스트레스를 이해하기 위하여 개별시장의 스트레스 지수부터 차례대로 살펴본 후 금융시스템 스트레스 지수 도출에 대하여 설명하도록 한다.

은행부문 스트레스

금융시장 불안이 금융중개를 담당하는 은행부문에 얼마만큼의 스트레스를 주는지를 알기 위하여 자본자산가격결정모형(CAPM)을 이용하도록 한다. 수익률과 위험과의 관계를 설명하는 CAPM에 의하면 각 자산의 수익률은 위험도를 반영한다고 가정한다. 따라서 은행부문의 체계적 위험은 주식시장 전반의 수익률 변화에 대한 은행부문 주식수익률 변화의 민감도를 의미하는 베타(β)값으로 측정할 수 있다. 베타값이 높을수록 은행부문의 상대적 수익률이 높아지고, 그만큼 위험도도 상승한다고 볼 수 있다.

$$\beta_t = cov(r_t, m_t)/var(m_t) \quad \text{(A.1)}$$

r_t : 은행부문 주가지수의 수익률(일일)

m_t: 주식시장 종합주가지수의 수익률(일일)

한국의 경우 m_t는 한국종합주가지수(Korea Composite Stock Price Index: KOSPI)의 일일변화율, 그리고 r_t는 한국거래소(Korea Exchange) 은행업종지수의 일일변화율을 의미한다.

베타 지표가 나타내는 은행부문 스트레스 추이(2002.1.8~2023.4.20)는

〈그림 9A-1〉 은행부문의 스트레스

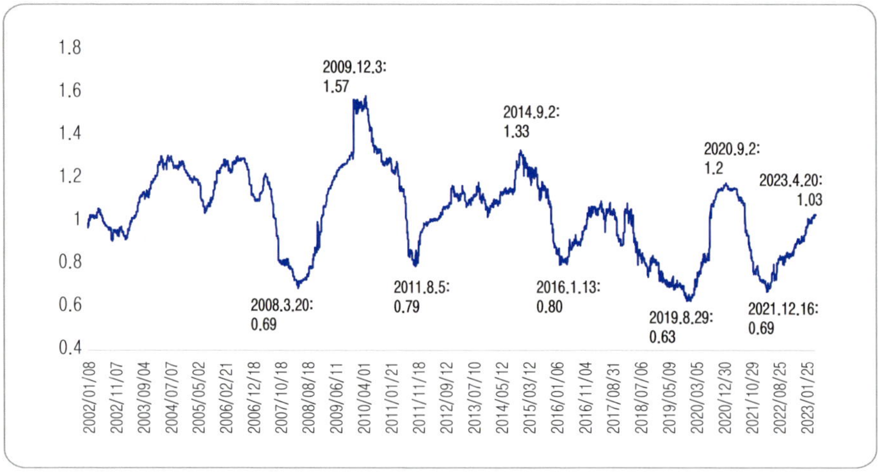

자료: KRX 정보데이터시스템(http://data.krx.co.kr).

<그림 9A-1>과 같다. 은행부문 스트레스는 코로나 사태가 발생하기 이전인 2019년 8월 말부터 서서히 증가하기 시작하여 2020년에는 급등하여 2020년 9월 초에 고점(1.2)을 찍은 후 하락하기 시작하였다. 2021년 12월 16일에 저점(0.69)을 통과한 후 다시 상승세로 반전되었다. 하지만 2008년 글로벌 금융위기 직후나 2020년 코로나 사태가 심각해지기 시작한 상반기와 비교하면 그 수준은 상대적으로 낮은 편이다. 2023년 4월 20일 현재 스트레스 지표는 1.03을 기록하여 은행부문의 스트레스는 주식시장 전반의 스트레스와 비교하여 그다지 높지 않다.

외환시장 스트레스

외환시장의 스트레스는 현재 환율이 과거 일정 기간 동안의 최고치와 얼마나 괴리되어 있는가로 정의한다. 여기서는 과거 250일 동안의 최고치를 기준으로 현재 환율이 이를 능가하는 정도가 얼마인지를 지표로 설정한다.

〈그림 9A-2〉 외환시장 스트레스

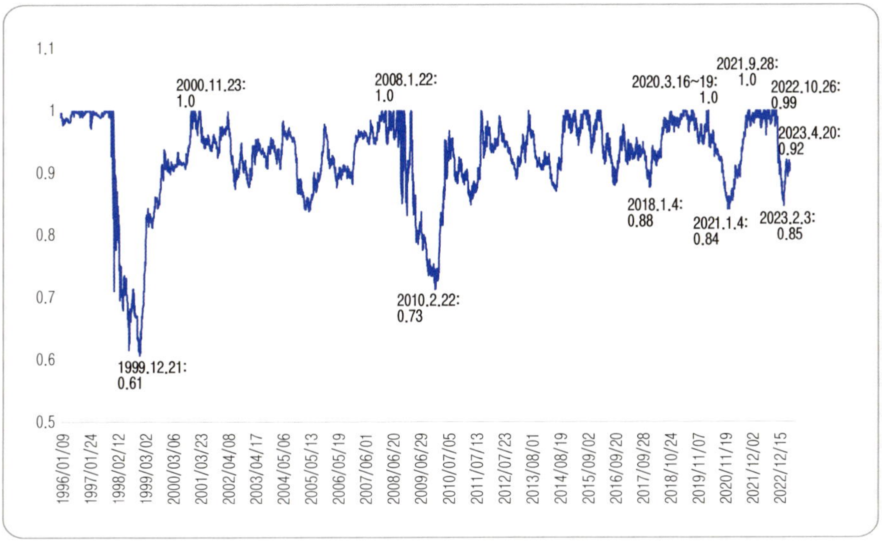

자료: 한국은행 경제통계시스템.

$$CMAX_t = X_t/\max\left[X_t \in \left(X_{t-j} \mid j=0,1,...249\right)\right] \cdots\cdots\cdots (A.2)$$

X_t: 원/달러 환율

식 (A.2)와 정의한 지표값이 커질수록 외환시장의 스트레스가 커진다고 해석할 수 있는데, 최대값은 1이다. <그림 9A-2>에서 보는 바와 같이 지표값이 1이었던 경우는 1997년 외환위기 이후에도 2000년 11월이나 2008년 1월 등 종종 발생하였다. 코로나 감염증이 확산되기 시작한 2020년 3월 16일에서 19일까지 환율은 계속 최고치를 경신하면서 스트레스 지표는 1을 기록하였으나, 이후 감소세로 돌아섰다. 이후 2021년 1월 4일 0.84로 저점을 기록한 후 다시 상승세로 반전되어 2021년 9월 28일에는 1.0을 기록하였다. 이러한 외환시장의 스트레스는 2022년 10월 하순이 돼서야 다시 감소하기 시작하였다. 2023년 2월 초부터 원화가치가 약세를 보이면서 외환시장의 스트레스는 증가세를 보이고 있다. 2023년 4월 20일 현재 스트레스 지표는 0.92를 기록하였다.

주식시장 스트레스

주식시장의 스트레스도 외환시장의 스트레스와 마찬가지로 과거 일정 기간 동안의 최고치와 현재 주가가 얼마나 괴리되었는가로 정의할 수 있다. 둘 사이의 차이는 외환시장의 경우는 환율이 상승할수록 스트레스가 증가하는 반면, 주식시장의 경우는 주가가 하락할수록 스트레스가 증가한다는 것이다. 따라서 여기서는 지난 250일 기간 중 최저치와 비교하여 현재 주가가 얼마나 낮은가로 스트레스를 정의하도록 한다.

$$CMAX_t = 1 - X_t / \max\left[X_t \in \left(X_{t-j} \mid j = 0, 1, \ldots 249\right)\right] \quad \text{(A.3)}$$

X_t: 코스피 지수

주식시장 스트레스 지표의 추이는 <그림 9A-3>에서 보는 바와 같다. 1997년 외환위기와 2008년 글로벌 금융위기 전후 주식시장의 스트레스는 각각 0.6과 0.5를 넘어섰다. 한편 코로나 감염증이 확산되기 시작한 2020년 3월에는 0.36을 기록하였다. 이후 주식시장의 스트레스는 감소하였고, 2021년에 접어들면서 등락을 거듭하였다. 그러나 2021년 7월 이후 다시 스트레스가 증가하기 시작하였고 2022년에도 이러한 상승세가 이어져 2022년 9월

〈그림 9A-3〉 주식시장 스트레스

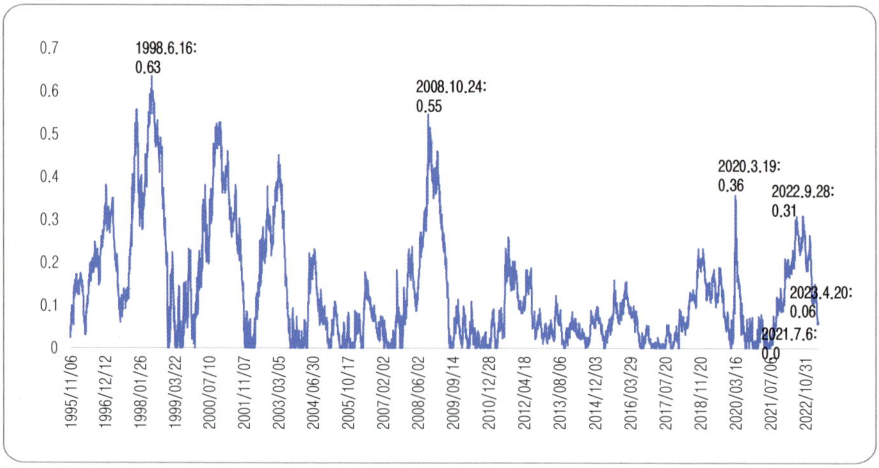

자료: KRX 정보데이터시스템(http://data.krx.co.kr).

에는 0.3에 달하였다. 그러나 2022년 10월 이후 감소세로 반전되었고, 2023년 4월 20일 현재 0.06을 기록하였다.

채권시장 스트레스

채권시장의 스트레스는 일반적으로 회사채수익률과 국채수익률 간 스프레드로 측정한다. 스프레드가 커질수록 채권시장의 스트레스가 증가한다고 해석할 수 있다.

스프레드 = 회사채수익률(3년/AA-) − 국채수익률(3년) ······················ (A.4)

회사채수익률과 국채수익률의 일일자료를 이용하여 채권시장의 스프레드 추이를 구하면 <그림 9A-4>와 같다. 스트레스가 가장 컸던 때는 글로벌 금융위기가 터진 2008년 말로 4.22%p에 달하였다. 이후 안정세를 이어가던 채권시장의 스트레스는 코로나 사태를 거치면서 2020년 1월 10일 0.57%p에서 2020년 7월 20일에는 1.4%p로 상승하였다(회사채 = 2.21%, 국

〈그림 9A-4〉 **채권시장 스트레스**

(단위: %)

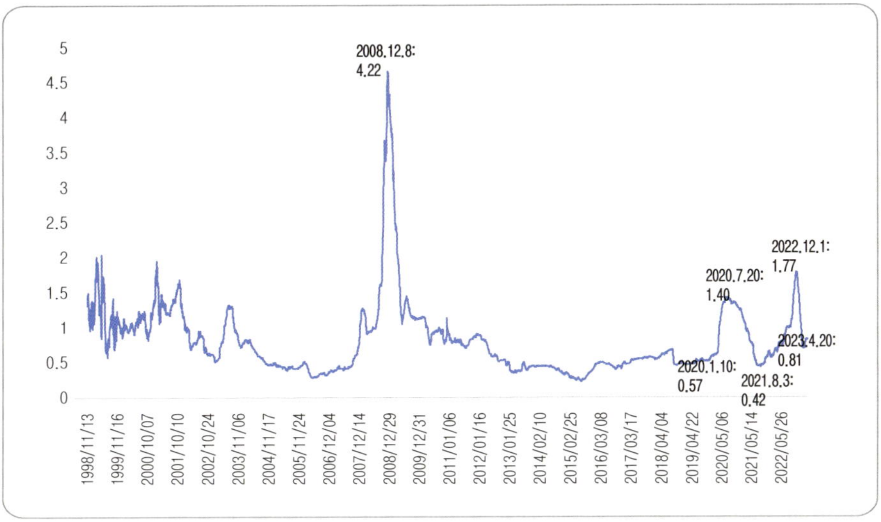

자료: 한국은행 경제통계시스템.

고채 = 0.80%). 이후 다시 하락하였다가 2021년 8월 3일에는 0.42%p(회사채 = 1.44%, 국고채 = 0.42%)까지 축소되었다. 이후 상승세로 반전되어 스프레드가 1%p를 넘어섰고, 2022년 12월 1일에는 1.77%p까지 달하였다(회사채 = 5.42%, 국고채 = 3.65%). 이후 스프레드가 다시 줄어들기 시작하여 2023년 4월 20일 현재 스프레드는 0.81%p(회사채 = 4.15%, 국고채 = 3.33%)를 기록하였다. 흥미로운 점은 스프레드가 확대될 때는 회사채와 국고채 금리 둘 다 상승하고, 반대로 스프레드가 축소될 때는 둘 다 하락하고 있다는 점이다. 물론 회사채의 변동폭이 국고채의 변동폭보다 훨씬 크다.

금융시스템 스트레스

금융시스템 스트레스 지수는 개별 금융부문의 스트레스를 가중평균해서 도출한다. 이를 위해서 개별 스트레스 지수가 0부터 1 사이의 값을 갖도록 정규화(normalization)하여야 한다. 정규화 값(X_t^n)은 개별 스트레스 지표별로 지난 250일 기간 중 최고치($X_{\max}$)와 최저치($X_{\min}$)를 사용하여 다음과 같이 전환한다.

$$X_t^n = (X_t - X_{\min}) / (X_{\max} - X_{\min}) \quad \text{(A.5)}$$

2002.1.8~2023.4.20 기간 중 개별 스트레스 지표의 정규화 값은 <그림 9A-5>에서 보는 바와 같다. 표준편차로 측정한 변동성이 가장 큰 시장은 채권시장이며, 주식 및 외환시장은 비슷하며, 은행부문은 변동성이 다소 작은 것으로 나타났다.[33] COVID-19 팬데믹이 확산되기 시작한 2020년 2월부터 최근 2023년 4월까지의 추이를 보면 은행부문과 외환시장의 변동성이 상당히 큰데, 이 두 시장의 스트레스 지표는 상반되게 움직인 것으로 나타났다. 반면에 주식시장과 채권시장 스트레스 지표는 같은 방향으로 움직인

33 정규화한 개별 금융시장 스트레스 지표의 표준편차는 다음과 같다.
은행: 0.20, 외환: 0.23, 주식: 0.23, 채권: 0.34

〈그림 9A-5〉 금융시장별 스트레스 지표(정규화)

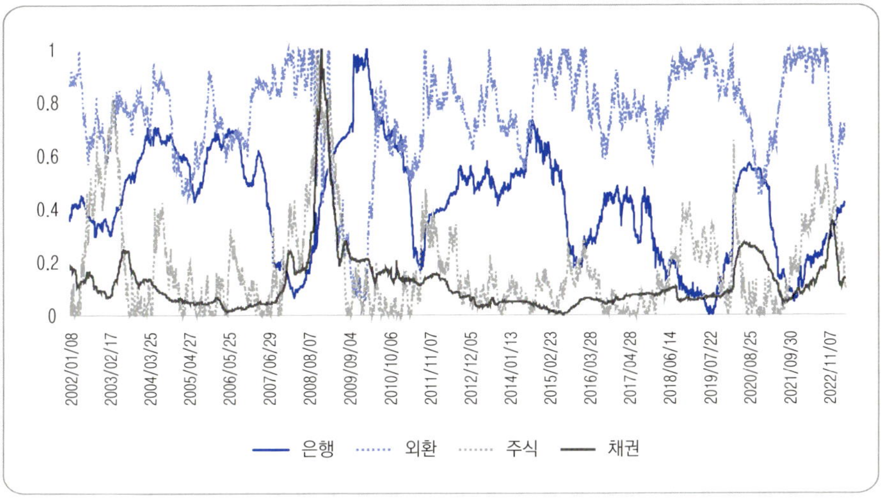

주: 스트레스 지표가 0부터 1까지 값을 갖도록 정규화한 값을 표시.

것으로 보인다.[34]

마지막으로 개별 스트레스 지표를 가중평균하여 금융시스템의 스트레스 지수를 구한다. 가중치를 구하는 방법은 여러 가지가 있는데, 여기서는 경제학자들이 널리 사용하는 주성분 분석(Principal Component Analysis)을 사용하였다. 주성분 분석은 대규모 데이터가 제공하는 정보의 양을 최대한 보존하면서 해석 가능성을 높이려는 기법이다. 이때 주성분이란 데이터들의 분산이 가장 큰 방향벡터를 의미하는데, 가중치는 개별 지표가 해당 주성분에 얼마만큼의 영향을 주는가를 보여준다.[35]

34 개별 스트레스 지표 간의 상관계수를 살펴보면 채권과 주식시장지표 간의 상관계수가 높은 정(+)의 값을 갖는 반면, 은행부문과 외환시장 간에는 반대로 높은 부(-)의 값을 갖는 것으로 나타났다.

	은 행	외 환	주 식	채 권
은 행	1.0			
외 환	-0.5816	1.0		
주 식	-0.3073	0.1997	1.0	
채 권	0.0582	-0.1837	0.5383	1.0

35 기술적으로 주성분 분석은 고차원의 데이터를 선형변환하여 대부분 데이터의 변동을 설

2002.1.8~2023.4.20 기간에 대한 주성분 분석을 통하여 도출한 가중치를 적용한 금융시스템 스트레스 지수는 앞의 <그림 9-17>에서 본 바와 같다.[36]

명할 수 있는 저차원의 새로운 좌표계로 변환하는 것을 목표로 한다. 많은 연구에서 데이터를 2차원으로 표시하고 밀접하게 관련된 데이터들을 시각적으로 식별하기 위해 처음 두 개의 주성분을 사용한다.

36 개별 금융시장의 비중은 은행(0.33), 외환(0.30), 주식(0.27) 및 채권(0.10) 순으로 나타났다.

제 **10** 장

부동산발 금융위기 시나리오

부동산발 금융위기 시나리오

1 부동산, 왜 문제인가?

부동산은 토지와 건축물과 같이 움직일 수 없는 재산을 의미한다. 한국은 오랫동안 농자천하지대본(農者天下之大本)이라는 농업중심경제였던 탓에 토지에 대한 집착은 유달랐다. 1960년대 이후 산업화와 도시화가 급속히 진행되면서 어떻게 해서든지 내 집부터 마련하려는 관행이 생겨났다. 높은 인플레이션율하에서 부동산은 자산증식의 가장 효과적인 수단으로 인식되기 시작하였다.

투자자의 입장에서 보면 수익성이 높으면서 동시에 위험성이 낮은 금융상품을 찾기 힘들다. 그래서 저금리시대에는 마땅한 투자처를 찾지 못하는 개인자금이 부동산, 특히 주택시장에 몰려들면서 부동산가격이 치솟았다. 이렇게 부동산경기가 너무 과열된다 싶으면 정부는 수요를 억제하는 규제를 강화하는 한편 공급확대를 추진하였다. 반대로 주택시장이 침체되면 정부는 수요를 부추기는 다양한 경기부양책을 채택하는 한편 각종 규제를 완화하는 정반대의 정책을 채택하곤 하였다. 따라서 부동산정책은 경기에 따라 규제 완화와 강화가 되풀이되는 모습을 보여왔다.[1]

부동산가격 안정을 위한 정부 개입은 역대 정권들이 가장 중점적으로 추진해온 정책 중의 하나였다. 2017년 문재인 정부가 출범하자 부동산정책의 기조는 다시 규제 쪽으로 바뀌었다. 대출규제를 강화하고, 다주택자들에게 부과되는 세금을 상향조정하였으며, 공시지가의 지속적인 상승을 통해 주택보유세를 강화하는 방향으로 부동산정책을 추진하였

1 강문성 외(2021), 제10장 참조.

다. 2018년에는 수도권 30만 호 주택공급개발을 발표하는 동시에 종합부동산세를 강화하기 시작했고, 2019년에는 12·16부동산대책을 통해 분양가상한제 지역을 확대하고, 투기지역 및 투기과열지구에서의 주택담보대출을 금지하기 시작하였다. 2020년 6·17부동산대책에서는 더욱 강력한 부동산 조치가 발표된다. 주택담보대출을 강화하여 신규주택을 구입할 경우 반드시 6개월 이내에 전입신고해야 하며, 전세담보대출을 통한 갭투자를 근절하며, 법인이 소유하고 있는 주택에 대해 면제되었던 종부세를 부과하고 양도소득세율을 인상하기로 결정하였다. 뒤이은 7·10대책은 다주택자에 대한 규제를 더욱 강화하였다. 다주택자의 주택 취득세율을 대폭 인상하고, 주택보유기간이 2년이 되지 않을 경우에 양도세를 중과세하며, 다주택자의 종합부동산세율을 크게 인상하였다. 한편 아파트 전세기간과 전세금 상승의 안정화를 위해 정부는 전월세신고제, 전월세상한제, 계약갱신청구권제 등 소위 임대차3법을 개정하였다 이를 통해 임대료 상승을 5% 이내로 제한하고, 계약갱신청구권을 2년에서 4년(2+2)으로 확대하였다.

그럼에도 불구하고 부동산가격은 빠르게 상승하였다. 특히 2020년 COVID-19 팬데믹이 확산되면서 확장적 통화정책의 여파로 금리가 하락하고 유동성이 풍부해지면서 자산가격의 거품이 발생하였다. 부동산가격도 유례없이 빠르게 증가하자 2030세대까지 무리해서 주택 구입에 나섰다.[2]

그러나 2022년 들어서 각국 중앙은행이 인플레이션 퇴치를 위하여 기준금리를 올리자 자산가격 거품은 붕괴하기 시작하였다. 부동산시장도 예외는 아니어서 주택거래량이 급감하고 주택가격도 하락하였다. 금리인상으로 원리금상환 부담이 늘어나자 가계부채는 심각한 경제문제로

---

2 묻지마 투자를 상징하는 사례로 2030세대가 영혼까지 끌어서 주택을 구입한다는 '영끌'이라는 용어가 등장했다. 2019년 2030세대의 서울 아파트 매입 비중은 31.8%였는데 2021년 41.7%까지 상승했다.

부상하였다. 여기에다가 부동산시장의 침체로 증권, 캐피탈, 저축은행 등 부동산투자 비중이 높은 금융권의 건전성이 급속히 악화되고 있어 금융위기에 대한 우려가 높아지고 있다.

이러한 위기상황을 타개하기 위하여 정부는 주택가격의 연착륙을 목표로 각종 부동산 관련 규제를 완화하고 주택공급을 확대하는 정책을 추진하고 있다. 2023년 국토교통부의 부동산 관련 업무계획을 보면 주택시장 안정을 위하여 과도한 규제의 정상화, 부동산시장 안정을 위한 자금지원 강화, 그리고 주택공급기반 확충을 중점과제로 내세우고 있다. 이러한 부양책이 부동산발 금융위기 가능성을 낮추고 부동산시장 안정에 기여할 수 있을지 귀추가 주목된다.

이하에서는 최근 주택시장 동향을 살펴본 후, 금리인상이 주택가격에 어떠한 영향을 미쳤는지를 점검한다. 또한 대출을 통한 주택 구입이 금리인상에 따른 주택가격 하락으로 갭투자의 경우 얼마만큼의 손실을 입을 것인가를 분석한다. 이런 분석을 통하여 부동산발 금융위기의 위험의 가능성을 검토한다.

2 부동산시장 동향

전국과 서울의 공동주택가격은 2017년 11월부터 2021년 10월까지 약 4년 동안 **실거래가지수** 기준으로 각각 39%와 69% 상승했다. 그러나 2021년 11월 이후 하락과 보합을 보이다가 2022년 7월부터 하락세가 커지기 시작했다. 2023년 2월 현재 전국 및 서울 공동주택의 실거래가지수는 각각 117.7과 142로 최고점 대비 각각 15.3%와 16% 하락하였다(<그림 10-1> 참조).[3]

3 한편 한국부동산원의 종합주택 매매가격지수로 주택가격의 변동을 보면 2017년 11월부터 2022년 6월까지 전국과 서울에서 각각 16.8%와 17.8% 상승했고 그 이후 하락하기

〈그림 10-1〉 공동주택 실거래가지수

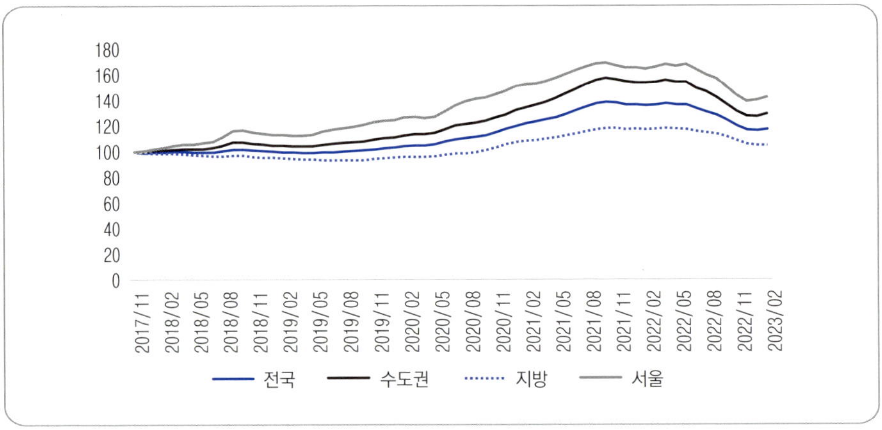

주: 2017.11 = 100.
자료: 한국부동산원.

〈그림 10-2〉 주택매매가격 변동률

(단위: %)

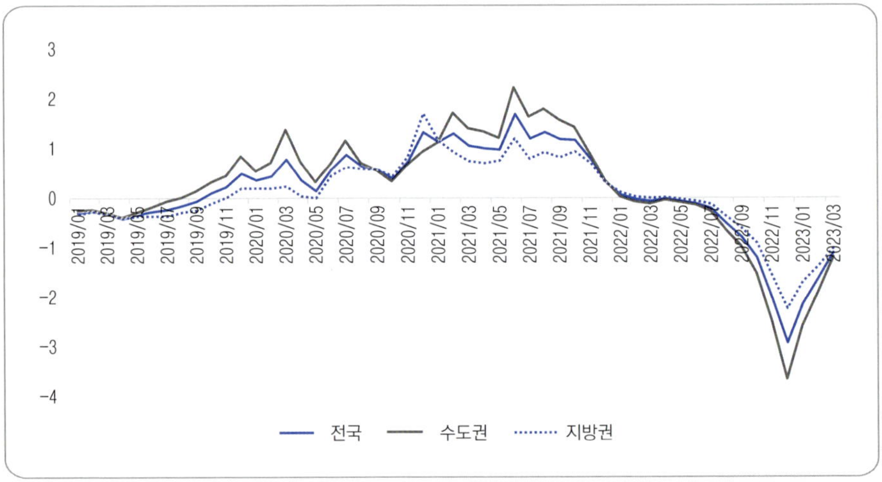

주: 전월대비.
자료: 한국부동산원.

시작해서 2022년 12월까지 각각 4.9%, 4.8% 하락한 것으로 나타났다.

〈그림 10-3〉 **주택매매량**

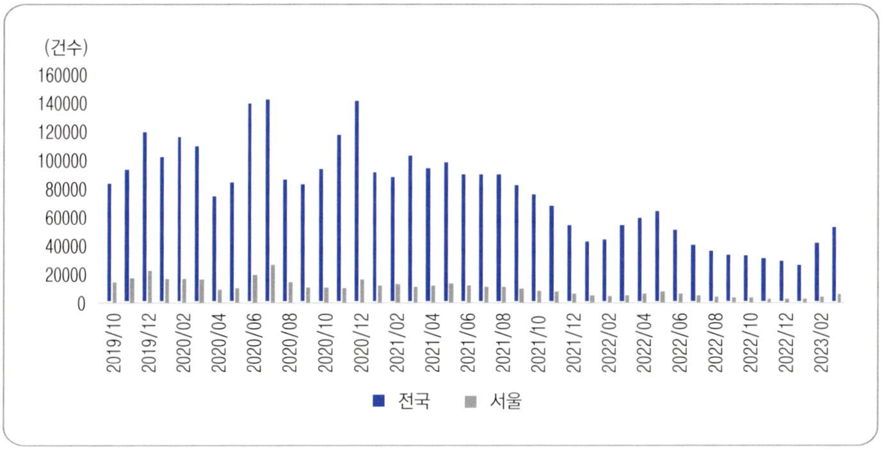

자료: 한국부동산원.

그러나 부동산 관련 규제 완화 등에 힘입어 2023년 4월 주택매매가격 하락 폭이 다소 줄어들고 있다(<그림 10-2> 참조). 2022년 8월 주택가격이 하락세로 돌아선 주요 요인으로는 그동안 주택가격이 지나치게 높게 올랐다는 고평가 인식이 확산되고, 기준금리가 향후에도 지속적으로 인상되리라 예상됨에 따라 주택담보대출 및 신용대출 금리도 추가적으로 인상될 것이라는 전망 그리고 정부의 가계부채 관리 차원에서 강화된 대출규제 등이 있다.

한편 전국 주택의 매매량은 2019년 12월 10만 건을 기록한 이후 2020년 7월에는 14만 건을 넘어섰다. 그러나 2021년 1월 이후 감소세로 전환되었고 2021년 중반부터 급격히 줄어들기 시작해서 2023년 1월 약 2만 6천 건으로 최저치를 기록하였다. 이후 다소 늘어나는 추세이다(<그림 10-3> 참조).

<그림 10-4>는 향후 주택가격에 대한 서울 거주 소비자들의 인식을 종합적으로 나타내는 **주택가격전망 소비자심리지수**(Consumer Sentiment Index: CSI) 추이를 보여준다.[4] 주택가격전망 CSI는 1년 후 집값에 대한 의견 조사로 100보다 높으면 집값이 오를 것이라고 기대하고, 낮으면

〈그림 10-4〉 주택가격전망 소비자심리지수(CSI)(전국)

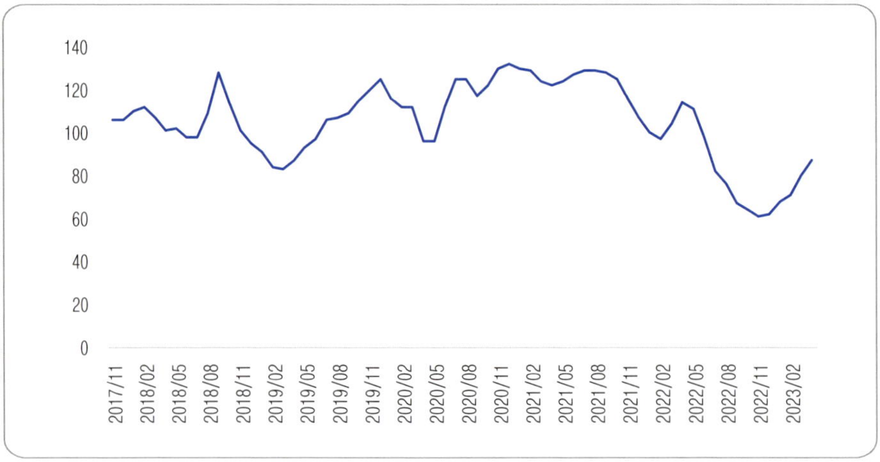

주: 2013.1 = 100.
자료: 한국은행.

떨어질 것이라고 소비자들이 예상한다는 것을 의미한다.

한국은행은 주택가격전망 CSI를 2013년 1월부터 조사하고 있는데, 2017년 11월 107.3을 기록한 후 2018년 9월 137로 최고치를 기록했다. 이후 하락추세로 전환했으나 다시 반등하기 시작해서 2019년 12월에는 130으로 상승하고 COVID-19 팬데믹이 절정에 있던 2020년 하반기에는 120 후반대가 유지되었다. 그러나 금리인상 전망 등으로 인해 2021년 11월부터 급속히 하락하기 시작해서 2022년 11월 최근 들어 가장 낮은 수치인 61을 기록했다. 즉, 2023년 서울의 주택가격은 상당 수준 하락할 것으로 전망하는 것으로 해석된다. 그러나 2022년 12월부터 다시 반등하기 시작해서 2023년 3월 80으로 상승하면서 주택투자심리가 서서히 회복되고 있음을 보여주고 있다.

2022년 기간 동안 지속되었던 금리상승이 주택가격 하락에 얼마나 영향을 주었는지를 비교적 정확하게 판단하기는 힘들다. 2023년 정부의

4 소비자심리지수(CSI)가 100보다 클 경우 경제상황에 대한 소비자의 주관적인 기대심리가 과거 평균보다 낙관적임을 나타내며, 100보다 작을 경우에는 비관적임을 의미한다.

〈그림 10-5〉 신규 가계대출 명목 및 실질금리

(단위: %)

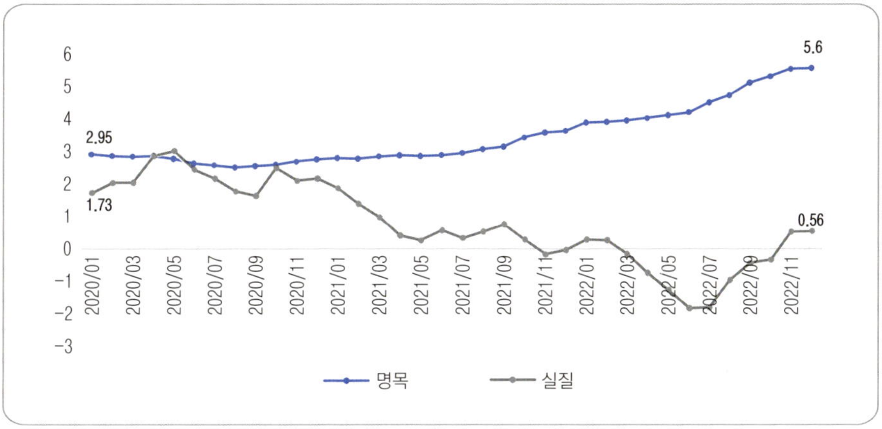

자료: 한국은행 경제통계시스템.

부동산정책은 주로 거래활성화와 조세 관련 규제완화에 초점을 맞추고 있다. 그러나 정부가 지나치게 규제완화 정책을 추구한다면 정책의도와는 반대로 하향추세에서 상승추세로 반전이 일어날 수 있다. 실질금리를 보아도 이러한 가능성을 뒷받침해준다.

<그림 10-5>는 명목 및 실질신규대출금리(이하, 실질대출금리)의 추세를 보여주고 있다. 실질대출금리는 명목대출금리에서 소비자물가상승률을 차감한 값이다. 그림을 보면 2020년 5월 3.02%이었던 실질대출금리가 2022년 12월에는 0.56%까지 하락하였다. 이 기간 동안 명목대출금리가 약 2배 올랐지만 소비자물가상승률은 더 많이 올랐기 때문이다.

주택투자나 기업의 설비투자의 실행에 영향을 미치는 변수는 실질금리이다. 즉, 실질금리가 진짜 차입비용(true cost of borrowing)이다. 실질금리가 투자비용이기 때문에 실질금리가 하락하면 주택투자는 증가하게 된다. 그러나 실질금리가 하락한다 하더라도 주택시장에 대한 불확실성이 크다면 주택투자가 감소할 수도 있다. 2022년 중에는 낮은 실질금리에도 불구하고 주택가격이 하락했지만, 많은 사람들이 주택가격이 저점에 도달했다고 생각하고 낮은 실질금리가 지속된다면 반전이 될 가능성

이 있다.

한편 연간 가구소득 대비 주택가격비율을 나타내는 가격소득비율(Price to Income Ratio: PIR)은 2021년 4/4분기에 장기 평균값 대비 전국과 서울에서 각각 32.5%와 54% 증가하였다(<그림 10-6> 참조). 그리고 연간 임대료 대비 주택가격비율을 나타내는 가격임대료비율(Price to Rent Ratio: PRR)도 장기평균값 대비 전국과 서울에서 각각 22.6%와 27.7% 상승하였다(<그림 10-7> 참조).[5] 그러나 2022년 중반부터 시작된 주택가격 하락으로 인해 그 비율들은 다소 내려가기 시작했다.

2020년 COVID-19 팬데믹 이후 가장 집값이 오른 국가로는 2년 사이에 108%가 상승한 튀르키예(구 터키)와 40% 이상 오른 뉴질랜드와 슬로베니아가 있다. 한국은 상승률 4위로 평가되었다. 그리고 우리나라 주택가격의 갭 수준은 실거래 기준으로 약 20% 정도로 추산되고 있는데 부동산 거품이 큰 것으로 알려진 호주와 스웨덴, 영국, 프랑스 등 유럽국가들보다 크게 나타나고 있다.[6, 7] 2022년 8월부터 하락하기 시작된 수도권 아파트 가격은 지난 3년여 기간 이래 최대 하락폭을 기록함으로써 본격적인 하락 국면에 돌입한 것으로 평가하는 전망이 우세해지고 있다. 한편 과거 국내 주택가격 변동률을 보면 외환위기 시에는 전국적으로는 13.1%, 서울지역은 14.9% 하락하였고 글로벌 금융위기 기간에는 각각 2.5%, 1.7% 하락하였다. 주택가격의 하락추세가 지속될 것인지 그리고 하락 폭이 어느 정도가 될지가 향후 거시경제 안정에 지대한 영향을 미치는 요인이 될 것이다.

---

5 2012년 1/4분기~2022년 2/4분기 기간 평균값은 PIR의 경우 전국 4.0, 서울 8.7이고, PRR은 전국 23.0, 서울 27.8로 시산되었다. 한국은행(2022.12) 참조.

6 주택가격갭은 주택의 실제 가격과 내재가치의 차이를 의미하는데, 내재가치는 경제모형을 이용해서 산출한다. 한국은행(2022.8) 참조.

7 한국경제연구원(2022.9.23)은 전국 200여 개 아파트 단지의 적정가격과 실제 거래가격을 비교한 결과 서울은 38% 이상, 경기는 58% 이상 그리고 지방은 19% 이상 주택가격이 과대평가된 것으로 분석하였다.

〈그림 10-6〉 가격소득비율(PIR)

(단위: %)

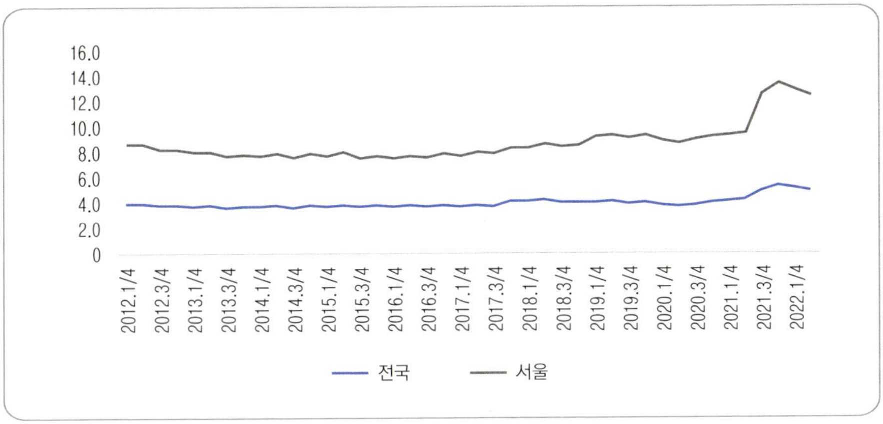

자료: 한국은행, 금융안정보고서, 2022.12.

〈그림 10-7〉 가격임대료비율(PRR)

(단위: %)

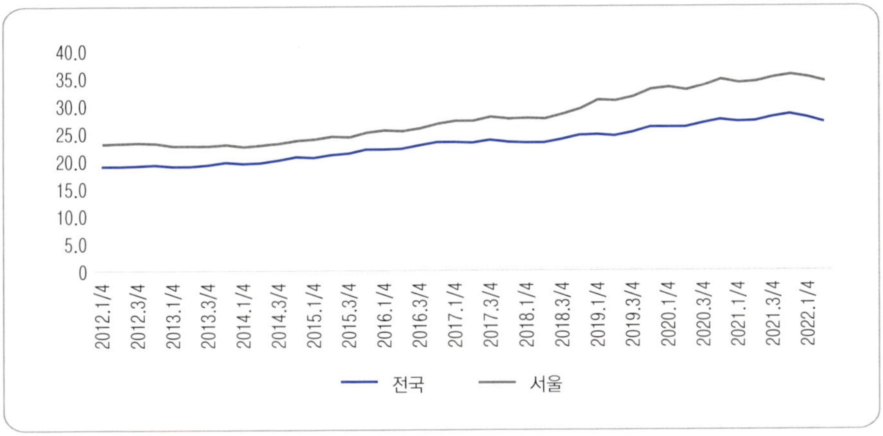

자료: 한국은행, 금융안정보고서, 2022.12.

주택가격이 하향추세로 돌아선 현 상황에서 부동산시장의 연착륙을 위해서는 정부정책의 역할이 매우 중요하다. 과거와 같이 냉온탕식 주택정책을 사용한다면 시장을 더욱 불안하게 할 수 있다. 주택시장의 경착륙을 우려한 정부의 지나친 규제완화는 요즈음 수도권에서 볼 수 있듯이 또 다른 주택가격의 왜곡을 가져올 수 있다. 실수요자들은 금리에 민감하지만 투기수요는 주택가격에 민감하기 때문이다. 예측가능하고 일관성 있는 정책을 사용하는 경우에만 주택가격의 하향 안정화를 이룰 수 있을 것이다.

3 금리인상이 주택가격에 미치는 효과

미 연준은 2022년 1월 0.25%인 기준금리를 2022년 4차례 연속으로 자이언트 스텝이라 일컫는 0.75%p 금리인상 등을 단행함으로써 기준금리를 급속히 인상하여 왔다. 2023년 5월 기준금리는 상단 5.25%로 금리인상 폭은 다소 줄어들었으나, 당분간 고금리가 유지될 것으로 전망된다. 한국의 정책금리도 2021년 8월 0.5%에서 2023년 1월 3.5%로 인상한 후 2023년 5월 현재 그 수준을 유지하고 있다. 일부 연준이사나 전문가들은 인플레이션을 확실히 제어하기 위해서는 2023년 말까지 기준금리가 연 5% 중반 수준이 되어야 한다고 주장하고 있다. 미국과의 금리차가 크게 벌어지는 것은 환율이나 자본유출에 상당한 압력으로 작용하기 때문에 한국은행은 2023년도에 추가적으로 금리인상을 할 가능성이 있다. 기준금리가 3% 중반을 넘는 수준이 될 경우 일반 주택담보대출 이자율은 대략 5% 후반~8% 초반으로 상승할 것으로 예상된다. 그러나 2023년 4월 은행권의 금리인하 경쟁으로 주택담보 혼합형(고정)금리는 연 3.64~5.8% 수준에 이르고 있다.

2022년 3/4분기 말 GDP 대비 가계부채비율은 105.2%로 OECD 평균인 67.2%를 크게 상회하고 있고, 가처분소득 대비 부채비율이 207%인 상황에서 소득 증가분이 늘어난 이자만큼 늘어나지 않는다면 금리가 상승함으로써 DSR은 상승하게 된다.[8] 전체 가구의 평균 DSR은 2021년

8 2022년 4/4분기 국내 예금은행들이 신규 취급한 가계대출 중 변동금리 비중은 전체의 63.2%에 달하였고 잔액기준으로는 76.4%에 달하였다.

중 29.4%에서 2023년 2월 기준 34.5%로 높아졌으며, 자영업가구의 평균 DSR은 40%에 도달하였다. 가계대출 가구의 평균 DSR은 2022년 4/4분기 40%에 달하고 있다.[9]

일반적으로 DSR이 증가할 경우 차입자는 소비를 줄이거나 추가 차입을 해야 하지만 이것이 여의치 않을 경우에는 부채를 줄이기 위해 자산을 매각해야 할 것이다. 금리상승으로 인해 DSR이 8%p 증가하는 경우 소비를 제약하는 DSR 임계 수준으로 추정되는 수준인 45.9%를 초과하는 저소득층과 청년층 가구의 비중이 각각 27.7%와 19.7%에 달할 것으로 분석되고 있다.[10] 한편 2022년 3/4분기 말 30대와 40대의 DSR은 각각 44.2%와 41.3%로 추정되고 있다. 이때 소비를 줄여서 대처하지 못하는 차주의 경우는 연체율이 크게 상승하고 그 결과 주택의 매도 건수가 증가해서 주택가격 하락 압력이 커질 수 있다. 2022년 말 전체 가계대출 가구의 연체율은 0.7%인데 2023년에 연체율은 상당 수준 증가할 것으로 예상된다. 그러나 장기평균(2019~2022년) 수준인 1.3%보다는 낮을 것으로 예상하고 있다. 저축은행 및 여신전문회사의 가계대출 연체율은 각각 4.7%와 2.4%로 상당히 높은 수준인데 향후 다소 빠르게 상승할 우려가 있다.

주택가격은 금리뿐만 아니라 경기상황 및 소득, 주택공급, 인플레이션 수준 등 여러 변수들에 의해 결정된다. 따라서 이러한 변수들의 움직임을 종합적으로 예측해야 향후 주택가격을 일정 부분 예측할 수 있다. 금리인상은 일반적으로 시차를 두고 집값을 낮추는 것으로 알려지고 있는데, 주택가격의 급격한 상승을 억제하기 위해서 금리를 인상할 경우 초기에는 여전히 주택가격이 상승하지만 일정 시점이 지난 후 금리인상 효과가 나타나는 것으로 분석되고 있다. 미국의 경우 2004년 1%였던 기준금리를 인상하기 시작해서 2006년에 5.25%까지 인상했는데, 인상

9 한국은행(2023.3) 참조.

10 한국은행(2021.12) 참조.

초기에는 여전히 주택가격이 상승했으나 2년 후인 2006년 하반기부터 집값 하락이 초래되어서 2009년 3월까지 약 20% 정도 하락했다. 일본의 경우는 1985년 9월 플라자협정으로 인한 급속한 엔화강세로 취약해진 기업의 경쟁력을 높이기 위해 금리를 대폭 인하하였으나, 이로 인해 야기된 거대한 부동산 거품을 걷어내기 위해서 1989년부터 금리인상을 단행하였다. 그 결과 1991년에 부동산가격이 대폭락하기 시작했다. 한편 한국의 경우 2000년대 초중반 부동산가격이 치솟자 2005년 10월 3.25%였던 기준금리를 2008년 8월 5.25%로 인상하였으나 그 기간 동안 주택가격은 여전히 상승추세를 이어갔다. 그러나 그 이후에는 글로벌 금융위기로 인해 금리를 낮추었음에도 불구하고 주택가격은 하락하기 시작했다.

2008년 글로벌 금융위기 이후에는 미국, 일본, 유럽국가들이 양적완화(QE)정책을 통해 본원통화를 대폭 증가했으나 경기침체로 인해 대출이 이루어지지 않고 주택가격은 오히려 하락하였다. 그러나 미국의 경우 제로금리의 효과가 2012년부터 나타나기 시작해서 경기 회복과 더불어 다시 주택가격이 서서히 상승하기 시작했다.

한국도 2017년 11월 기준금리를 1.25%에서 인상하기 시작해서 2019년 10월까지 1.75%로 인상했으나 그 기간에 서울의 공동주택 실거래가지수는 20.8% 상승하였다. 금리인상 효과가 나타나기도 전에 2020년부터 COVID-19 팬데믹이 발생함에 따라 금리를 2020년 5월 사상 최저 수준인 0.5%로 낮추었는데 경기침체에도 불구하고 금리인하 조치로 인해 자산가격이 급등하여 2021년 4/4분기 공동주택 실거래가지수는 2019년 4/4분기 대비 약 40% 폭등했다. 결국 금리변동과 주택가격 간의 관계는 금리변동 시점의 경기상황과 금리변동 수준, 가계부채의 규모 그리고 집값에 대한 투자자들의 심리 등 다양한 변수에 의해서 복합적으로 영향을 받지만 금리의 주택가격에 미치는 효과는 일정 시차를 두고 나타나는 것으로 평가된다.[11]

한편 한국 정부는 COVID-19 팬데믹 와중에 치솟는 집값을 잡기 위해 금리인상이나 획기적인 공급확대정책보다는 부동산 관련 조세부담 강화 등을 통해 다주택자들의 투기심리를 억누르는 규제 위주의 수요억제정책을 남발하였다. 그러나 그러한 정책과 조치는 오히려 투자심리를 자극해서 묻지마 주택투자가 급증하고 주택가격이 사상 유례없이 치솟는 결과를 초래하였다. 또한 전세자금대출과 같은 주택 관련 금융이 확대됨에 따라 전세보증금이 상승하고 이것이 주택가격을 상승시키는 연쇄고리가 형성되었다.

한국은행(2020.6)에 의하면 1년 후인 단기에는 소득 대비 주택가격갭이 주택가격을 낮추는 요인으로 작동하는 것으로 나타났다. 즉, 소득과 괴리된 주택가격 상승이 단기적으로 주택가격에 대한 하방조정압력으로 작용하는 것으로 분석되었다. 반면 3년 후와 같은 중장기에는 신용레버리지갭과 시장금리갭이 상당한 수준으로 주택가격을 낮추는 요인으로 작용하는 것으로 분석되었다. 즉, 장기로 갈수록 과도한 신용레버리지와 금리상승이 주택가격에 대한 하방 리스크로 작동하는 것으로 나타났다.[12]

또 다른 한국은행의 분석에 의하면 기준금리가 100bp 인상될 경우 전국기준 주택가격은 1차 연도 말에 0.4~0.7%, 2차 연도 말에 0.9~2.8% 정도 각각 하락하는 것으로 분석되었다. 그리고 가계부채가 누증되거나 변동금리대출 비중이 높은 경우 금리상승은 주택가격을 더욱 큰 폭으로 낮추는 것으로 나타났다.[13] 또 다른 연구에 따르면 기준금리 인상은 주택시장 전반의 가격상승률을 시차를 두고 점진적으로 낮추는 요인으로 작용하지만 단기적으로는 가계대출이 금리에 비해 주택가격에 더 큰 영향

---

11 제3장 〈표 3-1〉에서 2008년 이후 실질금리와 실질주택가격 간에는 마이너스 상관관계가 상당히 높은 것으로 나타났다.

12 소득 대비 주택가격갭은 주택가격/1인당 GDP 비율의 장기추세와의 격차, 신용레버리지갭은 민간신용/명목GDP 비율의 장기추세와의 격차를 의미한다. 시장금리갭은 91일 CD 유통수익률에서 장기추세를 제거한 수치를 의미한다.

13 한국은행(2022.8).

을 미치는 것으로 추정되었다.[14] 한편 박진백(2022)에 따르면 금리는 주택가격에 마이너스의 영향을 미치는데, 이러한 영향은 금리인하기에는 주택가격 상승 반응이 즉각적으로 발생하며 금리 영향력이 15~18개월 유지되는 반면, 금리상승기에는 주택가격 하락 반응이 12~15개월 시차를 두고 발생하는 것으로 분석되었다.

종합하면 금리인상은 점차적으로 주택가격을 낮추는 효과를 가지지만 금리인상이 **스태그플레이션** 현상이 나타나는 기간에 추진될 경우에는 경기침체로 인한 소득감소가 더 큰 폭의 주택가격 하락을 초래하는 것으로 분석되었다. 특히 가계와 비영리단체의 순자산 중 주택 비중이 50.5%이고 부동산이 전체 자산의 76.2%를 차지하고 있는 한국의 경우 금리인상으로 인한 자산가격 특히 부동산가격의 하락은 심각한 경기침체를 수반할 가능성이 높다. 즉, 금리인상으로 인한 주택가격 하락은 담보가치의 하락으로 인한 차입여력의 감소와 소비 위축으로 연결되어 경기침체를 초래할 가능성이 크다.

또한 담보가치 하락은 금융기관의 대출 축소 내지 **마진콜**을 초래해서 **디레버리징**이 야기된다.[15] 이때 소비 축소, 자산 매도 또는 추가 차입 등을 통해서 대출 원리금을 상환하지 못하는 경우 이는 곧 대출 부실로 이어지고 대출금융기관의 자산건전성이 악화되면서 경매 등을 통해 대출담보자산의 강제매각으로 이어질 수 있다. 또한 주택가격 하락은 차입자의 자산가치를 하락시켜 부채가 자산을 초과하는 고위험자를 증대시켜서 채무불이행 위험을 높인다. 특히 주택가격이 하락하기 전에 차입을 늘린 경우 주택가격이 하락한 이후에 연체율이 올라갈 가능성이 더 높은 것으로 분석되었다.

---

14 정화영(2022(b)).

15 마진콜은 주로 선물계약에서 사용되는 용어로서 선물가격이나 투자원금에 손실이 발생해 계약 당시 설정한 유지증거금 이하로 밑돌게 될 경우 이를 보전하도록 요구하는 것을 말한다. 예를 들어, 담보자산의 가격이 일정가격 이하로 떨어져 은행이 차입자에게 일정 금액의 상환을 요구하게 될 경우 일종의 마진콜이라 할 수 있다.

4 주택가격 하락과 금융시스템 위험 가능성

주택 관련 금융시장의 이중구조와 갭투자

한국의 주택 관련 금융시장의 독특한 사항의 하나는 민간인들 간의 주택 관련 대출 관행, 즉 **전세제도**의 존재이다. 제1장에서 설명한 바와 같이 전세보증금은 금융기관을 통한 간접부채가 아니라 임대인과 임차인 간의 직접부채이다. 다시 말해서 **전세보증금**은 민간부문의 직접금융 형태로 이루어지는 주택 관련 대출이라고 할 수 있다. 즉, 임대인인 차입자는 자신의 소유 주택을 사용할 권리를 임차인인 대부자에게 부여하고 대신 이자를 지급하지 않는다. 반면 대부자의 기능을 하는 임차인은 일종의 무담보대출금인 전세보증금의 상환에 대해 전입신고와 동시에 확정일자 부여 등을 통해 해당 주택과 연계된 다른 부채나 근저당권이 존재하지 않는 경우 변제에서 최우선권을 갖게 된다. 이와 더불어 전세금반환보증보험을 이용하면 임대인이 전세 만기 시 보증금을 반환하지 못할 경우 임차인은 전세보증금을 가입 보증보험회사로부터 받고 해당 보증기관은 구상권을 행사해서 임대인으로부터 전세보증금을 회수하게 된다.

전세보증금은 엄밀히 말하면 여러 면에서 금융권으로부터 차입한 대출금과는 성격이 다르기 때문에 금융기관의 가계대출과 전세보증금을 합친 총액을 가계의 총부채라고 할 수는 없다. 그리고 우리나라 전세자금의 상당 부분이 금융기관의 **전세자금대출**로 충당되기 때문에 전세보증금을 가계부채에 포함할 경우 이중 계산이 된다.[16] 그럼에도 불구하고 전세보증금은 금리 및 주택가격과 밀접한 관련이 있고 거시경제에 주요한 영향을 미치기 때문에 가계부채 분석 시 이를 고려해야 할 것이다. 한국부동산원의 전국주택가격동향조사의 종합주택의 평균 전세가격과

16 한국은행에 따르면 전세자금대출은 2017년 1월 약 37조 원에서 2021년 3월 약 162조 원 그리고 2022년 10월 약 172조 원에 달하는 것으로 추정되었다.

인구주택총조사의 전세계약 수를 이용해서 추정한 전세보증금 규모는 약 650조 원에 달하는 것으로 나타났다.[17] 반면 김세직 외(2021)는 2020년 순수전세보증금과 준전세보증금을 합한 전세보증금 총규모를 약 850조 원으로 추정하였다.[18]

한편 앞에서 설명한 개인 간 직접금융인 전세제도는 제도권의 주택담보대출과 더불어 일반인들이 주택에 투자하는 금융수단으로 오랫동안 널리 활용되어 왔다. 대표적으로 주택 구입 시 전세보증금으로 구입 재원의 일정 부분을 조달하고 주택가격과 전세보증금의 차이는 주택담보대출이나 신용대출 등을 이용해서 주택을 구입하는 소위 '**갭투자**'가 상당히 일반화되어 있다. 주택매매가격 대비 전세가격(전세보증금)의 비율을 '**전세가율**'이라고 하는데 이 비율이 높을수록 주택 구입을 위한 추가적인 자금이 적게 소요된다. 전세가율은 일종의 민간부문 직접금융의 주택담보인정비율(LTV)라 할 수 있다.

최근 전세자금대출이 보다 용이하게 됨에 따라 다주택자들은 거주하는 주택 이외의 주택을 전세를 주고 다시 그 전세자금으로 다른 주택에 연쇄적으로 투자할 수 있는 여건이 과거 어느 때보다도 잘 조성되어 있다고 할 수 있다. 결과적으로 임차인의 전세자금대출은 간접적으로 임대인의 주택매수자금으로 활용되고 있다. 한국부동산원에 의하면 2019년 1월부터 2022년 12월까지 전국 평균 전세가율은 66.0~64.3%에 달하

---

17 한국부동산원의 전국주택가격동향에 의하면 종합주택 평균 주택전세가격은 2019년 1월 1억 9천만 원, 2020년 1월 1억 3천4백만 원, 2021년 1월 2억 7백만 원을 기록했다. 2021년 12월 2억 5천5백만 원으로 최고치를 기록한 후 2023년 4월 현재 2억 2천만 원에 달하고 있다. 한편 인구주택총조사의 2020년 기준 잔존 전세계약 수는 약 325만 건으로 확인되었다. 본절에서는 2020년과 2021년의 평균 전세가격을 2억 원으로 설정하고 전세계약 325만 건의 총 전세보증금을 약 650조 원(2억 원×325만 건)으로 가정했다.

18 김세직 외(2021)는 순수전세보증금과 반전세와 같은 형태의 전세 관련 보증금을 준전세보증금이라 정의하고 이 두 보증금을 합친 금액을 전세부채로 정의했다. 최근 다른 연구에서는 2022년 말 전세보증금 규모를 약 1,058.3조 원으로 추정했다(한국경제연구원, 2023.3.6).

는 것으로 나타났는데, 2022년 7월 현재 전세가율이 80%를 넘는 시군구 지역은 총 21곳으로 파악되었다.[19] 서울의 자치구별 2022년 2/4분기 아파트 신규 계약의 전세가율은 최저 39.7%에서 최고 79.9%로 평균 54.2% 그리고 연립·다세대의 경우는 56.9~96.7%로 평균 84.5%에 달하고 있다.

한편 가구 수 대비 주택 수 비율을 의미하는 주택보급률은 2020년 전국 평균 104.8%이고 자기 주택을 소유한 비율을 의미하는 자가보유율은 60.6%이다.[20] 주택보급률과 자가보유율의 차이가 다주택자의 비중을 의미한다고 할 수 있다. 이 둘 간의 차이는 공공임대와 법인형태의 임대제도가 크게 활성화되지 않은 상태에서는 개인들이 전세제도를 활용해 주택을 구입한 것으로 해석할 수 있다. 즉, 전국의 갭투자 주택비율은 최대 44.2%에 달하는 것으로 해석할 수 있다.[21] 한편 자가보유 주택에서 거주하는 자가점유율은 57.9%인데 이것과 60.6%인 자가보유율과의 차이인 2.7%는 자기 소유 집은 있지만 다른 지역이나 주택에 전세나 월세를 사는 것으로 해석할 수 있다.

주택가격 하락에 따른 갭투자 손실규모 추정

이제 주택가격 하락에 따른 금융위기의 가능성을 분석하기 위하여 갭투자와 관련해서 집값이 하락하였을 경우 갭투자를 한 사람들이 입게 될 것으로 예상되는 최고 손실 값을 추정한 후 금융기관의 건전성에 미치는 효과를 검토하도록 한다.

첫째, 집값이 10%, 15%, 20% 하락하는 경우를 상정한다.[22] 1997년

19 2022년 6월 전국 아파트의 전세가율은 66.3%, 서울은 54.7%, 수도권을 제외한 기타 지방의 경우는 75.4%로 나타났다. 한국부동산원 참조.

20 2020년 서울의 주택보급률은 94.9%이고 자가보유율은 48.6%이다.

21 공공임대 및 법인임대주택 등을 고려하면 갭투자비율은 이보다는 낮다고 할 수 있다.

22 과거 10년 동안의 추이를 볼 때 상승기에는 최대 60% 상승하였으나 하락기에는 최대 20%의 하락을 기록한 것으로 분석되었다(김성환, 2022).

외환위기 시 전국 주택가격은 13.1% 하락하고 서울지역은 14.9% 하락하였다. 반면 2008년 글로벌 위기 시에는 전국적으로는 2.5% 하락하고 서울지역은 1.7% 하락한 것으로 나타났다.[23] 외환위기의 경우는 경제위기로 인해 집값이 하락한 반면 현재의 상황은 2017년 이후 주택가격이 지나치게 높게 상승하였고 이어서 금리인상이 가파르게 진행되고 있기 때문에 외환위기 때보다 집값이 더 큰 폭으로 하락할 수도 있다는 우려가 제기되고 있다.

둘째, 앞에서 언급한 바와 같이 총 전세보증금 규모는 앞에서 제시한 약 850조 원과 650조 원의 두 경우를 가정하였다.[24] 한편 전세보증금은 갭투자에 의한 전세보증금과 자가보유율과 자가점유율 차이로 인한 전세보증금의 합계이므로 순수 갭투자에 의한 전세보증금은 전체 전세보증금에서 자기 소유 집이 있지만 전세를 주고 전세를 사는 경우를 제외해야 한다. 그 결과 전체 보증금이 각각 850조 원과 650조 원인 경우 순수 갭투자에 의한 전세보증금은 각각 801조 원과 613조 원으로 추정되었다.[25]

셋째, 2022년 7월 전국 평균 전세가율은 68.9%이지만 이 수치는 통상 40~80% 수준에서 변동하는 것으로 나타났다. 본서에서는 전세가율을 50%, 60%, 70%의 세 경우를 가정해서 비교, 검토하였다.[26]

넷째, 『주택가격 × 전세가율 = 전세보증금』의 관계를 통해서 각각의 경우 갭투자가 이루어진 주택가격의 총액을 산정한 후 주택가격에서

23 현영진(2016) 참조.

24 김세직 외(2021)는 순수전세와 일부 월세를 받는 준전세보증금 모두를 포함하고 있다. 한편 세입가구에서 전세와 준전세를 포함하는 광의의 전세가 세입가구에서 차지하는 비중은 지난 30년간 90% 수준을 유지하고 있고 2019년 아파트 임대 중 순수전세의 비중은 약 52% 정도에 달하는 것으로 추정되고 있다.

25 전체 전세보증금이 각각 (44.2% + 2.7%) = 850조 원과 (44.2% + 2.7%) = 650조 원인 경우 44.2%의 비중인 0.942(= 44.2/46.9)를 전체 전세보증금에 곱해서 순수 갭투자 전세보증금을 산정했다.

26 매일경제(2023.4.11) 보도에 의하면 2023년 2월 전세가율은 55%에 달하는 것으로 나타났다. 반면 KB은행은 전국 아파트 전세가율을 66%로 추정하였다.

전세보증금을 차감해서 갭투자 금액을 구하였다. 그리고 주택가격이 하락할 경우의 예상 손실규모를 계산해서 갭투자금액 대비 손실률을 구하였다.

<표 10-1>에서 보는 바와 같이 갭투자가 이루어진 주택의 가격 총액은 약 875조 원에서 1,602조 원으로 추정되고 갭투자 규모는 약 262조 원에서 801조 원에 달하는 것으로 추정된다. 그리고 전세가율이 높을수록, 즉 갭투자자가 전세보증금 이외에 부담해야 하는 투자액이 작을수록 주택가격 하락에 따른 손실률이 크게 나타난다. 주택가격 하락으로 인한 갭투자자의 손실규모는 최저 88조 원에서 최대 320조 원까지로 나타났다. 이럴 경우 갭투자 손실률 또한 －20%에서 －66.8%까지 추정된다. 이런 상황에서 갭투자자는 투자 손실을 감수하고 주택가격이 다시 오를 때까지 투자 주택을 보유할 수도 있으나 만약 그렇지 못하고 다수의 갭투자자들이 주택을 매각할 경우 주택가격은 더 하락할 가능성이 크다. 2022년 1/4분기 일반은행의 총자산은 약 2,200조 원인데 주택가격 하락에 따른 손실로 인해 만약 갭투자자의 투자재원 중 10%(약 26조~80조 원) 정도를 은행에 상환하지 못할 경우 은행의 BIS비율이 대폭 하락하고 채무불이행의 비중이 늘어날수록 금융위기로 발전할 가능성이 높아질 것으로 예측된다.[27]

또한 갭투자자 중 전세보증금 이외의 나머지 투자금액을 제도권 금융으로 조달해서 자신의 자금을 전혀 투자하지 않은 무자본투자도 있다. 이런 경우 집값이 하락하게 되면 집값이 전세보증금과 금융권 차입금액보다 적게 되게 되는데, 이런 주택을 소위 '**깡통주택**(underwater)'이라고 한다. 깡통주택의 경우 전세보증금에 대해 임차인이 우선변제권을 확보

27 이지언(2022)에 의하면 주택가격이 3.6% 하락하는 경우 시중은행의 연체액은 4조 원으로 증가하고 연체율은 0.27%에서 0.41%로 상승하는 것으로 분석되었다. 지방은행의 경우는 연체액은 9,300억 원으로 증가하고 연체율은 0.51%에서 0.65%로 상승하는 것으로 나타났다. 반면 금리가 2.2% 증가할 경우 시중은행의 연체율은 0.41%, 지방은행은 0.70%로 상승하는 것으로 분석하였다.

〈표 10-1〉 주택가격 하락에 따른 갭투자 손실규모 추정

(단위: 조 원, %)

	총 전세보증금이 850조 원의 경우			총 전세보증금이 650조 원의 경우		
	전세가율 50%	전세가율 60%	전세가율 70%	전세가율 50%	전세가율 60%	전세가율 70%
갭투자 전세보증금 총액(A)	801(= 850조 × 0.942)			613(= 650조 × 0.942)		
추정 갭투자 주택가격 총액(B)	1,602	1,335	1,144	1,226	1,021	875
갭투자 규모(C = B – A)*	801	534	343	613	408	262
주택가격 10% 하락 시 예상 손실규모(D)	160	134	114	123	102	88
주택가격 15% 하락 시 예상 손실규모(E)	240	200	172	184	153	131
주택가격 20% 하락 시 예상 손실규모(F)	320	267	229	245	204	175
D/C	20.0	25.1	33.2	20.1	25.0	33.6
E/C	30.0	37.5	50.1	30.0	37.5	50.0
F/C	40.0	50.0	66.8	40.0	50.0	66.8
10% 주택가격 하락과 깡통주택 5%시 금융기관 손실액	8.0	6.7	5.7	6.1	5.1	4.4
10% 주택가격 하락과 깡통주택 10%시 금융기관 손실액	16.0	13.4	11.4	12.3	10.2	8.8
15% 주택가격 하락과 깡통주택 10%시 금융기관 손실액	24.0	20.0	17.1	18.4	15.3	13.1
15% 주택가격 하락과 깡통주택 15%시 금융기관 손실액	36.0	30.0	25.7	27.6	23.0	19.7
20% 주택가격 하락과 깡통주택 15%시 금융기관 손실액	48.1	40.1	34.3	36.8	30.6	26.3
20% 주택가격 하락과 깡통주택 20%시 금융기관 손실액	64.1	53.4	45.8	49.0	40.8	35.0

* 2022년 3/4분기 주택담보대출은 1,007조 원, 기타 가계대출은 748.9조 원, 그리고 기타 가계대출과 소규모 개인사업자대출의 합은 1,035.9조 원으로 추정됨.

한 상태에서 집값이 하락하면 주택 매각 시 금융회사들은 집값 하락에 따른 손실을 전부 떠안게 된다. 깡통주택 규모를 정확히 파악하기는 어렵지만 2021년 말 특정 지역에 대한 조사에 의하면 해당 지역 주택의 15% 이상으로 나타나고 있다.[28]

<표 10-1>에서는 주택가격이 10%, 15%, 20% 하락하고 깡통주택 규모가 각각 5%, 10%, 15%, 20%일 경우 손실규모를 추정하였다.[29] 가장 타격이 약한 시나리오인 주택가격이 10% 하락하고 깡통주택의 비중이 5%인 경우 금융권의 손실규모는 4.4조~8조 원 수준에 달한다.[30] 반면 가장 비관적인 시나리오인 주택가격이 20% 하락하고 깡통주택 규모가 20%인 경우 금융기관의 예상손실규모는 약 35조~64조 원에 이르는 것으로 산정되었다. 이 정도 수준의 손실규모는 금융회사에 엄청난 충격을 줄 수 있고 특정 금융업권에서는 많은 회사들의 파산이 초래될 수 있을 것으로 예상되고 더 나아가서 경제 전반에 신용경색이 초래될 가능성이 크다고 할 수 있다.[31]

일반적으로 주택가격이 하락하는 경우 주택 구입보다는 주택가격 하락에 대한 기대로 인해 전세에 대한 수요는 늘어나는 반면 주택을 구입해서 전세를 주는 갭투자가 줄어들기 때문에 전세의 공급은 줄어든다. 그 결과 주택가격 하락 시에는 일반적으로 전세가격이 상승하고 반대의 경우는 전세가격이 하락하는 경향을 보인다. 그러나 2023년 현재 상당한 수준의 금리인상이 이루어지고 있기 때문에 전세대출의 이자 부담이 커져서 전세보다는 월세를 선호하는 경향이 나타나고 있다. 그 결과 주

28 선대인(2022)은 특정 지역에 대한 조사 결과 2022년 집값 수준에서 약 18%가 깡통주택이라고 추정한다. 미국의 경우 2011년 모기지대출을 받은 가구의 23%에 해당되는 1,100만 가구가 깡통주택이었다. Mian and Sufi(2014) 참조.

29 한국은행(2023.5)에 의하면 잔존 전세계약 중 깡통전세 위험가구 비중이 2022년 1월 2.8%에서 2023년 4월 8.3%로 크게 증가한 것으로 나타났다.

30 2023년 1/4분기 말 국내 5대은행의 고정이하여신 규모는 총 2조 195억 원, 고정이하여신비율은 0.18%로 집계되었다.

31 2021년과 2022년 은행권의 당기순이익은 각각 16.9조 원과 18.5조 원을 기록하였다.

택가격이 하락하는 상황에서도 전세수요가 크게 줄어들어서 전세가격이 상당한 수준으로 하락하고 있다.[32] 따라서 주택가격 하락이 갭투자에 미치는 효과는 자본손실이라는 자산효과는 물론 전세가격 하락이 동반될 경우 새 임차인의 전세보증금으로 기존 전세보증금을 돌려막기가 어려운 '**역전세**'를 초래할 수 있다.[33] 또한 깡통주택보다 더 심각한 깡통인 집값이 전세보증금보다 낮게 되어 전세금을 온전히 돌려받지 못하는 '**깡통전세**'가 야기될 수 있다.[34] 임대인이 전세보증금을 현금이나 예금 형태로 보유하고 있지 않는 한 주택가격 하락과 동반해서 이러한 역전세나 깡통전세로 인해 임대인이 계약대로 전세금을 돌려주지 못하거나 제때 돌려줄 수 없는 경우 유동성 부족으로 인해 추가 차입을 하거나 주택을 매도해야 하는 상황이 초래될 수 있다. 더 나아가서 주택거래가 침체된 상태에서 거래가 원활히 이루어지지 않을 경우에는 임차인이나 대출 금융기관에 의해 해당 주택이 경매에 부쳐질 수 있고 이로 인해 주택가격이 급속하게 하락하면서 주택시장의 경착륙이나 거품 붕괴로 연결될 가능성이 높아진다.

한편 2021년 말 주택 관련 대출 보유 차주 중 주택담보대출만 보유한 사람의 평균 DSR은 54.9%이고 주택담보대출과 전세대출을 동시에 보유한 차주의 DSR은 80% 수준에 달하고 있다. 그리고 주택 관련 대출 차주의 경우 평균 LTI(개인사업자대출/연소득)는 346%이고 이 중 저소득층의 LTI는 586%에 달하는 것으로 추정되고 있다.[35] 이 중 금융부채가 금융자

32 한국부동산원의 시세추정에 의하면 2021년 말 대비 2023년 1월 전국 주택매매값은 9.5% 하락한 반면, 전세값은 11.7% 하락한 것으로 나타났다. 조선비즈(2022) 참조.

33 한국은행(2023.5)에 의하면 역전세 위험가구의 비중이 2022년 1월 25.9%에서 2023년 4월 52.4%로 크게 높아진 것으로 분석되었다.

34 부동산업계에서는 통상 전세가율이 80%를 넘으면 주택가격 하락 시 깡통전세의 위험이 크다고 판단하고 있다. 최근 빌라의 경우 다양한 건축 형태로 인해 아파트와는 달리 빌라 가격이 시장에서 정형화되어 있지 않다는 점을 악용해서 집값보다 높게 전세를 주고 명의를 변경해서 사기를 치는 깡통전세가 사회적 문제가 되고 있다.

35 한국은행(2022.6).

〈그림 10-8〉 금리인상으로 인한 갭투자 리스크 파급경로

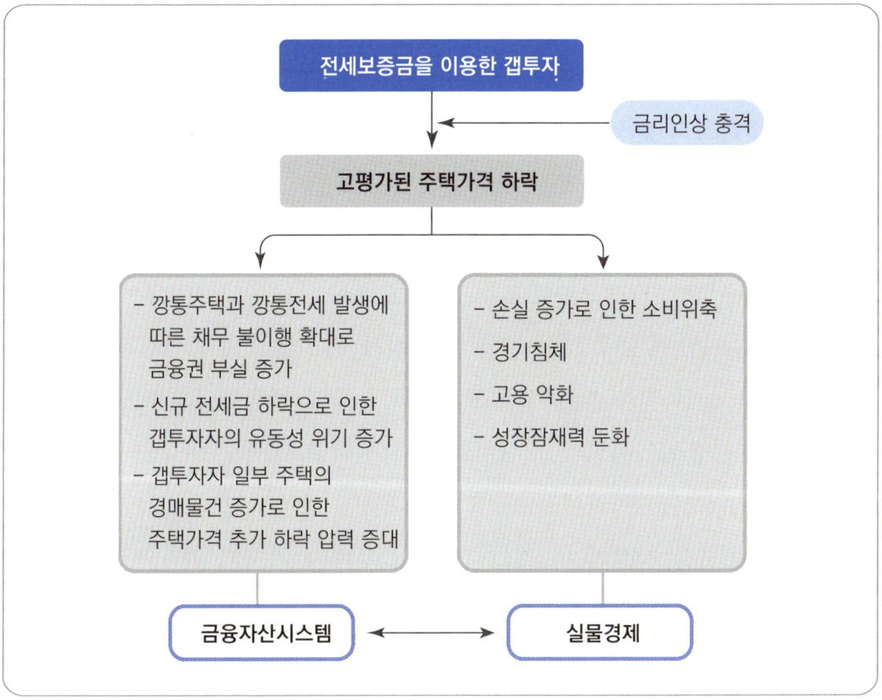

산과 부동산가치의 합계보다 커서 순자산이 마이너스이면서 DSR 수준이 60% 이상인 고위험 가구의 경우에는 주택가격 하락과 전세가격 하락으로 인해 연체율이 대폭 증가할 수 있다.[36] 고위험 가구의 연체율 증가는 비은행금융기관의 부실 확대로 연결되어서 금융위기의 단초를 제공할 가능성이 있다.

결론적으로 주택가격 하락과 전세금 하락이 발생할 경우 갭투자의 손실 증대에 따른 채무불이행 증가와 전세보증금 반환의 어려움에 따른 유동성 위기와 이로 인한 추가적인 주택 매도 확대와 주택가격 하락의 악순환 그리고 고위험 가구의 연체율 증가로 금융불안정이 확대되면 금

36 2022년 4/4분기 고DSR(DSR 70% 초과) 차주 비중은 15.3%이고 대출비중은 41.9%이다. DSR이 100%를 초과하는 차주의 비중은 8.9%이고 대출비중은 29.4%를 차지하고 있다. 한국은행(2023.3) 참고.

융위기의 발생 가능성이 증가할 수 있다. 금리인상 충격에 따른 갭투자 리스크의 파급경로를 요약하면 앞의 <그림 10-8>과 같다.

주택가격 하락과 부동산금융 익스포저 위험 증가

한국은 가계자산에서 부동산이 차지하는 비중이 높고 부동산 관련 대출 규모가 크다.[37] 따라서 부동산가격이 하락하는 경우 주택금융뿐만 아니라 전반적인 부동산업과 관련된 대출의 위험도가 증가할 것이다. COVID-19 팬데믹 기간 중에 저금리가 지속되고 부동산경기가 활황을 보이는 동안 **부동산금융 익스포저**(위험노출)가 급속히 증가하였다.[38] 특히 비은행금융권에서 높은 수준의 LTV 주택담보대출, 상업용 부동산담보대출 및 개인사업자대출 등 고위험대출이 증가하면서 금리인상으로 인해 금융시장 전반의 리스크가 확대될 우려가 커지고 있다.[39] 상당수준이 주택 매입에 사용되는 개인사업자대출의 경우 1인당 대출규모가 일반 가계대출보다 크고 금리 수준이 상대적으로 높은 비은행권 대출의 비중이 높기 때문에 금리인상으로 부동산가격 하락 시 부실위험 가능성이 더 높다. 부동산 관련 금융 익스포저의 확대는 그 자체로 리스크를 확대할 뿐만 아니라 금융시장 간의 연계를 통해 금융시스템에 불안을 증가시키고 금융위기로 연결될 가능성을 높인다.

비은행금융부분의 부동산 관련 **그림자금융**의 규모는 2022년 9월 말 약 842조 원으로 추정되고 있는데 2018년 말에 비해 87.3% 급증하였

---

37 우리나라 가계의 자산 중 부동산을 포함하는 비금융자산이 전체 자산에서 차지하는 비중이 2020년 말 63.6%이고 비금융자산의 94%와 59%가 부동산과 주택이기 때문에 신용경색 시 주택가격 하락이 나타날 가능성이 높다. 미국과 일본의 경우 비금융자산의 비중은 각각 29.3%, 37.9%이다.

38 부동산금융 익스포저는 금융기관 및 보증기관의 가계 및 부동산 관련 기업에 대한 여신과 부동산 관련 금융투자상품의 합계로 정의한다. 보다 구체적으로는 부동산담보대출, 중도금・전세자금대출, 부동산업 등 기업 대출금, PF대출 그리고 부동산 관련 금융상품으로 MBS(mortgage-backed securities), 부동산펀드, 리츠 등이 있다. 한국은행(2019.12) 참조.

39 부동산 관련 대출 비중은 위험가중치 반영 시 은행권 및 비은행권 비중은 2020년 각각 49.3%와 50.7%에 달한다.

다.[40] 특히 부동산 프로젝트 파이낸싱(project financing: PF) 대출규모는 2022년 6월 말 약 117.1조 원으로 2018년 말에 비해 86.5% 증가하였다. 이 중 은행은 28.3조 원이고 비은행의 대출은 88.8조 원에 달하였다.[41] 증권사의 경우 PF대출 규모는 크지 않으나 PF에 대한 채무보증 규모는 2022년 6월 말 46.1조 원으로 2년 만에 2배가 늘어났다. 한편 시행사가 PF유동화 **특별목적회사**(Special Purpose Company: SPC)를 통해 발행한 PF **유동화증권**(PFABCP)은 같은 기간 64.6% 증가해서 약 40조 원에 달하였다. 업권별 자기자본 대비 부동산 PF 익스포저 비중을 보면 2022년 6월 말 기준 저축은행이 79.5%로 가장 높고 증권사 62.3%, 보험사 46.1%로 저축은행권과 증권회사들이 상대적으로 높은 위험에 노출되어 있다고 평가할 수 있다.[42] 부동산시장의 침체로 인해 2022년 9월 저축은행의 PF대출 연체율은 10~20%대로 증가하였고 증권사의 연체율은 4.7%를 기록했다. 부동산 그림자금융으로 인한 금융시스템의 불안정이 증폭된 사례로는 2008년 글로벌 금융위기 시 국내 부동산시장의 침체 여파로 저축은행의 PF대출이 부실화됨으로써 야기된 2011년 저축은행 사태를 들 수 있다. 따라서 가격 하향 안정화조치를 통한 부동산시장의 연착륙과 더불어 부동산발 금융권의 신용경색을 사전에 차단하기 위한 정책적 조치가 시급히 필요한 시점이다.[43]

---

40 그림자금융은 규제차익으로 레버리지를 크게 상승시킬 수 있고, 감독당국의 규제대상이 아니거나 낮은 수준의 규제를 받고 있고, 금융시장에 스트레스가 발생할 경우 단기간 내 대규모로 인출되는 상황이 초래될 수 있다는 점, 위기 시 은행시스템으로 쉽게 전이가 될 수 있는 점 그리고 금융시스템의 경기순응성을 증폭시킬 수 있는 성격 등을 가진 비은행 부문의 금융상품이나 거래를 총칭한다. 부동산 그림자금융으로는 집합투자기구 형태로 운용되는 부동산펀드 및 특별자산펀드, 부동산신탁, 비은행 부동산 PF, 부동산 유동화자산 및 채무보증, P2P 관련 금융 등이 있다. 신용상(2019) 참조.

41 2008년 이후 은행권에 대한 건전성 규제가 강화된 이후 은행권의 PF대출은 2022년 6월 약 28조 원 수준으로 대폭 축소되었다. 반면 보험사와 여신전문금융회사의 PF대출은 2022년 6월 말 43.3조 원과 26.7조 원으로 3년 만에 각각 약 2배와 3배 증가하였다. 저축은행의 경우도 같은 기간 5.2조 원에서 10.8조 원으로 2배 이상 늘어났다.

42 신용상(2023).

시사점

그린우드(Greenwood et al., 2020)는 자산가격 붐과 동반하는 과다 신용팽창에 초점을 맞춰 **위험존**(red zone: R-zone)을 추정한 후 위험존에 위치하게 될 경우 위기발생확률을 제시하였다. 가계 R-zone은 가계의 신용과 주택가격의 과거 3년간 이동평균(moving average) 증가율이 특정 기간 내에서 각각 상위 5분위와 상위 3분위에 속하는 경우로 정의하였다. 분석결과 한 국가가 가계 R-zone에 속할 경우 3년 이내에 위기가 발생할 확률은 37%로 추정되었다.[44] R-zone에 위치할 경우 실질GDP가 하락하는 것으로 분석되었다. 한편 킨들버거-민스키의 **신용사이클과 금융불안정성가설 이론**은 자산가격이 지속적으로 상승할 것이라는 예상에 기초해서 과잉차입이 초래되고 이것이 자산투자로 연결된 이후 그러한 과도한 낙관적인 믿음이 대외적 충격으로 인해 실망스럽게 될 때 신용붕괴(credit busts)가 발생되고 자산가격 하락과 더 나아가서 금융위기로 연결된다는 것이다.

이상의 논의를 감안해서 우리 경제가 최근 금리인상과 주택가격의 하락추세로 인해 가계 및 금융기관의 유동성 위기가 초래되고 이로 인해 경제위기가 발생될 것인지를 보다 면밀히 검토해서 대비책을 마련하는 것이 무엇보다도 시급을 요하는 우리 경제의 핵심 정책과제라 할 수 있다. 보다 구체적인 장단기 정책방안은 제11장에서 심도있게 논의될 것이다.

43 2023년 4월 부동산 PF 부실에 대응하기 위해 금융권 전체를 망라하는 대주단협의체가 출범했다. 협의체는 PF대출 만기연장, 상환유예 및 금리인하 등 채무재조정 그리고 신규자금 지원 등을 논의, 결정한다.

44 기업 R-zone은 과거 3년 동안의 비금융기업의 신용증가율이 샘플기간의 상위 5분위에 속하고 주가상승률이 상위 3분위에 해당하는 경우를 의미한다. 기업 R-zone에 속할 경우 3년 이내로 위기가 발생할 확률은 45%로 추정하였다. 기업과 가계의 R-zone이 동시 발생할 경우 매우 위험한 상황이 초래될 수 있는데, 대표적 사례로 일본의 1988년 상황을 지적하였다.

북구 3국: 노르웨이, 스웨덴, 핀란드

북구 3국은 1980년대 중반 금융자유화를 추진하면서 대출이 증가하고 이로 인한 부동산시장의 거품이 발생하였다. 이후 부동산가격이 하락하면서 공통적으로 은행위기를 경험하였다. 이들 국가들의 주택가격 변화와 금융위기 간의 관계에 대하여 살펴보면 다음과 같다.[45]

노르웨이

노르웨이는 1984년 지급준비율을 낮춤으로써 실질적인 금융자유화를 실시하기 시작하였는데 1986년까지 3년 동안 경기회복과 맞물려 설비투자, 상업용 부동산투자 및 주거용 주택투자가 크게 증가하였고 은행의 실질대출은 연간 20% 이상 증가하였다. 그러나 1985년부터 원유가격의 급격한 하락이 시작됨에 따라 그 여파로 1987년 이후 기업파산율이 급격히 증가하고, 1987년 10월 미국 주식시장의 폭락 여파로 은행들의 대출부실과 손실이 크게 증가하였다. 그리고 1988년 이후 실질금리 상승과 법적 감가상각 허용 축소 등으로 기업부도가 급증하고 상업용 부동산 및 주택가격이 급락함으로써 시세를 담보기준으로 삼은 은행의 부실이 확대되었다. 그 결과 1990년에는 은행위기가 가시화되기 시작해서 1991년에 은행손실비율이 대출의 3%까지 증가하였다. 이에 정부가 적극 은행산업에 자본을 투입하고 은행을 적극 구조조정하는 조치를 취하였다. 요약하면, 노르웨이는 1984년 이후 금융자유화와 경기 호전으로 과도하게 기업대출과 부동산 관련 대출을 한 은행들이 실질금리 상승과 경기 하락 그리고 부동산가격 하

45 함상문(1994), 한국은행(1998) 참조.

〈그림 10A-1〉 노르웨이의 가계신용과 주택가격 변화율(1980~1999)

(단위: %)

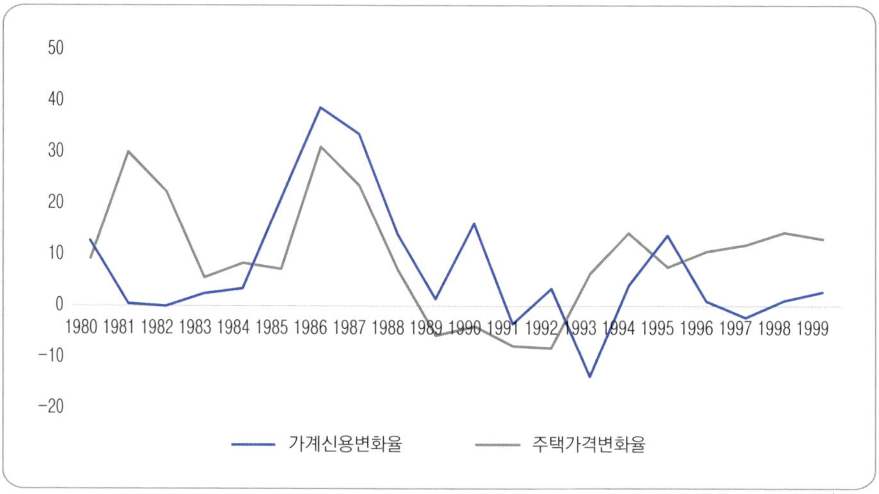

주: 가계신용은 노르웨이 국내은행의 가계 및 비영리기업에 대한 총여신 의미.
자료: 가계신용은 Federal Reserve Economic Data, St. Louis Fed.
주택가격지수는 노르웨이 중앙은행(Norges Bank).

락으로 인해 대출이 부실화됨으로써 은행위기가 초래되었다.

<그림 10A-1>은 1980~1999년 기간 중 노르웨이 국내은행의 가계신용 변화율과 주택가격변화율 추이를 보여준다. 1983년 이후 가계신용과 주택가격은 모두 서서히 증가하기 시작하여 1986년에 모두 정점에 도달한 후 하락세로 반전된다. 특히 은행위기가 가시화된 1990년대 초에는 가계신용 변화율이 마이너스 값을 갖게 되었고, 주택가격도 1980년대 말부터 크게 하락하였다. 주택가격변화율은 1993년 이후 플러스의 값을 갖게 되었고, 가계신용은 상당수준의 디레버리징이 발생하였다.

스웨덴

스웨덴에서는 1985년 대출금리에 대한 규제와 통제가 철폐되었고 1987년에는 외환시장 규제가 철폐되었다. 그 결과 1986년부터 은행의 신규대출이 그리고 1987년부터는 외화차입이 각각 크게 증가하였다. 또한 대출 수요는 대출이자 지급분을 전액 소득공제해 줌으로써 크게 늘어났다. 1988년 총대출금 증가율은 34%에 달하였고 1989~1990년에도 20%를 상회하였다.

〈그림 10A-2〉 스웨덴의 가계신용과 주택가격 변화율(1982~1999)

(단위: %)

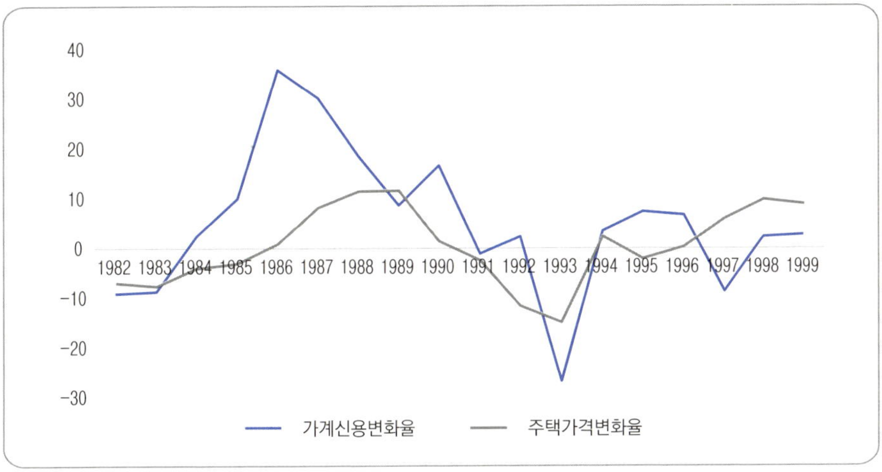

주: 가계신용은 가계 및 비영리기업에 대한 총여신, 주택가격은 실질 주거용 부동산가격 의미.
자료: Federal Reserve Economic Data, St. Louis Fed.

해외차입은 1987~1990년 중 연평균 36%씩 증가하였다. 이 과정에서 과점적 시장구조하의 은행들의 시장점유율을 높이기 위한 경쟁이 가열되었다. 이렇게 대폭 늘어난 은행의 대출 중 50% 가량은 부동산저당기관, 부동산회사, 가계의 부동산 및 주식 관련 대출이었다. 그 결과 주가와 부동산가격이 1985년 이후 급등하였다.

이에 1989년 초부터 인플레이션 억제와 크로나화의 방어를 위해 금리인상 등 긴축정책을 실시하고 1990년에는 이자지급액의 소득공제제도를 철폐함에 따라 자산에 대한 수요가 위축되면서 부동산가격이 하락하기 시작하였다. 그 결과 부동산 관련 대출이 대폭 부실화되고 은행의 대출손실이 급증하면서 은행의 경상이익이 1991년부터 마이너스로 전환되고 일부 은행에서는 예금인출사태가 발생하면서 은행의 도산에 대한 우려가 확산되는 등 전면적인 은행위기로 진행되었다.

<그림 10A-2>는 1982~1999년 기간 중 스웨덴의 가계신용변화율과 주택가격변화율 추이를 보여준다. 1985~1986년 기간 중 국내은행의 가계신용이 급속하게 증가하였고, 주택가격은 1987년부터 오르기 시작하여 1989년 최고에 달한 후 점차 줄어들기 시작하였다. 1991년부터 은행위기가 본

격화되면서 1993년에는 가계신용의 변화율이 –26.8%에 달하였고, 주택가격변화율도 –14.9%를 기록하였다. 이후 가계신용은 1994년부터 증가한 반면 주택가격은 시차를 두고 1996년부터 상승하기 시작했다.

핀란드

핀란드는 1983년에 대출금리에 대한 규제를 완화하고 1986년에는 금리자유화를 시행했다. 그리고 1987년에는 가계의 이자비용이 소득공제 대상이 되었고 미국 주식시장의 급락 이후 세계적인 경기부양으로 인해 수출이 증가하였으며 소련과의 무역도 회복되었다. 이 과정에서 은행대출이 크게 증가되었는데 1988년에 전년 대비 30% 증가함으로써 정점에 이르렀다. 그러나 금융자유화 이후 은행들은 담보가치를 적절하게 평가하지 못했고 규제당국자들 또한 효과적으로 은행에 대한 감독을 수행하지 못했다.

핀란드은행은 경기과열과 과도한 대출 증가를 억제하기 위해 1989년 긴축적인 통화정책으로 선회하였고, 그 결과 단기금리가 상승하였고 부동산 수요가 급격히 감소됨에 따라 경기가 위축되어 1990년의 경제성장률은 제로 수준으로 급락했다. 연이어 1991년엔 소련의 붕괴로 대소련 수출이

〈그림 10A-3〉 핀란드의 가계신용과 주택가격 변화율(1980~1999)

(단위: %)

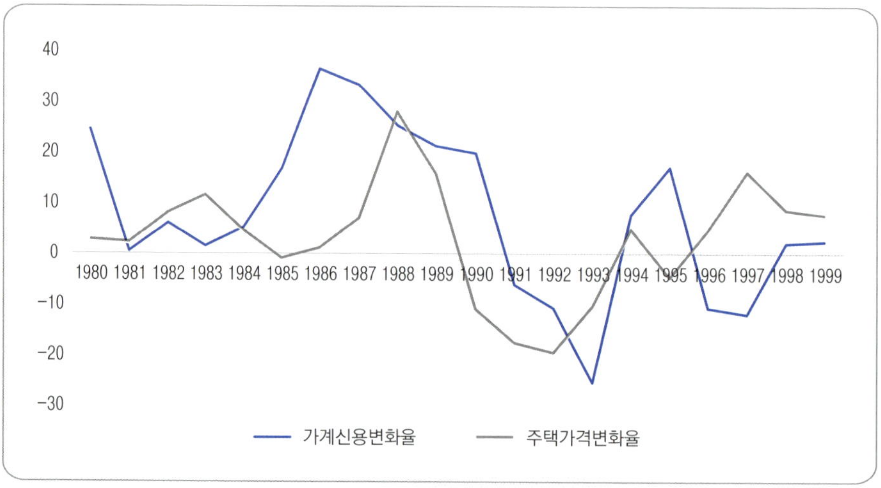

주: 가계신용은 가계 및 비영리기업에 대한 총여신, 주택가격은 실질 주거용 부동산가격 의미.

자료: Federal Reserve Economic Data, St. Louis Fed.

〈표 10A-1〉 북구 3국의 은행위기 비교

	노르웨이	스웨덴	핀란드
위기 출발 시점 및 요인	1984년 실질적인 금융자유화를 시행함으로써 1986년까지 대출이 급증	1985년 대출금리 규제와 대출한도를 폐지하는 등 금융자유화를 확대하고, 1987년 외환규제를 철폐함에 따라 1990년까지 은행들의 외화차입금이 급증	1986년 금리자유화를 확대하고 1987년 이자에 대한 소득공제를 도입함으로써 대출이 1986년부터 급격히 증가
위기 본격화 시기 및 주요 요인	1985년 이후 원유가격 하락과 1987년 미국 주식시장의 폭락으로 은행들의 대출부실이 큰 폭으로 증대	1989년 금리인상과 1990년 이자소득공제가 철폐됨에 따라 1991년부터 부동산가격이 하락하기 시작	1989년 긴축통화정책으로 선회하고 1990년에 제로성장의 경기침체에 직면하고 1991년에는 소련 붕괴로 마이너스 성장을 기록함으로써 은행들의 부실채권이 급증
대출 증가의 변화	1984년부터 3년 동안 은행의 실질대출이 연 평균 20% 이상 증가	1986년부터 증가하기 시작해서 1988년 31%로 최고를 달성한 후 1990년까지 20%를 상회	1984년에 증가세로 돌아선 대출은 1988년 최고에 달했음.
주택가격의 최고점	1984년부터 부동산가격이 상승하기 시작해서 3년 동안 상승한 후 1988년부터 하락하기 시작	1990년 상업용 부동산 그리고 1991년부터 주거용 부동산가격이 폭락하기 시작	1989년부터 부동산가격이 급락하기 시작

급감하고 서유럽국가에 대한 수출도 어려워짐에 따라 GDP는 6.5% 감소하고 단기금리가 상승하고 마르카화는 12.3% 평가절하되었다. 이러한 금리상승과 평가절하로 인해 기업들이 단기외채를 상환하기 어렵게 됨에 따라 1992년 은행의 부실채권이 증가되고 손실이 크게 늘어나면서 은행위기가 초래되었다.

<그림 10A-3>은 1980~1999년 기간 중 핀란드의 가계신용변화율과 주택가격변화율 추이를 보여준다. 1983년 이후 가계신용변화율이 치솟기 시작하여 1986년에는 36.8%를 기록하였고, 이후 감소세로 반전되었다. 주택가격변화율은 1985년 이후 증가세로 돌아서서 1988년에는 28.0%에 달하였다. 두 변수 간에는 강한 상관관계가 존재하는 것으로 나타났다. 1990년대에 들어오면 두 변수 모두 급속히 감소하기 시작하였고, 은행위기가 발생한

1992년에는 가계신용변화율과 주택가격변화율이 각각 －10.4%와 －19.4%를 기록하였다.

<표 10A-1>은 북구 3국 은행위기의 성격을 비교 · 정리하고 있다. 3국 모두 금융자유화를 추진하면서 은행신용이 빠르게 증가하고 부동산가격이 상승한 후 부동산 거품이 붕괴되면서 은행위기를 맞게 되었다는 공통점이 있다.

일본

일본 정부는 1985년 9월 **플라자협정**으로 인한 엔화가치의 급작스런 상승과 수출 부진 등에 대처하기 위해 확장적인 통화정책과 금융기관의 대출규제 완화 등을 통해 시중에 대폭적으로 유동성을 공급하였다. 그 결과 1985년 5% 수준이었던 금리는 1987년 2월 2.5%로 하락하였고, 은행들은 금융자유화로 자본시장과 해외시장에서 자금조달이 용이해짐에 따라 경쟁적으로 가계 및 부동산 관련 기업에 대출을 확대하였다. 일반기업들도 부동산투자수익률이 자금조달금리보다 높아짐에 따라 차입을 통해 상업용 부동산을 대거 구입하였다.

한편 일본 정부는 1987년 미국 주식시장의 **블랙먼데이** 이후 경기둔화 우려 때문에 다른 나라에 비해 다소 늦은 1989년에 금리인상으로 전환하는 등 정책 실기를 함으로써 부동산과 주식시장의 버블이 과도해졌다. 이후 자산시장의 버블을 관리하기 위해 기준금리를 1989년 2.5%에서 1990년 8월 6.0%까지 가파르게 인상하였고, 1990년 3월에는 부동산 관련 대출의 총량도 규제하였다.

이러한 급격한 금리인상과 부동산 관련 대출 규제로 인하여 1990년부터 주가가 급락하고 이어 1991년부터 상업용 부동산을 시작으로 부동산가격이 급락하였다. 이에 일본 정부는 1991년 다시 금리인하 및 대출총량규제를 해제하고 1992년에는 재정지출을 확대하는 등 금융시장 안정화 및 경기부양 조치를 발표하였으나 부동산가격의 하락은 지속되었고 일본의 장기

〈그림 10A-4〉 일본의 가계신용과 주택가격 변화율(1980~1999)

(단위: %)

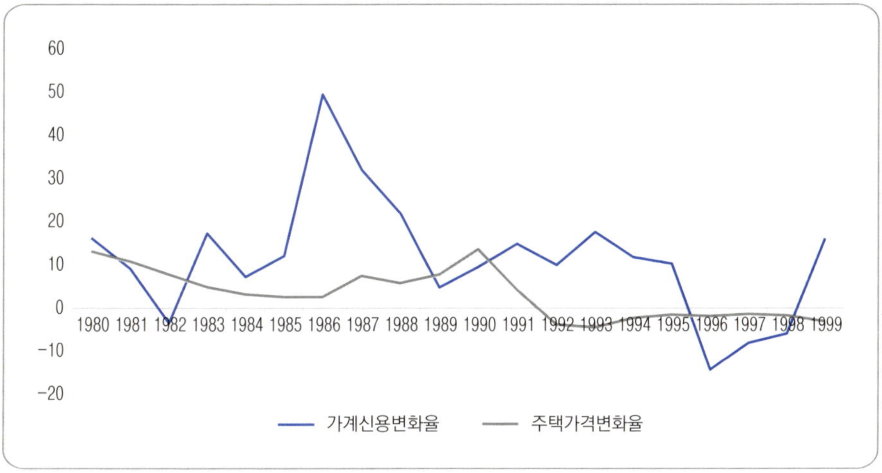

주: 가계신용은 가계 및 비영리기업에 대한 총여신, 주택가격은 실질 주거용 부동산가격 의미.
자료: Federal Reserve Economic Data, St. Louis Fed.

불황인 '잃어버린 30년'이 시작되었다.

<그림 10A-4>는 1980~1999년 기간 중 일본의 가계신용변화율과 주택가격변화율 추이를 보여준다. 앞서 설명한대로 1985년 플라자협정 이후 확대통화정책을 추진하면서 가계신용변화율은 1986년 50%에 달하였고, 1986년에는 32.2%, 그리고 1987년에는 22.1%의 매우 높은 수치를 기록하였다. 주택가격변화율은 1988년 5.8%, 1989년 7.8%, 그리고 1990년 13.6%로 증가세를 보였다. 그러나 자산시장 거품이 꺼지면서 주택가격변화율도 1991년부터는 마이너스의 값을 보이기 시작하였고 1990년대 내내 주택가격은 하락세를 벗어나지 못하였다.

미국

미국의 2008년 금융위기에 대해서는 앞에서도 언급한 바 있는데, 여기서는 가계신용과 주택가격 간의 연관성을 중심으로 논의하도록 한다. 미국은 IT 버블의 붕괴로 주가가 2002년까지 지속적으로 하락하였다. 경기부양을 위하여 미 연준은 2004년 중반까지 초저금리를 유지하였다. 2000년 6.5%였던 연방기준금리는 2001년 2% 그리고 2003년 6월 1%까지 낮아졌다.[46] 한편 대폭 늘어난 유동성은 주식이나 채권보다 주택시장으로 대거 투자되었는데 그 결과 2000년 6.2%의 주택가격상승률이 2004년에는 11.9%로 급등하였고 2007년에는 주택가격이 2000년에 비해 56.9%나 상승하였다.

<그림 10A-5>는 1991~2010년 기간 중 가계신용변화율과 주택가격변화율 추이를 보여준다. 우선 가계신용변화율을 보면 1990년대 중반 이후 완만한 증가세를 보이다가 2000년대에 들어오면서 증가세가 빨라지는 모습을 보인다. 2002~2006년 기간 중에는 증가율이 매년 10%를 넘어섰다. 이러한 신용공급의 증가는 주택가격을 끌어올리는 효과를 가져왔다. 주택가격변화율은 1991~1996년 기간 중에는 마이너스의 값을 보이다가 1997년 이후 증가세로 바뀌었다. 2004년과 2005년에는 각각 11.2%와 12.1%를 기록하였으나 2006년에는 2.7%로 감소하였다. 서브프라임 모기지 위기가 발생한 2007년에는 −8.5%, 그리고 2008년에는 −17.7%로 급락하였다.

미국의 금융위기 과정에서 모기지저당채권(Mortgage-Backed Securities: MBS)의 역할에 대해서는 앞에서 간략하게 설명한 바 있다. 미국의 금융완화 기간에 주택담보대출인 모기지(mortgage) 공여기관들은 모기지를 MBS 발행기관에 매각하고 그 금액으로 다시 모기지를 일으킴으로써 모기지가 크게 확대되었다.[47] 경쟁적으로 모기지를 공여하는 과정에서 저신용자들과

46 경기과열을 우려해 금리를 인상하려는 미 연준의 시도는 한국과 중국을 위시한 아시아 경상수지 흑자국의 달러 외환보유액이 대거 미국 국채 등에 투자되면서 무산되었다. 이러한 현상은 **그린스펀의 수수께끼**(Greenspan's Conundrum)라고 칭한다.

47 이 과정에서 모기지 공여 금융기관들은 일정한 수준의 수수료를 챙겼다.

〈그림 10A-5〉 미국의 가계신용과 주택가격 변화율(1991~2010)

(단위: %)

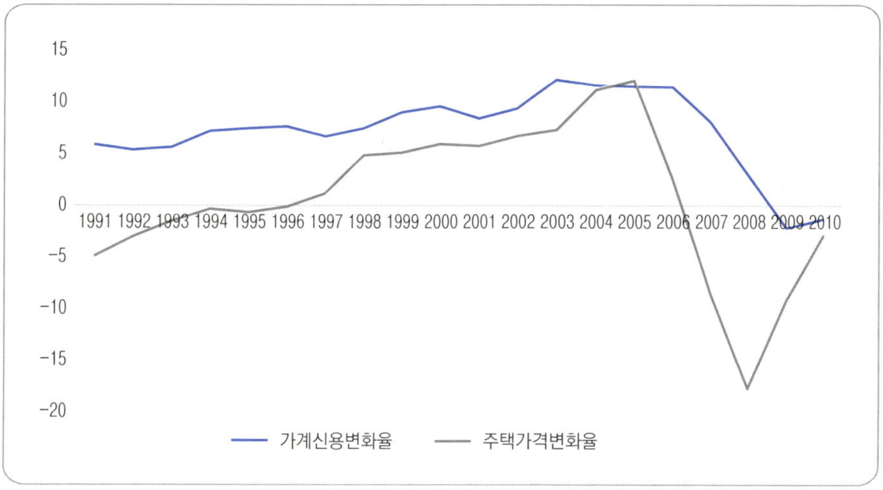

주: 가계신용은 가계 및 비영리기업에 대한 총여신, 주택가격은 실질 주거용부동산가격 의미.
자료: Federal Reserve Economic Data, St. Louis Fed.

대출상환능력이 의심되는 저소득자들에게도 일정 기간 동안의 이자까지도 대출해 주는 등 서브프라임대출이 크게 늘어났다.[48] MBS를 상환위험도별로 분류하고 묶어서 만든 신용구조화상품을 **부채담보부증권**(Collateralized Debt Obligation: CDO)이라고 하는데, 주택시장이 호황을 보이면서 주택담보대출 관련 기관들은 MBS뿐 아니라 CDO를 대거 판매하였다.[49]

48 전체 모기기 중 서브프라임대출 비중은 2003년 6.3%에서 2006년 13.7%로 증가하였다. 신용상 외(2007) 참조.

49 CDO를 구성하는 상품군을 **트란쉐**(tranche)라고 부르는데, 트란쉐는 국제신용평가회사들에 의해 신용평가가 이루어졌다. 신용도가 낮은 트란쉐는 일반적으로 발행 금융기관이 인수했다. 문제는 어떻게 상당수의 CDO가 높은 신용을 획득할 수 있었느냐 하는 점이다. 이 점이 2008년 이후 위기원인 규명 과정에서 주요 쟁점 사항 중 하나였는데 S&P, 피치, 무디스와 같은 세계적 신용평가회사들은 CDO발행 금융회사와의 이해관계를 고려해야 하는 이해상충 문제와 더불어 보다 본질적으로는 CDO에 내재된 위험도를 정확히 파악하지 못한 것으로 결론이 내려졌다. 이들 기관이 간과한 핵심적인 위험은 미국 전역에 거친 서브프라임 모기지의 동시다발적인 상환불능 사태의 발생을 미처 예상하지 못하였다는 점이었다. 정규적인 분포에 따른 위험을 가정했을 경우 신용평가회사에 의해서 평가된 위험도는 의미가 있지만 소위 **블랙스완**(black swan)과 같은 꼬리위험이 발생하였을 경우의 위험도는 미처 반영되지 못한 것이다. Tooze(2018) 참조.

주택 구매를 용이하게 하는 유동성 증가로 인해서 주택시장이 과열됨에 따라 미 연준은 과도한 주택가격 상승을 완화하기 위해 2004년 1%이었던 기준금리를 하반기부터 본격적으로 인상하기 시작했다. 2006년 6월에 기준금리는 6.25%로 인상되었다. 이러한 급속한 금리인상으로 인해 2007년부터 주택가격이 하락세로 반전되었고 서브프라임 모기지가 대거 상환불능 상태가 됨에 따라 MBS에 기초한 상당부분의 CDO가 부실채권으로 전락하였다. 한편 2005년도에 시행된 대형 투자은행(IB)에 대한 **레버리지비율** 완화 정책으로 인해 대형 투자은행들이 자회사격인 SPC를 설립해서 환매부채권(RP)이나 ABCP(자산담보부단기회사채) 등 단기채권을 발행한 자금으로 CDO와 같은 장기채권에 장외거래 형식으로 대량 투자했다. 서브프라임 모기지의 상환불능으로 인한 CDO의 부실로 CDO의 거래가 극도로 위축됨에 따라 조달한 단기자금의 상환을 위해 투자은행들이 보유한 자산을 투매하기 시작했고 그 결과 시장에서 자산가격이 폭락하였다. 또한 금융회사들 간의 신뢰 하락으로 자금 융통이 이루어지지 않아 급격히 신용경색이 야기되었고 급기야 유동성위기와 금융위기로 발전했다.

시장이 혼란한 상황에서 2008년 3월 JP모건이 5대 대형 투자은행의 하나인 베어스턴스를 인수했고, 모기지에 대한 보증업무를 수행하고 일정 조건을 충족하는 모기지를 매입해서 MBS를 발행하는 준정부기관인 **패니메이**(Fannie Mae)와 **프레디맥**(Freddie Mac)이 완전 국유화되었다. 그리고 결정적으로 2008년 9월에 또 다른 대형 투자은행의 하나인 **리먼 브라더스**가 파산함으로써 미국의 금융위기가 초래되었다. 글로벌 금융시장이 매우 긴밀하게 연계된 상황에서 미국 투자은행뿐만 아니라 유럽의 많은 금융기관들도 미국 CDO에 대규모 자금을 투자하였고 그 결과 미국의 금융위기는 많은 유럽 은행들의 부실로 연결되면서 글로벌 금융위기로 발전되었다.

요약하면 경기활성화를 위해 시행한 금리인하정책이 자산시장의 거품으로 연결되었고 거품을 거둬내기 위한 금리인상정책이 적절한 시점을 놓치고 대표적인 고위험가구인 서브프라임 모기지 차입자들의 DSR 증가로 인해 원리금상환이 어렵게 되고 연체율이 높아짐에 따라 MBS와 연계된 장기 만기를 가진 구조화증권 CDO의 가격이 폭락하였다. 그리고 MBS에 기초한 구조화상품에 과도하게 단기부채로 조달한 자금으로 투자한 금융투자 회사들이 일종의 만기불일치의 문제로 유동성 위기에 몰리게 되면서 결국 해당 채권에 투자한 금융기관들은 보유한 자산을 투매하고 동시에 금융시장에서 신용경색이 발생함으로써 금융위기로 발전되었다.

PART
04

부채의 관리 및 조정

제 **11** 장

부채관리를 위한 장단기 정책과제

1 부채함정에 빠진 한국경제

COVID-19 팬데믹이 일단락되었음에도 불구하고 많은 국가들이 인플레이션과 저성장, 그리고 금리인상에 시달리고 있다. 또한 팬데믹 기간 동안 급격히 증가한 부채에 대한 상환부담으로 경제적 · 사회적 어려움에 봉착하였다. 한국도 예외가 아니다. 일반적으로 부채가 늘어나서 정상적으로 부채를 갚아나가기가 어려운 상황을 **부채함정**(debt trap)이라고 정의한다.[1] 부채함정에 빠지게 되면 부채를 갚기 위하여 추가적인 부채가 필요하게 되는 악순환에 빠지게 된다. 이럴 경우 가계나 기업은 과잉부채를 해소하기 위하여 소비나 투자와 같이 생존에 필수적인 경제활동을 줄일 수밖에 없고, 이는 단기적으로는 경기에 그리고 장기적으로는 성장에 부정적인 영향을 미치게 된다.

금융위기의 임계치에 대한 논의와 마찬가지로 부채함정의 기준을 명확하게 정의하는 것은 쉬운 일이 아니다. 2008년 글로벌 금융위기로 야기된 유로존 일부 회원국들의 재정위기나 2022년 스리랑카가 채무불이행 상태에 빠진 사태가 대표적인 부채함정의 사례로 지적되고 있다.[2,3] 부채함정은 과다한 민간부채나 정부부채의 누적으로 인한 국가신인도의

1 부채함정은 재정적자와 국가채무, 국채의 리스크 프리미엄, 그리고 대외신인도 간의 악순환이 야기되는 상황을 의미하는 용어로 종종 사용된다. 한편 Yue et al.(2022)는 가계가 채무불이행에 빠지는 재무적 곤경을 부채함정으로 해석한다.

2 Padoan et al.(2012) 참고.

3 스리랑카 국가부도사태는 중국이 개도국의 사회간접자본 투자 등에 필요한 자금을 빌려주고 이를 빌미로 정치경제적 영향력을 행사하려 한다는 중국의 부채함정외교로 평가하기도 한다.

하락이나 거시경제정책 운용의 어려움 등으로 인해 어떠한 국가에서도 발생할 수 있다는 점이 다양한 사례와 연구를 통해서 확인되었다. 그리고 특정 경제가 과잉부채로 인해 부채함정에 빠질 경우 실물경제와 금융시장이 받을 충격의 정도에 따라 경제위기나 금융위기가 야기될 수 있는 가능성이 상당히 높다는 점을 염두에 두어야 할 것이다.

그렇다면 한국의 상황은 어떠한가? 여러 차례 강조한 바와 같이, 한국경제의 최대현안은 민간부문, 특히 가계의 과잉부채이다. BIS가 국가의 금융위기 지표로 활용하는 민간신용갭의 경우 한국은 2022년 3/4분기 조사대상 43개국 중 일본 다음으로 높은 16.2%를 기록했다. 그리고 BIS가 집계한 한국의 2022년 3/4분기 DSR 수준은 조사대상 17개 국가 중 호주에 이어 두 번째로 높은 13.7%로 나타났다. 또한 한국은행이 산출한 가계대출 차주의 평균 DSR은 40.6%로 한국은행이 소비를 위축시키는 임계치로 간주하는 46%보다는 비록 낮지만 DSR이 70%를 초과하는 고DSR 차주가 전체 가구의 15.3%이고 대출 비중은 41.9%에 달하고 있다.[4] 한편 기업의 경우 2022년 말 기업부채 비중(기업부채/GDP)은 119.6%로 사상 최고치를 기록하였는데 이는 선진국 평균 91.4%를 훨씬 상회하는 수준이다. 그리고 최근 5년간(2016~2021년) 증가율도 21.4%로 일본과 스위스에 이어 세계 3위에 해당된다. 또한 2023년 1/4분기 이자보상배율이 1 미만인 상장사가 전체의 40.5%를 차지하고 있고, 중소기업의 경우 60%에 달하는 것으로 나타났다. 이런 점들을 종합적으로 고려할 때 한국의 부채는 과잉수준이고 부채함정에 빠졌다고 평가할 수 있다.

제3절과 제4절에서 부채문제 해결을 위한 정책대안을 논하기에 앞서 한국의 부채규모가 어떻게 이토록 과잉수준이 되었는지 지금까지의 논의를 간략하게 정리하도록 하자. 우선 가계부채가 빠르게 증가한 주요 요인으로는 저금리와 부동산가격 상승을 들 수 있다. 제3장에서 살펴본 바와 같이 저금리 기조하에서는 부채상환 부담이 낮아지기 때문에 가계

4 한국은행(2021.12)과 한국은행(2023.3) 참조.

에서는 은행대출에 대한 의존도를 높이게 된다. 금융기관 입장에서도 저금리 기조하에서는 예금금리와 대출금리 간 차이가 줄어들기 때문에 보다 공격적으로 대출을 하고, 신용위험도가 높은 가계까지 신용을 늘리게 되는 유인으로 작용한다. 또한 저금리 기조하에서는 일반적으로 차입을 통한 주식이나 부동산에 대한 투자가 증가하는데, 이로 인한 자산시장의 과열이 가계부채가 증가된 주요 요인 중 하나이다.

금리가 가계부채의 증가율의 핵심적인 결정요인이라는 점은 최근 금리인상 이후 가계부채의 증가율이 둔화된 점에서도 확인할 수 있다. <그림 11-1>은 2017~2022년 기간 동안 가계부채 총액과 증감률의 추이를 보여주고 있다. COVID-19 팬데믹 기간인 2020～2021년에는 가계부채가 연 8% 증가하였지만 금리가 급등했던 2022년의 분기별 자료를 보면 증가율이 급격히 하락하였음을 볼 수 있다. 그럼에도 불구하고 가계부채 총액은 아직 크게 줄어들지는 않았다.[5]

〈그림 11-1〉 가계부채 증감(2017~2022)

(단위: 조 원, %)

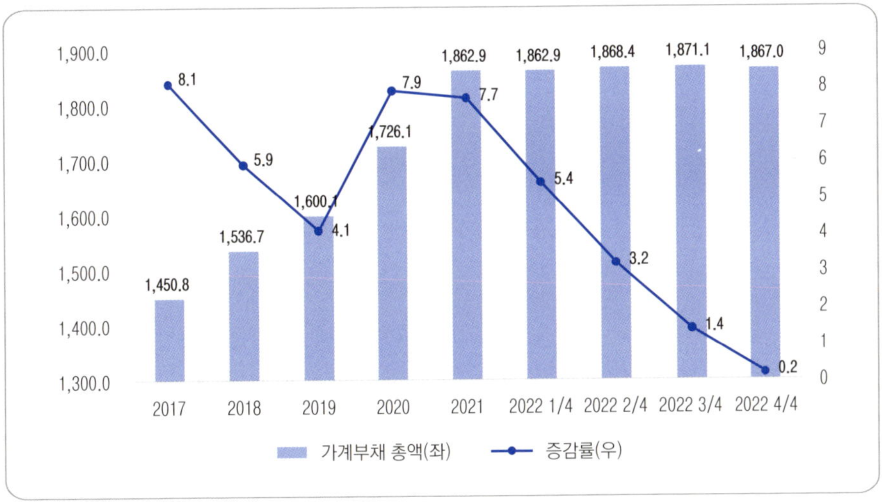

주: 가계부채(가계대출＋판매신용)(말잔 기준).
자료: 한국은행, 가계신용조사.

5 2023년 3월 말 가계부채는 2022년 4/4분기 말보다 0.7%(약 14조 원) 줄어든 것으로 나타났다.

〈그림 11-2〉 기업부채 증감(2017~2022)

(단위: 조 원, %)

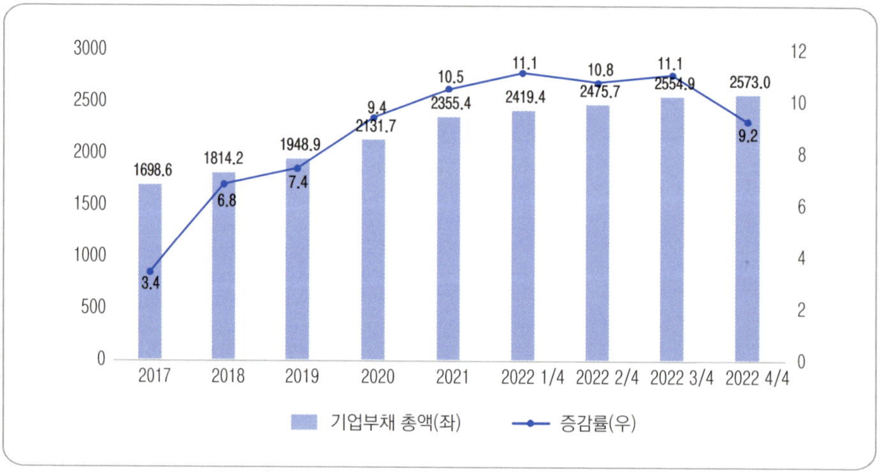

주: 기업부채(채권+대출+정부융자)(말잔 기준).
자료: 한국은행 경제통계시스템, 금융자산부채잔액표(2008~).

다음에는 기업부채에 대하여 살펴보자. <그림 11-2>는 2017~2022년 기간 중 기업부채 총액 및 증감률 추이를 보여준다. 앞에서 살펴본 가계부채와 달리 기업부채 총액은 증가세를 이어가고 있다. 특히 2022년 금리인상에도 불구하고 증가율은 크게 떨어지지 않았다. 그 이유는 기업들의 성장성과 수익성이 동시에 악화되고 있다는 점에서 찾을 수 있다(한국은행, 2022(b)).[6] 일반적으로 기업부채는 기업의 성장성과는 정(+)의 상관관계, 그리고 기업의 수익성과는 부(−)의 상관관계를 맺는 것으로 알려져 있다. 성장성이 높을수록 금융기관 대출이나 채권 발행에 유리하며, 이윤이 증가하고 현금흐름이 원활할수록 외부자금 차입 필요성이 감소할 것이기 때문이다.[7] 2022년 수익성 감소는 부채비율을

6 2022년 3/4분기 외감기업의 총자산 증가율은 2.8%로, 전년 동기 대비 3.1% 이상 축소되었다(대기업: 2.9% → 2.7%, 중소기업: 3.7% → 3.0%). 한편 매출액영업이익률은 4.8%로, 전년 동기 대비 7.5% 이상 하락하였는데, 특히 대기업의 하락폭이 두드러졌다(대기업: 8.3% → 4.7%, 중소기업: 5.0% → 5.4%)

7 Kim, Ryou and Takagi(2010)에 따르면 1997년 외환위기 이후 한국 기업의 부채비율은 매출액증가율과는 정(+)의 상관관계, 그리고 자기자본수익률(ROE)이나 현금흐름과는 부

〈그림 11-3〉 국가채무 증감(2017~2022)

(단위: 조 원, %)

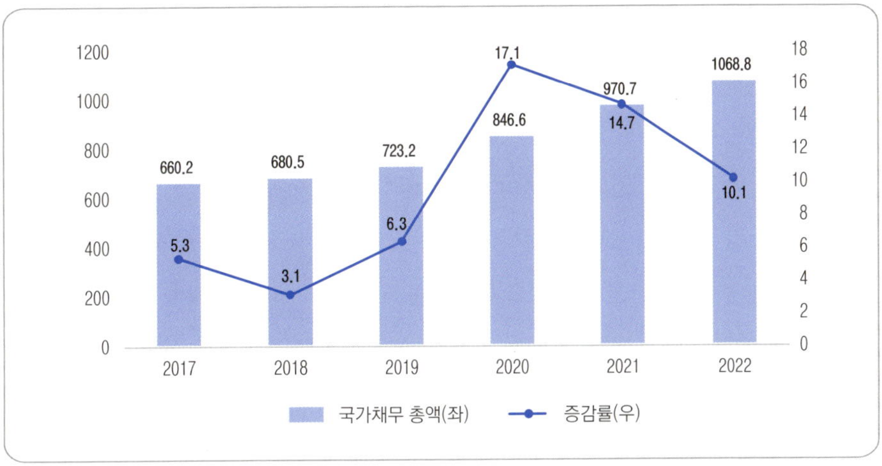

主: 국가채무(중앙정부채무 + 지방정부순채무: D1)(말잔 기준); 2017~2021년은 결산 기준, 2022년은 2차 추경 기준.

자료: 통계청, 지표통합서비스 지표누리, "국가채무 추이".

증가시키는 방향으로 작용하였을 것이다. 그런데 기업의 성장성 하락에도 불구하고 기업부채가 증가하였다는 사실은 기업이 경기침체를 일시적인 현상으로 받아들이는 측면이 있다는 점을 암시한다. 또한 환율 및 원자재 가격 상승으로 인한 시설 및 운영자금에 대한 수요가 늘었기 때문인 것으로 분석되고 있다. 한국의 잠재성장률이 크게 변하지 않는다면 기업의 과다부채의 해소는 장기적으로 기업의 전반적인 경쟁력과 영업환경 개선에 달려 있을 것이다.

마지막으로 국가채무(D1)의 추이를 살펴보도록 하자. <그림 11-3>에서 보는 바와 같이 국가채무 총액은 2017년 660.2조 원에서 2022년(2차 추경예산 기준)에는 1068.8조 원에 달하였다.[8] 2020년, 2021년, 2022년 3개년도 동안 매년 두 자리 숫자의 높은 증가율을 기록한 것도 주목할

(－)의 상관관계가 있는 것으로 나타났다.

8 감사원에 따르면 2022년 국가채무(D1)는 총 1,033조 4,000억 원을 기록하였다. GDP 대비 국가채무비율은 48.1%로 전년도보다 2.8%p 증가하였다(감사원, 2023).

만하다. 이러한 추세가 지속된다면 제5장에서 살펴본 바와 같이 20년 이내로 GDP 대비 국가채무비율이 100%가 넘을 것으로 예측된다. 이러한 상황은 정부부채도 민간부문의 과다부채 못지않게 시스템 리스크를 초래할 가능성을 높일 수 있음을 시사한다.

한국경제가 안고 있는 과잉부채의 함의는 무엇인가? 과잉부채는 무거운 짐을 지고 산을 오르는 것과 같이 경제 전반에 상당한 부담을 준다. 경우에 따라서 현재 소득으로는 더 이상 이자를 갚을 수 없는 극한적인 상황에 처해서 파산이 불가피할 수 있다. 이러한 사태가 개인이나 개별 기업의 문제가 아니라 경제 전체의 문제가 될 수 있기 때문에 정책당국이 이를 무시할 수 없다. 한국은행이 한미 기준금리의 역전에도 불구하고 금리인상에 유보적인 입장을 취하고 있는 것도 현 상황이 이미 얼마나 심각한지를 잘 보여준다.

2 한국경제의 대내외 여건

부채문제를 풀려면 부채의 상환능력이 높아져야 한다. 그런데 한국이 당면하고 있는 대내외 경제여건은 여의치 않다. 한국의 잠재성장률이 하향세를 보이는 가운데, 현재 한국은 경기침체의 늪에 빠질 위험이 커지고 있다. 2022년 4/4분기 현재 소비와 수출은 전년 동기 대비 각각 0.4%와 6.2% 감소했다. 실질GDP도 0.4% 감소했다. 2023년에도 이 추세가 지속될 가능성이 크다. 추세전환을 위해 금리인하를 해야 되겠지만 국제금리 추이를 고려하면 당분간은 어려워 보인다. 가계부채가 과다한 상황에서 금리상승은 소비를 더욱 위축시킬 가능성이 높다. 한편 무역수지는 2022년 2월부터 2023년 4월까지 15개월 연속 적자를 기록하고 있다. 정말 오랜만에 정부가 수출대책회의를 개최할 정도이지만, 언제 수출이 회복될지 불확실하다. 게다가 주택경기의 하락

〈그림 11-4〉 예금은행 신규 가계대출 명목금리

(단위: %)

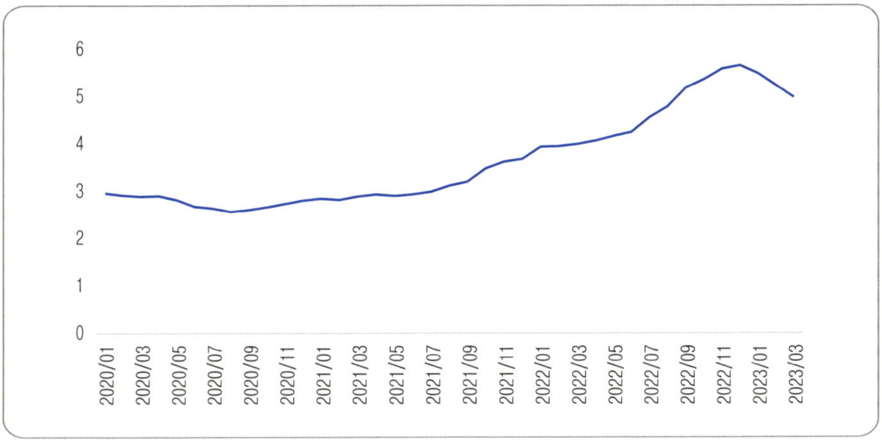

자료: 한국은행 경제통계시스템.

으로 건설투자의 증가율도 2022년에는 부(－)를 기록하였고, 기업의 설비투자증가율도 지지부진하다. 종합하면 경기침체는 당분간 계속될 전망이다.

2023년 5월 현재 한국의 기준금리가 3.5%까지 올랐고, 은행의 가계에 대한 신규대출금리도 2022년 12월 평균 5.6%로 2년 전에 비해 약 2배 상승하였다(<그림 11-4> 참조). 앞으로 금리인상 압력은 더욱 커질 것으로 예상된다. 그 이유는 먼저 물가상승률이 여전히 높다는 점이다. 소비자물가상승률은 2022년 7월 6.3%로 고점을 찍은 후 하향추세에 있지만 여전히 높다. 그리고 미국의 고용률과 소비자물가상승률이 예상치를 상회하여 미국이 기준금리를 2023년에도 추가 인상하거나 5%대 수준으로 유지할 가능성이 높다는 점을 들 수 있다.

한미 간의 기준금리는 <그림 11-5>에서 볼 수 있듯이 2022년 9월부터 역전되어 2023년 1월에는 격차가 0.8%를 넘었다.[9] 금리 역전으로 자

9 여기에서 사용된 미국 기준금리는 유효 연방기금금리(effective federal fund rate)이다. 연방기금금리는 6주에 한 번씩 열리는 FOMC에서 결정되지만 채권가격이 매일 변하기 때문에 일일 연방기금금리가 다르게 결정되는데 이 금리가 유효 연방기금금리이다.

〈그림 11-5〉 **외국인 순채권투자와 한미 기준금리 차이(2022.1~2023.1)**

(단위: 십억 원, %, 결제기준)

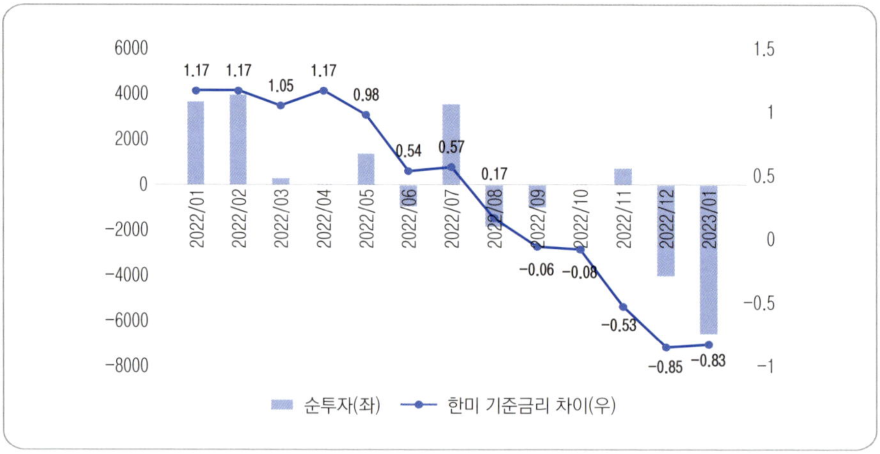

자료: 한국은행 경제통계시스템, 금융감독원, FRED.

본유출의 징조가 한때 나타났다. 금리차가 0.8%를 넘었던 2022년 12월과 2023년 1월에는 외국인이 국내채권을 팔아치운 금액이 각각 4.0조 원과 6.6조 원에 달했다. 만약 미국이 기준금리를 추가로 인상할 때 한국이 이어서 올리지 않을 경우 원/달러 환율이 상승(즉, 미 달러화 대비 원화가치의 하락)하고 달러화표시 금리차이가 더 벌어져 자본유출의 가능성이 더 높아지게 된다. 뿐만 아니라 원/달러 환율이 상승하면 수입품의 국내가격이 올라 국내물가 상승압력은 더욱 커지게 되어 금리인상 압력을 받을 가능성이 높아지게 된다.

한국은행은 4월 기준금리를 3.5%로 동결한 후 6월에도 그 수준을 유지하고 있다. 반면 미국은 5월 4일 기준금리를 0.25%포인트 올려 5~5.25%로 인상하여, 미국과 한국의 금리차이는 최대 1.75%로 벌어졌다. 2023년 3월에 0.5%포인트 인상이라는 빅스텝이 예상되었으나 실리콘밸리은행(Silicon Valley Bank: SVB)과 시그니처은행의 파산, 스위스 투자은행인 크레디트스위스(Credit Suisse: CS)의 유동성 위기 등 금융권 불안으로 인해 베이비스텝에 그쳤다고 한다. 당시 미 연준 파월 의장은

2023년에 기준금리 인하는 없을 것이고 인플레이션의 추이에 따라 금리 인상이 계속될 수 있음을 밝혔다. 그리고 2023년 5월에 한 차례 더 0.25%포인트 베이비스텝 인상을 하였다. 시장에서는 2023년 하반기에 추가적인 금리인상 전망을 내놓고 있다. 미국의 추가적인 금리인상 전망으로 인해 한국도 추가적으로 기준금리 인상 여부에 대한 정책적 고민이 더 커진 상황이다.

지난 1년 동안 지속적인 기준금리 상승으로 가계부채의 증가속도는 떨어지고 부동산가격은 하락세로 돌아섰지만 금융불안이 확대되었다. 앞에서 상술했듯이 취약차주들의 채무상환능력 저하, 자산시장 위축에 의한 가계·기업·금융기관의 재무건전성 악화, 자금조달 여건 악화로 인한 비은행금융기관 유동성 리스크가 증대되었다. 이하에서는 현재와 같은 경제여건하에서 부채를 연착륙시키는 것은 물론 중장기적으로 과잉부채가 발생하지 않도록 하는 방안을 제시하고자 한다.

3 부채의 연착륙을 위한 방안

건전성관리 강화

앞에서 언급한 바와 같이 가계부채는 한국경제의 아킬레스건이다. 금리인상 기조하에서 가계부채의 연착륙을 위한 대책의 기본방향은 가계부채 규모의 축소(디레버리징, deleveraging)와 더불어 부동산가격 급락을 방지하고 금리인상이 차주에 미치는 부작용을 최소화하는 데 있다. 지난 1년 동안 금리상승과 더불어 주택가격은 하락하고 가계부채의 증가율이 둔화되었지만 아직 큰 규모로 가계부채액은 줄어들지 않고 있다.

김동환(2022)은 가계부채의 연착륙을 위해서 디레버리징도 중요하지만, 이를 위해 무리하게 기존 대출을 상환하거나 신규 대출을 억제하는 것은 득보다는 실이 많아 현재와 같은 경기침체기의 가계부채 대책으로 바람직하지 않다고 주장했다. 반면 신용상(2021)은 가계부채의 증가율을 명목GDP보다 다소 높게 설정하자고 제안하고 있다. 그러나 한국은행(2023.3)은 한국의 GDP 대비 가계부채비율이 주요국에 비해 상당히 높고 취약차주들의 부채상환능력이 떨어지고 있기 때문에 점진적인 가계부채의 디레버리징을 꾸준히 추진해야 한다는 입장이다.

가계부채의 조절이나 디레버리징을 위한 가장 효과적인 대책은 **미시건전성 규제정책**(micro-prudential policies)을 사용하는 것이다. 정책수단으로는 주택담보대출비율(LTV), 총부채상환비율(DTI), 그리고 총부채원리금상환비율(DSR) 등이 있고 이들은 모두 대출총액을 통제하는 건전성 정책수단들이다. LTV는 주택가격을 기준으로, DTI와 DSR은 차주의 상환능력을 기준으로 대출액을 제한한다. 이들은 본래 미시건전성 규제정책들이지만 거시건전성 규제정책(macro-prudential policies)으로도 사용된다.

그중에서도 가장 강력한 정책수단은 차주의 상한능력을 기준으로 대출액을 제한하는 DSR 규제이다. DSR은 주택담보대출 원리금뿐만 아니라 신용대출, 학자금대출, 마이너스대출, 자동차할부, 카드론 등 모든 대출과 원리금을 합한 것을 기준으로 연봉 대비 일정 비율까지 대출해 주는 지표이다. 2022년 7월 시행된 현행 DSR 규제는 대출액이 1억 원을 넘는 차주는 DSR이 40%를 넘지 못하게 되어 있다. 그런데 DSR 규제의 문제는 이로 인해 주택 관련 대출을 제한하여 실수요자들에게 자금조달의 어려움을 주고, 부동산 거품의 붕괴를 가져올 수 있다는 것이다. 그러므로 DSR 규제의 일관성을 유지하되 특정 상황에 있는 차입자에게는 다소 유연하게 시행할 필요가 있다. 정부도 부동산시장 연착륙을 위해 일부 계층에 대해 DSR 규제를 유연하게 적용하려는 노력을 하고 있다. 주택 실수요자들과 기존 대출의 원리금상환에 어려움을 겪는 일부 차주에 대해 DSR 규제에서 예외를 허용해 주고 있다.[10] LTV의 상한규제도 예외규정을 두었다.[11]

그러나 LTV 상한선이 높아지거나 DSR 규제가 느슨해진다면 해당 대출의 부실 가능성이 높아지고, 이로 인해 경제 전반의 시스템 리스크(systemic risk)가 커질 수가 있다. 이에 대한 대책으로서, LTV 상한선이 높아지면 은행의 자기자본비율을 더 높이거나 모기지보험(mortgage insurance)의 일종인 한국주택금융공사의 주택금융신용보증기금을 확대, 운용하는 것이 필요하다.[12]

가계부채의 연착륙을 위한 또 다른 건전성 규제정책은 주택담보대출의 경우 원리금 분할상환을 원칙으로 하고 고정금리대출 비중을 꾸준히 확대해야 한다는 것이다. 이미 제3장에서 변동금리대출 비중이 계속 상승하고 있고, 금리상승기에 이로 인해 차주상환 부담이 더욱 가중되고 있음을 언급한 바 있다. 그리고 원리금 분할상환의 경우, 차주가 원금과 이자를 함께 상환한다면 시간이 흐름에 따라 자연스럽게 LTV비율이 떨어져 주택가격의 급격한 하락을 방지하게 한다. 만약 대출이자만 상환하고 만기가 길다면, 주택가격이 하락하는 경우 담보가치가 하락하여 채무불이행의 가능성이 높아지게 된다.[13] 대출해 주는 금융기관도 원금

10 예를 들어, 주택 실수요자들의 금융 애로를 해소하기 위해 소득에 상관없이 9억 원 이하 주택에 대해 최대 5억 원까지 4% 금리로 장기간 빌려주는 특례보금자리론은 DSR 규제 적용을 받지 않는다. 또 다른 예로, 금융위원회는 DTI가 70%를 넘는 주택담보대출 차주를 '재무적 곤란 차주'에 포함시켜 최장 3년 동안 원금상환기간을 연장해주거나 '대환'(신규 대출을 일으켜 대출을 상환하는 것)대출을 신청하면 1년 동안 기존 대출 시점의 DSR 규제를 적용하기로 했다.

11 LTV는 지역에 따라 40~70%로 제한이 되어 있다. 문제점은 기존 대출자에 비해 생애 처음으로 대출을 받는 사람들의 불이익이 크다는 것이다. 이에 대한 보완책으로 현 정부는 생애 최초로 대출을 받는 경우 최대 70%이었던 LTV를 80%, 최대 6억 원까지 대출을 받을 수 있게 하였다.

12 모기지보험은 주택구입자금 차입자가 실직, 사망, 질병 또는 이혼 등으로 인하여 채무를 이행하지 못하게 되었을 때, 대출금융기관의 손실을 보충해주는 일종의 보증보험을 말한다. 이것은 주택 구입자의 신용을 보증해서 주택 구입을 용이하게 하고 대출금융기관의 위험을 분산시켜 대출을 용이하게 해주는 기능을 한다. 모기지보험은 선진국들이 일반적으로 채택하고 있다(네이버 지식백과).

13 LTV가 매우 높고 이자만 상환하는 주택담보대출 비중이 높았던 네덜란드의 경우, 2013년에 가계의 약 40%가 담보가치가 대출액에 미달하는, 즉 순담보가치가 마이너스(negative

상환 비중이 낮을수록 부실대출 위험도가 더 커진다. 왜냐하면 원금상환을 뒤로 미루는 차주는 자산을 늘려 추후에 빚을 갚으려고 하는 경우가 많은데 그렇게 되지 않을 가능성도 있기 때문이다. 요즘 같이 경기가 불황인 경우에는 차주의 상환능력이 떨어져 이러한 가능성이 더욱 높아지게 된다.

한편 부채를 관리하는 또 다른 핵심 정책의 하나는 부채의 공급주체인 금융기관의 대출 행태 및 운영에 대한 감독 및 지도이다. 부채수요자인 차입자들의 행태도 중요하지만 금융기관이 대출을 어떻게 관리하는지 그리고 자산 포트폴리오를 균형있게 구성하는지를 점검함으로써 금융기관의 건전성과 유동성이 건실하게 유지되도록 감독하는 것이 필요하다.[14] 그것의 일환으로 은행의 자기자본비율을 BIS 바젤Ⅲ에서 제시한 자기자본비율보다 더 강화해서 은행의 건전성을 개선하는 것과 동시에 신용공여가 과대하게 늘어나는 것을 억제해야 한다.[15] 예를 들어, 신용공여가 GDP 증가율보다 클 경우 경기대응적 완충자본을 확충해서 위기에 대비한 대손충당금을 확대하도록 하는 것이 필요하다.[16] 또한 취약 금융기관에 대한 감독 강화 및 주기적인 스트레스 테스트 시행 그리고 경영 전반에 대한 보다 투명한 정보공개 확대 등을 부과해야 한다.[17]

---

equity)가 되는 소위 깡통주택 사태를 겪었다(Kierzenkowski et al., 2014 참조).

14 앞에서 설명한 2023년 미국의 SVB와 스위스의 CS은행 사태는 해당 금융기관의 대출 및 투자 포트폴리오가 세계 금융환경의 변화와 금리인상 영향을 신속하게 자산 포트폴리오에 적절히 반영하지 못한 것에 기인한 것으로 평가할 수 있다.

15 금융당국은 은행들이 대출 부실에 대비해 대손충당금・지불준비금 등을 더 쌓도록 요구하는 '특별대손준비금 적립요구권' 제도를 도입할 예정이다.

16 경기대응완충자본(counter-cyclical capital buffer)은 은행이 수익을 많이 냈을 때 자본을 더 쌓아서 신용경색 등 위기가 생겼을 때 '비상금'으로 쓸 수 있도록 하는 제도이다. 경기대응완충자본은 Basel Ⅲ의 자기자본규제 틀 속에서 경기 및 금융시스템 상황에 따라 탄력적으로 은행권 총자본비율을 위험가중자산 대비 최대 2.5%까지 추가로 늘리는 방식으로 운용된다. 금융당국은 은행권에 대한 '가계부문 경기대응완충자본'으로 위험가중자산의 ① 0~2.5% 범위에서 ② 은행별 가계대출 리스크 수준에 비례하여 추가 자본적립의무를 부과하는데, 2023년 5월에 적립수준을 1%로 결정했다.

17 은행별로 금리나 환율 등이 급격하게 상승하는 비상상황하에서도 건전성을 유지할 수 있

부채의 구조조정

정부는 부채의 안정적 관리를 위해 DSR 상한을 40%로 묶는 규제를 시행하고 있다. 하지만 금리상승으로 인해 가계대출 차주의 평균 DSR이 40%를 돌파했다. 특히 취약차주는 2022년 4/4분기 기준 전체 차주의 6.3%로, 이들의 평균 DSR은 66.6%이었다.[18] 즉, 취약차주는 월소득의 67%를 원리금상환에 써야 된다는 이야기다. 경기침체가 계속되고 추가적으로 금리인상이 된다면 이들의 DSR은 더욱 높아지게 되고, 그 결과 부채의 부실화를 촉발하여 금융시스템의 불안을 초래할 수 있다.

취약차주에 대한 대책으로 김동환(2022)은 주택이 없는 취약가구에게는 임대주택, 쉐어하우스 등 주거시설을 직접 공급하거나 전월세보증금 등 금융수단을 지원하고 금융자산을 늘릴 기회를 제공할 것을 제안한다. 반면 주택을 보유하고 있지만 일정한 소득이 없거나 소득수준이 낮아 부채상환에 어려움을 겪거나 이미 채무불이행에 빠진 저소득가구에는 일자리 및 신용회복 수단의 제공을 부채 대책으로 제시한다.[19]

그러나 이러한 대책들은 당장 코앞에 떨어진 취약차주의 문제를 해결할 수 없다. 이에 대한 대안으로 원리금상환이 불가능한 취약차주들의 부채를 탕감하는 정책이 필요하다. 부채탕감에 대해서는 찬반 목소리가 있다. 부채탕감을 반대하는 사람들은 자본주의 경제에서 채무상환의 책임은 당사자가 져야 하며, 정부의 실패를 우려하여 개입을 최소화하여야 한다는 것이다. 자신의 능력으로 감당할 수 없는 집을 산 주택소유자들을 납세자의 돈으로 구제해야 하는 것은 이치에 맞지 않다는 것이다. 더구나 정부 개입을 통한 부채부담의 경감이 예상된다면 도덕적 해이 때문에 채무 부실화가 심화될 것이라는 비판을 한다.

는지를 살펴보는 '스트레스 테스트'를 실시하고, 그 결과에 따라 자본을 더 적립하는 장치로 스트레스 완충자본제도를 도입할 예정이다.

18 취약차주는 다중채무자(3개 이상 금융기관으로부터 차입)이면서 저소득(소득하위 30%) 또는 저신용(신용점수 664점 이하)인 차주를 의미. 한국은행(2023.5) 참조.

19 신용상(2021)도 비슷한 제안을 하고 있다.

반면, 과다한 가계부채로 인한 미국의 2008년 금융위기를 연구한 미안(Atif Mian)과 수피(Amir Sufi) 교수는 채무부담의 증가에 따른 실물부문의 침체를 우려하며, 부채탕감을 보다 긍정적으로 평가한다.[20] 자산가격이 떨어지면 주택담보대출을 받아 집을 산 주택 소유자의 순자산은 '**레버리지 승수**(빚이 있을 경우 주택가격이 하락하는 것보다 순자산가치가 더 크게 하락함)'로 인해 부채 없이 주택을 매입한 경우보다 더욱 크게 감소하는 점을 지적한다. 더구나 채권자들에 비해 순자산이 적은 채무자들은 대체로 한계소비성향이 크기 때문에 순자산이 줄어들 때 소비는 더욱 급감하게 된다. 집값 하락으로 인한 소비 감소에는 '**압류의 외부효과**'도 톡톡히 영향을 미친다. 빚으로 집을 산 사람이 빚을 갚지 못할 경우, 주택은 압류되어 경매를 통해 헐값에 팔리게 되고 채무자들의 순자산가치는 더욱 줄어든다. 경매를 회피하기 위해 가격을 낮춰서 집을 파는 경우에도 마찬가지다. 이처럼 담보를 팔아 빚을 갚고자 하는 때조차 채무자들은 압류의 외부효과로 인해 추가적인 타격을 입게 된다. 미안과 수피 교수는 이를 '**부채에 의한 손실 강화**(levered loss)'로 명명했다.

부채의 비용과 이득은 고정된 것이 아니다. 예를 들어, 경기가 호황이라면 부채상환 부담은 상대적으로 줄어들 것이다. 하지만 경기침체가 발생할 경우 부채상환이 어려워질 뿐 아니라 부채가 경기침체에 미치는 부정적 효과가 확대될 것이다. 현재와 같이 금리인상과 경기침체가 동시에 이루어지고 있는 상황에서는 부채탕감 비용보다 이득이 상대적으로 커질 확률이 높다. 따라서 부채가 자연적으로 조정되기를 기다리기보다 능동적으로 부채조정을 추진함으로써 순이득을 증대시킬 수 있을 것이다.

정부는 최근 여러 가지 부채탕감정책을 추진하고 있다. 예를 들어, 기초생활수급자 등 취약층 연체자의 경우 이자전액, 원금 최대 30% 감

---

20 Mian and Sufi(2014).

면 등 긴급 금융구조 프로그램을 만들기로 했다. 또한 대출을 받았는데 실직 등의 이유로 상환에 어려움을 겪는 대출자는 연체 발생 전이라도 이자율을 30~50% 낮춰줄 계획이다. 그러나 주택가격의 급락과 동시에 원리금상환이 불가능한 한계차주들의 급증으로 인해 주택압류, 금융기관 파산 등과 같은 상황에 대비해야 한다면 좀 더 체계적인 부채탕감 정책이 필요하다.[21] 정부는 COVID-19 팬데믹으로 불가항력적 피해를 입어 대출상환에 어려움을 겪는 자영업자·소상공인들의 상환부담 완화를 위해서 2022년 10월에 '**새출발기금**'을 설립했는데 채권 매입 등을 통해서 연체 90일 이상 부실차주에 한해서 60~90%까지 원금을 탕감해준다는 점에서 파격적인 부채탕감 조치로 평가되고 있다.[22] 일반 가계의 경우도 현재 시행 중인 '**국민행복기금**'을 대폭 강화해서 '새출발기금'과 같은 보다 과감한 부채탕감 조치를 추진하는 것이 요구된다. 미국의 경우는 주택가격이 급락한 대공황 때인 1933년에 주택소유자대부공사(The U.S. Home Owners' Loan Corporation: HOLC)를 설립해서 회수가 곤란한 모기지 대출금을 은행들로부터 매입해서 채무자들에게 금리를 낮추고 만기를 연장하는 등 유리한 방향으로 계약조항을 수정해서 채무탕감을 추진하였다.[23] 한편 현재 작동 중인 신용회복위원회의 기능을 강화하고 개인워크아웃, 개인회생, 개인파산 등의 다양한 프로그램을 확대, 운용하는 것이 필요하다. 이때 도덕적 해이를 최소화하기 위해서 원리금분할상환이 어려울 뿐만 아니라 자산매각을 통해서도 잔여 부채를 완전히 갚기 어려운 한계가구를 소득흐름을 통해 그 대상자의 범위를 명

21 2023년 1/4분기에 법원의 개인회생 신청자는 3만여 명 그리고 신용회복위원회에 채무조정 신청자는 4만여 명을 넘어섰다.

22 코로나 사태 이후 2022년 말 약 1,029조 원에 달하는 자영업자대출 중 57만 명의 빚 141조 원에 대해 그동안 여러 차례 만기를 연장하고 원리금상환을 유예하는 조치를 취하였는데 2023년 9월 유예조치를 종료할 예정이다.

23 HOLC의 역할이 없었더라면 대부분의 주택소유자는 채무불이행에 빠지고 집은 압류되었을 것으로 평가하고 있다. HOLC에 대한 자세한 내용은 IMF(2012) 참조.

새출발기금과 도덕적 해이

새출발기금의 규모는 30조 원으로 역대급이다. 과거 새 정부가 들어설 때마다 만들어졌던 배드뱅크(노무현 정부의 한마음금융, 박근혜 정부의 국민행복기금 등) 중 역사상 가장 큰 규모다. 그런데 역대급 배드뱅크 조성에 대한 공감대가 높지 않다.

이와 같은 역대급 규모와 혜택으로 무장한 배드뱅크는 지금껏 없었기 때문에 재원조달과 도덕적 해이 논란 역시 거셀 수밖에 없다. 정부는 새출발기금 운영 주체인 한국자산관리공사에 올해 1조 1,000억 원을 출자하고 내년에도 2조 5,000억 원을 투입한다. 정부예산 지원이 거의 없었던 과거 한마음금융, 희망모아, 신용회복기금, 국민행복기금 등과 대비된다. 그러나 새출발기금의 신청요건이 그리 까다롭지 않은 데다 대상자 범위가 넓기 때문에 금융회사로선 부담스러울 수밖에 없다. 직접 대금추심 등을 통해 회수율을 높일 수 있는 채권도 대상 요건만 충족한다면 새출발기금에 넘기지 않을 수 없기 때문이다. 물론 전체 금융권 차원에서 체결될 새출발기금 공동협약에 참여하지 않는 방법도 있지만 당국의 눈치를 볼 수밖에 없는 금융사들에는 현실성이 떨어진다는 지적이다.

자영업자 신용대출 비중이 높은 2금융권의 위기감은 더욱 크다. 한 저축은행 관계자는 "금융당국은 그동안 새출발기금에 대해 기존 신용회복제도보다 원금 감면율이 높다는 식으로 오히려 도덕적 해이를 조장하는 정책 홍보를 해 왔다"고 꼬집었다. 그러면서 "코로나19 피해를 보상해야 한다는 정책 취지에는 공감하지만 그동안 어려운 사정에도 불구하고 빚을 꼬박꼬박 갚아온 자영업자들의 상대적 박탈감을 초래하고 각 금융사의 영업 부담만 키우는 꼴이 될 가능성도 배제할 수 없을 것"이라고 했다(한경, 2022.8.16).

확하게 할 필요가 있다. 이와 함께 부채를 일부라도 갚을 수 있는 가구와 그렇지 못한 가구를 구분해 내는 것도 중요하다. 전자의 경우는 만기연장 및 금리조정 등 채무조정 과정을 통한 소득흐름 개선이, 후자의 경우는 복지정책적 지원이 바람직할 것이다.

부동산시장의 하향 안정화

향후 부채를 안정적으로 관리하기 위해서는 금리인상으로 인해 하향 추세로 전환된 주택가격의 연착륙이 요구된다. 만약 주택가격의 급격한 하락으로 인해 자산시장이 붕괴될 경우에는 주택 구입을 위해 과도하게 대출을 늘린 차입자 중 부채상환이 어렵게 된 차입자가 급증하면서 금융시스템의 위기로 발전될 수 있다. 지난 5년 동안 저금리정책으로 인해 금융저축보다는 부동산자산에 투자하는 것이 유리한 상황이 지속되었다. 그리고 정책당국은 주택가격의 상승을 억제하기 위해 빵처럼 쉽게 주택을 공급하기 어렵다는 인식하에 주택공급의 확대정책보다는 각종 세제 강화나 금융대출 규제 등을 통한 기존 주택에 대한 수요억제정책을 쏟아냈다. 그러나 오히려 주택가격 상승에 대한 기대심리를 확산시켜서 가계부채가 급증하고 주택가격은 유례없이 상승하는 결과가 초래되었다. 이러한 정책 실패를 통해 주택투자심리를 안정시키지 못하는 정부 개입은 주택시장의 안정을 도모하기 어렵다는 것이 다시 한번 확인되었다.

따라서 주택가격이 하향추세로 돌아선 현 상황에서 부동산시장의 연착륙을 위해서는 더 이상 과거와 같은 주택심리를 불안하게 하는 규제 중심의 냉온탕식 주택정책에서 탈피해야 할 것이다. 주택시장의 경착륙을 우려한 정부의 지나친 규제완화나 금리인하조치로의 전환은 또다시 주택가격의 왜곡을 초래할 수 있다. 따라서 향후 주택시장의 하향 안정을 위해서는 무엇보다도 수요와 공급에 기초한 시장원리에 부합되는 정책과 제도를 일관성 있게 추진해서 주택시장에 대한 불확실성을 가능한 한 줄이도록 노력해야 한다.

또한 한국의 독특한 주택 관련 제도인 전세제도와 이를 이용한 갭투자의 비중을 낮추는 제도개선이 필요하다. 오랫동안 전세제도는 무주택자가 주택 구입을 위한 징검다리 역할을 하는 긍정적인 측면이 있었다. 하지만 주택투기의 목적에 간접적으로 활용될 여지도 상당하다. 전세보증금대출이 일반화되면서 보다 손쉽게 전세보증금의 조달이 가능하게 됨에 따라 임대인의 전세가격 인상 요구를 충족시킬 여지가 커졌다. 이런 상황은 주택가격이 상승기조에 있을 때 갭투자가 주택가격 상승을 부추기는 역할을 한다. 반대로 주택가격이 하락하는 경우에는 깡통주택이나 깡통전세를 유발해서 주택가격의 하락을 가속화시키고 더 나아가서 금융권의 부실을 확대하고 금융위기를 촉발하는 단서를 제공할 수 있다.[24]

갭투자는 앞에서도 설명한 바와 같이 민간인 간에 이루어지는 직접 주택금융이므로 규제하기는 어렵다. 그러나 갭투자가 부동산시장의 불안을 증폭시키는 부작용이 점차 커지고 있으므로 전세시장보다는 월세시장으로의 전환이 장기적으로 필요하다. 전세 관행을 줄이기 위해서는 전세보증금대출이자보다 월세가 더 저렴해야 가능하다. 따라서 월세에 대한 소득지원이나 세액공제 등 지원대상과 폭을 서민뿐만 아니라 중산층에게까지 대폭 확대해서 시장원리에 따라 전세가 줄어들게 함으로써 임대시장이 선진화되는 방향으로 유도해야 할 것이다. 그리고 갭투자자의 대부분은 2주택 이상의 다주택 소유자라고 할 때 이들에 대한 주택보유 부담을 강화하는 정책은 적정한 수준으로 유지하는 것이 필요하다.[25] 물론 이 경우 다주택자들의 보유부담을 전세세입자에게 전가할 가능성은 상존한다. 그러나 임대시장이 월세 우위로 전환될 경우 전가 정도가 점차적으로 줄어들 것으로 전망된다.

한편 일반국민들의 주거를 안정시키기 위해서는 국민들의 전반적인 주거상황을 면밀히 검토, 분석해서 실현가능한 중장기 주택공급 로드맵을 수립하고 이를 신뢰성 있게 집행하는 것이 중요하다. 특히 안정적으

24 2023년 사회적 문제가 된 수도권의 전세사기는 임대 초기부터 깡통주택인 상태에서 주택가격이 하락하고 전세만기가 도래함에 따라 주택가격으로 전세금을 보전하기 어렵게 된 상황이 표출된 것이다.

25 다주택자들의 임차인에 대한 전가를 줄이고 거래를 위축시키지 않기 위해서는 보유세는 강화하되 거래세나 양도세 부담은 줄이는 것이 필요하다.

로 장기거주할 수 있는 질 높은 임대주택에 대한 공급을 공공부문에서 확대하는 것은 물론, 민간부문의 임대주택사업을 적극 육성해서 청년층과 중산층에게도 월세임대가 주거안정을 위한 주택소유의 대체재로 역할하고 장기임대계약이 일반화되도록 제도를 개선해야 한다.[26] 또한 기존 주택거래가 원활하게 이루어져서 주택시장이 효율적으로 작동될 수 있도록 거래세와 양도세 등을 실수요자에게 과중한 부담이 되지 않는 수준으로 결정해야 한다. 보유세의 경우는 시가기준에서 매입가격을 기준으로 변경하고 일정 범위 내에서 인상이 가능하도록 함으로써 조세부담에 대한 예측이 가능하도록 해야 할 것이다.

주택가격 하락과 부동산시장의 침체로 인해 우려되는 사항 중 하나는 앞에서도 언급한 바와 같이 미분양주택의 증가와 이로 인한 건설사 및 시행사 그리고 부동산 관련 업종의 부도위험이다. 특히 2023년 4월 현재 약 21조 원에 달하는 제2금융권의 토지매입대금대출인 브리지론의 부실 가능성이 높아지고 있다. 그리고 2022년 말 약 130조 원에 육박하는 것으로 추산되는 본PF대출에 대한 우려도 커지고 있는 상황이다.[27] 금융당국은 부동산경기 침체가 PF 부실과 이로 인한 저축은행, 증권회사, 새마을금고 등과 같은 비은행금융권의 신용위험으로 확대되고 더 나아가서 금융권 전체의 신용경색으로 발전되지 않도록 보다 면밀하고 신속하게 PF대출 상황을 모니터링해야 할 것이다. 그리고 2023년 4월 출범한 PF대출 관련 금융권 대주단협의체가 원활하게 작동할 수 있도록 지원 및 감독을 강화해야 할 것이다.

26 일부에서는 부동산시장을 단기간에 안정시키기 위해 시행된 2018년 민간임대사업자에 대한 과도한 혜택이 주택수요를 늘려서 집값을 급등시킨 요인으로 지적하고 있다. 그러나 부동산임대시장을 월세 중심으로 전환하기 위해서는 민간의 임대공급이 다양한 규모와 수준으로 늘어나야 하고 이를 위해 시장원리에 부합되는 합리적인 인센티브가 단계적으로 추진되어야 할 것이다.

27 시행사가 토지를 구입하기 위해서 빌리는 브리지론과는 달리 본PF는 건축허가를 정식으로 인가받은 후 공사를 진행하기 위해서 금융권으로부터 받는 대출을 의미한다.

4 부채의 늪을 예방하기 위한 장기적 정책과제

금융안정을 중시하는 통화신용정책의 운영

부채가 늘어나는 핵심적인 요인의 하나는 저금리로 인한 신용확대이다. 특히 COVID-19 팬데믹 상황에서 생활자금을 조달하고 매출 급감으로 인한 수입감소에 대처하는 과정에서 일반 가계와 자영업자 그리고 소상공인들의 대출이 급격하게 증가했다. 이에 더해 규제 위주의 부동산정책으로 인한 부동산시장에 대한 불안감이 투자심리를 자극해서 '묻지마' 부동산투자 열풍이 야기되면서 금융시장의 신용이 가파르게 증가하였다. 즉, 저금리로 인한 이지머니와 팬데믹 그리고 부동산가격 급등에 따른 영끌투자가 가계부채 증가의 핵심 요인이었다.

미국이 인플레이션 대처를 위해 긴축정책으로 전환함에 따라 한국은행도 기준금리 인상을 속도감 있게 추진하였는데 그 결과 2023년 1분기에는 가계부채 총량이 감축되는 디레버리징이 나타났다. 비록 아직 미미한 수준이나 이러한 디레버리징이 향후 경기와 성장에 어떠한 결과를 초래할지 그리고 디레버리징이 지속될지는 정확히 전망할 수는 없다. 그러나 향후 부채를 적정수준으로 관리하기 위해서는 무엇보다도 통화신용정책을 경기부양을 중심으로 운영하는 것을 지양하고 금융시장 안정을 확보할 수 있는 적정이자율 수준으로 유지, 운영하는 것이 필요하다.

금융안정을 확보하는 적정이자율 수준에 대해서는 많은 논란이 있다. 우리나라의 경우 2008년 글로벌 금융위기 이후인 2011년 한국은행의 통화정책 목표로 물가안정과 더불어 금융안정이 추가되었다. 그러나 한국은행은 그동안 물가와 성장을 중시하는 통화정책을 운영해 온 것으로 평가되고 있다.[28] 김인준 외(2017)는 **테일러 준칙**의 추정 결과 한국은

28 장민(2022)은 한국은행의 정책금리 결정 시 인플레이션과 경기안정이라는 원론적인 형태의 테일러 준칙(Taylor rule)을 참고한 것으로 추정하고 있다. 기본적인 형태의 테일러 준

행이 미래 인플레이션보다는 실질GDP갭에 더 민감하게 대처한 것으로 분석하였다. 한편 물가와 금융안정의 대용변수로 신용갭을 이용해서 추정한 테일러 준칙의 금리 수준은 물가와 성장을 변수로 산정한 테일러 준칙 금리보다 정책금리인 콜금리와의 격차와 변동성 모두 큰 것으로 나타났다.[29] 즉, 정책금리 수준을 금융안정을 확보하기 위한 금리 수준보다 성장을 중시하는 낮은 금리 수준으로 운영한 것으로 분석하고 있다. 이러한 경향은 COVID-19 팬데믹 기간에 더욱 강화되었는데 그 결과 유동성에 의한 자산시장의 과열과 금융불균형이 확대되었다. 따라서 장기적으로 물가안정과 생산성 증가를 달성하기 위해서는 정책금리를 금융안정을 반영한 테일러 준칙 금리를 기준으로 운영해야 할 것이다.[30]

한편 대부시장의 균형을 이루는 금리를 중립금리로 제시한 스웨덴의 경제학자 빅셀(G. Wicksell)은 시장이자율이 중립금리 수준으로 유지되도록 통화정책을 수행해야 한다고 주장했다.[31] 라우바흐와 윌리엄스(Laubach and Williams, 2003)는 빅셀의 중립금리 개념을 성장과 물가 등 실물경제의 균형을 이루는 금리 수준으로 재해석해서 재화시장균형곡선인 IS곡선과 필립스곡선을 이용해서 **실질중립금리**를 추정하였다. 그러나 글로벌 금융위기 이후 금융불균형이 실물경제에 영향을 줄 수 있다는 점을 감안해서 금융불균형의 대용변수로 신용갭을 원용한 중립금리 추정 모형들에 따르면 실물부문의 균형만을 고려해서 추정한 실질중립금리 수준이 신용갭모형에 비해 낮게 추정될 가능성이 높은 것으로 분석되었다.[32] 따라서 앞에서 설명한 테일러 준칙의 경우와 유사하게 통화정책의

칙은 인플레이션율과 실업률을 고려하여 기준금리를 추정한다.

29 장민(2022) 참고.

30 Jorda et al.(2015)는 지속적인 저금리 기조는 금융자원의 비효율적인 배분을 초래해서 잠재성장률을 하락시키고, 저금리로 인한 가계부채의 증가는 중장기적으로 실물경제에 부정적 영향을 미쳐서 위기발생 가능성을 높이는 것으로 분석하고 있다.

31 중립금리(자연이자율)는 신규 투자의 한계생산성으로 정의될 수 있는데 이런 면에서 전 세계 성장률과 비슷한 수준으로 평가될 수 있다.

32 오형석 · 최지욱(2022).

준거 중 하나인 실질중립금리를 금융불균형을 반영해서 산출한 후 이를 반영하여 정책금리가 경제상황에 보다 적합한 수준으로 운영되도록 참고해야 할 것이다.

금융제도 개선을 통한 거시건전성 확보

거시건전성은 거시경제이론에서 설명하는 **구성의 오류**와 같은 개념으로 이해할 수 있다. 개별 금융기관의 건전성 강화를 위한 각종 조치가 금융시장 전체로 볼 때는 부정적인 결과를 초래할 수도 있다는 것이다. 개별 은행들의 합리적인 대출 축소라 할지라도 거시적으로는 금융시장 전반의 유동성 축소와 신용경색으로 나타날 수 있다. 예를 들어, 2008년 글로벌 금융위기 직후 미국의 은행들은 상호 신뢰 붕괴와 경기침체로 인한 기업 부도위험 증가로 대출을 억제함으로써 경기침체가 초래되기 시작했다. 이에 미 연준은 은행보유 국채 매입 등 양적완화를 통해 대규모로 본원통화를 공급했다. 따라서 시스템 리스크가 발생되는 것을 방지하기 위해서는 개별적인 금융기관의 건전성을 확보하는 것만으로는 충분하지 않고 금융시장과 경제 전반의 건전성 및 안정을 동시에 확보하는 것이 중요하다. 이런 정책을 총괄해서 **거시건전성 규제정책**이라고 한다.

대표적인 거시건전성 규제정책으로는 금융기관 간 상호연계성 위험관리 강화, **시스템적으로 중요한 은행**과 증권회사에 대한 추가적인 자기자본 확충 및 대손충당금 비축 강화, 경기순응적 완충자본 확대 그리고 해외로부터의 자본유입을 조절하는 **거시건전성 3종 세트**의 시행 등이 있는데, 부채의 연착륙은 물론 과잉부채의 발생을 방지하기 위해서 이들 정책을 시의적절하게 활용해야 할 것이다.[33] 또한 LTV와 LTI에 대한 보수적인 적용과 고소득층에 대한 DSR의 강화를 통한 신용증가 억제

---

33 거시건전성 3종 세트는 외환건전성 부담금(일종의 은행세), 선물환포지션 규제 그리고 외국인 채권투자과세를 의미한다.

등도 거시건전성 차원에서 필요하다. 이와 더불어 그림자금융에 대한 감독이 보다 체계적이고 효율적으로 이루어질 수 있는 시스템이 마련되어야 한다.

그동안 BIS 자기자본비율 산정 시 주택담보대출에 대한 위험가중치는 35%로 기업대출이나 다른 대출에 비해 매우 낮은 수준이다. 따라서 은행의 입장에서는 주택담보대출을 증대시키는 것이 합리적이기 때문에 주택담보대출을 크게 확대한 것으로 이해할 수 있다. 그러나 이로 인한 가계대출의 급증이 거시경제적 차원에서 금융불균형을 심화시킬 수 있기 때문에 거시건전성 차원에서 주택담보대출의 위험가중치를 현재보다 높은 수준으로 상향조정하는 것이 필요하다.[34] 또한 주택담보대출에 대한 **자산유동화**와 **커버드본드** 발행의 활성화를 통해 신용위험을 간접금융시장에서 직접금융시장의 투자자로 이전하는 것이 필요하다. 이를 위한 방안의 하나로 주택담보대출 전문은행을 설립하고 이들 은행의 담보대출을 기반으로 한 MBS를 발행하는 등 증권화를 확대하는 것이 필요하다. 이때 주택담보대출 전문금융기관은 주로 서민층이나 사회적 약자의 주거안정을 확보하는 데 주안점을 두어야 할 것이다.

또한 주택담보대출의 경우 담보 확보와 낮은 LTV 등으로 은행이 실질적으로 부담하게 되는 손실위험이 작기 때문에 과도하게 주택담보대출이 이루어지고 이로 인해 주택시장의 과열이 촉발되는 경향이 있다. 이러한 대출구조를 개선하기 위한 방안으로 보다 본격적으로 유한책임대출 형태인 **비소구**(non-recourse) **주택담보대출**을 확대하고 **이익손해공유**(책임분담형)**대출**을 도입하는 것을 면밀히 검토하는 것이 필요하다.[35]

비소구 주택담보대출은 담보주택의 가격이 하락해서 은행대출액보

34 2023년 1월부터 주택담보대출에 대한 위험가중치는 LTV 수준에 따라 차등해 적용하고 있다.

35 현재 우리나라는 주택금융공사에서 제한적으로 비소구(유한책임) 보금자리론을 시행하고 있다.

다 적어질 경우 차입자는 해당 주택으로만 채무를 탕감하고 대출자인 은행은 차입자의 다른 자산에 대한 권리를 갖지 못하는 금융대출이다. 즉, 은행은 담보주택에 한해서만 부채 회수가 가능하고 차입자는 해당 집값만큼만 상환부담을 지는 대출 방식이다.

한편 이익손해공유대출은 주택가격이 오른 후 매각할 경우에는 주택담보대출자인 은행과 차입자가 계약된 비율로 이익을 나누고 반대로 주택가격이 하락한 경우에는 두 당사자가 손실을 분담하는 대출계약이다. 이 제도를 도입할 경우 은행도 주택가격 하락에 대한 위험의 일부를 부담해야 하기 때문에 보다 신중하고 안정적인 주택담보대출이 이루어져서 도덕적 해이가 줄어들 것으로 예상된다.[36]

또한 금융소비자에 대한 보호조치와 일반인들을 대상으로 하는 금융교육을 강화해서 금융기관과 금융소비자 간에 보다 균형적인 금융계약이 이루어질 수 있도록 함으로써 과잉대출을 억제해야 한다. 주요 선진국에서는 금융소비자보호 관점에서 금융기관의 영업행위에 대한 감독을 강화하고 과잉대출이 확인될 경우에는 과태료나 손해배상 차원을 넘어서 적정수준으로의 계약조건 변경이나 차입 금지 등의 조치가 취해진다. 미국은 2010년 '**도드-프랭크 월가 개혁 및 소비자보호법**(Dodd-Frank Wall Street and Consumer Protection Act)'을 제정하였다. 이 법을 제정한 근본취지 중 하나는 금융기관의 과잉대출을 금융위기의 근본 원인으로 보고, 과잉대출에 따른 채무불이행의 원천적 책임을 금융기관에 부과하는 것이 필요하다는 것이었다. 이 법이 시행되자 금융기관은 대출기준을 엄격히 했고 절차를 더욱 강화했다. 우리나라의 경우 2020년 3월에 '**금융소비자보호법**'이 통과되었는데 아직까지 과잉대출에 대한 징벌수준은 과태료 부과나 기관 및 임직원에 대한 제재 등 제한된 조치만

36 Mian & Sufi(2014)는 주택시장의 붐에는 주택 소유자와 은행 모두에게 책임이 있으므로 채무자와 은행 간에 보다 공평한 책임분담을 강조한다. 그것을 구현할 수 있는 방안으로 부채의 계약내용에 주식의 성격이 가미된 이익손해공유가 반영되어야 한다고 주장한다.

부과하고 있다.[37] 따라서 향후 금융기관의 과잉대출을 억제하기 위해서는 금융소비자보호법의 징벌조항을 강화해서 차주의 상환능력 위주의 보수적 대출관행이 정착되도록 해야 할 것이다.

이와 더불어 한국은행은 지급준비금 요구와 준비금에 대한 이자조정을 금융기관들의 신용창출을 조정하는 장치로 적극 활용해야 한다. 한편 금리 수준이 부동산투자나 기업투자 모두에 동일한 효과를 가지지 않기 때문에 부채의 성격에 따른 차별적 양적관리가 필요하다. 부동산시장의 불안이 확산될 경우에는 부동산담보대출의 이자탄력성은 작게 나타나고 부동산투자가 지속될 수 있는 반면 기업의 투자는 위축되어 경기가 둔화될 수 있다. 따라서 부동산 관련 대출의 경우 부동산경기에 따른 선제적 이자율 조정과 더불어 미시 및 거시건전성 규제조치를 병행해서 조정하는 것이 바람직하다. 그리고 부동산 PF 관련 대출의 경우 부동산펀드나 리츠 등을 적극 활용하고 PF대출의 유동화가 원활하게 이루어질 수 있는 방안을 마련하는 것이 필요하다.

포용적 성장을 통한 저소득층의 과도한 부채 증가 예방

경기가 침체될 경우 신용취약계층의 연체율이 상승하고 이로 인해 금융기관의 건전성이 악화됨으로써 신용공급이 위축될 수 있다. 따라서 저소득층의 부채규모 자체는 고소득층에 비해 작지만 신용위험이 높고 다중채무자가 많기 때문에 이들의 부채가 과도하게 늘어나지 않도록 해야 한다. 이를 위해서는 소득의 불균형 축소 및 억제를 위한 포용적 성장정책의 강화가 중요하다.

포용적 성장정책의 궁극적 목표는 사회적 안전망 강화를 통해 국민 모두에게 사회적, 경제적으로 노후에 대한 불안을 없애주는 것이 되어야 할 것이다. 부채를 일으켜서 부동산에 투자하는 것도 거주안정의 목

37 신용상(2021).

적도 있지만 노후를 대비하는 의미도 크다. 따라서 포용적 성장의 궁극적 목표는 성장의 과실을 배분하는 데 있어서 노후의 안정을 더 두텁게 보장해서 국민 모두가 자신의 능력을 최대한 발휘할 수 있는 사회복지 시스템을 구축하는 데 있다.

구체적인 포용적 성장정책으로 노동시장의 이중구조에 대한 개혁을 통해 대기업과 중소기업, 정규직과 비정규직의 임금격차를 대폭 줄이는 조치가 필요하고, 육아로 인해 퇴직한 여성들의 재취업이 보다 손쉽게 이루어질 수 있도록 정부 지원의 확대가 요구된다. 또한 근로자들의 디지털전환에 걸맞은 재교육과 고령화에 따른 은퇴자의 재취업 기회를 확대하기 위한 고등직업 및 평생교육이 강화되어야 한다. 그리고 포퓰리즘 성격의 일률적인 재정지원을 억제하고 소득수준을 감안한 선별적 복지지원을 확대하는 것이 바람직하다. 단, 이 경우도 복지재원의 조달은 GDP 대비 국가채무 수준을 안정적으로 관리할 수 있는 범위에서 이루어져야 할 것이다. 이를 위해 **재정준칙**을 조속히 수립하고 낭비성 재정지출을 획기적으로 줄이는 공공개혁을 강도 높게 추진해야 할 것이다.[38]

한편 앞에서도 설명한 바와 같이 우리나라의 소득 대비 가계부채 수준은 여러 국제기구에서 제시하고 있는 위기 임계점 수준을 넘어선 것으로 평가되고 있다. 이런 상황에서 미국의 기준금리 인상과 국내 인플레이션 억제를 위해 기준금리도 2021년 0.5% 수준에서 2023년 5월 현재 3.5% 수준으로 급속히 인상되었다. 금리인상으로 원리금상환 부담이 증가함에 따라 가계의 지출가능 실질소득이 줄어들고 그 여파로 소비가 위축되고 투자수요 또한 부진하게 됨으로써 경기침체가 초래될 확률이 높아지고 있는 상황이다.

이런 악순환고리가 지속될 경우에는 일본형 장기적인 불황이나 경제

38 현재 논의되고 있는 재정준칙의 핵심사항은 관리재정수지를 GDP 대비 3% 이내로 관리하고 GDP 대비 국가채무비율이 60%를 초과하는 경우 관리재정수지 적자비율을 GDP 대비 2%로 엄격하게 관리한다는 내용이다.

위기로 발전할 수 있다. 따라서 대내외 경제적 충격 시 우리 경제가 위기로 추락하지 않기 위해서는 소득 대비 부채 수준이 더 이상 늘어나지 않도록 철저히 관리해야 할 것이다. 경제개발협력기구(OECD)에 따르면 우리나라 성장률이 2033년 0%대로 떨어지고 2047년부터는 마이너스 성장으로 돌아설 수 있다고 예상했다. 그리고 한국개발연구원(KDI)은 현재 수준의 생산성이 유지될 경우 2023~2027년 2% 수준인 잠재성장률이 2050년에는 0%로 낮아질 것으로 전망했다. 이러한 잠재성장률 하락을 방지하고 전반적인 소득 수준 자체를 높이기 위해서는 기업의 투자에 대한 세제혜택 강화 등 각종 기업친화적 정책과 규제개혁 등을 통해 경제 전반의 생산성을 올려야 한다. 과거처럼 금리인하를 통해 부채를 늘리고 부동산시장을 활성화해서 경기를 부추기는 **부동산 의존 성장 정책**은 현재와 같이 부채가 이미 과잉인 상태에서는 더 이상 실효성이 없고 오히려 경제위기를 촉발할 수 있다는 점을 유념해야 할 것이다.

미국

미국은 2007~2008년 금융위기에 대한 대응책으로 주택구제, 모기지 재조정, 그리고 부실자산구제 프로그램 등을 운용하였다. 그러나 대형 금융기관구제에 치우쳤고, 가계부채의 탕감효과는 기대에 못 미친 것으로 평가되고 있다.[39] 글로벌 금융위기 기간 중 시행된 정책은 크게 보면 다음 세 가지이다.

첫째, **전미 주택구제 및 압류방지법안**(American Housing/Rescue and Foreclosure Prevention Act) : 연방주택관리청이 3,000억 달러의 자금을 이용하여 민간부문의 대출원금 경감지원을 하도록 하였다. 취지는 40만에 달하는 취약가구의 압류방지였는데, 실제 신청서 접수는 저조하였다.

둘째, **모기지재조정프로그램**(Home Mortgage Affordable Modification Program) : 대출조건 완화를 통하여 300~400만 가계를 압류위협에서 구제하는 것을 목표로 하였다. 그러나 동 프로그램 시행이 5년 경과한 시점에서 융자조건이 영구적으로 완화된 가계는 86만 가구에 그쳤다.

셋째, **부실자산구제 프로그램**(Troubled Asset Relief Program: TARP) : 2008년 금융위기 직후 전격 도입한 총 7,000억 달러 규모의 구제금융 종합대책이다. 은행자본 확충과 자동차산업 및 주택시장 지원, 부실자산 매입 등 각종 구조조정대책을 망라하고 있다. 미 정부는 리먼 브라더스 파산으로

39 미국은 극심한 경기침체 때마다 채무자 구제를 위하여 정부가 적극적으로 개입하였다. 1819년 수출상품가격 및 부동산가격 하락으로 초래된 경기침체로 인하여 은행이나 연방정부로부터 대출을 받은 농부들은 채무변제가 어려운 상황에 빠졌다. 이때 의회는 채무자들의 대출상환을 연기하는 법안을 통과시켰는데, 그 핵심은 채무의 30% 정도를 탕감하고 나머지는 무이자로 10년에 걸쳐 분할상환할 수 있도록 허용한 것이다.

금융위기가 구체화되자, 은행 우선주 매입 등을 골자로 한 실행계획을 재빨리 공개하였고, 이 중 3,500억 달러는 대통령 권한으로 즉시 투입되었다. 계획 발표에서 실제 집행까지 한 달밖에 걸리지 않았기 때문에 급한 불을 잠재우는 신속 대응이 높게 평가되면서 구조조정의 모범사례로 꼽혔다. 미 연준은 그 해 12월 기준금리를 제로(0) 수준으로 낮추고 2조 3,500억 달러에 달하는 양적완화 계획을 발표하며 미 재무부와 보조를 맞췄다. 단기자산유동화증권 프로그램(TALF) 등 후속조치가 이어지면서 장단기 금리차이 등 금융안정성 지표가 단기간에 안정을 되찾을 수 있었다.[40] 그러나 부실자산구제 프로그램에 대한 비판도 적지 않은데, 도덕적 해이를 둘러싼 논란이 대표적이다. AIG(1,800억 달러)와 씨티그룹(450억 달러) 등 대형 은행 살리기에 대규모 자금이 투입되면서 미국판 '대마불사'라는 비판이 들끓었다. 재정을 통한 사기업 지원이 결국 납세자의 부담으로 이어진다는 것이다. 루비니(N. Roubini) 뉴욕대 교수는 TARP에 대해 정부의 구제금융이 좀비은행만 양산해 낼 것이라는 독설을 쏟아냈다. 2013년에는 미국 정부가 GM 구제금융지원으로 495억 달러를 투입하면서 100억 달러에 가까운 손실을 보았다. 하지만 GM 파산을 막아 지켜낸 사회적 이익은 손실을 보상하고도 남는다는 평가도 상당하다.

한편 가계의 부채경감을 위해 재무부가 투입한 자금은 전체 자금의 2%에도 못 미쳤다. 당시 재무부장관이었던 서머스(L. Summers)는 주택 관련 정책의 실수를 솔직히 인정하였다. 미국의 가계부채조정정책은 가계부채의 총량을 단기간에 감소시키는 것보다 가계부채의 부실을 막는 데 초점을 맞추었다. 이를 위하여 저금리정책을 통하여 대출이자 부담을 완화시켜 주고, 유동성공급을 확대하여 부동산가격 하락을 저지하는 데 주력하였다. 그러나 경기안정을 위한 거시경제정책으로 가계의 채무부담을 경감하는 데는 한계가 있었다. 미 행정부도 이러한 점을 인식하고 가계채무의 구조조정을 위하여 초기 주택소유주에게 정부보증의 재융자 기회를 부여하거나, 채무

40 한국은행은 2011년 TARP에 대해 재정당국과 연준이 긴밀히 협력하는 등 정책공조에 성공했다는 긍정적 평가를 내놓았다.

재조정이나 지불연기 등을 통한 부채부담을 완화하기 위한 정책들을 추진하였다. 그러나 실제 효과는 크지 않았다(김정식, 2012).

가계부채조정을 더욱 어렵게 만든 것은 **연방주택금융청**(Federal Housing Finance Agency: FHFA) 총재 대행 드마르코(E. DeMarco)가 정부지원기관은 납세자의 돈을 지키기 위해 대출금을 제대로 회수하여야 한다고 주장하며 원금탕감에 반대하였기 때문이다.[41] 이러한 보수적 입장은 원금탕감이 납세자에게 이득이 된다는 연방주택금융청의 자체연구와 배치되는 것이었다. 연구자들은 원금탕감은 주택시장 붕괴에 따른 손실을 고르게 부담하는 데 도움이 되며, 국가 전체의 이익이 될 수 있다고 주장하였다. 하지만 최종 결정권자가 이러한 정책제안을 기각하면서 실제 부채탕감은 미미하였고, 저소득층의 소비증진을 통한 경기부양효과는 실현되지 못하였다.

일본

일본 부채문제의 핵심은 과다한 국채의 누적이다. 일본 정부가 1990년대 초 자산시장의 거품붕괴 이후 지속된 장기경기침체를 재정지출의 확대로 타개하려는 정책을 일관되게 추진한 것이 근본적인 문제였다고 할 수 있다. 가계 및 기업의 부채가 아닌 국가부채가 문제이기 때문에, 이를 조정하려는 정책전환도 제대로 이루어지지 못하였다. 일본 정부는 국채의 50% 이상을 일본은행이 보유하기 때문에 별 문제가 없다는 주장만 되풀이하였다. 하지만 과다한 국채누적으로 금리를 올리기가 매우 어려운 상황에 봉착하였다.

1980년대 말 일본 자산시장의 거품 발생부터 살펴보도록 하자. 1985년 플라자협정으로 야기된 엔고와 이로 인한 수출기업의 어려움을 타개하고 내수시장 활성화를 통한 경기진작을 위해 일본 정부는 1986년 1월부터 기

41 연방주택금융청(FHFA)은 2008년 연방주택금융감독개혁법에 따라 연방주택금융위원회(FHFB), 연방주택기업감독청(OFHEO) 및 연방정부기관 내 주택 관련 부서 등이 통합되어 만들어졌다.

준금리를 5.0%에서 인하하기 시작했다. 1986년 11월 3.0%로 인하하고 1987년 2월 2.5%로 내림으로써 1년 남짓 기간에 기준금리를 절반수준으로 낮추었다. 기준금리 인하로 일본의 가계신용은 1986년 50%의 증가를 보였는데, 이런 과잉유동성은 일본 정부가 의도한 내수시장 활성화와 기업의 경쟁력 강화보다는 주식과 부동산가격의 거품을 초래했다. 주가의 경우 1987년 1월 닛케이 평균 주가는 3년 만에 2배로 상승했고 1988년 12월에는 3만대를 돌파한 후 1989년 말에 3만 8,915를 기록한 후 급강하하기 시작하였다. 한편 1986년 4월 도쿄도심의 지가가 1년 만에 53.6% 상승했고 1987년에는 도쿄도 전체 평균 지가가 54%, 1988년에는 65.4%가 상승하는 등 전국의 지가가 급상승했다.

이러한 자산시장 거품위험에 대처하기 위해 일본은행은 1989년 기준금리를 2.5%에서 3.25%로, 10월에는 3.75% 그리고 12월에는 4.25%까지 올렸다. 1990년 8월에는 6% 수준까지 기준금리를 재차 인상하고, 3%의 소비세를 도입하였다. 이와 더불어 대장성은 1989년 증권회사로 하여금 고객에 대한 사후 손실보전 보증 금지와 토지 관련 융자 및 대출 억제조치를 시행하였다. 금리인상과 동시에 실시된 금융안정 조치로 인해 1991년부터 땅값이 하락하자, 수많은 금융회사들은 구조조정과 파산을 피할 수 없었다. 1995년 주택금융전문회사를 중심으로 신용조합 및 중소은행들이 파산하였고, 1997년 4대 증권회사의 하나인 야마이치증권이 자진 폐업하였다. 아시아 외환위기가 진행 중이던 1998년에는 일본장기신용은행과 일본채권신용은행이 잇따라 파산하였다.

일본의 금융산업이 혼란에 빠진 가장 근본적인 이유는 자산시장 거품이 발생하였을 때 일본은행과 정부가 적절한 대응시점을 놓쳤기 때문이다. 즉, 1990년대 초부터 시작된 주식시장과 부동산시장의 버블붕괴로 인한 부실채권의 급증과 이로 인한 금융기관의 부실에 대하여 구조조정이나 자본투입 등을 통해 신속히 대처하지 못하고, 1997년 아시아 외환위기 직후인 1998년에 와서야 본격적으로 움직이기 시작했다. 그리고 2002년에 비로소 금융재생 프로그램을 도입해서 대규모의 공적자금 투입을 통한 금융시장 안정을 도모하였다. 결국 엔고에 따른 실물경제의 어려움을 완화하고자 했던 통화정책의 대응이 과도했고 이로 인해 야기된 자산버블에 대한 금리인상 조치와 금융기관의 구조조정이 늦어짐에 따라 자산시장의 경착륙이 초래되었고 가계와 기업 모두 대차대조표 불황에 빠짐으로써 '잃어버린 30년'의 단초를 제공했다.

한편 정부지출을 통해 불황을 타개하려는 정책의 결과로 1991년 48% 수준이었던 GDP 대비 국가채무의 비율이 2000년에는 100%를 넘었고 2009년에 200%, 그리고 2022년에는 무려 263%까지 치솟았다. 그 결과 통화정책 운용에 심각한 제한을 초래하고 일본경제 회복과 금융시장의 원활한 작동에 커다란 장애물로 작용하고 있다.

아이슬란드

아이슬란드는 북극권에 위치하고 있으며, 인구가 400만 명도 안 되는 소국으로 알루미늄 광산업과 어업, 관광업이 주요 산업이다. 비EU국가로서 크로나(króna)라는 독자적 화폐를 통용한다. 글로벌 금융위기의 여파로 2008년 아이슬란드는 심각한 은행위기에 직면하였다. 당시 아이슬란드 은행부문의 자산은 GDP의 10배에 달할 정도로 과도하게 축적되었고, 동시에 대외부채 규모도 상당하였다. 금융위기가 발생하자 외환시장에서 크로나화의 가치는 달러 대비 50% 이상 폭락하였다. 하지만 아이슬란드 정부는 여타 주요국과 달리 양적완화나 금리인하조치를 취하지 않았고, 미 연준과의 통화스왑도 체결하지 않았다. 2009년 국제자본통제를 취하면서 금리를 18%까지 인상하였다.

아이슬란드 정부는 먼저 신규 은행을 설립하고 기존 은행의 구조조정을 단행하였다. 그리고 기존 은행들은 자산의 39%에 달하는 '안정세(stablization tax)'를 내도록 하였다.[42] 또한 해외자본에 대한 규제를 도입하고 GDP

42 아이슬란드 정부는 금융위기 초기에 기존 은행에 대한 긴급유동성지원(Emergency Liquidity Assistance: ELA)을 시행하였다. 하지만, 은행들은 변제불능상태에 빠졌고, 결국 이들의 파산을 막지 못하였다(Baudino et al., 2020).

의 350%에 달하였던 민간부채에 대해서는 경감이나 탕감과 같은 구조조정을 과감하게 추진하였다(Chancellor, 2022). 은행의 구조조정을 위한 배드뱅크의 역할을 하기 위해 설립된 신규 은행에 기존 은행들의 자산을 이전하는 작업을 진행했다. 이때 기존 은행의 자산을 액면가치에서 50% 할인된 가액으로 신규 은행에 이전하도록 했다. 신규 은행은 낮은 가치로 자산을 이전받았기 때문에 이에 기초해서 은행의 자산항목인 민간부채에 대해 대대적인 구조조정을 추진하였다. 한편 금융당국은 가계부채에 대해 긴급조치를 시행하였다. 대표적인 조치로는 주택에 대한 압류를 유예해서 부동산시장의 붕괴를 예방하고자 했다. 그리고 환율연계 및 물가연동 대출에 대한 원리금상환을 일시 유예하고 부채상환일정을 재조정했다. 이런 조치로 인해 평균적으로 해당 채무자 원리금의 15~40%가 경감되었다.

2011년에는 장기 부채경감정책이 시행되었는데 대표적인 조치로 '110% **루트**'가 있다. 이것은 담보자산가치의 110%가 넘는 대출금액을 감면해 주는 조치이다. 그리고 해당 대출은행이나 대출옴브즈만 제도를 통해서 1~3년 기간에 거쳐 대출을 경감해 주는 조치가 시행되었다. 이와 더불어 2010년과 2012년에 두 차례에 걸쳐 아이슬란드법원은 환율연계대출을 불법으로 규정함으로써 상당수준의 원리금이 경감되었다. 한편 2013년에는 의회의 결정에 따라 정부는 물가연동대출에 적용되는 물가수준을 하향조정하고 물가에 연계되지 않는 대출로 전환하는 것을 목표로 부채의 구조조정을 시행했다. 물가연동 모기지 잔액의 일부가 삭감되었고 연금저축에 지급할 자금을 모기지 상환이나 모기지 다운페이(down payment)에 사용할 경우, 그리고 연금저축의 일부를 부동산 구매에 사용할 경우 세금감면 혜택을 주었다.[43]

이런 정책으로 위기상황에 대처한 결과 아이슬란드는 2015년 IMF의 차입금을 모두 상환하였고, 경제상황은 정상으로 회복되었다. 2017년에는 GDP 대비 민간부채 비중이 위기 이전의 절반수준인 180%까지 떨어졌고,

43 주택을 구입할 때 다운페이는 전체 구입대금 중 은행 모기지 대출을 제외하고 본인이 지불하는 현금을 의미한다.

통화불일치 상태의 대출규모도 크게 줄어들었다. 위기기간 중 GDP의 95%에 달하였던 정부부채 또한 절반수준으로 떨어졌다. 아이슬란드식 구조조정은 부채에 의존하던 경제성장 체질을 개선하는 데 크게 일조하였다고 평가된다.

그리스

2008년 미국의 금융위기는 국제적 금융투자 네트워크로 인해 상당수 유럽의 글로벌 은행들도 위기에 봉착했으며, 유럽경제는 심각한 경기침체에 빠졌다. 수출과 관광에 크게 의존하던 그리스의 경제성장률은 급감하였고 실업률은 치솟았다. 그리스 정부는 위기상황에 대응하여 재정지출을 크게 확대하였으나, 이를 뒷받침할 국채 판매가 어려움을 겪으면서 난관에 봉착하였다. 이는 유로화 존립을 위협할 유럽의 금융재정위기의 서막에 해당되었다.

그리스는 1980년대와 1990년대에 정치권의 과도한 재정포퓰리즘으로 인하여 국가채무가 크게 늘어났다. 1999년 유로화 출범 시 EU회원국들이 지켜야 할 GDP 대비 재정적자 3% 원칙을 만족시키지 못하여 2001년에 가까스로 가입할 수 있었다.[44] 하지만 가입 후에도 재정적자는 계속 증가하였고, 2009년에는 3% 수준이라고 축소 보고했던 재정적자가 실제로는 12.7%이고 누적 국가채무도 GDP 대비 115%에 달하는 것으로 밝혀졌다. 글로벌 경제위기 상황에서 그리스의 재정적자는 증가하고 이자율이 높아지면서 그리스는 재정위기로 내몰리게 되었다. 2010년 한 해 동안 상환해야 할 채무가 530억 유로에 달하였다. 그리스가 직면한 위기의 핵심은 공적채무를 어떻게 구조조정할 것인가 하는 문제였는데, 이를 위해서는 **민간참여를 통한 채무재조정**(Private Sector Involvement: PSI)이 절실히 요구되었다. 2009년

44 EU는 회원국들이 건전한 재정정책을 펴도록 '안정과 성장에 관한 협약(Stability and Growth Pact: SGP)'을 제정하였는데, 이 협정은 각 회원국이 정부적자는 GDP의 3%, 국가채무는 GDP의 60% 이내에서 유지하도록 규정하고 있다.

그리스의 공공부문 채무는 약 2,930억 유로에 달하였는데, 이 중 70% 정도인 2,060억 유로를 해외투자자가 보유하고 있었다.

그리스 위기는 최대 채권자인 프랑스계 은행은 물론 독일 등 다른 유로존 국가에게도 심각한 타격을 주고 나아가서 미국의 금융시장에도 타격을 줄 것으로 예상되었다. 프랑스는 그리스의 채무조정 대신 유럽중앙은행(ECB)의 자금지원을 선호한 반면, 독일은 시장논리에 의한 채무조정을 선호하였다. 한편 미국의 주도하에 있는 IMF의 개입에 대해서도 양국은 상반된 입장을 보였다. 그러나 그리스 이외에 아일랜드, 포르투갈, 이탈리아, 스페인까지 경제금융상황이 점차 악화됨에 따라 유럽의 금융재정위기를 타개하기 위해 EU, 유럽중앙은행 그리고 IMF로 구성된 트로이카위원회가 구성되었다. 2010년 5월에는 1,100억 유로의 그리스 제1차 구제금융이 제공되었고, 2012년에는 1,300억 유로의 제2차 구제금융, 그리고 2015년에는 860억 유로 상당의 제3차 구제금융이 결정되었다.

동시에 2011년 10월에는 그리스 채권조정에 대한 합의가 이루어졌다. 2012년 2월과 4월 사이에 진행된 PSI를 통하여 대대적인 채무탕감 및 조정이 이루어졌다. 먼저 2,060억 유로에 달하는 그리스 채무총액 중 1,000억 유로가 탕감되고, 미탕감 잔액은 신규발행 장기채권으로 대체되면서 액면금액 대비 총 53.5%의 감액이 이루어졌다. 그리고 새로운 장기국채에 대해서는 만기를 연장해 줌으로써 민간채권자들이 보유한 채권은 590억 유로로 축소되었다. 그러나 공적투자자가 보유한 채권에 대해서는 채무재조정이 이루어지지 않았다. 그 결과 그리스의 공공채무의 80%를 유럽재정안정기금(European Financial Stability Fund: EFSF), 유럽중앙은행 및 IMF가 떠안게 되었다.

시사점

정부의 부채조정정책은 주로 민간부채를 줄이거나 또는 부실을 막는 정책으로 구분할 수 있다. 민간부채 감소를 위한 정책수단으로는 대출금리 인상과 같은 긴축적인 정책을 포괄하는 거시적 수단의 집행과 기존 대출의 만기연장을 제한하거나 대출기준을 강화하여 신규 대출을 줄이는 미시적 수단이 있다. 한편 민간부채의 부실을 막는 정책으로는 민간부채 감소정책과는 반대로 거시적으로 금리를 인하하고 경기를 부양하여 주택가격의 급격한 하락을 막는 거시적 수단과 상환기간을 연장하거나 금융기업의 피해복구를 위한 지원 등의 미시적 수단이 있다(김정식, 2012).

이러한 관점에서 보면 위에서 검토한 주요 선진국의 정책대응에 확연한 차이가 있고 부채조정을 위한 정부 개입의 정도와 수단에도 상당한 차이가 존재한다. 아이슬란드의 경우 대대적인 민간부채 조정을 추진하였으나, 양적완화나 금리인하를 추진하지 않았다는 점에서 미국의 사례와는 거리가 있다. 한편 일본과 그리스는 재정지출 확대를 통한 경기부양을 시도한 점에서 공통점이 있다. 하지만 일본의 경우는 GDP 대비 국채비율이 주요 선진국 중 가장 높고, 마이너스 금리의 덫에서 빠져나오지 못하고 있다. 반면에 그리스는 재정건전성의 회복을 전제로 구제금융을 받았고, 이후 과감한 국가채무의 탕감 및 조정을 추진하였다는 점에서 근본적인 차이가 있다.

주요 선진국의 부채조정정책 특징을 요약하면 <표 11A-1>과 같다. 글로벌 금융위기 직후 아이슬란드의 경우는 은행의 과감한 구조조정과 적극적인 부채조정정책을 통하여 민간부채 및 정부부채를 절반 정도로 감축하는 데 성공하였다는 점에서 주목할 만하다. 한국도 1997년 금융위기 때 IMF의 구제금융을 받는 대가로 강도 높은 구조조정을 수용한 바 있다. 그러나 현재와 같이 민간부채비율이 상당히 높은 상황에서 금융기관이 자발적으로 부채를 탕감하거나 경감할 것으로 기대하기 어렵고, 금융시장이 자체적으로 부채조정 충격을 흡수하도록 인센티브를 제공하기

〈표 11A-1〉 주요국의 금융위기와 부채조정정책

국가	위기발생연도	부채조정정책	위기 이후 부채현황
미국	2007	• 양적완화 및 재정지출 확대를 통한 민간부채 부실화 억제 • 민간부문의 대출원금 경감 및 모기지 조정 지원	• 가계채무의 재조정이나 지불연기 등을 통한 부채부담 완화 효과 미미 • 시장 메커니즘을 통한 가계부채 조정
일본	1997	• 아베 정부는 경기부양(금리인하 및 재정지출 확대)을 통한 민간부채 부실화 억제 추진	• 국가부채의 지속적 증가
아이슬란드	2008	• 과감한 가계채무 재조정정책(압류유예 및 채무재조정) • 은행의 자발적 채무재조정 유도	• 경기부양 없이 민간부채 및 정부부채 감소
그리스	2008	• PSI를 통한 대외채무탕감 및 조정 추진	• 재정건전성 회복을 대가로 국제기구의 구제금융 제공 • 국가채무 탕감 및 조정

도 쉽지 않다.

미국의 경우는 글로벌 금융위기 기간 중 1930년대 대공황에 버금가는 대대적인 구제와 개입을 공언하였으나, 실제 가계부채 경감을 위한 정책개입은 미미했다는 점에서 주목할 만하다. 대공황 때 정부는 주택소유자대부공사(HOLC)를 설립하여 민간채권자들로부터 모기지 대출을 사들여서 차입자의 금리를 낮추고 만기를 연장하여 주었다. 경우에 따라서 원금까지 줄여주었다(Mian and Suffi, 2014). 1936년 당시 미국 전체 주택소유자의 10%가 HOLC의 채무자였는데, 이러한 조치는 납세자에게 일부 손실을 초래하였지만, 채권자와 주택소유자 모두에게 돌아간 이득이 훨씬 컸던 것으로 평가되고 있다. 반면 2008년 금융위기 시에는 부채조정의 혜택이 금융기관이나 대기업에게 주로 돌아갔다는 것은 미국의 정치적 환경이 그만큼 보수화되었다는 것을 반영한다고 볼 수 있다. 이러한 정책적 실수로 미국의 소득불평등도는 더욱 악화되었고, 포퓰리즘의 확산을 가져왔다. 한국은 민간부채의 조정에 적절한 원칙과 인센티브를 구사하여야 하며, 사회취약계층의 부채조정을 세심하게 신경 써야 할 것이다.

포퓰리즘의 위험은 그리스의 사례에서 확인할 수 있다. 재정건전성을 무시한 재정지출의 증가로 경기부양을 추진할 경우 국가채무의 누적으로 인한 대외신인도의 하락과 이로 인해 금융위기가 초래될 위험이 증가한다. 일본의 경우도 일본은행이 국채를 인수하여 확대재정지출을 지속한 결과, 국채비율은 OECD 국가 중 최고수준으로 치솟았고 국가신인도는 하락하였다. 일본 엔화는 안전자산으로 인식되어 왔지만, 최근 그 위상이 불안정해지고 있다.

국채비율이 빠르게 증가하고 있는 한국으로서는 재정확대를 통한 경기부양의 유혹을 경계하여야 한다. 또한 과잉부채로 인한 위기를 막기 위해서는 경제체질을 개선해서 지속적으로 포용적 경제성장을 추진하여야 한다.

제 **12** 장

요약 및 시사점

요약 및 시사점

부채는 적당한 수준으로 활용될 경우에는 한 국가의 경제주체인 가계, 기업 그리고 정부의 자기자본이나 자체 수입의 한계를 완화시켜서 순이익과 순효용의 증가로 연결될 수 있다. 그러나 부채 수준이 임계치를 넘어서게 되면 잠재적 비용이 예상이득을 능가해서 개별 경제주체들은 물론 경제 전체에 부담을 주고 더 나아가서는 은행위기나 금융위기와 같은 경제시스템의 붕괴로 이어질 수 있다. 이러한 사실은 세계 각국에서 발생된 금융위기 사례에서 이것을 확인할 수 있다. 국가나 시기가 달라도 과잉부채는 어김없이 위기를 초래한다. 사람들은 '이번만은 다르다'고 생각하기 쉽지만, 결코 다르지 않다.[1]

가계의 과잉부채는 디레버리징이나 부채 조정과정에서 소비의 위축을 초래하고, 기업의 과잉부채로 인한 구조조정은 투자의 위축으로 연결된다. 그리고 이러한 소비 위축과 투자 감소로 인해 성장률이 하락하게 되면 조세수입의 감소와 국가채무의 증가로 이어져서 경제 전반의 불확실성이 확대되고 장기적인 경기불황이 초래될 수 있다. 많은 경우 경제위기로 발전되어서 사회의 경제적 약자들에게는 더욱 힘든 상황이 초래된다. 은행위기가 수반되지 않더라도 불황의 정도가 적정 수준의 부채를 보유한 경우보다 더 심하게 나타난다.[2]

이제까지 우리는 부채의 개념과 포괄범위를 논의하였고 한국의 가계 및 기업의 민간부채뿐만 아니라 정부 그리고 금융기관의 부채의 상황에 대해서도 검토하였다. 그리고 비기축통화국이자 개방경제인 우리나라의

1 Reinhart and Rogoff(2009)의 제목이기도 하다.

2 IMF(2012).

대외거래 수단인 달러로 표시된 대외부채 추이와 대외건전성에 대해 살펴보았다. 특히 이런 과정에서 BIS 통계를 이용해서 주요 국가들의 부채 상황과 면밀하게 비교, 검토하였다. 이어서 금융위기나 외환위기가 초래될 가능성을 예측해 볼 수 있는 위기 임계치와 조기경보 수치 등을 다양하게 살펴보았다.

또한 한국의 그동안 겪었던 경제위기와 금융위기 사례를 검토한 후 최근의 국내외 금리인상의 효과와 금융시장의 스트레스 정도를 추정하였다. 특히 부동산 거품이 꺼지는 상황에서 초래될 수 있는 부동산발 금융위기의 가능성을 한국 특유의 사적인 주택금융인 전세보증금을 감안해서 분석하였다. 그리고 마지막으로 과잉부채로 인한 시스템 리스크 발생을 사전에 차단하기 위한 부채 연착륙 방안과 향후 한국경제가 더 이상 부채의 함정에 빠지지 않기 위한 중장기 통화금융정책 및 거시건전성 정책 그리고 포용적 성장에 대해 논의하였다.

본장에서는 앞에서 논의한 내용의 핵심적인 사항을 요약하고 우리 경제에 주는 시사점을 제시하고자 한다.

한국경제에 주는 시사점

01 과잉부채는 위기의 방아쇠가 되고, 위기는 취약계층의 어려움을 가중시킨다.

02 한국의 대외건전성은 과거 외환위기와 은행위기 때보다 향상되었지만, 그렇다고 외환위기의 방지를 보장해 주지는 않는다.

03 가계부채는 한국이 당면한 부채위기의 핵이다.

04 한국 기업의 재무건전성과 유동성 지표들은 과거 위기상황보다 양호하지만, 기업부채와 대외채무 규모는 사상 최고치로 부채위기의 또 다른 핵이 될 수 있다.

05 한국의 민간부채 수준은 과거 은행위기를 겪은 나라들의 위기발생 전 단계와 유사하며, 차주의 상환능력은 지속적으로 하락하고 있다.

06 한국의 재정건전성은 여타 선진국들에 비해 양호하지만, 중장기적으로 정부부채는 부채위기의 진원이 될 가능성이 높다.

07 금융기업의 재무건전성은 개선되었으나 최근 대외채무액이나 단기대외채무 비중이 급증하고 있어 정책당국의 면밀한 모니터링이 필요하다.

08 금리인상으로 인해 금융시스템의 불안정성이 확대되고 있으나, 금융스트레스는 2022년 하반기 이후 하락추세를 보이다가 2023년 초반 이후 다시 반등하고 있다.

09 주택가격 하락으로 인한 갭투자자의 투자손실과 깡통주택가구의 증가는 신용경색을 초래하고, 더 나아가 금융위기로 발전할 가능성이 있다.

10 부채 연착륙을 위해서는 차입자 및 금융기관에 대한 미시건전성 강화, 부채탕감 등을 통한 부채구조조정, 그리고 부동산시장의 하향 안정화가 요구된다.

11 과잉부채의 늪에 빠지지 않으려면 금융안정을 중시하는 통화신용정책 운영, 거시건전성 강화 그리고 포용적 성장정책을 통한 저소득층의 부채관리가 필요하다.

1/ 과잉부채는 위기의 방아쇠가 되고, 위기는 취약계층의 어려움을 가중시킨다.

부채가 누적되면 금융위기가 발생할 위험이 높아진다. 한국의 대표적인 금융위기는 1997년 발생한 은행위기 및 외환위기를 들 수 있다. 이 들 위기의 원인은 기업의 과잉부채의 부실화로 인한 금융기관의 동시적 부실화와 해외부채 누적하에서 급작스러운 자본흐름 역전으로 인한 외환부족이다. 물론 두 위기의 원인은 상호배타적이지 않으며, 기업부문의 부채와 금융부문의 해외부채 역시 밀접하게 연결되어 있다.

1990년대 이전에도 한국경제는 여러 번의 위기를 맞았다. 1970년대 초 초래된 위기상황이나 1980년대 초 제2차 오일쇼크 및 정치적 혼란이 겹치면서 발생한 경제위기를 대표적인 사례로 들 수 있다. 둘 다 그 원인은 기업부채라고 할 수 있다. 정부는 경제를 정상화하기 위하여 부채를 탕감하고 산업합리화를 촉진하기 위하여 상당한 비용을 치렀다.

<표 12-1>은 한국의 경제위기 및 금융위기에서 부채의 역할을 정리

〈표 12-1〉 **한국의 경제 · 금융위기와 부채의 역할**

연도	성격	위기원인과 부채의 역할	위기에 대한 주요 정책대응
1972	경제위기	기업부채의 부실화	기업부채 탕감
1980	경제위기	기업부채 및 대외채무의 부실화	물가안정 및 수입자유화 추진
1997	금융위기	기업부채 및 대외채무의 부실화	IMF 구제금융 신청
2008	경제위기	대외채무 차환의 어려움	한미 통화스왑 체결
2020	경제위기	글로벌 경기침체로 인한 수출부진과 민간부문 부채증가로 내수위축	확장적 통화정책 및 재정정책, 가계 및 자영업자 소득지원

한 것이다. 5차례의 위기 중 2020년 COVID-19 팬데믹을 제외하면 기업부채와 대외채무가 직접적인 원인이 되었다고 할 수 있다. 한국경제의 개방도가 높아지고 해외차입이 증가하면서 해외부채의 중요성이 높아진 것도 괄목할 만하다. 최근 COVID-19 팬데믹 기간의 부채누적이 위기의 직접적인 원인이 되었다고 보기 힘들지만, 부채상환 부담 증가로 소비 및 투자가 위축되면서 위기가 야기되었다는 점에서 과잉부채의 위험을 확인할 수 있다.

한국의 위기사례에서 한 가지 주목할 점은 민간부채와 대외채무 간의 연계성이다. 가계대출이나 기업대출 수요가 늘어날 때 은행이나 기업은 해외차입을 통하여 자금을 확보하려 시도하였다. 그 결과 대외채무가 증가하고 순수출이 감소하면서 외환위기의 개연성이 증가하였다. 1980년대 초에는 가까스로 외환위기를 피했으나, 1997년에는 기업부채와 대외채무 간의 상호의존적 관계가 악순환을 거듭하면서 외환위기를 맞게 되었다. 1990년대 중반에 금융기업들이 원화의 과잉기업대출을 우회하는 방안의 일환으로 해외로부터 단기로 외화를 조달한 후 환위험을 회피하기 위하여 대기업에게 달러로 대출하였다. 즉, 대기업 과잉투자의 재원조달을 위하여 국내은행들은 기업보다 상대적으로 높은 신용도를 활용하여 해외에서 차입해서 국내기업에 달러표시로 대출했고 그 결과 대외채무가 급증하게 되었다. 기업에 대한 과잉대출로 인해 대외차입이 늘어난 상태에서 기업 부도와 연체율 증가로 인하여 은행위기가 초래되고, 은행들의 외화차입에 대한 차환이 불가능해지자 외화유동성 경색이 생기면서 외환위기가 발생하였다.

경제위기와 금융위기는 소득불평등을 악화시킨다. 한국의 소득분배는 1960년대 중반 이후 다소 개선되는 모습을 보이다가, 1970년대에 들어서서 다시 악화되었다는 것이 중론이다. 두 차례에 걸친 오일쇼크와 무리한 중화학공업화로 인한 성장률 하락이 소득분배를 악화시켰을 것이라고 짐작된다. 이후 1990년대 초까지 소득분배가 점진적으로 개선되는 모습을 보이다가 1997년 금융위기 이후 소득불평등도는 크게 악화되었으며, 부정적 충격의 여파는 2008년 글로벌 금융위기까지 지속되었다. 위기가 발생하였을 때 소득불평등도가 악화되는 가장 큰 이유는 실업률이 급증하고 전반적으로 실질임금이 하락하기 때문이다. 게다가 위기 이후 경제가 정상화되는 과정에서 금리가 인상되면 부채상환 부담이 늘어나고 상대적으로 취약계층의 어려움이 가중된다는 점이다. 2020년 COVID-19 팬데믹으로 저금리 기조가 유지되다가 한국은행이 기준금리를 올리자 취약차주가 늘어난 것이 그 단적인 예라고 할 수 있다.

금리인상은 가계뿐 아니라 기업 전체의 원리금상환 부담을 높이고, 신용등급이 높은 기업과 낮은 기업 간의 격차를 더욱 확대시킬 것이다. 금리인상과 경기침체에 따른 부담은 특히 영세중소기업에 가중될 것으로 전망된다. 개인사업자들의 경우 코로나 사태 기간 동안 사업소득이 감소하면서 소득기반 채무상환능력이 하락하였고, 정부의 일시적 소득지원도 종료됨에 따라 상황이 더욱 악화되고 있다. 사업소득이 없는 자영업자의 부채문제가 주요 위험요인으로 작용할 가능성이 높다.

2/ 한국의 대외건전성은 과거 은행위기와 외환위기 때보다 향상되었지만, 그렇다고 외환위기의 방지를 보장해주지는 않는다.

해외자본은 한국의 고도성장을 가능하게 했지만, 그로 인해 한국경제는 여러 차례 경제위기에 직면했다. 특히 1980년대 초 외채위기, 1997~1998년 외환위기 그리고 2008년 글로벌 금융위기가 대외건전성과 직결된다. 1962년 경제개발을 시작한 이후, 높은 투자율로 인한 경상수지 적자 누적, 1970년대 2차례에 걸친 오일쇼크, 그 후 세계적인 스태그플레이션으로 인한 고금리로 인해 1980년대 초 대외채무는 세계 4위이면서 대외채무/GDP도 50%를 넘었다. 하지만 이렇게 많은 대외채무를 짊어졌음에도 불구하고 한국은 1982년 멕시코발 중남미 외채위기에 휘말리지는 않았다. 그 이유는 한국이 지리적으로 멀리 떨어져 있었고 중남미국들과 달리 수출을 많이 했기 때문이다. 또한 '3저 현상'이 외채위기를 벗어나는 결정적인 계기를 제공하였다.

1997년 한국은 태국, 인도네시아, 말레이시아, 필리핀과 함께 외환위기를 겪게 된다. 한국의 경제발전 과정에서 1990~1997년은 투자율이 가장 높았던 기간이다. 이로 인해 경상수지 적자가 지속되었다. 또한 금융시스템이 취약한 상태에서 금융자유화와 자본시장 개방이 추진되었다. 금융기관들은 해외로부터 단기차입을 하여 수익성이 낮고 위험이 높은 중복투자를 많이 한 재벌기업들에게 빌려준 결과 외화표시 대외채무가 급등하였다. <표 12-2>는 외환위기가 발생한 1997년의 대외부채 관련 지표들을 2008년, 2021년과 비교해서 보여주고 있다. 표를 보면 외환위기 당시 얼마만큼 유동성이 부족하고 만기불일치가 심했는가를 알 수 있다. 단기대외채무 비중이 36%에 달하고 외환보유고 대비 총대외채무와 단기대외채무 비중이 각각 792%와 286%에 이를 정도로 높았다.

2008년 미국발 글로벌 금융위기가 발생했을 때 한국은 또다시 외환

〈표 12-2〉 대외부채 관련 지표들

(단위: %)

항 목	1997	2008	2021
대외부채			
총대외부채/GDP	33.9	57.6	83.9
총대외자산/GDP	20.6	50.9	120.3
순대외자산/GDP	-13.3	-6.7	36.4
대외채무/GDP	28.4	29.9	34.9
대외채권/GDP	15.6	13.3	34.1
순대외채권/GDP	-12.8	-16.6	-0.8
단기대외채무/총대외채무	36.1	46.6	26.4
총대외채무/외환보유고	792	155.5	135.7
단기대외채무/외환보유고	286	72.4	35.9
외환보유고/GDP	3.6	19.2	25.6
경상수지/GDP	-1.9	0.2	4.9

위기의 위험에 빠지게 된다. 근본적인 이유는 외환위기 이전같이 대외채무와 단기대외채무가 급증했기 때문이다. 2008년의 대외채무/GDP, 순대외채무/GDP(-순대외채권/GDP), 그리고 단기대외채무 비중 모두 외환위기 시점인 1997년보다 높았다(<표 12-2> 참조). 하지만 보유외환은 GDP의 19%까지 축적되어 대외채무와 단기대외채무가 크게 증가했음에도 불구하고 외환보유고 대비 비중은 외환위기 때에 비해 훨씬 줄어들었다.

COVID-19 팬데믹 기간인 2021년 말과 과거 위기 때를 비교하면 대외건전성과 관련된 지표들은 확실히 개선되었다. 외환위기와 글로벌 금융위기 때 한국은 순대외부채국이면서 순대외채무국이었지만, 현재는 순대외자산국이 되었고 대외채무도 대외채권과 거의 균형을 이루고 있다. 또한 외환보유고도 거의 두 배이고 외환보유고/GDP도 훨씬 높아졌을 뿐 아니라 단기채무 비중도 낮아져 만기불일치로 인한 유동성위기

가능성은 낮아졌다.

순대외자산국 지위는 큰 의미를 가지고 있다. 한국의 외환위기를 포함한 신흥국들의 금융위기의 공통점은 해외자본이 국내로 대거 유입되었다가 갑자기 자본유출이 발생되는 과정에서 발생했다는 것이다. 기존의 연구들에 의하면 순대외부채가 많을수록 자본유출과 외환위기의 가능성이 더 커진다. 이는 순대외자산국은 이와 같은 위기를 겪을 가능성이 작아진다는 의미이다. 또한 순대외자산국이 됨으로써 한국이 가지고 있는 통화불일치 문제가 다소 완화되었다. 그러나 대외건전성이 상대적으로 양호해졌음에도 불구하고 외환위기 가능성을 배제할 수 없다. 그 이유는 다음과 같다.

첫째, 미국의 금리인상이 몰고 온 대외충격이 예상외로 크다. 미국은 2020년 3월 0~0.25%까지 내렸던 기준금리를 2022년 3월부터 올리기 시작하여 2023년 5월에는 5.0~5.25%까지 단 1년 2개월 만에 5.0%p 인상했다. 한국의 기준금리도 3.5%까지 올렸지만 최대 1.75%p의 금리역전이 된 상태이다. 한국은 미국보다 경기가 침체되어 있고 민간부채 수준이 높기 때문에 기준금리 인상은 제한적인 반면, 미국은 2023년에는 기준금리 인하를 하지 않는다는 공언을 하고 있어 역금리 격차를 줄이기 어려울 전망이다. 미국의 기준금리 인상에 따라 미 달러화의 가치가 상승하여 2022년 1월 초 1,192원이었던 원/달러 환율이 10월 21일에는 1,440원까지 상승했다. 그 후 조정을 거쳐 12월 말에는 1,280원대까지 떨어졌지만 2023년 4월에는 1,332원까지 다시 올랐고, 미국 기준금리 인상 정도에 따라 원/달러 환율은 더 올라갈 가능성이 있다. 이처럼 역금리의 격차가 커지고 원화가치의 하락이 예상된다면 한국으로부터의 자본유출이 발생할 수 있다. 순대외자산국이고 보유외환이 많다고 하지만 자본유출 → 원화가치의 하락 → 정부의 외환시장 개입 → 외환보유고 감소 → 자본유출과 같은 악순환이 계속될 수 있다. 외환보유고의 감소도 심상치 않다. 2022년의 무역수지 적자는 472억 달러로서 역사상 최대의 적자규모이고 글로벌 금융위기 때인 2008년의 약 2.3배에 달한다. 2023년에도 계속되어 1~3월까지 누적 무역수지 적자는 224억 달러에 달했다. 2022년 8월에 경상수지가 적자로 전환된 후 2023년 1월과 2월 연속해서 적자를 기록하면서 외환보유액도 2023년 3월 말 현재 전년 동기에 비해 약 7%가량 감소하였다.

둘째, 대내충격의 부정적 영향력도 만만치 않다. GDP 대비 민간부채가 사상 최고치이고 세계적으로도 높은 수준이다. 급격한 금리인상으로 인해 취약차주와 한계기업들의 변제능력이 약화되고 부동산가격이 큰 폭으로 하락한다면 1990년대 초 북구 3국이 경험했던 은행위기가 발생하고 외환위기로 이어질 수 있다. 최악의 시나리오는 대외충격과 대내충격이 동시에 발생하는 경우이다.

3/ 가계부채는 한국이 당면한 부채위기의 핵이다.

과거 가계부채는 경제위기의 진원지가 아니었다. 그러나 현재는 가계부채가 금융위기를 촉발할 핵으로 부상하였다. 2021년 말 기준 한국의 가계부채는 절대액뿐만 아니라 GDP 대비 비중 면에서도 역사상 최고치이다. BIS 통계에 의하면 한국의 가계부채 비중은 세계에서 네 번째로 높고 2017~2021년 동안 증가율도 신흥국을 제외하면 가장 높다. COVID-19 팬데믹 기간에는 신흥국을 포함하더라도 가장 빨리 증가했다. 1970년의 가계부채는 GDP의 10%밖에 되지 않았고 2008년 글로벌 금융위기 시에도 70%로서 세계 평균에 근접했으며 선진국 평균보다 작았다. 하지만 2012년 선진국을 추월한 후 급증하여 2021년에는 106%까지 증가하였다.

1970년 이후 가계부채 비중의 추이를 보면, 가계부채는 실질금리와 실질주택가격과 밀접한 관련이 있었다. 대부분의 기간 동안 실질금리가 하락하면 가계부채와 실질주택가격이 상승하고, 반대로 실질금리가 상승하면 가계부채와 실질주택가격이 하락하였다. 즉, 가계부채와 실질주택가격의 동조화가 강하게 나타났다. 그 대표적 사례가 COVID-19 팬데믹 기간으로 실질금리의 급락이 가계부채와 주택가격의 급등을 가져왔다. 다만, 경기변동(1976~1978년)과 정부의 부동산정책(1990년, 2003년)으로 인해 이들 간의 상관관계가 반대로 나오는 경우도 있었다.

미국의 금융위기 시발점은 금리하락으로 인한 가계부채와 주택가격의 상승, 그리고 주택가격 안정을 위해 금리를 올린 후 주택가격의 급락이었다. 한편 가계부채가 꾸준히 증가하여 금융위기 직전에는 가계부채 비중이 거의 100%에 달하였다. 현재 한국의 상황은 미국의 금융위기 직전과 유사하다.

최근 5년 동안 가계부채가 증가했지만 (금융 및 비금융)자산은 더 많이 증가하여 부채/자산 비중은 하락하는 추세이다. 하지만 다른 나라들과 비교하면 매우 높은 편이다. 또한 급격한 금리상승으로 금융 및 비금융자산 가치의 하락이 예상되고 있다. 뿐만 아니라 가계부채 잔액의 약 80%가 변동금리대출이기 때문에 금리상승기에 가계의 부채부담은 더욱 늘어날 것이다. 지금과 같은 금리상승 추세가 지속된다면 취약차주의 채무불이행을 촉발할 뿐 아니라, 정상차주마저도 부실위험이 높아져 금융시스템 불안정이 확대되고 은행위기가 발생할 가능성이 증가될 수 있다.

4 한국 기업의 재무건전성과 유동성 지표들은 과거 위기상황보다 양호하지만, 기업부채와 대외채무 규모는 사상 최고치로 부채위기의 또 다른 핵이 될 수 있다.

한국 고도성장의 원동력은 높은 투자율이었는데 그 뒤에는 기업들이 많은 부채를 짊어져야 했던 역사가 병존한다. 1970~2021년 기간 동안 한국의 기업부채/GDP(기업부채 비중)의 추이를 보면 몇 개의 꼭짓점들이 있는데 이들 모두가 경제위기 때와 일치한다. 8.3긴급조치(1972년), 외채위기(1985년), 외환위기(1998년)와 글로벌 금융위기(2008년)가 바로 그 증거이다. 한국에게 고통을 주었던 1997~1998년 외환위기의 시발점은 기업들의 과잉투자와 과다차입이다.

COVID-19 팬데믹 기간인 2021년의 기업부채 비중은 사상 최고치로 외환위기 때의 기업부채 비중보다 더 높다. 최근 5년 동안 증가율도 세계에서 가장 높은 나라들 중의 하나이다. 기업의 대외채무액도 사상 최고치이고 GDP 또는 외환보유고에서 차지하는 비중도 글로벌 금융위기 때와 비슷하다.

이처럼 기업의 국내외 부채 수준이 높음에도 불구하고 <표 12-3>을 보면 과거 경제위기 때와 비교해 기업부채비율, 이자보상배율 등 건전성 지표들은 양호한 상태이다. 기업부채 비중이 매우 높았던 1970년대 초, 외채위기, 그리고 외환위기 시점에는 제조업의 경우 기업의 부채비율은 400%에 육박하거나 그 이상이었다. 그러나 최근 기업부채 비중이 역사상 가장 높음에도 불구하고 부채비율이 80% 이하로 하락하여 상대적으로 기업의 건전성은 더 나아졌다. 기업의 유동성도 높아지고 순자산도 증가추세이다. 또한 단기대외채무가 총대외채무에서 차지하는 비중도 상대적으로 낮아져 만기불일치 문제가 완화되었고 순대외채무도 줄었다. 그러나 기업부채와 관련하여 몇 가지 우려되는 문제들이 있다. 기업부채가 부채위기의 또 다른 핵이 되지 않도록 예의주시하여야 한다.

〈표 12-3〉 **비금융기업부채와 건전성 지표**

(단위: %)

항 목	1997	2008	2021
비금융기업			
기업부채/GDP	101.6	92.0	112.9
대외채무(십억 달러)	46.4	67.1	145.2
대외채무/GDP	8.1	16	14
대외채무/외환보유고	227.5	33	31
단기대외채무 비중	19.1	19.4	12.4
부채비율(제조업)	396.3	116.8[2)]	78.6
이자보상배율	129	404[2)]	958
기업부채/영업이익	n.a.	557	596[1)]
단기자산/단기부채	n.a.	127	198
부채/금융자산	n.a.	120	90
부채/비금융자산	n.a.	67	50

주: 1) 2020년, 2) 2009년.

첫째, 기업의 부채비율이 과거에 비해 낮아졌음에도 불구하고 주요 선진국들에 비해 여전히 높고, 이자보상배율이 1 미만인 한계기업 비중이 글로벌 금융위기 때보다 더 높은 상황이다.

둘째, COVID-19 팬데믹 발생 이후 대외채무뿐만 아니라 단기대외채무도 다시 급등하고 있다. 대외채무가 GDP 또는 외환보유고에서 차지하는 비중이 글로벌 금융위기 때의 값과 비슷하다.

셋째, 해외차입 시 99% 이상을 외화표시로 하기 때문에 통화불일치 문제가 심각하다. 추후 미국의 기준금리 인상과 함께 원화가치의 하락이 지속될 경우 기업의 대외채무로 인한 부채의 급증이 우려된다.

넷째, 기업부채/영업이익 비율이 금융위기 때보다 높아진 상태이다. 이는 영업이익 증가율이 기업부채 증가율을 따라가지 못하고 있음을 의미한다.

다섯째, 기업의 순자산이 증가하고 있지만 가계부채에서 언급했듯이 금리인상, 주가 및 부동산가격 하락, 환율상승으로 인해 부채부담은 늘어나고 자산가치는 떨어질 가능성이 높아지고 있다.

여섯째, 급격한 금리인상으로 한계기업의 도산이 줄을 잇는 경우에는 은행위기가 발생할 가능성을 배제할 수 없다. 채권시장의 수급불안정으로 인해 기업들의 자금난이 심화된다면 정상기업의 도산도 급증할 수 있는 상황이다.

5/ 한국의 민간부채 수준은 과거 은행위기를 겪은 나라들의 위기발생 전 단계와 유사하며, 차주의 상환능력은 지속적으로 하락하고 있다.

민간부채의 수준이 높고 증가율도 높은 현 상황이 금융위기로 귀결될 것인가? 경제학자들은 금융위기가 촉발될 수 있는 부채 관련 지표들의 임계치를 구하기 위하여 노력하여 왔다. 대표적인 사례로 자본주의 경제의 금융위기 발생에 대한 민스키(Hyman Minsky)의 연구를 들 수 있다. 민스키는 자본주의체제하에서는 대부분의 투자가 외부자금 조달로 이루어지고 있는데, 경기호황이나 자산가격의 상승으로 미래 투자수익에 대한 낙관적 기대가 고조되고 군집행위가 확산될 때 경제주체들은 차입을 확대해서 부채규모를 늘린다고 주장한다. 이런 추세가 지속됨에 따라 금융구조는 점차 불안정한 구조로 전환되기 시작하는데, 불안정성이 특정 임계치를 넘게 되면서 소위 **민스키 모멘트**(Minsky moment)가 초래된다.

민스키 모멘트 이후에 경제는 전반적으로 해외금리인상이나 경기부진 또는 자국통화가치의 급속한 하락 압력 등과 같은 대내외 충격에 매우 취약하게 되고, 결국 거품이 붕괴되면서 금융 및 경제위기에 봉착하게 될 수 있다는 것이 민스키의 **금융불안정성가설**이다. 민스키 모멘트 발생 여부를 판정하는 기준으로 부채의 대GDP 비율이나 총부채원리금상환비율(DSR)의 임계치를 고려할 수 있다. 그러나 위기와 관련된 주요 요인들이 상황에 따라 서로 다르기 때문에 한국의 현 상황이 민스키 모멘트에 근접하였다는지 또 언제 금융위기가 발생할지는 특정하기 어렵다.

한편 한국은행은 **금융불안지수**(FSI)와 **금융취약성지수**(FVI)을 발표하고 있는데, 이들 지표는 거시건전성과 금융불균형을 측정하는 데 이용된다. 2022년 말 FSI는 위기단계로 진입하여 금융불안정성이 매우 높은 것으로 나타났고, FVI도 장기평균 수준을 상회하고 있는 것으로 평가되고 있다. 그러나 이 지표들은 부채 상황뿐만 아니라 거시 및 금융 관련 지표들을 포괄적으로 고려하고 있다. 또한 임계치 수준도 이론적이라기보다 과거 자료의 평균에 근거한다는 한계가 있다.

이밖에도 금융사이클의 주기와 심도, 1997년 아시아 외환위기 이후 IMF가 제시한 IMF 위기징후 지표의 임계치, 그리고 라인하트와 로고프(2009)가 제시한 국가의 대외부도위험 가능성에 대한 임계치 기준 등이 금융위기 포착을 위한 조기경보지표로 사용된다. 비록 다양한 형태의 임계치 기준이 존재하지만 명확하게 위기를 예측할 수 있는 임계치 수준을 구하는 것은 매우 어려운 일이다. 그 대안으로 과거 민간부채로 인해 금융위기를 겪은 나라들의 사례를 검토해서 간접적으로 한국의 부채위험을 평가하는 것이 현실적이다.

민간신용갭은 민간신용/GDP가 장기추세에서 얼마나 벗어났는지를 보여주는 부채위험 지표이다. 은행위기를 겪었던 북구 3국과 미국, 그리고 부동산 및 주식시장 거품 이후 장기침체로 들어간 일본을 비교 국가로 사용하였다. <표 12-4>를 보면 2021년 민간신용갭은 글로벌 금융위기 때의 두 배 이상이고 외환위기 때에 비해 훨씬 높다. 이는 민간부채가 장기추세에 비해 얼마나 높은 수준에 있는가를 나타낸다.

과거 사례들의 공통점은 은행위기가 발생하기 이전 또는 부동산 거품이 생기는 동안에는 민간부채의 증가와 부동산가격의 상승이 동반되

〈표 12-4〉 민간신용갭과 DSR 비교

(단위: %)

항 목	1997	2008	2021	2022[1)]
민간신용갭	9.4	6.7	16.5	16.2
DSR				
민간	n.a.	19.4	20.8	22.3
가계	n.a.	11.3	12.9	13.7
기업	n.a.	40.0	38.8	39.7
실질주택가격(2010 = 100)	80.7	103.0	126.1	122.4

주: 1) 2022년 3/4분기; n.a.는 자료 없음을 나타냄.
자료: BIS.

었다는 것이다. 또한 해외로부터 자금유입이 늘어나 유동성이 증가하였다. 이처럼 경제가 이상과열이 되면 금리인상을 하게 되고 그 결과 부동산가격의 하락과 민간부채가 감소하게 된다. 민간신용갭은 위기 시점 또는 그 전후에 최고점을 찍고, 위기는 부동산가격이 하락하는 과정에서 발생하였다.

한국은 지난 5년 동안 가계부채/GDP, 기업부채/GDP, 대외채무/GDP 모두 급등했고, 민간신용갭과 실질주택가격이 동반 상승하여 북구와 미국의 은행위기 이전 상황과 매우 흡사하다. 주택가격과 민간신용갭이 정점을 찍은 후 하락하는 과정에서 은행위기를 겪은 북구와 미국의 사례를 보면, 한국의 민간부채로 인한 위기발생 여부도 앞으로 주택가격과 민간부채의 추세에 달려 있다고 할 수 있다. 예상되는 금리인상과 높은 수준에서 등락을 거듭하고 있는 원/달러 환율 추이를 고려한다면 주택가격과 민간부채는 하락추세로 돌아설 가능성이 높다. 2022년 3/4분기 말의 민간신용갭과 실질주택가격지수가 하락세로 돌아선 것을 보면 이러한 가능성을 뒷받침하고 있다.

2022년 5월 출범한 윤석열 정부는 주택가격의 급락을 막기 위해 지난 5년간 시행되어온 많은 규제들을 없애고 시장이 주도하는 부동산정책을 시도하고 있다. 그럼에도 불구하고 주택가격의 급락을 막지 못한다면 한국경제는 부채위기에 직면할 수 있다.

부채위험도는 부채 수준뿐만 아니라 차주의 상환능력과도 관련이 있다. 차주의 상환능력을 측정하는 지표로서 DSR이 종종 사용된다. 2021년 말 기준 민간부채 DSR이 2008년 글로벌 금융위기 때보다 높은 상황이다. 그 이유는 기업이 아니라 가계부채의 DSR이 높아졌기 때문이고, 이는 가계차주들의 부채상환 부담이 금융위기 때보다 더 높아졌음을 의미한다. 2021년 말 민간부채와 가계부채의 DSR은 미국의 금융위기 시의 DSR 수준보다 높고, 주요 선진국들과 비교했을 때 DSR이 가장 높은 최상위 그룹에 속한다. 무엇보다 최근 5년 동안 가계부채의 DSR의 상승률은 가장 높았다. 즉, 지난 5년 동안 가계차주의 부채상환 부담의 증가율이 가장 높았다는 의미이다.

은행위기를 겪었던 유럽국가들과 2021년 말 한국을 비교해 보면, 한국의 민간부채 DSR은 유럽위기국들의 평균 DSR보다 높았다. 즉, 한국의 민간차주 부채상환 부담은 실제 은행위기를 겪었던 유럽국가들의 부채상환 부담과 비교했을 때 결코 작지 않다. 금리인상이 된다면 DSR은 더 높아질 수밖에 없다. 가계, 기업 및 민간 모든 부문의 DSR이 2021년 말에 비해 2022년 3/4분기에 모두 상승하여 가계 및 기업의 차주들의 부채상환 부담이 증가하고 있음을 확인할 수 있다.

6/ 한국의 재정건전성은 여타 선진국들에 비해 양호하지만, 중장기적으로 정부부채는 부채위기의 진원이 될 가능성이 높다.

과거 한국의 경제위기들은 정부부채로 인해 발생하지 않았다. 외환위기 직전인 1996년 일반정부부채/GDP(정부부채 비중)도 4.8%에 불과했고 외환위기로 인해 정부가 많은 공적자금을 투입했는데도 불구하고 1998년 정부부채 비중은 7.1%이었다. <표 12-5>를 보면 글로벌 금융위기 때인 2008년에도 21.9%이었고 2021년 말 45.9%로 다른 선진국들에 비하면 매우 낮은 수준이다.

문제는 정부부채의 증가 속도이다. 2021년 말 정부부채 비중은 1998년과 2008년 비중의 각각 6.5배와 2.1배이다. 최근 5년과 COVID-19 팬데믹 2년 동안 정부부채 비중의 증가율은 뉴질랜드, 호주, 신흥국에 이어 한국은 4번째로 세계에서 가장 높은 나라에 속한다. 2019년부터 통합재정수지도 적자로 돌아섰고, 외환위기 직후인 1998년과 2021년의 관리재정수지 적자는 GDP 대비로 보았을 때 거의 비슷한 수준이다.

경기변동 요인을 제거한 구조적 재정수지도 과거 꾸준히 흑자를 기록하였으나 2020년에 적자로 전환되었고 앞으로도 적자는 지속될 것으로 예측되고 있다. 가속화되는 고령화와 사회복지지출에 대한 요구 증대로 인해 장기재정전망은 매우 비관적이다. 2070년까지의 장기재정전망

〈표 12-5〉 일반정부부채와 재정수지

(단위: %)

항 목	1997	2008	2021
일반정부부채/GDP	5.3	21.9	45.9
재정수지			
통합재정수지/GDP	-1.3	1.4	-1.5
관리재정수지/GDP	-2.4	-1.0	-4.4
구조적 재정수지/GDP	1.9	1.3	-2.5

을 보면 2022년부터 그 이후에 통합재정수지와 관리재정수지는 모두 적자이고 GDP 대비 적자규모도 계속 증가할 것이다. 약 20년 후인 2040년에는 국가채무(D1)/GDP가 100%를 넘어갈 것으로 예측되고 있다.

2022년 미국의 금리인상을 따라 한국을 비롯한 대부분 국가들도 금리인상을 하였지만, 세계에서 정부부채 비중이 가장 높은 일본은 금리인상을 하지 못하고 있다. 정부부채 비중이 높은 영국도 재원조달계획이 없이 감세정책을 시도한 후 금융시장과 외환시장이 크게 교란되었다. 즉, 정부부채가 많으면 경기변동을 완화하기 위한 통화정책과 재정정책을 사용하기가 어렵게 된다. 그럼에도 일본과 영국은 자국통화가 국제통화로 사용되고 있는 기축통화국들이기 때문에 외화유동성 위기가 발생할 가능성은 크지 않다. 그러나 한국과 같이 비기축통화국들의 경우, 정부부채 수준이 높으면 국가신인도가 떨어지게 되고 이로 인해 자본유출과 외환위기의 위험성이 증가한다. 뿐만 아니라, 과도한 부채로 인해 재정건전성이 약화되면 금융건전성이 훼손되어 은행위기로 전이될 가능성이 있음을 실증적으로 보여준 연구들도 있다. 장기재정전망을 보면 한국은 머지않은 미래에 정부부채가 부채위기의 중심에 있을 가능성이 크다. 이에 대해 한국은 합리적인 **재정준칙**(fiscal rule)을 만들고 정부부채의 증가를 최대한 줄일 수 있는 중장기적인 대비책들을 준비해야 한다.

7/ 금융기업의 재무건전성은 개선되었으나 최근 대외채무액이나 단기대외채무 비중이 급증하고 있어 정책당국의 면밀한 모니터링이 필요하다.

금융기업의 부채가 GDP에서 차지하는 비중이 꾸준히 증가하여 이제 OECD 평균보다 높게 되었다. 이는 한국의 간접금융자산 축적이 꾸준히 증가하였음을 의미한다. 그러나 간접금융이 발달한 선진국들에 비하면 금융의 깊이가 여전히 낮은 편이다. <표 12-6>에서 볼 수 있듯이,

〈표 12-6〉 **금융기업 부채와 건전성 지표**

(단위: %)

항 목	1997	2008	2021
금융기업부채/GDP	n.a.	335	457
대외채무(십억 달러)	91.1	170.2	251.7
대외채무/GDP	18.9	16.3	13.9
대외채무/외환보유액	446.2	84.6	54.3
순대외채권(십억 달러)	-23.4	-88.9	-33.6
순대외채권/GDP	-4.1	-8.5	-1.9
순대외채권/외환보유액	-114.6	-44.2	-7.2
단기대외채무(십억 달러)	49.2	111.1	123.6
단기대외채무/외환보유액	243.1	55.2	54.3
단기대외채무 비중	54.0	65.3	49.1
금융기업부채비율	n.a.	693	630
은행 레버리지(배)	n.a.	33.9	21.8
BIS 자기자본비율	n.a.	12.3	16.5
연체율			
기업대출	8	1.5	0.3
가계대출	7.9	0.6	0.2
신용카드대출	n.a.	1.8	1.1
고정이하여신비율	12.9[1)]	1.1	0.5
단기금융자산/단기부채	n.a.	53	52
부채/금융자산	n.a.	92.9	91.5
부채/총자산	n.a.	90.9	89.6
순금융자산/GDP	n.a.	25.6	42.3

주: 1) 1999년.

2008년 글로벌 금융위기 때에 비해 금융기업의 레버리지, BIS 자기자본비율, 연체율, 그리고 고정이하여신비율 등 건전성 지표들은 더 개선되었다. 금융기업의 GDP 대비 순금융자산도 2018년부터 꾸준히 증가하고 있다. 그러나 OECD 평균과 비교했을 때 부채비율과 레버리지는 더 높고 유동성은 낮은 상태이다. 2021년 말 기준으로 보면, 금융기업의 부채비율, 유동성과 부채/자산 비율은 2008년과 거의 비슷한 수준이다.

외환위기와 글로벌 금융위기 때 한국의 문제는 비금융기업뿐만 아니라 금융기업들의 대외채무가 많았고 단기대외채무 비중이 높았다는 것이다. 금융기업의 대외채무와 단기대외채무가 2008년 이후 꾸준히 줄었지만 COVID-19 팬데믹 기간을 포함한 지난 5년 동안 대외채무와 단기대외채무가 급증하여 2021년 말에는 사상 최고치를 기록하였다. 특히 총대외채무 대비 단기대외채무 비중은 외환위기 때와 비슷하고, 외환보유액 대비 단기대외채무 비중은 글로벌 금융위기 때와 비슷하여 금융기업의 외화유동성이 과거 경제위기 때와 유사한 상황이다. 그러나 금융기업의 순대외채권의 규모나 GDP 또는 외환보유액 대비 순대외채권 비중이 외환위기와 글로벌 금융위기 때에 비해 훨씬 양호하여 외화유동성 위기를 우려할 단계는 아니라고 판단된다. 그럼에도 불구하고, 앞서 비금융기업의 경우에도 언급했듯이 통화불일치 문제를 가지고 있는 한국은 원/달러 환율의 상승으로 인한 금융기업의 원화표시 대외채무의 급증에 대비해야 한다.

한편 COVID-19 팬데믹으로 인한 정책당국의 금융지원조치 연장으로 인해 금융기업의 연체율과 연체기간이 3개월 이상인 고정이하여신비율이 낮은 수준으로 유지될 수 있었다는 점을 염두에 두어야 한다. 이 경우 대출 부실위험이 이연되면서 리스크가 누적될 가능성이 높다. 특히 대출금리가 급등하는 가운데 금융 완화 및 지원 조치가 종료되는 경우 비금융 한계기업을 중심으로 잠재 부실위험이 현실화되어 금융기업의 건전성이 훼손될 수 있음을 유의해야 한다.

8/ 금리인상으로 인해 금융시스템의 불안정성이 확대되고 있으나, 금융스트레스는 2022년 하반기 이후 하락추세를 보이다가 2023년 초반 이후 다시 반등하고 있다.

COVID-19 팬데믹이 만연한 결과, 경기는 곤두박질하고 가계와 기업의 부채는 크게 증가하였다. 팬데믹이 시작한 2020년부터 정부는 적극적인 확대거시정책을 추진하였고 취약가계와 자영업자들에 대한 지원을 확대하였다. 그 결과 중앙정부는 물론 지방자치단체의 부채 역시 크게 증가하였다.

2022년에 들어서면서 미 연준은 통화정책의 정상화를 앞세워 기준금리를 연속적으로 인상하기 시작하였다. 이러한 조치는 국제금융시장의 변동성 확대와 글로벌 경기침체 등 상당한 파급효과를 미치고 있다. 자본시장의 개방도가 높은 한국이 미국의 기준금리 인상과는 달리 독자적인 통화정책을 추진하는 데는 한계가 있다. 국내외 금리차가 역전되고 그 갭이 점차 커지면 자본유출이 증가하고, 원/달러 환율 상승 및 주가 하락이 우려되는 상황이다. 한편 기준금리를 계속 올릴 경우 국내경기가 침체되어 기업 및 가계의 투자와 소비활동이 위축될 뿐 아니라, 부동산가격의 하락으로 주택담보대출을 받은 취약계층의 부채상환 부담이 가중될 것이다. 결국 기준금리 인상에 따른 금융시장과 실물시장의 충격은 취약부문의 부실화, 가계, 기업 및 금융기관의 재무건전성 저하, 그리고 비은행금융기관의 유동성 리스크를 확대시키는 결과를 초래할 가능성이 높다.

한편 현재 한국의 금융시장이 위기상황에 얼마나 근접하였는지를 **금융스트레스** 개념을 사용하여 분석할 수 있다. 즉, 금융부문을 은행대출, 주식, 채권, 외환 등 4가지 금융시장으로 구성되어 있다고 가정하고, 개별 부문별 스트레스 지수를 도출한 후 가중평균하면 종합적 스트레스 지수를 도출할 수 있다. 스트레스 지수는 0에서 1까지의 값을 갖는데, 1에 근접할수록 금융위기에 가깝다고 할 수 있다.

코로나 감염증이 확산되면서 스트레스 지수는 2020년 1월 22일 0.32에서 2020년 3월 23일 0.62로 급등하였다. 이후 진정국면으로 접어들었다가 2021년 6월 30일 0.28에서 2022년 10월 21일 0.56까지 가파른 상승을 보였다. 2023년에 들어오면서 완화되는 모습을 보이던 금융시스템의 스트레스는 2023년 2월 3일 0.34를 저점으로 다시 상승세로 전환되었다. 2023년 4월 20일 현재 스트레스 지수는 0.39를 기록하였다. 절대적 수준 자체는 2020년 3월이나 2021년 10월에 비하여 높지 않지만, 다시 스트레스가 증가세를 보이고 있다는 점에 주목할 필요가 있다.

개별 스트레스를 비교할 때 한 가지 흥미로운 점은 금리인상의 여파로 은행부문, 외환시장, 주식시장, 채권시장의 스트레스가 모두 증가세를 보였는데, 2022년 하반기에는 유독 외환시장의 스트레스가 급증하였다는 사실이다. 원/달러 환율 급등을 국내외 금리 차이와 무역수지 적자로만 설명하기에는 과도한 측면이 있다. 그러나 원화 약세 추세가 장기적이라면 이는 한국경제의 성장잠재력을 위협하는 심각한 상황이 아닐 수 없다. 더욱이 환율상승에도 불구하고 수출이 크게 늘지 않는 현상은 외환위기나 글로벌 위기 때와 확연히 다른 것으로 한국경제의 위기 우려를 증폭시키는 한 요인이 될 것이다.

반면 현재 한국경제의 대외신인도는 특별히 악화되었다고 보기 어렵다. 외평채 5년물 CDS 프리미엄은 2022년 11월 초 이후 서서히 감소추세를 보이고 있다. 국가신인도의 또 다른 지표 역할을 하는 5년 만기 외평채 가산금리 역시 2022년 초 49bp에서 지속적으로 올라 10월에는 81bp까지 증가하였다가 이후 서서히 감소하여 2023년 3월에는 75bp에 머물렀다.

9/ 주택가격 하락으로 인한 갭투자자의 투자손실과 깡통주택가구의 증가는 신용경색을 초래하고, 더 나아가 금융위기로 발전할 가능성이 있다.

주택가격은 금리뿐만 아니라 경기상황 및 소득, 주택공급, 인플레이션 수준 등 여러 변수들에 의해 결정된다. 따라서 이러한 변수들의 움직임을 종합적으로 예측해야 향후 주택가격의 움직임을 비교적 높은 확률로 예측할 수 있다. 일반적으로 주택가격의 급격한 상승을 완화하기 위해서 금리를 인상할 경우 인상 초기에는 여전히 주택가격 상승추세가 이어지다가 일정 시점이 지난 후에야 주택가격이 하락하는 것으로 분석되고 있다. 한국은 가계자산 중 비금융자산이 차지하는 비중이 2020년 말 63.6%이고 비금융자산의 94%와 59%가 각각 부동산과 주택이기 때문에 금리인상으로 인해 유동성이 축소될 경우 주택가격이 하락할 가능성이 여타 선진국보다 높다. 1980년대 후반의 북구 3국이나 1990년대 일본의 부동산 거품 붕괴 그리고 2008년 미국의 금융위기 모두 실물경제와 괴리된 급격한 신용확대로 자산시장의 거품이 발생하고 이후 금리인상으로 인해 자산시장의 불균형이 조정되는 과정에서 주택가격이 급락하고 경제위기를 경험한 바 있다.

정부는 COVID-19 팬데믹 기간 중 치솟는 집값을 안정시키기 위해 금리인상이나 획기적인 공급확대정책보다는 부동산 관련 각종 조세부담의 강화를 통해 다주택자들의 투기심리를 억누르는 등 규제 위주의 수요억제정책을 남발하였다. 이러한 조치는 오히려 일반국민들의 투자심리를 자극해서 주택가격이 치솟는 결과를 초래하였다. 또한 전세자금대출과 같은 주택 관련 금융이 확대됨에 따라 전세보증금이 상승하고 이어서 주택가격이 상승하는 연결고리가 형성되었다. 전국과 서울의 공동주택가격은 2017년 11월부터 2021년 10월까지 약 4년 동안 실거래가지수 기준으로 각각 39%와 69% 상승했다. 한편 한국은행은 기준금리를

2021년 8월 0.5%에서 2023년 1월 3.5%로 인상하였다. 이러한 금리인상 조치로 주택가격은 2021년 11월 이후 하락과 보합을 보이다가 2022년 7월부터 하락세가 빨라지기 시작했다. 2023년 2월 현재 전국 및 서울 공동주택의 실거래가지수는 각각 117.7과 142로 최고점 대비 각각 15.3%와 16% 하락하였다.

한국의 주택 관련 금융시장의 독특한 사항 중 하나는 민간인들 간의 주택 관련 직접금융인 **전세**라는 제도이다. 전세제도는 제도권의 주택담보대출과 더불어 일반인들이 주택투자 시 이용하는 민간 차원의 금융수단으로 오랫동안 널리 활용되어 왔다. 대표적으로 주택 구입 시 전세보증금으로 구입 재원의 일정 부분을 조달하고 나머지 부분인 주택가격과 전세보증금의 차이를 자기자본이나 주택담보대출 또는 신용대출 등을 이용해서 주택을 구입하는 소위 '**갭투자**'가 상당히 일반화되어 있다.

주택가격이 20% 하락하고 전세보증금 규모가 850조 원과 650조 원인 두 경우를 가정하고 **전세가율**은 50%, 60% 그리고 70%인 경우 갭투자자의 투자재원 중 약 10%(약 26조~80조 원) 정도를 은행에 상환하지 못할 경우 은행의 BIS비율은 상당 수준 하락하는 것으로 분석된다. 또한 전체 갭투자 주택 중 주택가격이 전세보증금과 금융권으로부터의 대출의 합계보다 적은 **깡통주택**의 비율이 전체 갭투자 주택의 20%라고 가정할 경우 금융권의 손실규모는 최소 35조 원에서 최대 64조 원으로 추정된다.

이런 규모의 손실이 실제로 발생할 경우 부동산발 금융위기가 발생할 가능성이 높다. 설사 금융위기로 발전되지 않는다고 해도 금리인상으로 인한 주택가격 하락은 담보가치의 하락으로 인한 차입여력의 감소와 소비 위축으로 연결되어 경기침체를 초래할 가능성이 크다. 또한 담보가치 하락은 금융기관의 대출 축소나 부족한 증거금 보전을 초래하게 된다. 이때 소비 축소, 자산 매도 또는 추가 차입 등을 통해서 대출 원리금을 상환하지 못하는 경우 금융권의 연체율이 상당 수준 상승할 것이다. 그리고 이는 곧 대출 부실로 이어지고 대출금융기관의 자산건전성이 악화되면서 경매 등을 통해 금융기관의 대출담보자산이 강제매각으로 이어질 수 있다.

일부 연구에서는 가계의 신용과 주택가격의 과거 3년간 이동평균(moving average) 증가율이 특정 기간 내에서 각각 상위 5분위와 상위 3분위에 속하는 경우 3년 이내에 위기가 발생할 확률이 37%에 달하는 것으로 추정되었다. 최근 금리인상과 주택가격의 하락추세로 인한 가계 및 금융기관의 유동성 상황이 금융위기로 연결되지 않도록 선제적으로 부채구조조정과 같은 연착륙 조치를 취해야 할 것이다.

10/ 부채 연착륙을 위해서는 차입자 및 금융기관에 대한 미시건전성 강화, 부채탕감 등을 통한 부채구조조정, 그리고 부동산시장의 하향 안정화가 요구된다.

현재 한국의 부채규모는 민간신용갭 수준이나 DSR의 국제적 수준과 비교할 때 과잉부채 수준이라 판단된다. 이러한 과잉부채 문제를 해결하기 위해서는 부채 수준 축소, 즉 **디레버리징** 조치와 더불어 소득의 증가도 필요하다. 그러나 1년 이상 무역수지가 적자를 지속하고 있고 금리 수준이 당분간 3% 중반 이상이 유지되는 상황에서 소비나 투자의 획기적인 증가를 기대하기는 어렵다. 그리고 그동안 지속적인 기준금리 상승으로 가계부채의 증가 속도는 떨어졌지만 부동산가격의 하락세와 이자부담 상승으로 금융불안이 확대되었다. 이러한 상황에서 부채를 연착륙시킬 수 있는 방안을 모색하는 것은 경제 및 금융안정을 유지하기 위해 매우 중요한 정책과제이다.

부채의 연착륙을 위해서는 먼저 민간부문에 대한 건전성 관리를 강화하는 것이 요구된다. 이를 위해서는 무엇보다도 DSR 규제를 현행수준으로 유지하고 가계부채의 점진적인 디레버리징을 유도하는 것이 필요하다. 물론 생애 최초 주택 구입자들과 같이 제한된 계층에게는 다소 유연하게 DSR을 적용할 필요성은 있다. 또 다른 건전성 강화 조치로는 주택담보대출의 경우 원리금 분할상환을 원칙으로 하고 다양한 인센티브를 부여해서 고정금리대출 비중을 대폭 올려야 할 것이다. 이와 더불어 신용의 공급주체인 금융기관으로 하여금 높아지는 금융 불안과 위기에 대비해서 대손충당금과 **경기대응적 완충자본**을 확대하고, **스트레스 완충자본제도**를 도입해서 자본을 추가 적립하도록 해야 한다.

또 다른 부채 연착륙 방안으로는 원리금상환이 불가능한 취약차주의 부채를 일정 부분 탕감하는 정책이 있다. 부채탕감은 도덕적 해이의 심화라는 측면과 실물경제에 긍정적인 효과를 미친다는 양면성이 있다. 일반 개인들의 부채를 구조조정하기 위해서는 신용회복위원회의 기능을 강화하고 개인워크아웃, 개인회생 및 개인파산 등 현재의 부채조정 프로그램을 효율적으로 개편하는 것이 필요하다. 이와 더불어 현재 가계부채조정을 위해 시행중인 국민행복기금을 자영업자 및 소상공인들의 부채조정 프로그램인 **새출발기금**의 수준으로 그 기능과 역할을 대폭 확대, 강화하는 것이 요구된다.

현재의 가계부채가 급증하게 된 핵심 요인 중 하나는 지난 5년 동안의 저금리정책과 이와 맞물린 부동산가격의 급등이다. 부동산가격은 2022년 중반부터 하락세가 커지기 시작하였으나 2023년 4월 현재 그 하락폭이 다소 감소하고 있다. 이런 과정에서 전세가격도 큰 폭으로 하락함에 따라 **역전세**는 물론 **깡통주택** 심지어 사기성 전세임대까지 가세한 **깡통전세**가 속출하고 있는 상태이다. 더욱이 전국의 미분양주택이 지방을 중심으로 대거 늘어남에 따라 비은행금융권을 중심으로 **부동산 프로젝트 파이낸싱**(PF)의 부실화가 우려되고 있는 상황이다. 부동산시장의 경착륙은 금융시장의 불안정으로 직결된다. 따라서 부동산시장의 하향안정화를 유도하는 것이 필요한데, 이를 위해서는 주택시장의 불확실성을 줄이고 일반국민들의 주택투자심리를 안정시키기 위해 과거의 냉온탕식 주택정책에서 탈피해서 시장원리에 부합되는 정책과 제도를 일관성 있게 추진해야 한다.

최근 들어 전세제도가 주택시장 경기를 증폭시키는 부작용이 점점 확대되고 있다. 전세제도의 문제점을 줄여 나가기 위해서는 월세지출에 대해 다양한 소득공제 및 조세지원책을 통해 주택임대시장을 점차적으로 월세임대시장으로 전환을 유도하는 정책이 필요하다. 그리고 안정적으로 장기거주할 수 있는 질 높은 임대주택의 공급확대를 위해 공공부문은 물론 민간임대주택사업이 활성화되도록 제도를 개선해야 한다. 이와 더불어 주택시장이 효율적으로 작동될 수 있도록 기존 주택에 대한 거래세와 양도세 등을 실수요자에게 과중한 부담이 되지 않는 합리적 수준으로 결정해야 한다.

11/ 과잉부채의 늪에 빠지지 않으려면 금융안정을 중시하는 통화신용정책 운영, 거시건전성 강화 그리고 포용적 성장정책을 통한 저소득층의 부채관리가 필요하다.

향후 부채를 적정수준으로 관리하기 위해서는 무엇보다도 통화신용정책을 경기부양을 중심으로 운영하는 것을 지양하고 금융시장 안정을 확보할 수 있는 적정이자율 수준으로 유지·운영하는 것이 필요하다. 보다 구체적으로는 정책금리를 결정할 때 금융안정을 반영한 **테일러 준칙** 금리 수준을 적극 참고하여야 한다. 더 나아가서 실물부문과 더불어 금융부문의 불균형을 반영해서 산출한 **실질중립금리**를 통화정책의 운영에 고려해야 할 것이다.

시스템 리스크가 증가하는 것을 방지하기 위해서는 개별적인 금융기관의 건전성을 확보하는 것만으로는 충분하지 않다. **거시건전성 규제정**

책의 강화를 통해서 금융시장과 경제 전반의 건전성 및 안정을 동시에 확보하는 것이 필요하다. 금융기관 간 상호연계 위험관리 강화, **시스템적으로 중요한 은행**과 증권회사에 대한 추가적인 자기자본 확충 및 대손충당금 비축 강화, 경기순응적 완충자본 확대 그리고 해외로부터의 자본유입을 조절하는 **거시건전성 3종 세트**의 선별적 적용 등과 같은 거시건전성 규제정책을 상황에 맞춰 적절하게 운영해야 한다. 또한 가계대출의 급증이 거시경제적 차원에서 금융불균형을 심화시킬 수 있기 때문에 총위험자산 산출 시 주택담보대출의 위험가중치를 현재보다 높은 수준으로 상향조정하는 것이 필요하다.

한편 대출구조를 개선하기 위한 방안으로 유한책임대출 형태인 **비소구대출**(non-recourse)을 확대하고 **이익손해공유**(책임분담형)**대출**을 도입하는 것을 심도있게 검토하는 것이 필요하다. 이 제도를 도입할 경우 은행도 주택가격 하락에 따른 위험의 일부를 부담해야 하기 때문에 보다 신중하고 안정적으로 주택담보대출이 이루어져서 도덕적 해이가 줄어들 것으로 예상된다.

또한 금융소비자에 대한 보호조치와 일반인들을 대상으로 하는 금융교육을 강화해서 과잉대출이 이루어지는 것을 최소화해야 한다. 우리나라의 경우 2020년 3월에 **금융소비자보호법**이 통과되었는데 아직까지 과잉대출에 대한 징벌수준은 과태료 부과나 기관 및 임직원에 대한 제재 등 한정된 조치에 국한되고 있다. 따라서 향후 금융소비자보호법의 징벌조항을 구체화하고 강화해서 차주의 상환능력 위주의 대출관행이 정착되도록 해야 할 것이다.

이와 더불어 한국은행은 지급준비금 요구와 준비금에 대한 이자조정을 금융기관들의 신용창출 확대를 조정하는 장치로 적극 활용해야 한다. 한편 부채의 성격에 따른 양적관리가 필요한데 부동산 관련 대출의 경우 부동산경기에 따른 선제적 이자율 조정과 더불어 미시 및 거시건전성 규제조치를 병행해서 운영하는 것이 바람직하다. 부동산 PF 관련 대출의 경우 부동산펀드나 리츠 등을 적극 활용하고 PF대출의 유동화가 원활하게 이루어질 수 있는 방안을 마련하는 것이 필요하다.

저소득층의 부채규모 자체는 고소득층에 비해 작지만 신용위험이 높고 다중채무자가 많기 때문에 이들의 부채가 과도하게 늘어나지 않도록 해야 한다. 이를 위해서는 소득의 불균형 축소 및 억제를 위한 **포용적 성장정책**의 강화가 중요하다. 또한 포퓰리즘 성격의 일률적인 재정지원을 억제하고 소득수준을 감안한 선별적 복지지원을 확대하는 것이 필요하다. 단, 복지재원의 조달은 GDP 대비 국가채무 수준을 안정적으로 유지할 수 있는 범위 내에서 이루어져야 할 것이다. 이를 위해 **재정준칙**을 조속히 수립하고 낭비성 재정지출을 획기적으로 줄일 수 있도록 공공개혁이 강도 높게 추진되어야 할 것이다.

제 **13** 장

결론

결론

한국경제는 고물가, 고환율, 고금리의 삼각파도를 맞아 성장동력을 잃은 채 흔들리고 있다. 대내적으로는 부동산경기 침체와 맞물린 과다한 민간부채가 발목을 잡는 가운데, 대외적으로는 글로벌 경기침체와 국제금융시장 혼란이라는 파도가 매섭게 몰아치고 있다. 지난 3년 동안 COVID-19 팬데믹에 대응하는 데 집중하는 사이에 각종 경제지표가 금융위기를 초래할 수 있는 임계점에 근접하고 있다는 경고등이 들어온 것에 신경쓰지 못한 결과인지도 모른다.

한국은 이미 부채로 인해 경제위기를 겪었던 적이 있다. 1997년 외환위기는 대기업과 금융기관의 과도한 대내외채무의 합작품이라고 할 수 있다. 1970년대 중화학공업 육성을 위해 정부는 값싼 해외자본을 차입해서 대기업에게 호의를 베풀었고, 1990년대 초반 준비가 충분하지 않은 금융자유화로 인해 금융기관들이 경쟁적으로 해외의 단기자본을 차입해 대기업들에게 대출함으로써 과잉차입과 과잉투자로 인한 대기업 부실화의 결과물이다. 이제는 통제범위의 한계에 도달한 민간부채, 특히 가계부채가 한국경제를 위협하고 있다.

한국의 민간부채는 증가속도나 규모의 절대수준 면에서 과잉임에 틀림없다. 많은 전문가들은 현재의 과잉부채 문제를 관리하지 못할 경우 국내외의 예상치 못한 경제적 · 지정학적 충격 발생 시 금융위기로 발전할 가능성에 대해 커다란 우려를 표하고 있다. 어떻게 하면 사전에 과잉부채로 인해 예상되는 문제점을 최소화하는 방안을 마련하고 대비를 할 것인가가 우리 경제가 직면한 최대 경제현안이라 할 수 있다.

부채문제를 해결하려면 무엇보다 부채에 대한 인식과 접근부터 확바꿔야 한다. 최근에 한국경제가 '부채주도성장'에 의존했다는 주장이 제기되고 있다. 부채주도라는 판단이 맞는지 모르겠지만, 부채를 더 이상 성장의 핵심적 동력으로 삼아서는 안 된다. 일례로 COVID-19 팬데믹이 본격적으로 확산되기 시작한 2020년부터 신용과 유동성이 빠르게 늘어나고 모든 분야의 부채가 과도하게 증가하였지만, 성장률은 2020년 －0.7%까지 떨어졌다가 좀처럼 회복하지 못하고 있다. 결국 민간이나 정부의 부채 증가가 팬데믹 와중에 큰 폭의 성장률 하락을 억제했다는 측면도 있지만, 더 이상 부채에 의존하는 경제구조로는 성장이 지속될 수 없음을 확인할 수 있다.

이제라도 부채가 일정 기준 이상으로 늘어나는 것을 방지하고 정상적인 수준으로 부채가 유지되도록 해야 할 것이다. 가계나 기업이 대출받아서 집을 사고 투자를 하고, 정부가 모자라는 재원을 국채를 통해 조달하면 단기적으로는 경제가 잘 돌아가는 것처럼 보일 수 있다. 하지만 기초여건이 건실하지 않고 제도적 개혁이 뒷받침되지 않는 경제는 성장동력이 소진될 수밖에 없고 종국에는 저성장이 고착화될 것이다. 경제협력기구(OECD)뿐 아니라 한국개발연구원(KDI) 역시 현재의 생산성 수준이 유지될 경우 우리 경제의 잠재성장률이 2040년대 중반부터 마이너스로 추락할 것이라는 우울한 전망을 내놓고 있는 형편이다.

가계부채로 인한 금융위기의 발생 가능성은 부동산시장의 급락 여부에 달려 있다. 금융시장에서 부동산금융이 차지하는 비중이 지나치게 커지면 금융의 불안정성이 높아지게 마련이다. 선진국의 경험을 보면 가계부채가 늘고 주택시장 버블이 일정 수준을 넘어서면 여지없이 버블이 터지고 심각한 경제위기가 도래하였다. 한국도 최근 주택가격이 고점 대비 크게 하락하면서 주택가격이 전세가격을 밑도는 사태가 일부에서 발생하고 있다. 만약 주택가격이 전세보증금과 금융권으로부터의 대출 합계보다 적은 깡통주택의 전체 갭투자 주택 대비 비율이 높아질수록 부동산발 금융위기가 발생할 가능성이 크게 증가한다. 빚으로 지은 집은 결국 무너져 내리게 마련이라는 경고를 귀담아 들어야 한다.

주택가격의 안정은 역대 정권들이 가장 중점적으로 추진해온 정책의 하나였다. 이를 위하여 비록 강조점이 다르긴 했지만 주택공급 확대와 투기억제라는 두 마리 토끼를 목표로 삼아 왔다. 그러나 부동산시장이 침체될 때에는 수요를 부추기는 다양한 부양책을 구사하곤 하였다. 그 결과 수요 억제를 위한 규제강화와 수요 진작을 위한 규제완화가 되풀이되는 바람에 부동산 투자심리가 매우 불안한 모습을 보여 왔다. 이제는 냉탕온탕식의 부동산정책과 결별하고 시장원리에 부합되는 일관성 있는 정책이 추진되어야 한다. 최근 부동산가격 하락으로 깡통전세 문제가 불거졌다 해서 다시 시장원리에 부합되지 않는 정책을 무리하게 추진하는 과오를 되풀이해서는 안 된다. 통화정책을 주도하는 정책당국은 부동산시장을 경기부양을 위한 전초기지로 인식하기보다 물가안정 및 금융안정이라는 본래 목표에 충실하여야 한다.

과도하게 늘어난 민간부채를 연착륙시키기 위해서는 시장기능을 활용하는 동시에 원리금상환이 어려운 취약차주의 부채를 일정부분 탕감하는 등 과감한 부채조정 정책이 요구된다. 아이슬란드나 미국의 경우 금융위기 이후 가계부채를 낮추는 데 시장기능에 맡기는 경향이 높았다. 아이슬란드의 경우에는 정부가 은행부문 구조조정과 더불어 부채를 탕감하거나 원리금상환을 뒤로 미루는 협상을 추진하면서 민간의 부채조정 부담을 완화하였다. 한국도 가계부채를 관리하기 위하여 취약차주에 대한 파산 및 신용회복제도를 강화하고 자영업자나 소상공인들을 위한 배드뱅크 방식의 부채탕감을 일반 저소득층에게도 적용하는 방안을 모색해야 한다. 기업부채에 대해서는 한계기업에 대한 적극적인 구조조정과 더불어 기업대출 및 채권에 대한 배드뱅크 활용을 강화해야 할 것이다. 부채탕감은 도덕적 해이라는 부정적 효과가 있지만, 과잉부채로 인한 경기침체를 고려하면 긍정적 효과가 더 클 것이다.

정부부채의 관리도 민간부채 못지않게 중요하다. 현재 한국의 GDP

대비 정부부채 수준은 주요 선진국들에 비해 훨씬 낮을 뿐만 아니라 경제위기와 연계할 정도가 아니다. 그러나 2010년대 후반부터 정부부채의 증가율이 세계에서 가장 높은 나라 중의 하나로 부상하였다. 한국의 시스템 리스크를 낮추려면 정부부채 증가율을 안정적으로 유지해야 한다. 국가재정은 가계부채나 기업부채로 인한 금융위기 발생 시 이를 해결할 안전판이 되어야 한다. 일본의 경우 국가채무비율이 다른 국가들과 비교할 수 없을 정도로 높은데, 민간부문의 과감한 구조조정보다 국가채무에 의존해서 경기를 살리려는 정책에 기인한다. 저출산 · 고령화 정도가 세계에서 가장 빠르고 노후에 대한 사회안전망이 미흡한 한국이 정부부채비율이 여유가 있다고 방치할 경우, 일본의 잃어버린 30년의 전철을 밟게 될 확률이 농후하다. 그러나 일본은 엔화가 국제통화 역할을 하는 기축통화국인 반면 한국은 비기축통화국이기 때문에 더 위험하다고 볼 수 있다.

장기적으로 부채비율을 낮추기 위해서는 경제주체들의 소득이 지속적으로 증가하는 경쟁우위 국가가 되어야 한다. 이를 위해서는 무엇보다 경제 전반의 총요소생산성을 올려서 지속적으로 하향추세를 보이는 잠재성장률을 끌어올려야 한다. 이는 가까스로 선진국 대열에 합류한 한국이 명실상부한 선도적 선진국으로 한 단계 더 올라서기 위한 필수 조건이다. 21세기 초고속 디지털전환시대에 걸맞은 경제 · 사회 · 복지 · 교육 등 사회 전반의 제도와 정책에 대한 개혁과 혁신이 필요한 이유이다. 물론 성장과 더불어 구성원들에게 경제적 성과가 균형있게 돌아갈 수 있도록 공정경쟁을 촉진하고 사회복지안전망을 강화하는 포용적 성장이 진정한 선진국으로의 진입을 위한 기본조건이라 할 수 있다. 성장과 형평이라는 두 축의 사회적 가치를 충족함으로써 한국은 위기에 취약한 그동안의 부채의존 경제체질에서 벗어나야 한다.

마지막으로, 시장원리에서 크게 벗어나는 경제정책의 왜곡이 대외건전성을 훼손시킬 수 있음을 인지해야 한다. 한국과 미국의 기준금리 차이가 상당히 벌어졌음에도 불구하고 한국은행이 금리인상에 신중한 이유는 과다한 민간부채로 인해 채무자들의 이자부담 증가, 부동산가격의 하락 그리고 이로 인한 경기침체가 우려되기 때문일 것이다. 금융시장의 불안과 더불어 수출 감소로 인한 무역적자가 지속되고 이로 인해 자본유출이 확대될 경우 외환보유액은 줄어들고 결국 대외건전성은 악화될 수밖에 없다. 개방도와 대외의존도가 높은 한국경제의 특성상 외부에서 오는 충격을 철저히 차단하기는 어렵다. 따라서 웬만한 충격이 오더라도 견뎌낼 수 있도록 시스템 리스크를 지속적으로 관리하고 안전성을 확보하는 일이 무엇보다 중요하다. 이를 위하여 시장경제원리에 충실한 통화·금융정책과 부동산정책 그리고 거시경제정책이 추진되어야 할 것이다.

한국경제는 1997년 외환위기를 위시하여 여러 번의 위기를 성공적으로 극복하여 왔다. 하지만 새로운 위기가 올 리가 없다거나 오더라도 문제없다는 생각은 희망사항일 뿐이다. 과거의 영광스런 기억에 안주하기보다는 성숙한 경제에 어울리는 성장동력을 발굴하고 이를 강화, 확충해 나가는 데 총력을 기울여야 한다. 그리고 부채의 순기능을 극대화하면서 시스템 리스크가 발생하지 않도록 경제시스템을 시급히 선진화해야 한다. 부채문제를 일거에 해결할 묘안은 없다. 다만, 과잉부채를 줄이려는 꾸준한 노력과 고통분담이 요구될 뿐이다.

참고문헌

1. 국문자료

감사원, "2022회계연도 국가결산검사보고서", 2023.

강문성 외, 『한국경제의 이해』, 박영사, 2021.

고영선, 『한국경제의 성장과 정부의 역할: 과거, 현재, 미래』, KDI, 2008.

국가재정회계정보센터, 국가재무제표, 국가재무상태표 요약, 2022.7.11. https://www.kipf.re.kr/gafsc/settlementedu_Explanation.do

국제금융연구회, 『글로벌 시대의 국제금융론』, 제6판, 시대가치, 2021.

국회예산정책처, 『2022 대한민국 재정』, 2022(a).

______, 『2022-2070년 NABO 장기 재정전망』, 2022(b).

금융감독원, 『국내은행영업실적』, 연도별 각호.

기획재정부, "2021회계연도 일반정부 및 공공부문 부채", 보도자료, 2022.12.15.

______, 『월간재정동향』, 107, 2022.

김경수 · 백승관 · 송치영 · 임준환 · 허인, "원화국제화: 현황, 이슈와 과제", 『한국경제의 분석』, 21(3), 2015, pp. 115~184.

김동환, "한국경제의 복합위기 가능성과 금융안전망", KIF 분석보고서 2022-08, 한국금융연구원, 2022.12.

김병주, "금융제도와 경제정책", 차동세 · 김광석 편, 『한국경제 반세기: 역사적 평가와 21세기 비전』, 한국개발연구원, 1995, pp. 179~254.

김성한, "2023년 주택 시장, 매매가격 전국 2.5% 하락", 『건설동향브리핑』, 880호, 건설산업연구원, 2022.11.

김세직, "한국 실질 가계부채 2713조 원, GDP 대비 130%", 김세직의 이코노믹스, 중앙일보, 2022.5.3.

______ · 고제헌, "한국의 전세금융과 가계부채 규모", 『경제논집』, 57권 1호, 서울대학교 경제연구소, 2018, pp. 39~66.

______ · 이정환 · 고제헌, "주택 전월세 보증금 규모 추정 및 잠재위험 분석", 소득주도성장특별위원회, 2021.

김인준, 『위기극복경제학』, 율곡출판사, 2013.

______ · 김성현 · 김소영 · 김진일 · 신관호, "한국은행의 역할과 정책수단: 금융안정정책을 중심으로", 『한국경제의 분석』, 제23권 제1호, 한국금융연구원, 2017, pp. 185~287.

김재욱, 『전환기 한국의 경제정책 1988-92』, 21세기정책연구원, 1993.

김정식, “주요국의 가계부채 조정과정 및 대응정책 분석”, 정책연구용역사업, 국회예산정책처, 2012.
김주철, “금융시스템의 스트레스 테스트 방안”, 한국은행, 2002.
김지열, “민스키의 금융불안정성 가설에 의한 한국 경제 분석”, 『사회연구』, 6(1), 2005, pp. 125~146.
김태준 · 송치영 · 유재원, 『국제금융경제』, 제2판, 다산출판사, 2020.
______ 외, 『국제통상론』, 제7판, 박영사, 2018.
______ · 유재원, “한국의 금융자본자유화가 금융외환위기에 미친 영향에 대한 실증분석”, 『국제통상연구』, 9(3), 한국국제통상학회, 2004, pp. 121~146.
김호중 외, 『회계원리』, 제3판, 창민사, 2005.
매일경제, “韓 경제위기 징후 살펴보니…대만 베트남보다 심각하다는데”, 2022.10.5.
______, “매매 · 전세가 동반 하락…전세 낀 거래 ‘뚝’”, 2023.4.11.
박진백, “주택가격에 대한 금리의 시간가변적인 영향 연구: 금리상승기와 금리하락기 영향 비교를 중심으로”, 국토연구원, WP 22-09, 2022.
______ · 이영, “시스템적 금융위기의 결정요인에 대한 실증분석－신용 붐, 국가채무, 주택시장 버블을 중심으로”, 『경제학연구』, 62(1), 한국경제학회, 2014, pp. 55~90.
박창현 · 남창모 · 진형태, “매크로레버리지 변화의 특징 및 거시경제적 영향”, BOK 이슈노트, 제2021-29호, 한국은행, 2021.
산업통상자원부, “2023년 3월 수출입 동향”, 2023.4.1.
삼일PwC경영연구원, “금리인상의 시대, 부채점검: (1부) 가계부채”, 2022(a).
______, “금리인상의 시대, 부채점검: (2부) 기업부채”, 2022(b).
서영수, 『2022 피할 수 없는 부채위기』, 에이지, 2021.
선대인, 『대한민국 위기와 기회의 시간』, 지와인, 2022.
신용상, “국내 부동산 그림자금융 현황과 업권별 리스크 관리방안”, KIF VIP 리포트 2019-05, 한국금융연구원, 2019.
______, “국내 가계부채 리스크 현황과 선제적 관리방안 연구”, KIF 정책분석보고서 2021-05, 한국금융연구원, 2021.
______, “국내 금융시장 3대 리스크, 새정부의 대응전략은?”, 한국금융연구원, 2022.
______, “국내 비은행 부동산 PF 금융 익스포저 리스크 관리 방안”, KIF 분석보고서 2023-03, 한국금융연구원, 2023.
______ 외, “서브프라임 모기지 사태의 분석과 전망”, KIF 금융리포트 2007-01, 한국금융연구원, 2007.
연합뉴스, “올해 한국 정부부채비율, 비기축통화국 평균 넘어 첫 데드크로스”, 2022.10.30.
오용협 · 백승관 · 김연실, 『원화국제화에 대한 연구 II』, 대외경제정책연구원 연구보고서 08-12, 2008.

오형석 · 최지욱, “가계신용갭을 반영한 실질중립금리 추정 및 시사점”, 『한국경제포럼』, 제15권 제4호, 한국경제학회, 2022, pp. 1~37.

유은혜, “원/달러 환율 변동성과 변화율의 국제비교”, 한국은행 홈페이지, 커뮤니케이션 블로그, 2023.4.19. https://www.bok.or.kr/portal/bbs/B0000347/list.do?menuNo=201106

이규성, 『한국의 외환위기』, 박영사, 2006.

이데일리, “구조적 고물가 · 고금리 시대가 온다”, 2023.1.8.

이정연 · 박양수, “우리나라의 금융사이클 측정”, 『경제분석』, 21(3), 한국은행, 2015, pp. 137~155.

______ · 홍준선, “최근 우리나라 금융사이클의 상황 및 특징 평가”, BOK 이슈노트, 제2022-12호, 한국은행, 2022.

이종규, “한국의 주택정책”, 국가미래연구원, 2021(a).

______, “위기의 가계부채, 해부와 해법”, 국가미래연구원, 2021(b).

이지언, “거시충격에 대한 연체율 스트레스 테스트”, KIF 분석보고서 2022-01, 한국금융연구원, 2022.

이환호, 『외환의 이론과 실제』, 개정판, 경문사, 2010.

장민, “통화정책 목표로서 고용안정의 유효성”, KIF 연구보고서 2022-03, 한국금융연구원, 2022.

정재영, “8 · 3 사채 동결 조치”, KDI 경제정보센터, 2010.

정화영, “금융여건 변화에 따른 국내 채권시장 위험요인 점검”, 자본시장 포커스 2022-08, 자본시장연구원, 2022(a).

______, “최근 금융환경의 긴축적 변화가 주택시장에 미치는 영향”, 이슈보고서 22-05, 자본시장연구원, 2022(b).

조경엽, “국가채무의 국제비교와 적정수준”, KERI Brief 20-10, 한국경제연구원, 2020.

조선비즈, “전세대란 우려로 상승이 예측됐던 서울 아파트 전체 가격도 하락을 나타냈다”, 조선일보, 2022.8.12.

조순, 『한국경제개조론』, 다산출판사, 1998.

조은영, “북유럽 국가의 금융 · 재정위기 극복과 시사점”, 『경제현안분석』, 제86호, 국회예산정책처, 2014.

주상영, 『거시경제학』, 제3판, 한빛아카데미, 2022.

______ · 한상범, “우리나라의 금융스트레스 지수”, 『금융시스템 리뷰』, 제12호, 한국은행, 2005, pp. 54~75.

하용준, “천 냥 빚”, 하용준의 한담만필, 영남일보, 2022.1.14.

한국개발연구원, 『한국경제 반세기 정책자료집』, 1995.

한국경제 60년사 편집위원회, 『한국경제 60년사 I 경제일반』, 2010.

한국경제연구원, “수도권 주택가격의 최소 35% 이상은 거품”, 보도자료, 2022.9.23.
______, “IMF의 위기임계치에 관한 연구”, 내부자료, 2022.10.
______, “한 가계부채 전세보증금 포함시, 경제규모 · 소득 대비 OECD 1위”, 보도자료, 2023.3.6.
한국민속대백과사전, “가을 빚에 소도 잡아먹는다”, https://folkency.nfm.go.kr/kr/topic/detail/3102.
한국은행, “스웨덴의 은행위기 극복 경험과 시사점”, 조사연구자료 98-3, 1998.
______, 『자금순환계정해설』, 2001.
______, “참고 Ⅳ-1 금융안정지수 개요”, 『금융안정보고서』, 2012.4.
______, 『우리나라 국제투자대조표의 이해』, 2014.
______, 『알기쉬운 경제지표해설』, 2019.
______, “참고 2. 부동산금융 익스포저 현황과 평가”, 『금융안정보고서』, 2019.12.
______, “참고 5. 금융불균형이 주택가격 하방리스크에 미치는 영향”, 『금융안정보고서』, 2020.6.
______, “금융안정 현안 분석: Ⅱ. 최근 가계대출 차주의 채무상환능력 변화”, 『금융안정보고서』, 2020.12.
______, 『우리나라의 금융시장』, 2021.
______, “주요 현안 분석: Ⅰ. 금융취약성지수 신규 편제 결과 및 시사점”, 『금융안정보고서』, 2021.6(a).
______, “주요 현안 분석: Ⅱ. 금융불균형 누증이 금융시스템에 미치는 영향”, 『금융안정보고서』, 2021.6(b).
______, “금융안정 상황”, 2021.9.
______, “주요 현안 분석: Ⅱ. 우리나라 가계부채가 금융 · 경제에 미치는 영향”, 『금융안정보고서』, 2021.12(a).
______, “2021년 가계금융 · 복지조사 결과”, 2021.12(b).
______, “참고 1-4. 최근 통화증가율 상승요인 분석 및 평가”, 『통화신용보고서』, 2021.12(c).
______, “주요 현안 분석: Ⅱ. 자산시장과 연계된 가계부채 누증이 차입가계의 소비와 부실에 미치는 영향 평가”, 『금융안정보고서』, 2022.6.
______, “주택시장 리스크 평가”, BOK 이슈노트, 한국은행, 2022.8.
______, “우리나라 채권시장의 이해와 최근 동향”, 한국은행 금요강좌, 2022.10.
______, “주요 현안 분석: Ⅰ. 기준금리 인상이 금융안정에 미치는 영향 분석”, 『금융안정보고서』, 2022.12(a).
______, “2022년 3/4분기 기업경영분석”, 2022.12(b).
______, “금융안정 상황”, 2023.3.

______, “BOX 3: 깡통전세 · 역전세 현황 및 시사점”, 『경제전망보고서』, 2023.5.
______, 우리나라의 금융시스템, 금융기관, https://www.bok.or.kr/portal/main/contents.do?menuNo=200319
함상문, “노르웨이, 핀란드 및 스웨덴의 은행위기: 동기 및 시사점”, 금융조사보고서 94-02, 한국금융연구원, 1994.
허찬국, “1997년과 2008년 두 경제위기의 비교”, 한국경제연구원, 2009.
현대경제연구원, “대출금리 상승이 가계 재무건전성에 미치는 영향”, 경제주평, 2022.5.
현영진, “주택가격 변화가 가계부채와 금융안정성에 미치는 영향”, 『경제현안 분석』, 제92호, 국회예산정책처, 2016.
황순주, “재정건전성이 금융건전성에 미치는 영향에 대한 연구”, KDI정책연구시리즈 2021-05, KDI, 2021.

2. 영문자료

Adrian, Tobias and Hyun Song Shin, “Liquidity, Monetary Policy, and Financial Cycles,” *Current Issues in Economics and Finance*, 14(1)1, January/February 2008, pp. 1~7.
Amsden, Alice. *Asia's Next Giant*. Oxford University Press, 1989.
André, Christophe, “Household Debt in OECD Countries: Stylized Facts and Policy Issues,” OECD Economics Department Working Paper No. 1227, 2016.
Arcand, Jean Louis, Enrico Berkes and Ugo Panizza, “Too Much Finance?” *Journal of Economic Growth*, 20, 2015, pp. 105~148.
Baek, Seung-Gwan and Chi-Young Song, “On the Determinants of Surges and Stops in Foreign Loans: An Empirical Estimation,” *Open Economies Review*, 27, 2016, pp. 405~445.
Baudino, Patrizia, Jon Thor Sturluson and Jean-Philippe Svoronos, “The Banking Crisis in Iceland,” FSI Crisis Management Series No. 1, Bank for International Settlement, 2020.
BIS, “BIS Database for Debt Service Ratios for the Private Non-Financial Sector,” 2017.
______, Private Sector Debt and Financial Stability, CGFS(Committee on the Gloable Financial Stability System) Papers No. 67, 2022.
Cecchetti, Stephen, Marion Kojler and Christian Upper, “Financial Crises and Economic Activity,” NBER Working Paper 15379, 2009.
______, Madhusudan S. Mohanty, and Fabrizio Zampolli, “The Real Effects of Debt,” BIS Working Paper No. 352, 2011.
Chancellor, Edward, *The Price of Time*, Allen Lane, 2022(임상훈 역, 『금리의 역습』,

위즈덤하우스, 2023).

Cooper, George, *The Origin of Financial Crises: Central Banks, Credit Bubbles and the Efficient Market Fallacy*, Harriman House, 2008(김영배 역, 『민스키의 눈으로 본 금융위기의 기원: 시장을 파괴하는 보이지 않는 손을 보다』, 리더스하우스, 2009).

Diamond, Douglas W. and Philip H. Dybvig, "Bank Runs, Deposit Insurance and Liquidity," *Journal of Political Economy*, 91(3), 1983, pp. 401~419.

Freixas, Xavier, Luc Laeven, and Jose-Luis Peydro, *Systemic Risk, Crises and Macro-prudential Regulation*, MIT, 2015.

Greenwood R. et al. "Predictable Financial Crises," NBER Working Paper 27396, 2020.

Honkapohja, Seppo, "The 1990's Financial Crises in Nordic Countries," Bank of Finland Research Discussion Papers 5/2009, 2009.

International Monetary Fund, "Financial Sector Crisis and Restructuring Lessons from Asia," Occasional Paper 188, 1999.

______, "Dealing with Household Debt," Chapter 3, *World Economic Outlook*, 2012.

______, "Strengthening the Credibility of Public Finances," *Fiscal Monitor*, October 2021.

______, *Fiscal Monitor*, 2022.

Illing, Mark, and Ying Liu, "Measuring Financial Stress in a Developed Country: An Application to Canada," *Journal of Financial Stability*, 2(3), 2006, pp. 243~265.

Jorda, O., M. Schularick and A. M. Taylor, "Leveraged Bubbles," *Journal of Monetary Economics*, Vol. 76, 2015, pp. 1~20.

Kierzenkowski, Rafal, Olena Havrylchyk and Pierre Beynet, "Making the Banking Sector More Resilient and Reducing Household Debt in the Netherlands," OECD Economics Department WP 1156, 2014

Kim, Chuk Kyo, *Economic Development of Korea*, World Scientific, 2019.

Kim, Tae-Joon, Jai-Won Ryou and Shinji Takagi, "Financial Market Reforms and Corporate Financing in Korea," *Applied Financial Economics*, 20(21), 2010, pp. 1659~1666.

Kindleberger, Charles P. and Robert Aliber, *Manias, Panics, and Crashes*, Fifth ed., John Wiley & Sons, 2005.

Krugman, Paul, "What Happened to Asia?" mimeo, MIT, 1998.

______, "I Was Wrong About Inflation," *New York Times*, July 21, 2022.

Laeven, Luc and Fabian Valencia, "Systemic Banking Crises Revisited," IMF Working Paper 2018/206, 2018.

Lane, Philip R. and Gian Maria Milesi-Ferretti, *External Wealth of Nations Database*, 2021(based on "The External Wealth of Nations Revisited: International Financial Integration in the Aftermath of the Global Financial Crisis," *IMF Economic Review*, 66, 2018, pp. 189~222).

Laubach, T., and J. C. Williams, "Measuring the Natural Rate of Interest," *Review of Economics and Statistics*, Vol. 85, No. 4, 2003, pp. 1063~1070.

Lee, Kyu-Sung, *The Korean Financial Crisis of 1997*, The World Bank, 2011.

Mian, Atif & Amir Sufi, *House of Debt*, University of Chicago Press, 2014(박기영 역, 『빚으로 지은 집』, 열린책들, 2014).

Minsky, Hyman, *Stabilizing an Unstable Economy*, McGraw Hill, 1986.

Nguyen, Thanh Cong, Vitor Castro, Justine Wood, "A New Comprehensive Database of Financial Crises: Identification, Frequency and Duration," *Economic Modelling*, 108, 105770, 2022, pp. 1~17.

Padoan, Pier Carlo, Urban Sila, and Paul van den Noord, "Avoiding Debt Traps: Financial Backstops and Structural Reforms," OECD Economics Department Working Papers No. 976, 2012.

Radelet, S. and J. Sachs, "The East Asian Financial Crisis: Diagnosis, Remedies, Prospects," *Brookings Papers on Economic Activity* 1, 1998. pp. 1~74.

Reinhart, Carmen and Kenneth Rogoff, *This Time Is Different: Eight Centuries of Financial Folly*, Princeton University Press, 2009.

______, "Growth in a Time of Debt," *American Economic Review*, 100(2), 2010, pp. 573~578.

Roubini, Nouriel, *Megathreats*, Little, Brown and Company, 2022(박슬라 역, 『초거대 위협: 앞으로 모든 것을 뒤바꿀 10가지 위기』, 한국경제신문, 2023).

Taleb, Nassim Nicholas, *The Black Swan*, Penguin Books, 2007.

Tooze, Adam, *Crashed: How a Decade of Financial Crises Changed the World*, Viking, 2018(우진화 역, 『붕괴: 금융위기 10년, 세계는 어떻게 바뀌었는가?』, 아카넷, 2019).

Turner, Adair, *Between Debt and the Devil: Money, Credit, and Fixing Global Finance*, Princeton University Press, 2016(우리금융경영연구소 역, 『부채의 늪과 악마의 유혹 사이에서: 통화, 신용, 그리고 글로벌 금융』, 도서출판 해남, 2017).

Yue, Pengpeng, Aslihan Gizem Korkmaz, Zhichao Yin, and Haigang Zhou, "The Rise of Digital Finance: Financial Inclusion or Debt Trap?" *Finance Research Letters*, 47, 2022, pp. 1-8.

3. 통계사이트

국가지표체계; https://www.index.go.kr/unify/idx-info.do?idxCd = 4211

국회예산정책처, 재정경제통계시스템, 국가채무시계; https://www.nabostats.go.kr/portal/main/indexPage.do

금융감독원, 금융정보통계시스템; https://fisis.fss.or.kr/fss/fsiview/indexw.html

통계청, e-나라지표, 국정모니터링시스템; https://www.index.go.kr/enara

한국부동산원, 부동산통계정보시스템(R-ONE); https://www.reb.or.kr/reb/main.do

한국은행, 경제통계시스템; https://ecos.bok.or.kr/#/

BIS, https://www.bis.org/statistics/index.htm

Federal Reserve Economic Data(FRED), Federal Reserve Bank of St. Louis; https://fred.stlouisfed.org/

Forbes; https://www.forbes.com/advisor/investing/fed-funds-rate-history/

IMF, World Economic Outlook; https://www.imf.org/en/publications/weo

______, Balance of Payments; http://data.imf.org

OECD.Stat; https://stats.oecd.org/

World Bank, World Development Indicators; https://databank.worldbank.org/source/world-development-indicators

찾아보기(INDEX)

[ㅂ]

[ㅅ]

[ㅇ]

[ㅈ]

[ㅊ]

[ㅋ]

[ㅌ]

■ 저자소개

유재원(柳在元)

서울대학교 경제학과를 졸업하고, 미국 Yale University에서 경제학 박사학위를 취득하였다. 대외경제정책연구원(KIEP) 연구위원을 거쳐 건국대학교 경제학과 교수로 재직하였고, 현재 건국대학교 명예교수이다. 한국경제발전학회와 국제금융학회, 그리고 국제경제학회 회장을 역임하였다. 주요 논문으로 “What determines the long-term volatility of the offshore RMB exchange rate?”(*Applied Economics*, 2022, 공저)와 “과잉금융가설과 금융위기비용”(『국제금융연구』, 2021, 공저) 등이 있다.

백승관(白承官)

고려대학교 경제학과를 졸업하고, 미국 U.C. Berkeley에서 경제학 박사학위를 취득하였다. 홍익대학교 경제학부 교수로 재직하였고, 국제금융학회장을 역임하였다. 현재 홍익대학교 명예교수이다. 주요 논문으로 “On the determinants of surges and stops in foreign loans: An empirical investigation”(*Open Economies Review*, 2016, 공저), “What drives stops in cross-border bond flows?”(*Sustainability,* 2019, 공저) 등이 있다. 주요 저서로 『글로벌 시대의 국제금융론』(공저) 등이 있다.

김태준(金泰俊)

연세대학교 경제학과를 졸업하고, 미국 Columbia University에서 경제학 박사학위를 취득하였다. 대외경제정책연구원(KIEP) 연구위원을 거쳐, 동덕여자대학교 국제경영학과 교수로 재직하였다. 한국금융연구원 원장, 규제개혁위원회 민간위원장 대행, 국제경제학회 회장을 역임하였고, 현재 국가교육위원회 상임위원으로 재직 중이다. 주요 저서로는 『국제금융경제』(공저), 『한국경제의 이해』(공저), 『대학이 살아야 대한민국이 산다』(공저) 등이 있다.

부채의 역습 — 부채함정에 빠진 한국경제

인　　쇄 2023년 7월 13일
발　　행 2023년 7월 20일

저　　자 유재원 · 백승관 · 김태준
펴 낸 이 김광범
펴 낸 곳 도서출판 시대가치

출판등록 2017년 3월 23일 제2018-000088호
주　　소 서울특별시 마포구 토정로 222, 422-1호(한국출판콘텐츠센터)
전　　화 02)3152-2620 / 팩스 02)6442-2621
홈페이지 시대가치.com
이 메 일 timepub2017@gmail.com

ISBN 979-11-89607-77-7 93320

가격 25,000원

* 본서의 그림과 연계된 엑셀 데이터는 도서출판 시대가치 홈페이지 메뉴에서
[고객지원] — [1:1문의게시판]을 통해 확인할 수 있습니다.